김필영의 〈5분 뚝딱 철학〉 독자 & 구독자들의 말

철학을 가까이 하면서 세상을 보는 관점이나 시야가 좀더 넓어지고 달라진 것 같다고 느끼고 있습니다. 생각하고 결정하는 것들도 좀더 간단명료해졌고요. 생각보다 철학은 일상생활 속에서 참 쓸모가 많다고 느끼며 살고 있습니다. _H*** *

어려운 철학 개념을 쉽게 알 수 있게 해주셔서 정말 감사드립니다. 매주 한 편씩 올려서 벌써 5년이라고 말씀하실 때, 제 마음이 다 뭉클해지더군요. _H** **** ***

선생님 덕분에 철학과 더불어 물리학·수학·생물학에 관심을 가질 수 있었고, 작게 필기하여 쌓인 노트만 8권이 넘어갑니다. 극단적인 무신론자에서 유신론자가 되었고, 세상에 대한 사유의 즐거움을 일깨워 주셔서 감사합니다. _킬****

이번에 수능 봤는데, 점심 먹을 때마다 영상을 보면서 최소 몇 번씩 정주행했습니다. 이번에 수능에 헤겔의 변증법이 나왔는데 덕분에 매끄럽게 이해되고 긴장이 좀 풀리기도 했습니다. 그냥 수능 때 도움 받으면 좋겠다는 마음으로 봤는데, 덕분에 철학의 매력을 알게 되었습니다. _서**

군 생활 중인데, 〈5분 뚝딱 철학〉의 영상을 보니 마음이 차분해지고 위로가 됩니다. _이**

LEET법학적성시험 준비하면서 2021년을 함께했는데, 시험 이후에도 계속 보게 되었습니다. 많은 도움을 주셨습니다. 감사합니다. _S* ***

군더더기 없는 핵심 정리로 정신이 쾌청해진 느낌입니다. 깊이와 무게가 더해질 시즌 2~3을 기대해 봅니다. _k** ***

작년에 재수를 하면서 선생님의 유튜브를 많이 보고 감명과 도움을 받았습니다. 국어 비문학 지문으로 나올까봐 자기 전에 틀어놓곤 했는데, 많은 이해와 도움을 얻을 수 있었습니다. 덕분에 좋은 성과도 이루어낼 수 있었고요. 요즘도 심심할 때 보고 있습니다! _지**

나이가 마흔이 되어 철학 유튜브를 보게 되었습니다. 철학에 관심이 전혀 없던 제가 이렇게 관심을 갖게 된 것은 삶의 희노애락 때문이라고 생각합니다. 고통스러울 땐 왜 살아야 하는가, 행복할 땐 이 행복의 실체는 무엇인가, 이런 생각의 꼬리를 좇아가다 보니 철학에 가까워지게 된 것 같습니다. _F***** *

결혼하고 자식 낳으면 『5분 뚝딱 철학 – 생각의 역사』 책을 읽어줄 거예요. 집에 책이 수백 권 있지만, 시간이나 접근성을 고려하면 꼭 필요한 책이고, 아이에게 읽어주고 싶은 책입니다. _탄*

수능 국어영역 헤겔 6문제 중에서 5문제를 맞췄습니다! 제가 대입 최저 맞춘 건 선생님 덕분이에요. _r***** ***

철학을 포켓에 넣어 다니며, 산책할 때, 출퇴근할 때, 라면 먹을 때, 화장실에서 많이 가까워질 수 있게 해주신 거 감사드립니다. _우***

대한민국 1000년 최고의 정리왕이십니다. _블*****

개념을 창안하는 자, 이를 이해하여 설명하는 자, 그 설명을 받아들이는 자. 철학은 이렇게 세 부류가 균형을 맞추어야 비로소 세상에서 의미를 가질 수 있겠죠. 여기에 성공하셨군요. _C*** **** ****

〈5분 뚝딱 철학〉 영상 너무 잘 보고 있습니다. 어릴 적 형이 사놓았던 세계 사상 전집을 바라만 보고 철학은 어렵게 느껴졌는데, '뭐야, 이게 이리 간단하고 쉬운 거였어'라는 생각이 마구 듭니다. 특히 2500여 년 전 철학자가 했던 고민을 현재의 제가 하고 있었다는 부분에서 정신적 충격을 받았고, 열심히 철학에 대해 관심을 가져보려고 합니다. _유**

철학이 재밌게 이해되는 마법이 여기 있군요. _수***********

칸트 영상 중에 최고로 알기 쉽게 설명해 주시네요. 게다가 추상적 이야기인 철학을 알기 쉬운 그림, 비유, 설명을 곁들여 설명하니 최고예요. _****

16분 만에 아주 훌륭하게 칸트를 정리하셨습니다. 이것만으로도 철학계와 우리나라 지성계에 큰 공헌을 하신 것으로 봅니다. 철학을 보편화하고 널리 보급하는 데 큰 효과가 있기를 바랍니다. 큰 박수를 보냅니다! _A***

진짜 설명을 소름 돋게 잘하시네요.^^ _U***

대입 면접을 준비하는 문과 고3 딸이 '인문 제시문'이 나오면 통 모르겠고 헤매게 된다고ㅠㅠ 이를 어쩌나 하던 차에 〈5분 뚝딱 철학〉을 보니, 사막의 오아시스를 만난 느낌입니다! _su**

〈미학〉에서 '칸트의 판단력비판 2-숭고함에 대하여' 강의는 짧지만 숙연하고 아름다웠어요. 최고네요! 가슴 벅차서 한참을 앉아 있었어요. _m********

포괄적이고 이해가 쉬운 설명, 매번 감탄합니다. _임**

진짜 이해 잘돼요. 철학이 이렇게 재밌다니! _****

5분 뚝딱 철학 - 생각의 역사 1

5분 뚝딱 철학 - 생각의 역사 1

개정판 1쇄 인쇄 2024년 1월 17일
개정판 1쇄 발행 2024년 1월 25일

지은이 김필영
펴낸이 유해룡
펴낸곳 (주)스마트북스
출판등록 2010년 3월 5일 | 제2021-000149호
주소 서울시 영등포구 영등포로5길 19, 동아프라임밸리 1007호
편집전화 02)337-7800 | **영업전화** 02)337-7810 | **팩스** 02)337-7811
삽화 김주성 | **표지 디자인** 투에스북디자인 | **본문 디자인·편집** 김경주

원고투고 www.smartbooks21.com/about/publication
홈페이지 www.smartbooks21.com

ISBN 979-11-93674-01-7 04100
979-11-93674-00-0 04100(세트)

Philosophy

5분 뚝딱 철학 - 생각의 역사 1

생각의 지도를 그려주는 최소한의 인문지식

고대
중세
근대

김필영 지음

스마트북스

프롤로그

『5분 뚝딱 철학-생각의 역사』를 여행하는 히치하이커를 위한 안내서

철학은 무엇인가?

사회학은 사회에 관한 학문이고, 물리학은 물리에 관한 학문이죠. 경제학은 경제에 관한 학문이고, 심리학은 인간의 심리에 관한 학문이에요. 그런데 철학은 무엇에 관한 학문인지 이름만 들어서는 알 수 없어요.

어떤 철학자는 "만물의 근원이 무엇인가?"에 대해 이야기하고, 어떤 철학자는 "세계는 변하는가?"에 대해 이야기해요. 또 다른 철학자는 "인간은 어떻게 살아야 하는가?", "인공지능은 생각을 하는가?", "시간여행이 가능한가?"를 묻고, 어떤 철학자는 "자본주의를 극복해야 한다"고 해요. 도대체 철학이 뭐길래, 철학자들은 철학에 대해 이야기한다고 하면서 저마다 딴소리를 이렇게 열심히 할까요? 그것은 철학에 대한 공통된 정의가 없기 때문이에요. 저마다 생각하는 철학이 다르니 서로 다른 이야기를 하고 있는 거죠.

어떤 철학자들은 철학이 '세계와 인간에 관한 학문'이라고 정의해요.

하지만 이것은 너무나 공허한 주장이에요. 세상에 세계와 인간에 관한 학문이 아닌 게 있나요? 사회학·물리학·경제학·심리학 등 모두 세계와 인간에 관한 학문이죠. 이런 방식으로는 철학이 뭔지 알 수 없어요.

좀더 쉬운 방법을 알려드릴게요

이럴 때 좀더 쉬운 방법이 있어요. **철학자들이 가졌던 문제의식**을 살펴보는 거예요. 어떤 문제의식을 가지고, 어떤 질문을 던졌으며, 그에 대해 어떤 대답을 내놓았는지를 살펴보는 거죠. 저는 이런 작업이 매우 중요하다고 생각해요. 철학자들이 시대별로, 분과별로 어떤 문제의식을 가지고 질문을 던졌는지 알면, 철학이 뭔지 느낄 수 있고, 서양철학사의 전체 숲을 볼 수 있기 때문이죠.

철학사의 의미

누가 "너 청주 해장국 먹어봤니?"라고 물으면 못 먹어봤다고 해서 열등감이나 자괴감을 느끼지는 않죠? 머릿속에 전국 지도가 있어 청주가 어디 있는지 대충 아니까요. 청주는 부산에서 대구를 거쳐 올라오는 경부선과, 광주에서 전주를 거쳐 올라오는 호남선이 대전에서 만나는 지점 바로 위에 있어요. 우리는 해장국이 뭔지도 알죠.
그래서 이렇게 말할 수 있어요.

"아, 청주 해장국? 해장국이 다 비슷하지 뭐. 다음에 청주 갈 일 있으면 먹어볼게."

전국 지도를 갖고 있으면 맛집 기행도 할 수 있죠. 부산 밀면, 대구 막창, 광주 떡갈비, 전주 비빔밥, 대전 두루치기, 청주 해장국, 서울로 오다가 빠져서 강릉 초당두부나 인천 차이나타운 짜장면도 먹을 수 있어요.

철학사를 안다는 것은 바로 이런 철학사 지도를 가지게 된다는 말이에요. 경험론은 로크로부터 시작해 흄으로 이어지고, 합리론은 데카르트에서 라이프니츠로 이어지고, 이 둘은 칸트로 이어지고, 칸트는 다시 헤겔로 이어지죠.

"너 헤겔의 정신현상학 읽어봤니?" 철학사 지도를 가지고 있으면, 이런 질문에 열등감이나 자괴감을 느낄 필요가 없어요.

"아, 헤겔의 정신현상학? **읽어보지는 않았는데, 관념론이 다 거기서 거기지 뭐. 시간 날 때 읽어볼게.**" 그래도 자꾸 물어보려고 하면, "내가 지금 좀 바빠서"라고 하면서 자리를 피하면 돼요.

전국 맛집을 돌다보면, 입에 맞는 음식이 하나쯤은 있을 거예요. 그게 밀면이라면 부산에 가서 골목골목 다니며 먹어봐요. 그러면 밀면 전

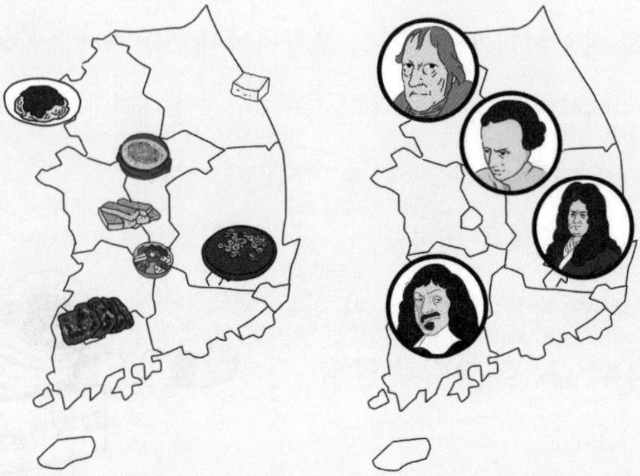

문가가 되겠죠. 철학도 마찬가지예요. 철학사 지도를 보다가 입에 맞는 철학자가 있다면, 예컨대 칸트가 입맛에 맞다면 그의 책을 꼼꼼하게 읽어보면 돼요.

철학의 쓸모

철학이라고 하면 뭔 소린지 알 수 없는 외계어처럼 느껴지고, 고리타분한 옛날이야기라고 생각하는 사람이 많을 거예요. 하지만 철학은 지금 우리가 갖는 것과 똑같은 궁금증을 가지고 여러 질문들을 던져왔어요.

"어떻게 살아야 할까?"

"지금 이대로도 괜찮을까?"

"저 사람 때문에 미치겠어!"

평소 우리가 겪는 스트레스, 궁극적인 고민들은 시대를 초월해 늘 거기서 거기예요. 그래서 철학은 지금 우리의 삶에 나침반이 되어주는 경우가 많아요.

철학자들은 철학이 모든 학문의 기초이고, 철학을 공부해야 현명해지고, 철학이 삶의 경쟁력이라고 떠들어대지만, 제 생각은 좀 달라요. **철학의 진정한 효용성은 '생각의 명료화'**예요. 자기 생각을 명료하게 만드는 법을 알면, 살면서 마주하는 많은 문제가 생각보다 단순해져요. 아무리 복잡해 보이는 일도, 아무리 애매모호해 보이는 일도 마찬가지예요. 이런 일들은 직장에서나 사회에서나 가정에서나 어디서든 일어날 수 있죠.

철학은 생각을 다듬고 논리적이고 비판적으로 생각하는 철학자들의 사고법을 배우고 훈련해, 근본적인 삶의 방식을 바꾸는 데 필요한 학문이에요. '아, 이렇게 생각할 수도 있구나' 하는 깨달음을 얻으면, 생각의 지평이 넓어지고 다양해지는 걸 경험할 거예요.

철학의 치트키 ① — 철학사 지도

철학에는 상상 가능한 인간의 모든 생각이 들어 있어요. 철학이 재미있는 이유는 바로 여기에 있어요. 철학자들은 나와 똑같은 생각과 의문을 갖고 그에 최대한 답변하려고 노력해왔기 때문이죠. 또한 내가 어렴풋이 생각했지만 꼬집어 말하지 못했던 것들을 말해주기 때문이고요.

제가 요즘 게임 배틀그라운드줄여서 배그에 빠져 있어요. 배그를 하는 분들은 에란겔의 지도를 다 외우고 있더라고요. 로족, 히말라야, 강남은 물론, 거기에 어떤 건물이 있는지, 심지어 차량 위치까지 알아요. 한 분야의 도사가 되면, 지형은 물론이고 나무 하나하나까지 다 알게 되는 모양이에요.

철학도 마찬가지예요. 『5분 뚝딱 철학–생각의 역사』 책으로 놓고 보면, 한 꼭지 한 꼭지가 나무예요. 반면 시대별, 분과별로 철학의 전체 흐름을 짚어주는 게 바로 숲이자 철학사 지도죠. 숲을 보면 지금까지 살펴본 나무들을 전체 맥락 속에서 다시 이해할 수 있어요. **가장 좋은 방법은 나무는 나무대로, 숲은 숲대로 번갈아가며 보는 것**이에요.

배그에서 에란겔의 전체 지도를 모르면 길을 잃고, 건물 하나하나를 모르면 근접전에서 적에게 당해요. 마찬가지로 철학사를 모르면

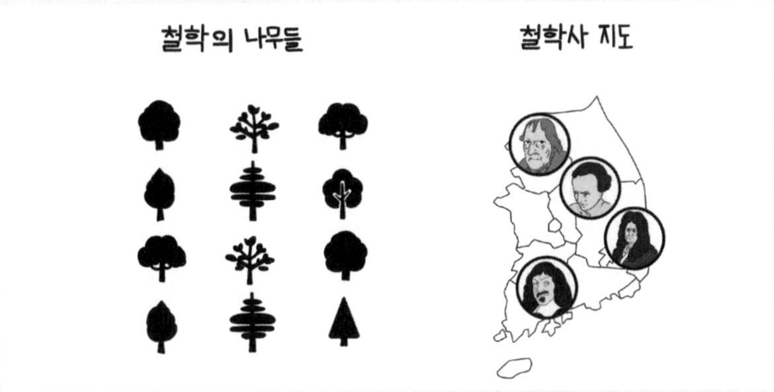

철학의 나무들을 알면 철학 숲이 보이고, 철학 숲을 보면 철학의 나무들을 더 잘 이해할 수 있다.

길을 잃고, 개별 이론들을 모르면 디테일을 놓치게 되죠.

다소 어렵게 느껴질 수도 있지만, 철학사 지도를 제대로 활용하기 위해서는 철학의 분과들을 충분히 이해해야 해요. 가장 큰 틀에서는 진이성, 지성, 선의지, 도덕, 미욕구, 욕망로 나눌 수 있어요. 첫째, 이성과 지성에 관한 것으로는 존재론·인식론·논리학·과학철학·수학철학·언어철학이 있고, 둘째, 의지와 도덕에 관한 것으로는 윤리학·종교철학·정치철학·심리학이 있으며, 마지막으로 욕구와 욕망에 관한 분과로는 미학이 있어요.

철학의 치트키 ②—5분 뚝딱 철학

철학과 친해지는 법을 알았다고 해도 선뜻 실천하기는 어려워요. 여전히 우리 주위에 있는 철학 콘텐츠들은 배경지식이 없으면, 아무리 읽어도 무슨 소린지 알 수 없죠. 그래서 5년 전 철학 이론들을 짧고 재미있게 설명하는 〈5분 뚝딱 철학〉 유튜브 채널을 개설했어요. 제 자신의 공

철학사 지도

진(이성, 지성)	존재론, 인식론, 논리학, 과학철학, 수학철학, 언어철학
선(의지, 도덕)	윤리학, 종교철학, 정치철학, 심리학
미(욕구, 욕망)	미학

부도 되고, 철학 지식을 기록한다는 마음으로 영상을 올리고 있어요. 힘들긴 하지만, 덕분에 새삼 철학 공부에 목표도 생기고, 구독자가 25만 명이 되는 등 호응이 좋아 재미있게 하고 있어요.

『5분 뚝딱 철학－생각의 역사』는 시대, 철학 분과, 난이도에 따라 분류되어 있어요. 난이도 1단계는 쉬운 내용, 2단계는 보통, 3단계는 다소 어려운 내용이에요제가 임의로 정한 것이라 독자들의 체감 난이도는 다를 수 있어요. 또 시대에 따라 고대, 중세, 근대, 현대로 나누고, 존재론, 인식론 등의 철학 분과도 정리해 뒀어요. 책이든 영상이든 취향에 따라 골라보면 돼요.

무엇보다 **철학의 나무**유튜브와 **철학의 숲**책을 오가기 편하게 책 속에 해당 유튜브 영상의 QR코드를 넣었어요. QR코드를 찍으면 언제든 편하게 원하는 영상을 볼 수 있어요. 출퇴근길이나 여유 시간이 있을 때 잠깐씩 찾아보기 좋을 거예요. 이 책을 읽고 영상을 보면 훨씬 쉽게 눈에 들어오고, 영상을 보고 다시 책을 읽으면 훨씬 수월하게 읽힐 거예요.

『5분 뚝딱 철학』 책은 2020년 겨울 첫 출간된 후, 〈2021년 세종도서-교양 부문〉, 〈2021년 올해의 청소년 교양도서〉로 선정됐고, 쇄를 거듭하며 독자들께 많은 사랑을 받았어요. 독자들께 감사한 마음입니다.

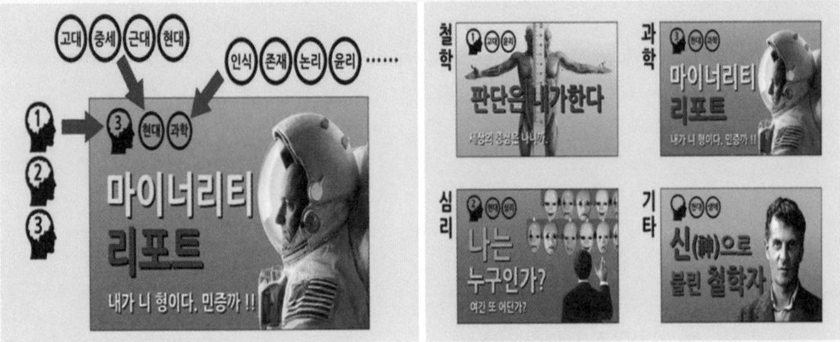

〈5분 뚝딱 철학〉 유튜브의 구성

이번 전면 개정판 『5분 뚝딱 철학–생각의 역사』에서는 서양철학을 고대, 중세, 근대, 현대 등 시대별로 정리하고, 현대철학의 경우 철학적 질문에 따라 묶어 정리했어요. 각각의 내용을 전체 맥락 속에서 이해하기 좋을 거예요. 이 책을 통해 전체 맥락 속에서 각 철학의 맛을 보고, 다시 유튜브 영상을 보면서 내용을 좀더 깊이 이해하고 확인한다면 더욱 효과적으로 볼 수 있을 거예요.

자, 여기까지 〈5분 뚝딱 철학〉을 여행할 준비를 마쳤어요. 여러분은 이제 서양철학의 여러 에피소드들로 향하는 차량을 향해 '엄지 척'만 하면 돼요. 이 책은 분명 〈5분 뚝딱 철학〉을 여행하는 히치하이커를 위한 좋은 안내서가 될 거예요. 지금 출발합니다, 어서 타세요!

2024년 1월
김필영

차례

프롤로그 『5분 뚝딱 철학-생각의 역사』를 여행하는 히치하이커를 위한 안내서 4

1장 고대

최초의 환원주의 22
탈레스: 만물은 물이다

최초의 세계 지도 28
아낙시만드로스: 아페이론 (feat. 아인슈타인)

그래도 지구는 평평하다 35
아낙시메네스: 만물은 공기다 (feat. 헤겔)

이게 왜 딱 안 떨어져요? 38
피타고라스: 만물은 수이다

화산에 몸을 던진 철학자 42
엠페도클레스: 4원소설 (feat. 제5원소)

판타 레이 46
헤라클레이토스: 만물은 흐른다

방구석 철학자 50
파르메니데스: 영원불변한 세계

우사인 볼트의 100미터 기록은 정말일까? 56
제논과 멜리서스: 변화와 운동은 가능한가?

나는 정말로 나인가? 63
테세우스의 배: 변화와 동일성의 문제

아무것도 존재하지 않는다 70
고르기아스: 극단적 회의주의

판단은 내가 한다 73
프로타고라스: 인간은 만물의 척도

재미있게 철학합시다 77
데모크리토스: 원자론

나는 적어도 내가 모른다는 건 안다 82
소크라테스: 무지의 지, 산파술과 상기설

동굴 밖은 위험해 91
플라톤: 동굴의 비유와 이데아론 1

가자! 저기로… 96
플라톤: 동굴의 비유와 이데아론 2

정치는 실전이다 103
플라톤: 영혼의 삼중주와 이상국가

문제는 비율이야 113
플라톤: 미의 대이론

개 같은 내 인생 121
디오게네스: 본능에 충실하라

이데아 순한 맛 126
아리스토텔레스: 형이상학 (feat. 플라톤)

비겁과 만용 사이 135
아리스토텔레스: 니코마코스 윤리학 (feat. 덕, 에우다이모니아, 아레테)

형님, 그냥 발렌타인 17년으로 갑시다 140
아리스토텔레스: 미학

몰라! 144
피론: 고대 회의주의

힐링 철학 149
에피쿠로스: 쾌락주의

죽음아! 내게로 오라 154
스토아 사상

마지막 고대 철학자 160
플로티노스: 일자이론

2장 ——— 중세

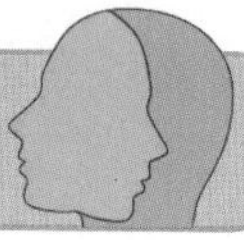

고백할 게 있습니다 166
아우구스티누스: 고백록

돌고 도는 물레방아 인생 171
보에티우스: 철학의 위안

최초의 원인 176
토마스 아퀴나스: 우주론적 신 존재 증명

인간은 존재하는가? 183
보편논쟁 1 (feat. 실재론, 유명론, 온건 실재론)

마동석은 정말로 용감한가? 189
보편논쟁 2

이성은 신앙의 적인가? 198
아베로에스와 토마스 아퀴나스: 신학과 철학의 문제

신을 위한 변론 203
변신론

간단한 게 답이다 210
오컴의 윌리엄: 오컴의 면도날

사자의 용맹, 여우의 간계 214
마키아벨리: 군주론

3장 ——— 근대

편견에서 벗어나기 224
베이컨: 4가지 우상론

만인에 대한 만인의 투쟁 228
홉스: 리바이어던

진짜 세계로 망명을 요청한다 233
데카르트: 나는 생각한다, 고로 존재한다

천국으로 가는 길 244
파스칼: 파스칼의 내기 논증

자연이 곧 신(GOD)이다 247
스피노자: 범신론

지식의 원천은 무엇인가? 250
로크: 타불라 라사 (feat. 데카르트)

세 얼굴의 철학자 258
라이프니츠: 모나드는 창이 없다

복희씨와 라이프니츠 265
복희씨: 주역의 논리적 체계

우주에 손만 하나 남는다면… 270
뉴턴과 라이프니츠: 시간과 공간 이론

존재하는 것은 지각되는 것이다 274
버클리: 주관적 관념론

강박적 미니멀리스트 280
흄: 자신까지 갖다 버린 미니멀리스트

그들의 이기심이 만들어 낸 저녁식사 292
애덤 스미스: 보이지 않는 손

코페르니쿠스적 전환 299
칸트: 순수이성비판 1

직관 없는 개념은 공허하다 307
칸트: 순수이성비판 2

누가 도덕적인가? 316
칸트: 실천이성비판

국화꽃을 사랑한 소쩍새 324
칸트: 판단력비판 1 (아름다움에 대하여)

불쾌하지만 좋은 감정 334
칸트: 판단력비판 2 (숭고에 대하여)

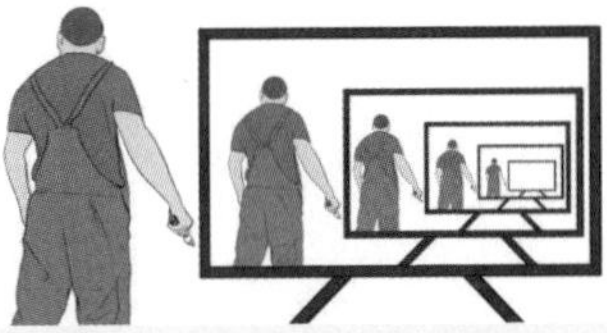

저 아저씨를 밀면 5명을 살립니다 342
공리주의 (feat. 벤담, 밀, 스펜서)

헝클어진 위계질서 352
피히테: 주관적 관념론

모든 소가 검게 보이는 밤 358
셸링: 객관적 관념론

고독도 능력이다 361
쇼펜하우어: 의지와 표상으로서의 세계

목숨을 건 인정투쟁 367
헤겔: 정신현상학 1 (feat. 칸트, 피히테, 셸링)

돈키호테가 된 나폴레옹 373
헤겔: 정신현상학 2 (feat. 칸트, 피히테, 셸링, 인공지능)

헤겔을 뒤집어 버린 반항아 381
마르크스: 변증법적 유물론 (feat. 자본론, 잉여가치설, 과학적 사회주의)

Special Section 1 논리학

600년 동안 부른 이상한 노래 394
아리스토텔레스: 고전논리학

논리적 사고, 과학적 방법 1 404
연역 (feat. 아리스토텔레스, 데카르트, 갈릴레오)

논리적 사고, 과학적 방법 2 410
귀납 (feat. 베이컨, 밀, 러셀, 흄)

네가 김태희면, 나는 장동건이다 417
조건문의 진리조건

난 너만 있으면 돼 424
필요충분조건

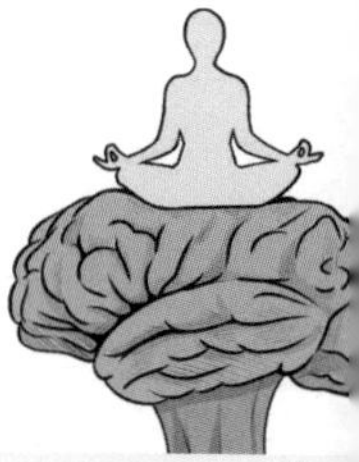

초랑과 파록에 대하여 429
새로운 귀납의 문제

제대로 말하는 법 433
형식적 오류 (feat. 정언논리학, 명제논리학)

Special Section 2 미학

이렇게 읽는 방법도 좋아요

문제는 비율이야 113
플라톤: 미의 대이론

형님, 그냥 발렌타인 17년으로 갑시다 140
아리스토텔레스: 미학

국화꽃을 사랑한 소쩍새 324
칸트: 판단력비판 1 (아름다움에 대하여)

불쾌하지만 좋은 감정 334
칸트: 판단력비판 2 (숭고에 대하여)

나는 마그리트가 아니다 444
미셸 푸코: 이것은 파이프가 아니다

우리는 음악을 들으면 왜 감동하는가? 448
음악심리에 대한 철학적 고찰 1

우리는 음악을 들으면 왜 신나는가? 455
음악심리에 대한 철학적 고찰 2

에필로그_'철학 마을'에 오신 걸 환영합니다 463

「5분 뚝딱 철학 – 생각의 역사」 시리즈(전2권) 철학사 지도

	분야	고대	중세
진	존재론	**만물은 무엇인가?** 탈레스, 아낙시만드로스, 아낙시메네스, 피타고라스, 엠페도클레스, 데모크리토스 **세계는 변화하는가?** 헤라클레이토스, 파르메니데스, 제논 & 멜리서스, 테세우스 배, 아리스토텔레스	**신/보편자는 존재하는가?** 토마스 아퀴나스 보편논쟁 1, 보편논쟁 2
	인식론	**진리는 절대적인가, 상대적인가?** 고르기아스, 프로타고라스, 소크라테스(노예) 플라톤(동굴), 피론	**진리란 무엇인가?** 오컴의 윌리엄
	논리학	**논리학이란 무엇인가?** 아리스토텔레스	
	과학과 수학		
	언어와 구조	 	
선	윤리학	**어떻게 살 것인가?** 프로타고라스, 소크라테스(무지), 디오게네스, 스토아, 에피쿠로스, 아리스토텔레스(니코마코스)	
	종교철학	**철학과 종교를 어떻게 연결할 것인가?** 플로티노스, 보에티우스	**철학과 종교는 화해할 수 있는가?** 아우구스티누스, 아베로에스 & 아퀴나스
	정치철학	**이상국가란 무엇인가?** 플라톤(영혼의 세 영역), 플라톤(이데아론), 플라톤(이상국가)	
	심리학		
미	미학	**예술이란 무엇인가?** 플라톤(미의 대이론), 플라톤 & 아리스토텔레스	

*본문에서 각 유튜브 QR 코드를 눌러 보세요.

근대	현대
물질과 정신 중 무엇이 진짜인가? 데카르트, 스피노자, 라이프니츠(괘, 세 얼굴)	**존재란 무엇인가?** 스티븐 와인버그, 물리주의, 결정론 & 자유의지 1, 2 후설, 하이데거, 데리다, 들뢰즈
시간과 공간은 무엇인가? 뉴턴 & 라이프니츠	**시간이란 무엇인가?** 베르그송, 맥타가트
지식의 원천은 무엇인가? 로크, 흄, 칸트 1, 2	**진리는 절대적인가, 상대적인가?** 카, 포퍼, 쿤, 핸슨, 푸코, 게티어, 가상현실(뇌), 콰인, 실용주의
논리적 방법이란 무엇인가? 베이컨, 러셀 & 흄, 귀납, 연역	**논리적 방법론이란 무엇인가?** 헴펠, 조건문, 필요충분조건, 논리적 오류, 새로운 귀납문제, 형식적 오류, 명제 논리학
	**과학과 철학** 결정론 & 양자역학, 결정론 & 숙명론, 아인슈타인(안드로메다) 아인슈타인(상대성, 마이너리티), 루이스(시간여행), 존 설, 융(동시성), 헴펠, 파이어아벤트, 앨런 소칼, 존 벨, 테넷, 양자역학
	수학과 철학 프레게, 루이스 & 엘가, 괴델(불완전성) 튜링, 스티븐 셀빗, 칸토어, 수학의 기초론
	**언어란 무엇인가?** 프레게, 러셀, 비트겐슈타인(전기), 비트겐슈타인(후기), 성철 & 비트겐슈타인, 언어습득이론
	구조주의란 무엇인가? 소쉬르, 레비스트로스
어떻게 살 것인가? 애덤 스미스, 칸트, 파스칼, 공리주의	**어떻게 살 것인가?** 니체 1, 2, 마르크스, 한나 아렌트, 사르트르, 셀리그만, 사이먼 사이넥, 존 내쉬, 싱어 & 레건, 키르케고르, 야스퍼스
	신은 존재하는가? 변신론, 괴델(신)
정치를 어떻게 할 것인가? 마키아벨리, 홉스	**정의란 무엇인가?** 롤스 & 노직 & 왈저
	인간이란 무엇인가? 프로이트, 융(나), 아들러, 방어기제, 라캉 1, 2, 성격장애, 융(성격), 행동주의, 인공지능(전기양), 에릭슨, 사이버네틱스, 인본주의
아름다움이란 무엇인가? 칸트 1, 2	**예술이란 무엇인가?** 푸코, 음악심리 1, 2

1장

고대

만물은 무엇인가?

- 탈레스: 만물은 물이다_최초의 환원주의
- 아낙시만드로스: 아페이론
- 아낙시메네스: 만물은 공기다
- 피타고라스: 만물은 수이다
- 엠페도클레스: 4원소설
- 데모크리토스: 원자론

세계는 변화하는가?

- 헤라클레이토스: 만물은 흐른다_판타 레이
- 파르메니데스: 영원불변한 세계
- 제논의 역설 & 멜리소스: 변화와 운동은 가능한가?
- 테세우스의 배: 변화와 동일성의 문제
- 아리스토텔레스: 형이상학

진리는 절대적인가, 상대적인가?

- 고르기아스: 극단적 회의주의
- 프로타고라스: 인간은 만물의 척도
- 소크라테스: 산파술과 상기설
- 플라톤: 동굴의 비유와 이데아의 세계
- 피론: 고대 회의주의

어떻게 살 것인가?

- 프로타고라스: 인간은 만물의 척도
- 소크라테스: 무지의 지
- 디오게네스: 본능에 충실하라
- 스토아 학파
- 에피쿠로스: 쾌락주의
- 아리스토텔레스: 니코마코스 윤리학

철학과 종교를 어떻게 연결할 것인가?

- 플로티노스: 일자이론

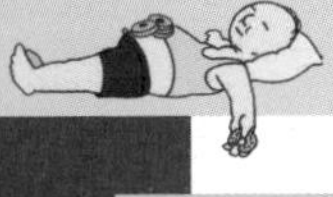

이상국가란 무엇인가?

- 플라톤: 영혼의 세 영역
- 플라톤: 이데아론
- 플라톤: 이상국가

예술이란 무엇인가?

- 플라톤: 미의 대이론
- 플라톤 & 아리스토텔레스

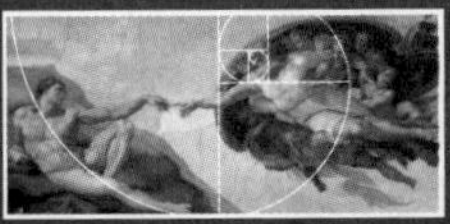

존재 고대 STEP 1

최초의 환원주의

탈레스: 만물은 물이다

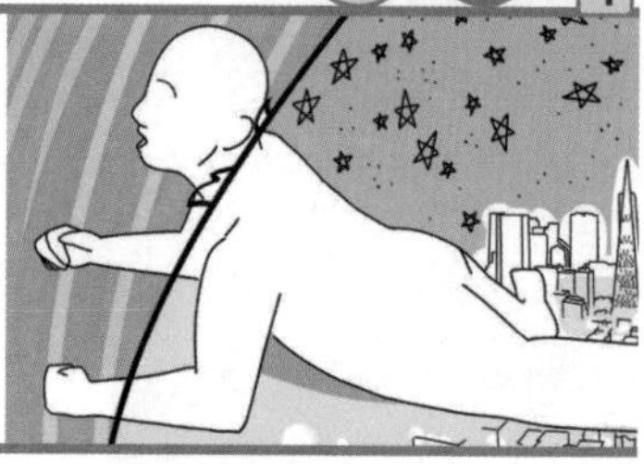

탈레스

우리 주변에는 이른바 원조라는 것이 수없이 많죠. 장충동 왕족발도 신당동 떡볶이도 원조가 있어요. 문제는 서로 원조라고 주장한다는 거예요. 그러다 보니 원조, 원조 1호, 진짜 원조, 원조의 원조라는 말까지 생겨났죠.

서양철학에도 원조가 있습니다. 맛집과는 달리, 철학에서는 모두가 단 한 사람을 원조라고 하는데 바로 탈레스BC 625?~BC 546?입니다. 아리스토텔레스는 그를 '철학의 아버지'라고도 했죠. 왜 탈레스를 서양철학의 원조라고 할까요?

최초의 철학은 왜 자연철학이었을까?

고대 서양철학이라고 하면 흔히 소크라테스나 플라톤을 떠올립니다. 하지만 이들보다 앞서 나타난 인류 최초의 철학자들이 있었으니 바로 **자연철학자**들이에요.

이들은 기원전 6~4세기에 소아시아에서 주로 활동했어요. 탈레스가 태어난 소아시아의 밀레투스에서는 이후 아낙시만드로스와 아낙시메네스도 등장했는데, 이 자연철학자들을 '밀레투스 학파'라고 해요. 소

밀레투스 학파 = 소크라테스 이전 철학자들

크라테스 이전에 나타났다고 해서 '소크라테스 이전 철학자들'이라고도 해요.

그런데 왜 소크라테스 이전 철학은 자연철학이었을까요? 자연철학자들이 주로 활동한 소아시아는 4대 문명의 하나인 유프라테스·티그리스 문명이 싹튼 곳이에요. 커다란 강과 비옥한 토지를 바탕으로 농업이 발전한 곳이었죠. 그러니 자연히 하늘과 별, 계절, 날씨 등에 민감할 수밖에 없었어요. 그래서 인간보다 자연에 주목한 자연철학이 먼저 발전하게 된 것이죠.

당시 매년 여름이면 나일강이 범람했는데, 사람들은 나일강의 신 하피가 화가 나서 그렇다고 생각했어요. 실제로는 에티오피아 고원 일대에 내린 집중호우가 몇 개월이라는 시차를 두고, 나일강까지 흘러와 강물이 크게 불어났기 때문에 범람한 것이죠. 하지만 옛 사람들이 그 사실을 알 리가 없었죠. 탈레스는 나일강의 범람은 북쪽에서 불어오는 계절풍 때문이라고 했어요.

지금으로 봐서는 틀린 설명이죠. 하지만 중요한 것은 탈레스가 자연현상을 설명한 방식이에요. 나일강의 범람을 신의 분노 같은 초자연적 현상이 아니라, 계절풍과 같은 자연현상으로 설명한 거죠. 드디어 **세계를 이해하는 방식**에 변화가 생긴 것이에요.

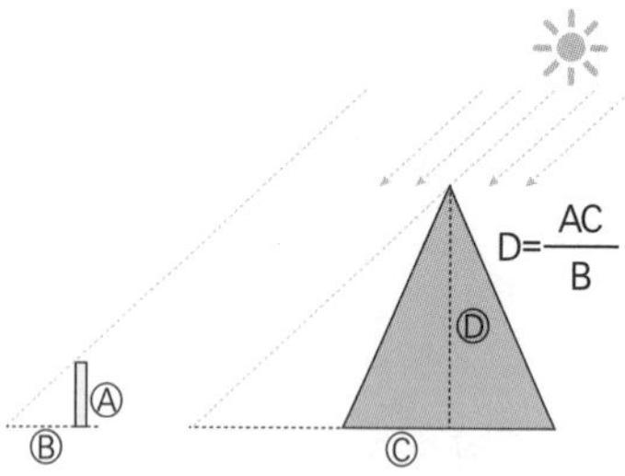

탈레스의 피라미드 높이 계산

탈레스의 설명은 요즘 우리가 아는 과학과 닮아 있죠? 그래서 탈레스를 '최초의 철학자이자, 최초의 과학자, 철학의 아버지'라고 해요.

탈레스는 기하학과 천문학에도 조예가 깊었어요. 여러 가지 기하학 정리들을 제시했을 뿐 아니라 피라미드의 높이를 그림자의 길이를 이용해 계산했어요. 또 해와 달의 움직임을 관찰하고 "기원전 585년 5월 22일에는 낮에 밤이 온다"라는 예언도 했어요. 인류 최초로 일식을 예언한 것이죠.

멋진 질문을 던진 최초의 철학자

【질문】 다음 중 가장 혁명적인 생각은 무엇일까요?

① 만물은 공기다.

② 만물은 원자다.

③ 만물은 쿼크다.

④ 만물은 물이다.

정답은 바로 "만물은 물이다"라는 생각이에요. 왜 그럴까요?

기원전 8세기에 헤시오도스가 그리스 신들의 계보를 정리한 『신통기』에 따르면, 태초에 무한의 공간에는 카오스가 있었어요. 그다음 대지의 신인 가이아와 모든 물질을 결합하고 생성하게 하는 정신적인 힘인 에로스'사랑의 신' 에로스가 아님가 생겨났다고 해요. '누가 이 세계를 만들었을까?' 사람들은 이 의문에 신화로 답한 것이죠.

그런데 탈레스는 이전과는 다른 질문을 던져요. "세계의 근원은 무엇인가?" 그리고 그 질문에 대해 "만물의 근원은 물이다"라고 답했어요. 비로소 인류가 신화에서 벗어나 세계의 본성을 찾고자 탐구를 시작한 것이죠.

철학은 세계와 인간에 대해 질문을 던지는 학문이에요. '무엇이', '왜', '어떻게'라고요. 그런 점에서 탈레스가 던진 **만물의 근원은 무엇인가**라는 질문은 당시 완전히 새로운 생각이었어요.

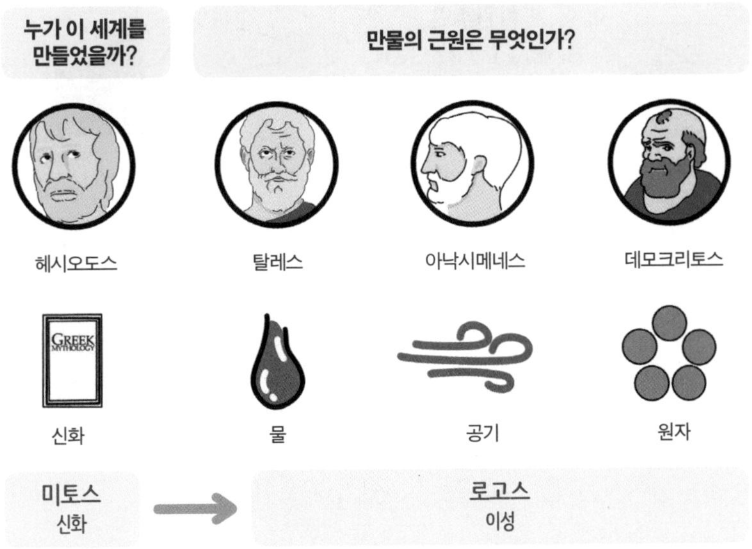

이후 아낙시메네스는 만물의 근원은 공기라고 답했고, 데모크리토스는 원자라고 주장했어요. 후대에 이 원자 모델은 돌턴, 톰슨, 러더퍼드, 보어의 모델로 발전했죠. 현대에는 만물은 양성자와 중성자로 되어 있고, 이것은 다시 쿼크로 이루어져 있다고 해요.

그런데 곰곰이 생각해 보세요. 앞의 질문에서 무엇이 가장 혁명적인 생각일까요? 바로 만물의 근원에 대한 최초의 질문을 던진 탈레스의 "만물은 물이다"라는 생각이에요.

탈레스는 최초로 환원주의적인 생각, 철학적 사유를 시작한 거죠. **환원주의**는 복잡하고 변화무쌍한 자연도 근본적으로 가장 단순하고 변하지 않는 뭔가로 구성되어 있다고 봐요. 탈레스의 생각과 주장은 이성적 사유의 시작, 즉 최초의 철학인 셈이죠.

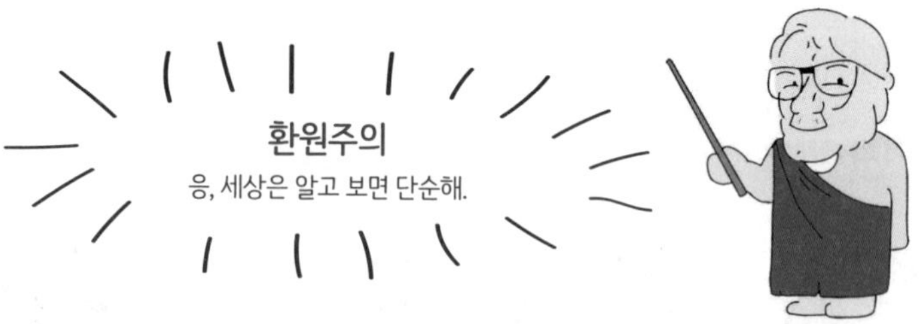

신화의 시대에 탈레스는 대담하게도, 변화무쌍한 자연도 근본적으로는 가장 단순하고 변하지 않는 뭔가로 구성되어 있다고 봤다.

미토스에서 로고스로

고대 그리스 사람들은 자연현상을 초자연적인 신화로 이해했어요. 천둥과 번개가 치는 것은 제우스가 노했기 때문이라고 생각했어요. 바다에 풍랑이 몰아치는 건 포세이돈이 화났기 때문이라고 봤고요. 고대 그리스 문명뿐 아니라 대부분의 고대 문명이 비슷했어요. 이러한 신화를 그리스어로 **미토스**mythos라고 해요.

철학적 사유는 미토스의 반대편에 있어요. 자연철학자들은 자연현상을 이성적인 생각으로 이해하려고 했어요. 그리스어로 이성적 사유를 **로고스**logos라고 해요. 철학의 시작은 결국 미토스에서 로고스로 넘어가는 과정이었죠. 자연철학자들을 통해 드디어 철학이 시작된 거죠.

현대의 물리학자들은 물질을 입자가속기에 넣어 충돌시켜 쪼개고, 그 쪼갠 알갱이들이 과연 무엇인지 알아내기 위한 연구에 몇십 조나 되는 돈을 투자하고 있어요. 이유가 뭘까요? '만물의 구성 요소'에 대한 답을 찾기 위해서죠. 물리학자들의 연구결과는 탈레스가 최초로 던진 질문에 대한 최신 버전의 답이라고 볼 수 있어요.

우리는 아직도 탈레스가 던진 질문에 대한 답을 찾고 있어요. 이제 왜 탈레스를 최초의 철학자라고 하는지 이해가 되나요? 관점의 변화가 세상을 전혀 다르게 보도록 만들고, 몇천 년에 걸쳐 고민할 거리를 던져준 거예요. 근원적 질문을 던지고 답을 찾아가는 과정이 바로 철학인 거죠.

영상으로 한 번 더!

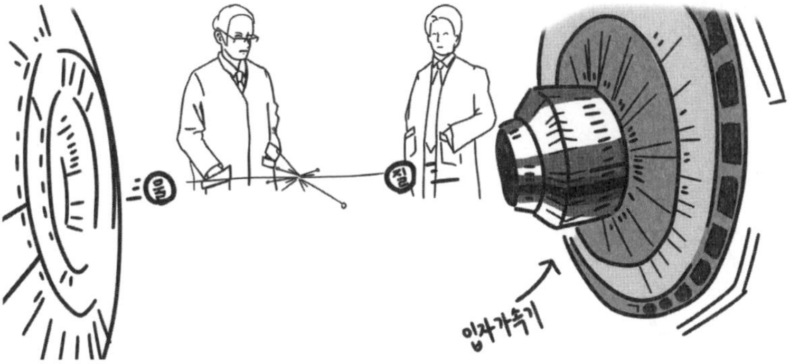

최초의 세계 지도

아낙시만드로스: 아페이론

(feat. 아인슈타인)

탈레스 아낙시만드로스 아낙시메네스

서양철학은 고대 그리스 이오니아 지역의 밀레투스라는 도시에서 시작됐어요. 밀레투스에는 세 명의 철학자가 있었는데, 탈레스와 그의 친구이자 제자인 아낙시만드로스, 그리고 아낙시만드로스의 친구이자 제자인 아낙시메네스예요. 이들을 **밀레투스 학파**라고 해요.

서양철학사에서는 탈레스를 '최초의 철학자이자 최초의 과학자'라고 해요. 탈레스가 '최초의 철학자'라는 데에는 대체로 이견이 없어요. 그런데 "최초의 과학자의 명예는 아낙시만드로스BC 610~BC 546?가 가져가야 하는 것 아니냐?"는 사람들이 있어요.

현대의 세계적인 이론물리학자 카를로 로벨리는 아낙시만드로스

를 **과학적 사고를 탄생시킨 최초의 과학자**로 꼽았고, 20세기 가장 영향력 있는 과학철학자 칼 포퍼도 "아낙시만드로스로부터 진짜 과학이 시작됐다"고 해요. 이들은 왜 아낙시만드로스를 최초의 과학자라고 할까요?

아페이론

최초의 철학자로 불리는 탈레스는 세상을 바라보는 새로운 방식을 제공했죠. 예컨대 고대 사람들은 매년 여름만 되면 나일강이 범람하는 이유를 강의 신이 화가 났기 때문이라고 생각했지만, 탈레스는 북쪽에서 불어오는 계절풍 때문이라고 했어요. 자연현상을 신과 같은 초자연적 힘이 아닌 또 다른 자연현상으로 설명한 거죠. 이것은 당시로서는 매우 획기적인 사고였어요.

또한 탈레스는 '만물은 물'이라고 주장했죠? 이는 지금 우리의 눈으로 보면 허접한 주장으로 보여요. 하지만 그의 이런 주장이 밑바탕에 담고 있는 생각은 놀라워요. '아무리 복잡하고 변화무쌍한 자연도 근본적으로는 가장 단순하고 변하지 않는 무언가로 구성되어 있다'는 것이죠.

그런데 아낙시만드로스는 이렇게 생각했어요.

'만물의 근원이 물이라고? 만약 탈레스의 주장처럼 만물의 근원이 차갑고 습한 물이라면, 뜨겁거나 건조한 성질인 불 같은 것들이 어떻게 존재할 수 있지? 만물을 이루는 가장 근본적인 물질은 어떤 특정한 성질을 가져서는 안 돼.'

아낙시만드로스는 만물의 근원을 **아페이론**이라고 해요. 아페이론Apeiron에서 A는 부정not을 뜻해요. 아페이론이란 '무엇이라고 규정되지 않는 것, 단정할 수 없는 것, 관찰되지 않는 것'을 말해요. 이처럼 만물의 근원을 아페이론이라고 해야 흙, 물, 불, 공기처럼 건조하거나 습하거나 뜨겁거나 차가운 것들이 존재하는 걸 설명할 수 있다는 거죠.

현대 물리학에서는 물질의 근원을 쿼크 같은 입자라고 해요. 이런 입자들은 흙이나 물 같은 특정한 성질을 가지고 있지 않죠? 그런 점에서 "만물의 근원이 되는 물질은 특정한 성질을 가져서는 안 된다"는 아낙시만드로스의 주장은 지금 우리가 봐도 상당히 세련된 생각이에요.

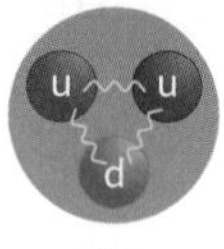

쿼크

아낙시만드로스의 대담한 우주론

만물의 근원을 물이라고 한 탈레스는 지구는 물 위에 떠 있고, 지진이 일어나는 이유는 물이 출렁거리기 때문이라고 생각했어요.

하지만 아낙시만드로스의 생각은 달랐어요. 우리가 사는 지구는 높이와 지름이 1 대 3의 비율인 원통형 구조물이라고 봤어요. 지구를 중심으로 구름으로 가려진 불의 고리가 있고, 구름에 난 구멍 사이로 보이는 것이 별, 달, 태양이라고 생각했죠. 세계는 위쪽에 유럽, 오른쪽에 아시아, 아래쪽에 리비아가 있다고 봤고요.

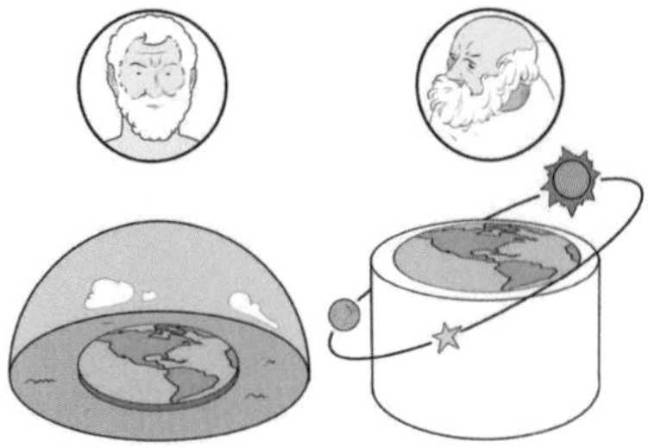
탈레스의 우주 아낙시만드로스의 우주

현대의 우리가 보면 조잡해 보이지만, 여기에는 대담한 주장이 들어 있어요. 지구가 그냥 허공에 떠 있다고 생각했다는 거죠. 아낙시만드로스는 이렇게 생각했어요.

'만약 지구가 물 위에 떠 있다면? 그 물은 뭔가의 위에 있어야겠지. 그것은 또 다른 뭔가의 위에 있어야 하고 말이야. 그리고 그 뭔가도 또 다른 뭔가의 위에 있어야 하고…. 이렇게 하다 보면 맨 아래에 있는 그 뭔가는 어차피 허공에 떠 있어야 해.

그렇게 생각하느니, 차라리 지구가 그냥 허공에 떠 있다고 생각하자! 그러면 문제가 간단히 해결돼.'

지금 우리는 지구가 우주공간에 떠 있다는 걸 누구나 알아요. 하지만 당시에 '지구가 허공에 떠 있다'고 생각하다니, 매우 **대담한 가설**이었죠.

20세기 최고 과학철학자
칼 포퍼(1902~94)

대담한 과학이론을 제시한 최초의 과학자

19세기 논리실증주의자들은 과학이론은 과학자들이 개별 사실들을 관찰하고, 이것을 일반화함으로써 점진적으로 발전한다고 생각했어요.

하지만 20세기 가장 영향력 있는 과학철학자 칼 포퍼는 과학적 방법론에 대한 획기적인 주장을 내놓았어요. 과학자가 먼저 관찰을 통해 '대담한 가설'가설 1을 세운다는 거죠. 그리고 그 가설에 반대되는 사례가 나오면, 그 가설은 폐기해요. 다시 새로운 가설가설 2을 세워요. 그리고 그에 대한 반증 사례가 나오면, 또다시 그 가설을 버려요. 그러고는 또 다른 새로운 가설가설 3을 세우고….

이렇게 반복하다가 드디어 어떤 가설에 대한 반례가 나오지 않으면, 과학이론으로 받아들인다는 거예요. 과학이론은 대담한 가설을 통해 한 번에 도약한다는 거죠.

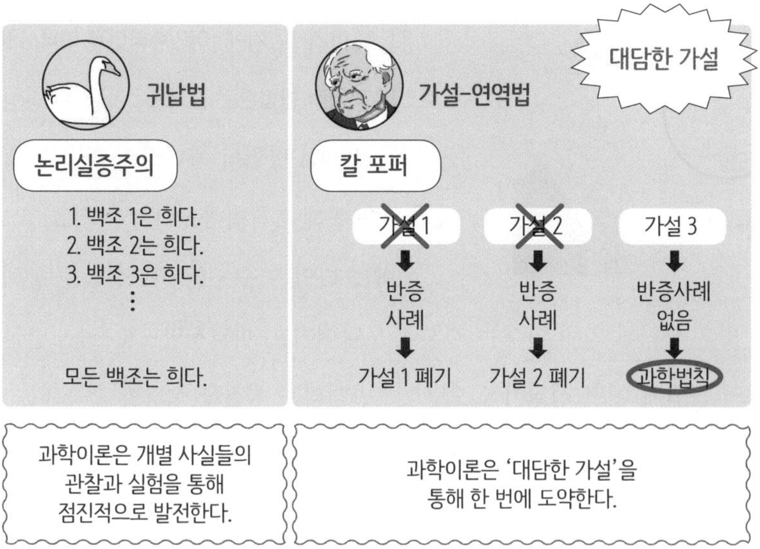

아인슈타인과 아낙시만드로스의 대담한 가설

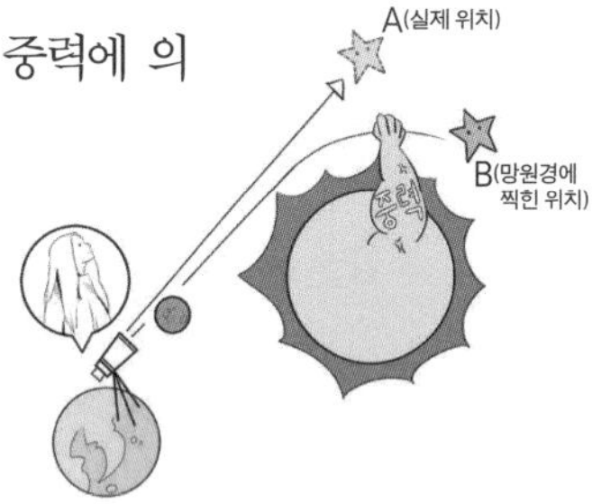

19세기 아인슈타인은 사고실험을 통해 "빛은 중력에 의해 휜다"는 대담한 가설을 내놓았어요. 그의 대담한 주장을 받아들이면, 오른쪽 그림의 A 별에서 나오는 빛은 태양의 중력에 의해 휘어서, 지구에서는 A 위치의 별이 B 위치에 있는 것처럼 보일 거예요평소엔 태양빛 때문에 이 별은 보이지 않아요.

1919년 5월 29일, 아프리카에서 일식이 일어났어요. 영국의 천문학자 스탠리 에딩턴은 태양 주위의 사진을 찍었죠. 그랬더니 실제로 A 위치의 별이 B의 위치에서 찍혔어요. "빛은 중력에 의해 휜다"는 아인슈타인의 대담한 가설이 맞은 것으로 확인된 거죠. 이때부터 아인슈타인은 세계적인 스타가 되었어요.

대담한 가설!

칼 포퍼가 보기에, **아인슈타인과 아낙시만드로스의 과학적 방법론은 같아요.** 이들은 경험을 통한 귀납적 방법이 아니라 논리적, 정합적 추론을 통해 과학법칙을 내놓은 거죠.

아인슈타인은 순수한 사고실험을 통해 '빛은 중력에 의해 휜다'는 결론에 도달했어요. 아낙시만드로스는 '만물의 근원에 어떤 성질이 있으면, 그 반대되는 성질을 설명할 수 없다'는 추론을 통해 '만물의 근원에는 아무런 성질이 없어야 한다'는 결론에 이르렀고요. 또한 지구를 떠받치는 물이 있다면, 그 물을 떠받치는 다른 뭔가가 있어야 하고, 그 뭔가는 또 다른 뭔가의 위에 있어야 하고…, 이렇게 하다 보면 맨 아래에 있는 그 뭔가는 어차피 허공에 떠 있어야 하므로, '지구는 그냥 허공에 떠 있다'는 대담한 가설을 내놓았죠. 그래서 아낙시만드로스를 '대담한 과학이론을 제시한 최초의 과학자'라고 해요.

최초의 철학자인 탈레스와 최초의 과학자인 아낙시만드로스가 활동했던 밀레투스는 당시 세계 최고의 문명도시였을 거예요. 2600여년이 지난 지금, 이곳은 무너진 유적만이 남아 있어요. 하지만 그들로부터 시작된 철학과 과학은 인간의 가장 고귀한 정신적 활동으로서 오늘날까지 이어지고 있죠. 인류 문명이 언제까지 지속될지 모르겠지만, 인류 문명이 지속하는 한 밀레투스의 철학자들도 기억될 거예요.

영상으로 한 번 더!

그래도 지구는 평평하다

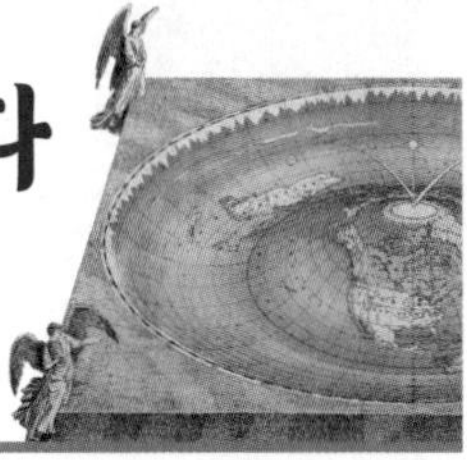

아낙시메네스: 만물은 공기다

(feat. 헤겔)

사실 서양철학사에서 아낙시메네스BC 585?~BC 528?는 그다지 중요한 철학자는 아니에요. 그저 '만물은 공기'라고 주장한 고대 철학자 정도로만 기억하는 사람들이 많죠. 하지만 좀더 살펴보면, 그의 주장에는 중요한 두 가지 포인트가 있어요.

종합하는 철학적 사고

고대 밀레투스 학파의 관심은 주로 '세상은 무엇으로 구성되어 있는가'였어요. 탈레스는 만물의 근원은 '물'이라고 했고, 아낙시만드로스는 '아페이론'이라고 했죠.

그런데 아낙시메네스는 만물의 근원을 물이라는 구체적인 물질로 보는 것도, 아페이론 같은 추상적인 물질로 보는 것도 문제라고 봤어요. 그는 절충안을 내놓았는데, 만물의 근원을 '공기'라고 해요. 그런데 이때 공기는 우리가 아는

만물의 근원은?

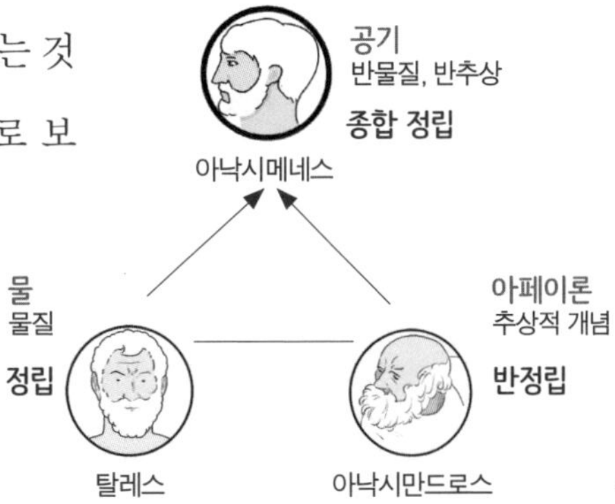

그 공기가 아니에요. 우주에 생명을 불어넣는 어두운 안개로서, 구체적인 물질과 추상적 개념의 중간 어디쯤에 속해 있는 거예요.

조금 예쁘게 포장하면, 세 철학자들의 설명 사이에는 헤겔의 변증법과 같은 정반합의 관계가 있어요. 만물의 근원이 구체적 물질인 물이라는 주장을 정립이라고 하고, 추상적인 물질인 아페이론이라는 주장을 반정립이라고 하면, 이 둘을 절충한 아낙시메네스의 공기는 바로 종합이라고 볼 수 있죠.

생각의 전환 — 만물의 근원에서 생성으로

아낙시메네스는 우리가 "하아~" 하고 입김을 약하게 불면, 공기가 희박해져서 따뜻해진다고 봤어요. "후우~" 하고 입김을 세게 불면, 공기가 응축되면서 차가워지고요. 공기가 계속 희박해지면, 점점 뜨거워지면서 연기, 불이 된다고 봤어요. 공기가 계속 응축되면, 점점 차가워지면서 구름, 물, 흙이 된다고 봤고요.

아낙시메네스는 "만물이 근원으로부터 어떻게 생성되었을까"에 관심을 가지고, **만물의 생성 과정**을 희박화와 응축화로 설명한 것이죠. 이러한 해법은 "양적 변화가 질적 변화를 일으킨다"는 당시로서는 획기적인 생각

이었어요. 아낙시메네스는 서양철학이 발전하는 과정에서 **존재에서 생성으로**라는 중요한 생각의 전환을 가져오는 데 큰 역할을 한 거죠.

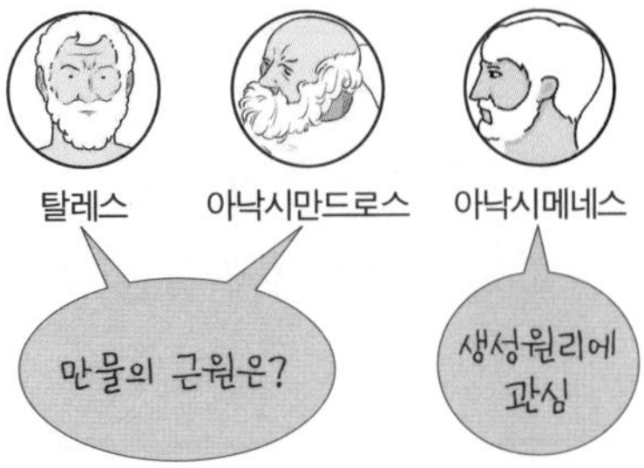

평평한 지구를 믿는 사람들

탈레스는 평평한 지구가 물 위에 떠 있다고 봤고, 아낙시만드로스는 원통형 지구가 공간 속에 떠 있다고 했고, 아낙시메네스는 평평한 지구가 공기로 둘러싸여 있다고 했죠.

그런데 21세기에도 지구가 평평하다고 믿는 사람들이 있어요. 지구평평학회는 우주에서 찍은 지구 사진은 나사에서 조작한 거고, 지구는 지름 4만 km의 원판이며, 가운데에 남극, 바깥쪽에 북극이 있고, 태양과 달은 원판 위를 돌고 있으며, 밤하늘은 원판을 덮고 있는 뚜껑이라고 믿어요.

1000년 후의 사람들은 21세기 지구평평학회의 주장을 어떻게 생각할까요? 어처구니없다고 하겠죠. 그런데 우리가 지금 믿고 있는 이론이나 신념 중에서 이와 비슷한 평가를 받을 게 없을까요? 장담할 일은 아닌 듯해요.

영상으로 한 번 더!

이게 왜 딱 안 떨어져요?

피타고라스: 만물은 수이다

루트 2 살인사건이라고 들어봤나요? '루트 2$\sqrt{2}$'랑 '살인사건'이 잘 연결이 안 되죠. 전해지는 이야기에 따르면, 고대 그리스 시대에 루트 2 때문에 살인사건이 발생했다고 해요.

2500여 년 전 그리스 시대로 가봅시다. 당시 철학자들은 만물의 근원이 무엇인지 궁금해했어요. 아리스토텔레스는 만물의 근원을 물, 불, 흙, 공기의 4원소라고 했고, 헤라클레이토스는 불, 아낙사고라스는 정신, 아낙시메네스는 공기라고 주장했죠. 그리고 피타고라스는 "만물은 수이다"라고 했어요. 피타고라스BC 570~BC 495는 야누스의 얼굴을 가졌어요. 하나는 수학자로서의 얼굴이고, 다른 하나는 사이비 종교 교주로서의 얼굴이에요.

사이비 교주 피타고라스?

피타고라스를 따르는 사람들이 모인 피타고라스 학파는 말이 학파이지, 사실 사이비 종교 집단과 비슷했어요. 모든 사이비 종교가 그렇듯이, 자신들의 교주를 신격화했죠. 전하는 말에 따르면, 피타고라스의 한쪽 허벅지는 황금으로 되어 있고, 강을 건너면 강이 인사를 했대요. 독사를

표도르 브로니코프, 「일출을 경배하는 피타고라스 학파」 그림 중 일부(1869)

물어 죽인 적도 있고독사가 피타고라스를 문 것이 아니라, 동물들을 모아놓고 설교를 하기도 했대요. 피타고라스 학파에는 '밖에 나가면 뒤를 돌아봐서는 안 된다'라든지, 콩에는 영혼이 있으니 먹지 말라는 등 이상한 계율도 있었어요.

대장간에서 발견한 음계

수학자로서의 피타고라스는 또 다른 모습이에요. 피타고라스가 "만물은 수이다"라고 주장한 이유는 이래요.

어느 날 피타고라스가 길을 걷고 있는데, 대장간에서 소리가 들렸어요. "탕! 탕~ 탕~." 어떤 날은 망치 소리가 듣기 좋지만, 어떤 날에는 듣기 불편했죠. 이유가 궁금해진 피타고라스는 연구를 시작했어요. 그리고 리라의 현絃을 가지고 실험한 결과, 특정 비율의 진동수가 있는 소리는 듣기 좋고, 그 반대의 경우에는 그렇지 않다는 사실을 알아내요.

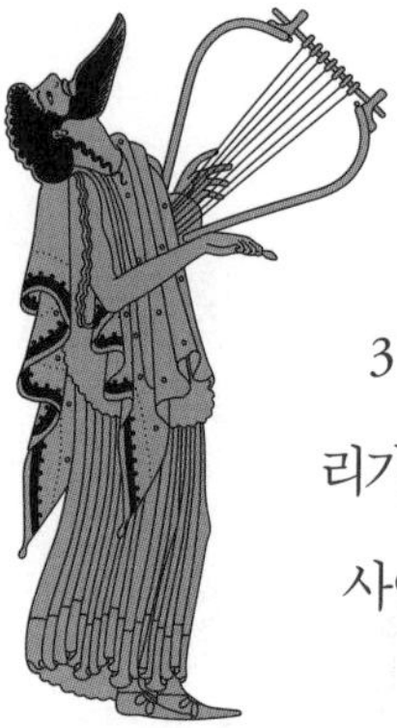

예를 들어 두 줄의 진동수 비율이 1 대 2, 2 대 3, 3 대 4처럼 간단한 정수비가 될 때, 조화롭고 듣기 좋은 소리가 난다는 사실을 발견했어요. 어떤 것이 조화로울 경우, 그 사이에는 수적인 관계가 있다는 사실을 알게 된 거죠.

세상을 수학으로 해석하다

피타고라스는 여기서 한 발 더 나아가, 천체의 운동도 어떤 수적 조화를 이루고 있기 때문에 조화롭다고 봤어요. 유레카! 이것은 대단한 생각이에요.

다른 철학자들은 만물의 구성요소에 주목하고, 물이니 공기니 하며 답했죠. 하지만 피타고라스는 **만물의 구성요소가 아니라 구성원리**수적 관계에 주목한 것이죠.

그런데 자연을 수학으로 해석할 수 있을까요? 가능해요. 요즘은 힘, 속도, 무게, 시간, 공간 등 모든 것들을 물리량으로 보고 수로 나타내잖아요. 아인슈타인의 특수상대성이론의 시간지연 현상도 수의 식으로 나타낼 수 있어요. 현대의 양자역학은 심지어 존재 자체를 물리량으로 보고 수로 나타내기도 해요.

$$\Delta x \Delta p \geq \frac{h}{2}$$

현대 양자역학은 존재 자체를 수로 나타내기도 한다.

아마 피타고라스가 부활해서 현대 물리학 교과서를 보면, 이렇게 말할 수도 있을 듯해요.

"봐라, 진작에 내가 그렇게 말하지 않았냐?"

루트 2 살인사건 — 피타고라스의 속마음

그런데 피타고라스에게 문제가 생겼어요. 끝이 없는 수인 무리수가 발견된 거예요. 두 변의 길이가 1인 삼각형의 빗변 길이는 '루트 2$\sqrt{2}$'인데, 이 루트 2는 1.41421 35623 73095 04880…로 끝이 없죠.

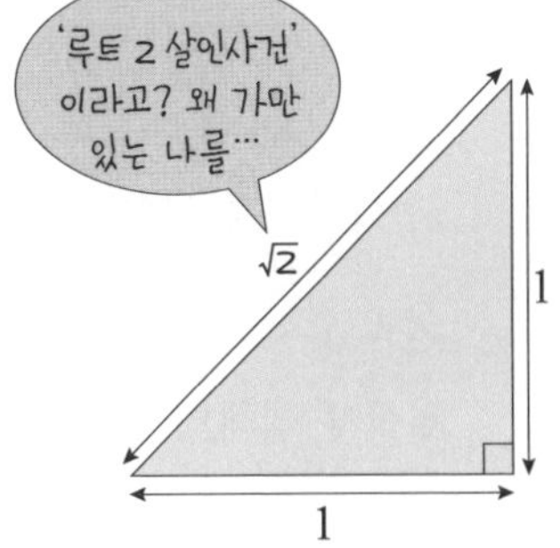

피타고라스는 참 곤혹스러웠을 거예요. 우주는 조화롭고, 그 이유는 수적 관계 때문이라고 했는데, 수적 관계를 규정할 수 없는 안 떨어지는 무리수가 나타났으니 말이에요. 그래서 제자들한테 무리수의 발견을 비밀에 부치라고 해요. 그런데 세상에 비밀이 있나요? 히파수스라는 제자가 동네방네 떠들고 다녔어요. 결국 다른 제자들이 그를 바다에 빠뜨려 죽였대요. 이 사건을 '루트 2 살인사건'이라고 해요.

피타고라스는 왜 무리수의 존재를 인정할 수 없었을까요? 이해할 수 없는 추상적인 개념이 현실세계로 들어오는 걸 참을 수 없었을지도 모르죠. 현대 물리학은 수학이라는 도구를 활용해 추상의 세계를 다뤄요. 거기서 말하는 수학적 결론은 너무 이해하기 어려운 경우가 많아요. 특히 양자역학이 그렇죠. 그러고 보면 무리수를 두지 않으려면, 추상적 개념을 어느 수준까지 받아들여야 할지 고민돼요. 너무 많이 받아들여도 무리수, 안 받아들여도 무리수 아닐까요? 무리한 농담, 죄송합니다.

영상으로 한 번 더!

존재 고대 STEP 1

화산에 몸을 던진 철학자

엠페도클레스: 4원소설
(feat. 제5원소)

"철학자이자 과학자, 사이비 교주이자 돌팔이 의사의 특징을 완벽하게 갖춘 전형적인 인물." 20세기 영국 철학자 버트런드 러셀의 고대 그리스 철학자 엠페도클레스BC 490?~BC 430에 대한 평가는 아주 적나라해요. 도대체 어떤 인물이길래, 이런 평가를 받았을까요?

사이비 교주 & 돌팔이 의사 & 철학자 & 과학자

시칠리아 섬 출신의 엠페도클레스는 신비로운 의술을 편다는 돌팔이 의사 같기도 해요. 호흡과 맥박이 멈춘 판테이아라는 여성을 30일 동안 살아 있게 만들었다는 믿지 못할 얘기가 전해져요. 그렇다고 완전 돌팔이 의사는 아니었던 듯해요. 의학의 아버지라고 불리는 히포크라테스가 그의 영향을 받았다고 해요.

엠페도클레스는 사이비 교주 같은 모습도 보여요. 계절풍으로 농사 피해가 커지자 제

삶의 본능+죽음의 본능

엠페도클레스 콤플렉스

17세기 살바로트 로사의 그림으로, 시칠리아 에트나 화산 분화구에 몸을 던지는 엠페도클레스의 모습을 그렸다.

사를 지내 바람을 막았다는 얘기도 전해져요. 에트나 화산의 분화구에 몸을 던져 자살했다고 해요. 시신을 찾지 못하게 하기 위해서요. 자기의 죽음을 신비화함으로써 따르던 사람들의 마음에 신으로 남기를 바란 것 같아요. 20세기 프랑스 철학자 가스통 바슐라르는 이를 죽음의 본능과 새로운 재생이나 불멸의 빛을 찾으려는 삶의 본능이 결합된 **엠페도클레스 콤플렉스**라고 해요.

엠페도클레스는 과학자의 모습도 보여요. 빈 물병을 거꾸로 물속에 담그면, 물이 물병 안에 들어가지 않죠? 이 사실을 통해 공기가 독립적인 물질이라는 것을 증명했어요. 양동이를 빨리 돌리면, 물이 쏟아지지 않죠? 이를 통해 원심력을 발견했어요. 식물에도 암수가 있고, 달빛은 해의 반사라는 것도 알아냈어요.

4원소설

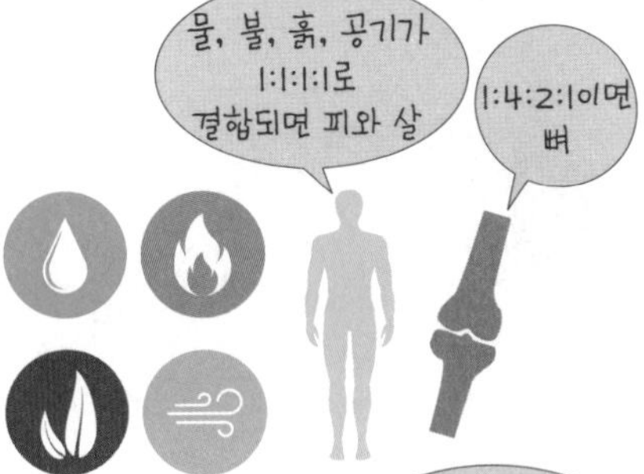

엠페도클레스는 만물의 근원은 물, 불, 흙, 공기의 **4원소**라고 생각했어요. 이 4원소가 사랑이나 미움의 힘으로 결합되거나 분리되면서, 만물이 생겨나고 소멸된다고 주장했죠.

엠페도클레스

또한 이 4원소가 어떻게 결합되는가에 따라 다양한 물질들이 나온다고 봤어요. 예컨대 물, 불, 흙, 공기가 1:1:1:1의 비율로 결합하면, 피와 살이 생긴다고 해요. 1:4:2:1의 비율로 결합하면, 뼈가 생기고요. 요즘의 우리 눈으로 보면 좀 이상하죠?

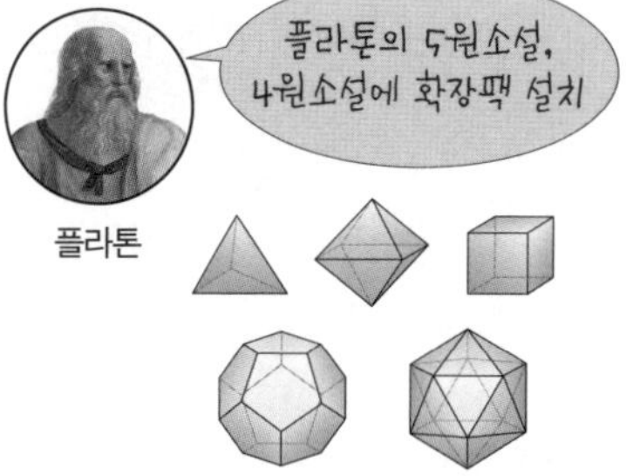

후에 플라톤은 4원소설에 확장팩을 설치해 **5원소설**을 주장해요. 그는 기하학을 좋아했던지라, 4원소는 각각 정이십면체꼭짓점 12, 정사면체4, 정육면체8, 정팔면체6의 형상을 하고 있다고 봤어요. 여기에 하늘의 배열에 정십이면체20가 쓰인다고 봤고요.

좀 유치해 보이나요? 아니에요. 20세기 양자역학의 선구자 하이젠베르크는 플라톤의 이러한 생각이야말로 소립자를 수학적 대칭성으로 생각함으로써 현대 물리학의 원형을 제시했다고 평가해요. 신기하죠?

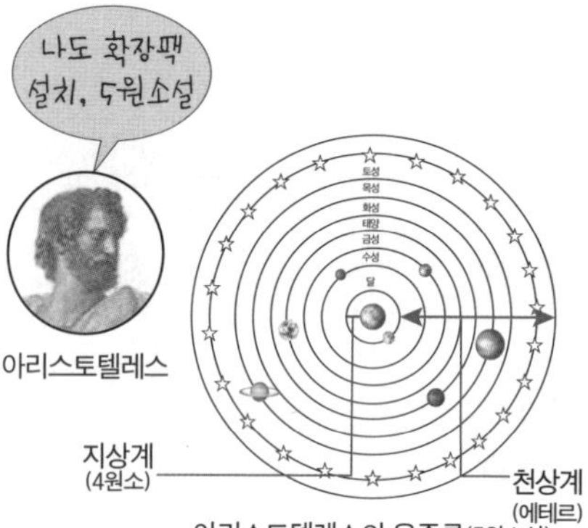

아리스토텔레스의 우주론(5원소설)

또한 아리스토텔레스는 플라톤의 5원소설을 받아들였어요기하학적 설명은 안 받아들임. 우주의 중심은 지구이고, 지구를 중심으로 달·수성·금성·태양·화성·목성·토성이 돌고, 그 바깥에 별들이 있다고 봤어요. 그리고 지구부터 달까지의 지상계는 물, 불, 흙, 공기의 4원소로 이루어져 있고, 달 바깥인 천상계는 제5원소인 에테르로 이루어져 있다고 생각했죠.

4원소설은 왜 영향력이 컸을까?

4원소설은 거의 2000년 동안 정설로 자리잡았어요. 4원소설의 영향력은 엄청나게 컸어요. 서양 의학의 아버지로 불리는 히포크라테스는 체액의 성질에 따라 사람의 기질이 흙담즙질형, 담즙질형, 점액질형, 다혈질형으로 나눠진다는 **4체액설**을 주장했을 정도였죠. 4원소설은 17세기에 와서야 영국의 화학자 로버트 보일에 의해 비판을 받았어요. 4체액설도 거의 19세기까지 명맥을 유지했고요.

히포크라테스

4원소설은 왜 이렇게 영향력이 컸을까요? 20세기 프랑스 인류학자 레비스트로스에 따르면, 인간은 기본적으로 선/악, 실재/가상, 배트맨/조커처럼 두 개의 요소가 대립하는 방식이항대립으로 생각해요. 이항대립을 한 번 더 하면 사항대립이 나오죠? 그래서 우리에게 4원소설이나 4체액설이 아주 그럴듯하게 보이고, 이런 설이 거의 2천 년 이상 살아남았다고 볼 수 있죠.

지금 우리는 원소가 118개 있고, 어떤 근본적인 힘에 의해 결합된다고 알고 있죠. 어찌 보면 이러한 개념의 원형을 엠페도클레스가 내놓았다고 볼 수 있어요.

물론 그는 원소를 4개밖에 제시하지 않았고, 4원소가 사랑과 미움의 힘으로 결합되거나 분리된다고 봤지만요. 기본적으로 원소들이 어떤 힘에 의해 결합되며 물질이 생성, 소멸된다는 걸 얘기했다는 점에서 현대 물리학과 맞닿아 있다고 볼 수 있죠.

영상으로 한 번 더!

판타 레이

헤라클레이토스: 만물은 흐른다

고대 그리스에는 큰 항구도시가 두 개가 있었는데, 바로 밀레투스와 에페소스예요.

헤라클레이토스BC 540?~BC 480는 에페소스의 왕족 출신이에요. 장남이었지만 워낙 '아싸'라 자리를 동생에게 물려주고, 신전 부근에서 은둔생활을 했다고 해요. 엄청난 독설가인데다가 기이한 행동을 일삼고, 워낙 수수께끼 같은 말을 해서 후대 사람들은 그를 '어두운/우는 철학자'라고 했어요.

헤라클레이토스는 『자연에 관하여』라는 책을 썼다고 전해지는데, 현재 남아 있지 않아요. 우리가 알 수 있는 것은 후대 철학자들이 해석한 헤라클레이토스의 철학일 뿐이에요.

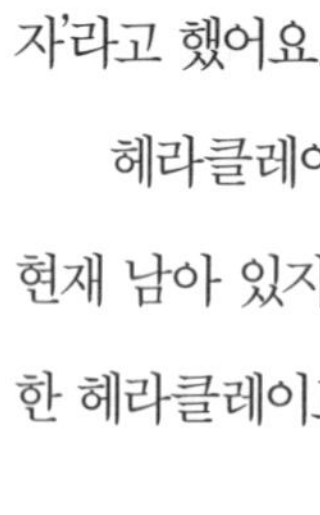

헤라클레이토스

만물은 흐른다

플라톤은 헤라클레이토스를 '운동과 변화'를 강조한 철학자라고 해요. "우리는 같은 강물에 두 번 발을 담글 수 없다." 헤라클레이토스가 남겼다는 유명한 말이에요.

어제 내가 발을 담근 강물과, 오늘 내가 발을 담그고 있는 강물은 다르죠? 마찬가지로 세상은 끊임없이 운동하고 변화한다는 거죠.

헤라클레이토스는 이것을 한마디로 **판타 레이**panta rhei, 즉 "만물은 흐른다"라고 했어요.

만물은 불이다

그렇다면 운동과 변화는 어떻게 가능할까요?

"싸움은 만물의 아버지요, 만물의 왕이다."

헤라클레이토스는 운동과 변화는 대립과 투쟁이 있기에 가능하다고 봤어요. 그리고 그 대립과 투쟁을 불의 이미지를 가져와 만물의 근원은 '불'이라고 해요.

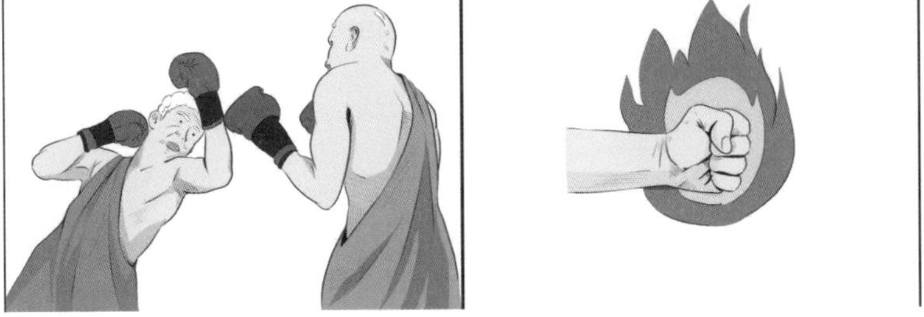

싸움은 만물의 아버지요, 만물의 왕이다.

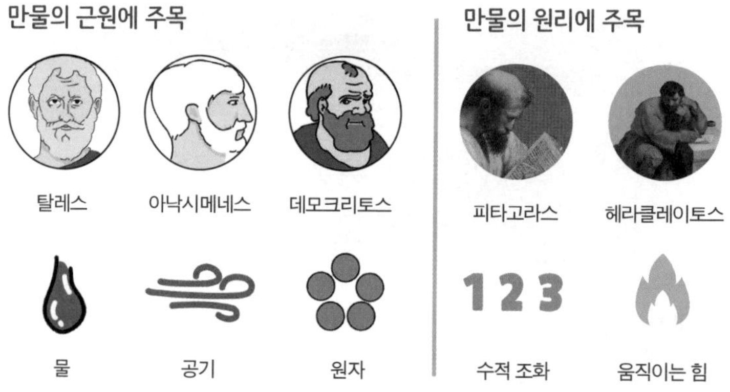

대부분의 고대 그리스 철학자들은 만물의 구성요소가 무엇인지에 주목했어요. 탈레스는 물, 아낙시메네스는 공기, 데모크리토스는 원자, 아리스토텔레스는 4원소라고 했죠. 반면 피타고라스는 만물의 근원은 수라면서 '수적 조화'에 주목했고, 헤라클레이토스는 만물의 근원은 불이라면서 어떤 것을 움직이는 '힘'에 주목했죠.

오르막과 내리막은 같은 것이다

오르막과 내리막, 밝음과 어두움, 전쟁과 평화, 살아 있는 것과 죽은 것은 서로 대립하는 것처럼 보여요. 하지만 오르막이 있어야 내리막이 있고, 밝음이 있어야 어두움이 있으며, 전쟁이 있어야 평화가 있고, 살아 있는 것이 있어야 죽은 것이 있을 수 있죠. 이처럼 서로 대립되는 것이 있어야 전체적인 조화가 가능해요.

"오르막과 내리막은 같은 것이다."

둘은 서로 대립하는 것처럼 보이죠. 하지만 실제로는 대립되는 것들이 서로 조화를 이루며 하나로 통일돼요. 후에 헤겔은 이것을 변증법으로 완성시켜요. 변증법은 뒤에서 살펴볼게요.

만물은 하나다

세계는 대립과 투쟁, 이로 인해 나타나는 운동과 변화를 통해 끊임없이 변해요. 하지만 그 변화의 밑바탕에는 변하지 않는 법칙이 있죠. 그것을 '로고스'라고 해요. 헤라클레이토스는 우주의 근원을 운동과 변화의 원리인 로고스로 봤어요.

로고스logos는 진리, 이성, 신, 말씀, 논리, 실재, 대화 등의 의미가 있어요. 도道라는 말과 의미가 비슷하죠. 동양에선 웬만하면 '도'라고 하면 다 통하듯, 서양에서는 웬만하면 '로고스'라고 하면 다 통해요.

Logos

진리, 이성, 신, 말씀, 논리, 실재, 대화, 도道

사실 헤라클레이토스만큼, 후대 철학자들에게 많은 영향을 미친 철학자도 별로 없을 거예요. 플라톤, 아리스토텔레스, 스토아학파, 헤겔뿐만이 아니라 니체, 하이데거, 베르그송, 들뢰즈 등 현대 거장들에게도 큰 영향을 주었어요. 그리고 동양사상, 특히 불교와 도교, 노자철학과 비슷하다는 의견도 많아요. 그리고 보면 헤라클레이토스는 애매하고 수수께끼 같은 말을 많이 남겼기 때문에, 오히려 후대 철학자들에게 다양한 의미로 해석되고 더 많은 영향을 미칠 수 있었던 것 같아요.

영상으로 한 번 더!

방구석 철학자

파르메니데스: 영원불변한 세계

고대 그리스 철학자들의 관심은 **아르케**arche였어요. 아르케는 만물을 지배하는 우주의 근본원리로, 만물의 근원이 되는 물질을 말해요. 탈레스는 아르케를 '물'이라고 하고, 아낙시메네스는 '공기'라고 했죠. 엠페도클레스는 '물, 불, 흙, 공기'의 4원소라고 봤고요. 이들 모두 자연을 관찰하고 그 속에서 아르케를 찾았어요.

그런데 파르메니데스BC 515~BC 445?는 생각이 좀 달랐어요. 아르케를 찾기 위해 자연을 관찰할 필요가 없다고 생각했어요. 그냥 방구석에서 하는 생각만으로 만물의 근원을 밝히고자 한 거죠.

헤라클레이토스 vs. 파르메니데스

철학계에도 라이벌이 있어요. 최초의 라이벌로는 헤라클레이토스와 파르메니데스를 꼽을 수 있죠. 헤라클레이토스BC 540?~BC 480?는 고대 그리스 최대의 무역 도시국가였던 에페소스 태생이고, 파르메니데스BC 515?~BC 445?는 작고 조용한 변방의 도시국가 엘레아 출생이에요.

라파엘로, 〈아테네 학당〉(1511) 중 일부

둘의 생각은 매우 달랐어요. 헤라클레이토스는 "세상이 변한다"고 주장했죠. 파르메니데스는 "세상의 변화는 불가능하다"고 봤고요. 어찌 보면, 헤라클레이토스는 눈에 보이는 현실세계를 있는 그대로 보라는 것이고, 파르메니데스는 냉철한 이성의 눈으로 보라는 거죠.

그런데 조금 이상해요. 세계는 항상 변화하는 것 아닌가요? 파르메니데스는 어째서 세상이 변하지 않는다고 주장했을까요?

'변화는 불가능하다'는 파르메니데스의 문제

"뭐 이런 걸 꼭 철학이라고까지 해야 해?" 철학공부를 하다 보면 이런 말을 할 만큼, 뻔하고 당연한 주장이 있어요.

"어떻게 이런 생각까지 했을까?" 이런 말을 할 만큼 엉뚱하고 황당한 생각도 있고요. 하지만 말도 안 되는 우스운 생각 같지만, 그렇다고 해서 무시할 수 없는 놀랍고도 창의적인 주장을 한 철학자들도 있어요. 그중 하나가 바로 파르메니데스예요.

【질문】 세계는 변할까요, 변하지 않을까요?

파르메니데스는 '세상의 변화는 불가능하다'고 봤어요. 세상이 변하는 것처럼 보이는 건 전부 허상이라고 본 거죠.

그렇다면 얼음이 녹아 물이 되는 건 변화가 아닐까요? 파르메니데스는 우리의 감각으로만 보면 얼음이 녹아 물로 변한 것처럼 보이지만, 이성으로 꿰뚫어 보면 변화한 게 아니라고 해요.

파르메니데스는 "있는 것은 있다. 없는 것은 없다"고 하고, 운동과 변화는 불가능하다고 주장했어요. 그의 주장을 논증으로 보죠.

파르메니데스

(전제1) 있는 것은 있다.
(전제2) 없는 것은 없다.
(결 론) 운동과 변화는 불가능하다.

전제1인 "있는 것은 있다"는 맞는 말이죠. 파르메니데스가 왜 이런 말을 했는지는 모르겠지만, 어쨌든 있는 것은 있는 거죠.

전제2인 "없는 것은 없다" 또한 맞는 말이에요. 없는 것은 그냥 없는 거죠.

파르메니데스는 이 두 전제를 바탕으로 운동과 변화를 부정해요. 있는 게 없어지거나 없는 게 있어져야 변화와 운동인데, 있는 게 있고 없는 게 없으니 운동과 변화가 불가능하다는 거죠. 어렵죠? 좀더 쉽게 풀어 얘기해 볼게요.

【질문】 뜨거운 커피가 한 잔 있었는데, 지금은 차가운 커피가 되었다고 하죠. 원래 있던 '뜨거운 커피'는 어디로 사라졌을까요? 파르메니데스에 따르면, 있는 것은 있는 건데, 어떻게 갑자기 없는 게 된 거죠?

또한 1시간 전에 '뜨거운 커피'가 있을 때는 '차가운 커피'가 없었는데, 지금은 있어요. 없는 건 없는 건데, 어떻게 갑자기 있는 게 되나요?

파르메니데스의 주장에 따르면, 커피가 뜨거운 것에서 차가운 것으로 바뀌어도, 차가운 커피나 뜨거운 커피나 그냥 똑같은 커피예요. 따라서 변화는 불가능하다고 봤어요.

【질문】 커피 한 잔이 놓여 있어요. 이 커피가 A 지점에서 B 지점으로 이동할 수 있나요?

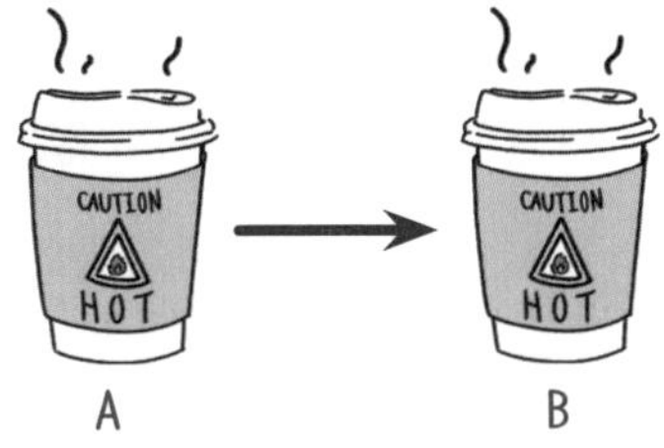

파르메니데스의 주장에 따르면 운동도 불가능해요. 커피가 이동하려면, 대기에 빈 공간이 있어야 하죠. 그런데 빈 공간이란 아무것도 없는 거죠. 파르메니데스에 따르면, '없는 것은 없는 것'이니 빈 공간은 없어요. 공간이 없으므로, 이 커피는 A에서 B로 이동할 수 없어요. 커피컵이 이동한 것처럼 보이지만 허상일 뿐이라고 봐요.

파르메니데스는 이처럼 세상이 변화하는 것 같지만, 그것은 우리의 착각일 뿐이라고 해요. 이성의 눈으로 꿰뚫어 보면 변화하는 게 아니란 거죠. 그는 세계를 영원히 변하지 않는 하나의 단일체로 봤어요.

파르메니데스의 이러한 주장이 쉽게 이해되나요? 잘 이해가 안 되죠? 저도 잘 이해가 안 돼요. 그런데 이 주장이 놀랍고 독창적인 이유가 있어요. 어디가 틀린 것 같긴 한데, 틀린 게 어디냐고 물어보면 대답하지 못한다는 거예요.

파르메니데스

이성으로 꿰뚫어 보는 세계

파르메니데스 철학은 이후 원자론의 발전에 중요한 역할을 한 데모크리토스에게 영향을 미쳤어요 데모크리토스 편에서 설명. 이후 플라톤의 이데아 사상으로 이어졌고요. 파르메니데스는 이성을 통해 세계를 꿰뚫어 볼 수 있다고 했죠? 이는 플라톤에 와서 이성을 통해 이데아를 파악할 수 있다는 아이디어의 밑바탕이 됐어요.

서양철학은 플라톤의 그늘 아래 있다고들 해요. 그런 점에서 보면, 파르메니데스가 서양철학 전체에 영향을 미쳤다고 볼 수도 있을 거예요.

파르메니데스와 플라톤, 그리고 서양철학을 관통하는 핵심 아이디어는 이거예요. **감각이 주는 것은 거짓이다. 세계의 진짜 모습은 이성을 통해 존재를 꿰뚫어 봐야 알 수 있다.** 그래서 다른 철학자들이 아르케를 찾기 위해 자연을 관찰할 때, 파르메니데스는 방구석에서 사색에 잠겼던 것이죠.

영상으로 한 번 더!

여기서 잠깐 서양철학 마을의 '있다/이다'와 be 동사

외국인들은 한국어를 공부할 때, '있다'와 '이다'를 구분하지 못해 헷갈려해요. 그도 그럴 것이, 영어에서는 '있다'와 '이다'가 모두 be 동사를 사용하니까요.

우리말은 "커피가 있다. 그것은 뜨거운 것이다"처럼, '있다'와 '이다'를 구분하죠? 하지만 영어는 "There is a coffee존재. The coffee is hot상태"처럼 둘을 구분하지 않죠. 그러다 보니, 외국인들은 be 동사를 한국어로 번역할 때, 때로는 '있다'로, 때로는 '이다'로 번역하는 걸 어려워하는 거죠.

커피가 있다. 그것은 뜨거운 것이다.
존재 상태

There is a coffee. The coffee is hot.
존재 상태

고대 그리스인들에게도 '있다'와 '이다'의 구분이 없었어요. '있다'는 존재에 관한 말이고, '이다'는 상태에 관한 말이죠.

"있는 것은 있고, 없는 것은 없다"는 존재에 관한 문장이죠. 그런데 고대 그리스어에 '있다'와 '이다'의 구분이 없다 보니, "커피는 뜨겁다" 같은 상태에 관한 문장에 그대로 적용한 거예요. 즉, 커피의 존재있고 없음만 있을 뿐, 상태뜨겁거나 차가운는 있을 수 없다고 본 거죠.

우사인 볼트의 100미터 기록은 정말일까?

제논과 멜리서스: 변화와 운동은 가능한가?

"만물은 변하는가?"는 서양철학의 오래되고 중요한 논란거리예요. 헤라클레이토스는 만물은 변한다고 했고, 파르메니데스는 만물은 변하지 않는다고 했죠. 파르메니데스에게는 두 명의 제자가 있었어요. 바로 사모스의 멜리서스와 엘레아의 제논이에요. 둘은 스승의 '만물은 변하지 않는다'는 주장을 증명하려 했어요.

멜리서스의 논증

멜리서스

멜리서스BC 480?~BC 400?는 '만물이 변하지 않는다'는 걸 어떻게 증명하려 했을까요? 그의 논증을 보죠.

1. 변화란 동일성을 전제로 해요. 어떤 사물이 변했다고 할 수 있으려면, 변화 이전과 이후의 사물이 '동일한' 것이어야 하죠.

어린이 마이클 잭슨

어른 마이클 잭슨

어린이 마이클 잭슨이 어른 마이클 잭슨으로 변했다고 할 수 있지만, 어른 타이슨으로 변했다고 할 수는 없죠? 전자는 동일한 사람이지만, 후자는 같은 사람이 아니니까요.

2. 그런데 변화는 이전과 이후의 사물을 다른 것으로 만들어 버려요. 어린이 마이클 잭슨은 어린이 속성을 가지고 있고, 어른 마이클 잭슨은 어른 속성을 가지고 있죠. 둘은 속성이 다르니 동일하다고 할 수 없어요.
3. 따라서 변화는 불가능하다는 결론을 내려요.

멜리서스의 논증을 정리해 보죠. 변화는 동일성을 전제로 하는데, 변화하면 속성이 변해 동일하다고 할 수 없어요. 따라서 변화는 불가능하다는 거죠.

제논의 역설

엘레아의 제논

엘레아의 제논BC 490?~BC 430?은 운동이 불가능하다는 스승의 주장을 증명하기 위해 4가지 역설을 내세워요. '운동이 가능하다'면 다음에서 소개할 4가지 역설이 생긴다는 거죠. 이를 통해 '운동은 불가능하다'는 결론을 내려요.

아킬레우스와 거북의 역설

그리스의 영웅 아킬레우스와 거북이 달리기를 한다고 합시다. 아킬레우스는 거북보다 10배가 빠르기에, 거북이 아킬레우스보다 100미터 앞에서 출발하기로 했다고 하죠.

달리기 시합을 시작해서 아킬레우스가 거북이 있던 자리인 100미터 앞으로 가면, 거북은 이미 10미터 앞에 가 있겠죠. 아킬레우스가 다시 10미터를 가면, 이번에는 거북은 1미터 앞에 있고요. 아킬레우스가

더 달려 1미터를 가면, 거북은 0.1미터 앞에 가 있겠죠. 아킬레우스가 거북이 있는 자리까지 가면, 언제나 거북은 더 앞에 가 있어요. 그러니 아킬레우스는 거북을 따라잡을 수 없어요.

제논은 이렇게 '아킬레우스와 거북의 역설'을 통해 운동이 불가능하다고 주장해요.

이분법의 역설

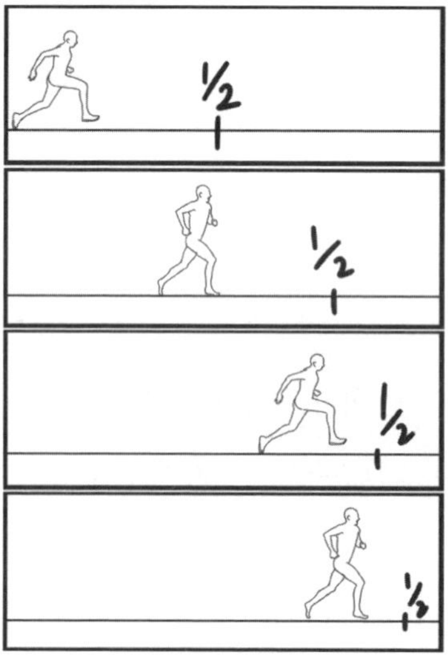

우사인 볼트가 100미터 달리기를 한다고 해보죠. 결승점까지 가려면, 2분의 1 지점을 통과해야 해요. 거기서 다시 결승점까지 가려면, 2분의 1 지점을 지나야 하고요.

우사인 볼트가 결승점에 도달하려면, 이처럼 무한한 지점을 통과해야 해요. 결승점에 점점 가까이 갈 수는 있지만, 도달하지는 못한다는 거죠. 제논은 이러한 '이분법의 역설'을 통해 운동이 실재하지 않는다는 주장을 편 거예요.

나는 화살의 역설

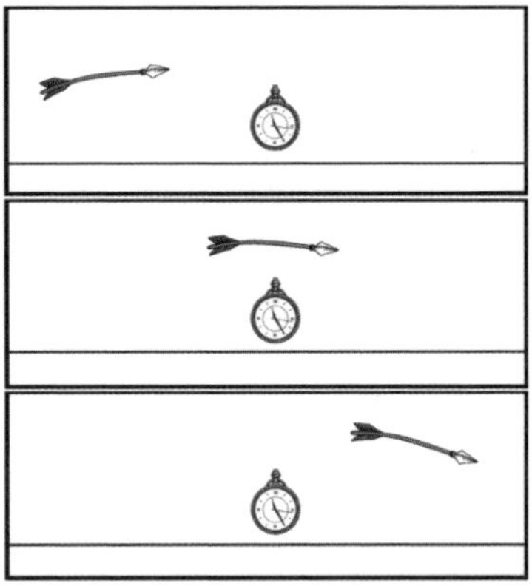

화살이 날아가는 순간을 보죠. '그 순간'에 화살이 멈춰 있죠? 다음 순간을 볼까요. '다음 순간'에도 화살은 멈춰 있어요.

화살은 모든 순간마다 멈춰 있어요. 화살이 날아가는 시간은 순간들로 이루어져 있고, 순간들이 모여서 시간이 돼요. 제논에 따르면, 이처럼 시간은 화살이 멈춰 있는 순간들로 구성되어 있기에, 나는 화살은 날 수 없다는 거예요. 제논은 '나는 화살의 역설'을 통해 변화와 운동이 불가능함을 논증하려 한 거죠.

기차역의 역설

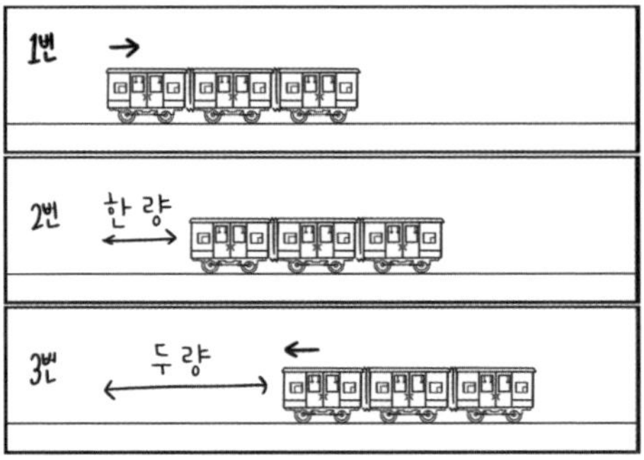

기차역에 1번, 2번, 3번 기차가 정지해 있다고 합시다. 이때 가운데 있는 2번 기차는 고장나서 계속 정지해 있고, 1번 기차는 오른쪽으로, 3번 기차는 왼쪽으로 똑같은 속도로 움직이고 있다고 하죠.

세 기차가 일직선이 되는 순간을 보죠. 처음과 비교하면, 1번 기차와 2번 기차의 위치는 한 량 길이만큼 차이가 나고, 1번 기차와 3번 기차는 두 량 길이만큼 차이가 나요. 그럼에도 불구하고 세 기차가 일직선상에 있게 된 것을 보면, 한 량이 움직인 시간과 두 량이 움직인 시간이 같다고 봐야 해요. 어떤 시간과 그 시간의 2배가 되는 시간이 같은 거죠.

제논은 이러한 4가지 역설을 통해 '운동이 가능하다'면 이런 모순이 생기므로, 결론적으로 '운동은 불가능하다'고 결론을 내려요.

그런데 우리는 운동이 가능하다고 생각하잖아요. 우사인 볼트가 달리고, 자동차가 이동하고, 비행기가 날고….

제논은 운동이 가능한 것처럼 보이는 이유는 감각자료가 주는 경험이 우리로 하여금 착각을 하게 만들었기 때문이라고 봤어요. 이성의 눈으로 꿰뚫어 보면 운동이 불가능한 것임을 알 수 있다는 거죠.

제논의 역설을 뒤집는 철학적 해법

아리스토텔레스의 반론

아리스토텔레스

먼저 아리스토텔레스 식으로 아킬레우스와 거북의 역설, 이분법의 역설의 요지를 정리하면 다음과 같아요.

제논의 논리

1. 아킬레우스가 거북을 따라잡기 위해, 또는 우사인 볼트가 결승점에 도달하기 위해 지나가야 하는 공간을 무한하게 분할한다.
2. 그런데 운동에 걸리는 시간은 유한하다.
3. 유한한 시간에 무한한 공간을 지나가는 것은 불가능하다. 따라서 운동이 불가능하다는 결론을 내릴 수 있다.

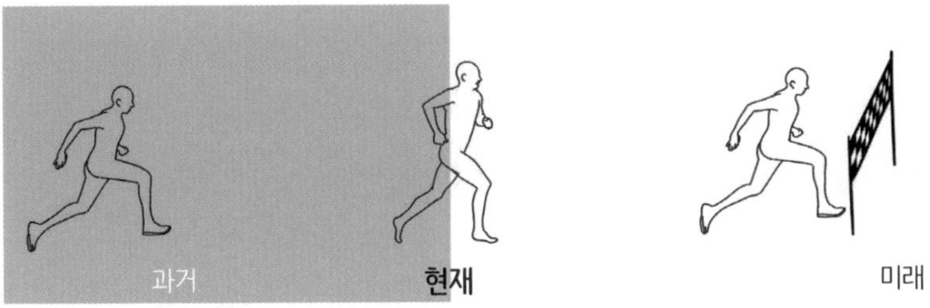

아리스토텔레스는 그중 2번을 공격해요. 공간을 무한하게 분할할 수 있다면, 시간도 무한히 분할할 수 있어요. 공간이 무한하게 짧아진다면, 그런 공간을 지나가는 데 필요한 시간도 무한하게 짧아진다는 거죠. 따라서 제논이 주장하는 역설이 생기지 않는다고 봤어요.

이번에는 '나는 화살의 역설'에 대한 아리스토텔레스의 해법을 보죠.

불경에 **찰나**刹那라는 말이 있어요. 대략 75분의 1초를 말해요. 그러면 순간은 찰나보다 길까요, 짧을까요?

순간은 찰나보다 길지도 짧지도 않아요. 찰나는 시간적 길이를 갖지만, 순간은 시간적 길이가 없기 때문이죠. '현재 이 순간'의 시간적 길이가 얼마죠? 1초인가요, 0.00001초인가요? '현재 이 순간'은 시간적 길이가 아니에요. 과거와 미래의 경계일 뿐이에요. 그래서 순간들을 아무리 모아봐야 시간이 되지 않아요. 다시 말해 시간을 순간들로 쪼갤 수 없어요. 그런데 제논은 시간을 순간들로 쪼개고, "봐라, 한순간만 보면 화살은 정지해 있는 게 아니냐? 그러니 운동이 불가능하다"고 했다고 비판해요.

베르그송의 반론

베르그송

프랑스 철학자 앙리 베르그송1859~1941의 제논의 역설에 대한 반론은 좀더 포괄적이에요.

베르그송에 따르면, 시간은 공간과 달라요. 시간은 더하거나 빼거나 나누거나 정지시킬 수 있는 게 아니에요. 그냥 흐르는 것, 그냥 지속하는 거예요.

따라서 아킬레우스가 거북이 있는 지점에 도착한 순간을 정지시킬 수 없어요. 우사인 볼트가 절반을 지나는 순간, 나는 화살, 기차도 정지시킬 수 없고요. 그런데 제논은 시간을 정지시킬 수 있다고 생각했기에, '제논의 역설'을 통해 운동이 불가능하다고 주장했다는 거죠. 그런데 제논이 왜 시간을 정지시킬 수 있다고 생각했을까요? 시간을 공간처럼 생각했기 때문이란 거죠.

"운동이 불가능하다"는 멜리서스나 제논의 주장은 어찌 보면 좀 황당해요. 하지만 어찌 되었든 논리적으로 구성되어 있기 때문에 말장난으로 치부할 수는 없어요. 이들의 주장이 어떤 부분이 잘못되었는지 따져 들어가면, 새로운 생각들을 이끌어낼 수 있어요.

우리는 멜리서스의 논증을 검토하며 '변화가 무엇인지, 동일성이 무엇인지'에 대한 새로운 생각들을 해볼 수 있었어요. 철학자들은 제논의 역설을 검토하며, '시간이란 무엇인지'에 대해 독창적인 아이디어를 얻기도 했어요. 멜리서스와 제논의 철학은 생각할 거리가 아주 풍부한 철학적 논의를 이끌어낸 거죠.

영상으로 한 번 더!

나는 정말로 나인가?

테세우스의 배: 변화와 동일성의 문제

서양철학에서는 고대 자연철학, 그리스 철학부터 '만물이 변하는가, 변하지 않는가'에 관한 오래된 논란이 있었다고 했죠?

만물은 당연히 변하죠. 탁자 위에 놓인 커피가 아까는 뜨거웠는데 지금은 미지근하고, 밖에 놔두면 차가워질 거예요. 그런데 고대 철학자 파르메니데스는 왜 "만물이 변하지 않는다"고 주장했을까요? 그의 주장을 좀더 살펴보죠.

마이클 잭슨은 여전히 마이클 잭슨이다

마이클 잭슨은 흑인이지만, 백반증을 앓아 나이가 들면서 피부가 하얘지고 성형수술 부작용까지 겪었어요. 나중에는 얼굴이 흑인인지 백인인지, 남자인지 여자인지 모를 정도가 되었죠.

하지만 아무리 얼굴이 변했어도, 팝의 제왕 마이클 잭슨은 여전히 마이클 잭슨이에요. 사람이 암만 변해도 그 사람의 동일성은 변하지 않아요.

【질문】 사람의 동일성은 왜 변하지 않을까요?
사람한테는 정신이나 영혼, 아니면 기억 같은 것이 있으니까요. 마이클 잭슨의 정신이나 영혼, 기억 같은 것이 있으니, 모습은 변해도 여전히 마이클 잭슨이죠.

그렇다면 커피를 볼까요? 아까 뜨거웠던 커피가 지금은 미지근해요. 그래도 아까의 커피와 지금의 커피는 같은 거예요.

그런데 커피는 왜 정신이나 혼, 기억이 있는 것도 아닌데, 동일성이 변하지 않을까요? 이것을 철학에서는 **지속**persistence**의 문제**라고 해요. 간단히 말해 '개별자가 변화하면서도 어떻게 자신의 동일성을 유지하는가?' 하는 문제예요. 이에 대한 몇 가지 이론을 살펴보죠.

테세우스의 배

그리스 신화의 영웅 테세우스는 괴물 미노타우로스를 죽인 후, 미노스 왕으로부터 아테네 아이들을 구해 델로스로 가는 배를 타고 탈출했어요. 아테네인들은 매년 이 전설을 기념하기 위해 델로스로 순례하는 배를 탔다고 해요.

아테네인들이 테세우스가 타고 다니던 낡은 배를 오래 보존하고 싶었다고 하죠. 낡은 배를 수리하기 시작해 하루에 하나씩 낡은 널빤지를 새 걸로 교체했다고 하죠.

1천 일이 지나자, 원래의 배에서 새로운 배가 생겼어요. 원래 테세우스의 배를 '오리지널 배'라고 하고, 새로운 배를 A 배라고 해보죠.

【질문】 테세우스의 오리지널 배와 A 배는 동일한 배인가요?

우리 몸의 세포는 30조 개 정도예요. 매일 수십만 개가 죽고 새로운 세포가 생겨요. 그런데 아무리 많은 세포가 새로운 세포로 대체되어도, 내가 다른 사람이 되는 것은 아니죠. 마찬가지로 테세우스의 배는 널빤지가 바뀌어도 여전히 테세우스의 배예요. 결론은 오리지널 배와 A 배는 동일해요.

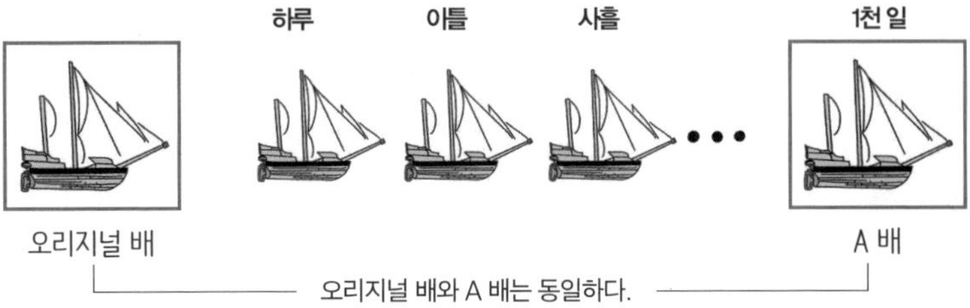

【질문】 이번에는 어떤 사람이 오리지널 배에서 나온 낡은 널빤지들을 버리지 않고, 몰래 하나씩 모았다고 하죠. 1천 일째 되는 날, 이것들을 다시 조립해서 오리지널 배를 복원했어요. 이 배를 B 배라고 하죠. 오리지널 배와 B 배는 동일한 배인가요?

오리지널 배와 B 배는 동일한 배예요. 내 책상을 분해해 옆방에 가서 다시 조립한다고 해보죠. 이때 원래 책상과 다시 조립한 책상은 부품이 같으니 동일한 책상이에요. 테세우스의 배도 마찬가지예요. 오리지널 배의 널빤지와 B 배의 널빤지가 전부 똑같잖아요.

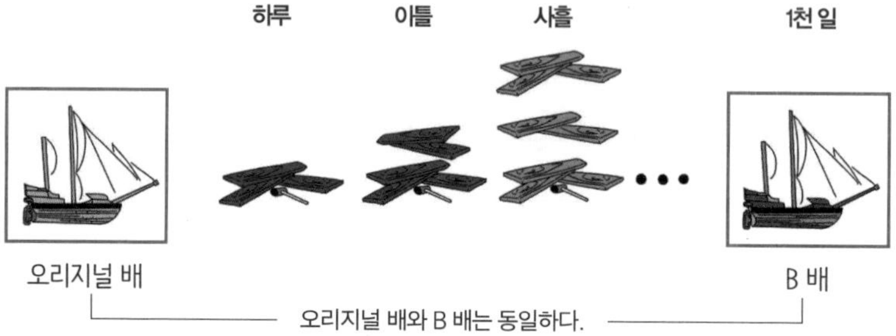

【질문】 오리지널 배가 A, B 배와 동일하면, A 배는 B 배와 동일할까요?

이것은 말이 안 되죠. '동일'은 같을 동同에 한 일一, '같으면서 하나'라는 말이에요. 영어로는 'one and the same'이라고 하죠. 따라서 A 배와 B 배가 동일하다는 건 하나라는 말이죠.

그런데 배가 하나가 아니라 둘이잖아요? 그러니 모순이 생기죠. 이 문제를 어떻게 해결해야 할까요?

새로운 해법

미지근한 커피가 한 잔 있다고 합시다. 이 커피는 아까는 뜨거웠는데, 지금은 미지근한 커피가 되었어요. '뜨거운 커피'는 어디로 갔나요? 뜨거운 커피는 없어진 게 아니라 10분 전 '거기'에 존재해요.

이 커피는 10분 후면 차갑게 식겠죠? 10분 전에는 '차가운 커피'가 아직 없었는데, 이제 있게 된 건가요? 아니에요. 차가운 커피는 한 시간 후 '거기'에 존재해요.

즉, 이 커피는 현재에만 존재하는 게 아니에요. 과거, 현재, 미래에 걸쳐 존재해요. 이 커피의 진면목은 과거 부분, 현재 부분, 미래 부분을 전부 합쳐야 볼 수 있는 거죠.

변화와 동일성에 대한 3가지 지속이론

다시 테세우스의 배 이야기를 보죠. 오리지널 배, A 배, B 배는 동일한 배일까요?

아리스토텔레스

먼저 **오리지널 배가 A 배와 동일**하다는 입장을 보죠. 우리 몸의 세포가 매일 수십만 개가 죽고 새로운 세포로 대체되어도, 내가 다른 사람이 되는 게 아니죠? 마찬가지로 매일 널빤지를 한 개씩 교체한 A 배는 오리지널 배와 같아요. 즉, 개별자는 시간을 뚫고 변화를 겪으면서 존재해요. 이것을 **이동지속이론**이라고 해요. 아리스토텔레스가 살아 있다면, 아마 이동지속이론을 지지했을 거예요.

파르메니데스

다음으로 **A 배와 B 배, 즉 두 척이 있다**는 입장이에요. 테세우스의 배가 A 배와 B 배로 변한 것이 아니며, A 배와 B 배가 각각 존재할 뿐이라고 봐요. 오리지널 배가 A 배와 B 배로 변했다는 건 인간의 착각일 뿐이라는 거죠.

이처럼 A 배와 B 배, 즉 두 척이 있다는 건 개별자가 일정 시간에 걸쳐서 존재한다는 거예요. 이를 **확장지속이론**이라고 해요. 파르메니데스가 살아 있다면, 아마 이 이론을 지지했을 거예요.

헤라클레이토스

마지막으로 **모든 배가 다른 배**라는 입장이에요. 오리지널 배, 하루 후, 이틀 후, 사흘 후의 배…. 비슷하긴 한데 동일한 배는 아니라는 거죠. 이것을 **찰나지속이론**이라고 해요. 헤라클레이토스라면 아마 이 이론을 지지했을 거예요.

이 3명의 철학자가 직접 이런 말을 한 건 아니고, 쉽게 설명하기 위해서 제가 분류한 거예요.

아인슈타인의 등판

확장지속이론에는 결정적인 문제가 있어요. 확장지속이론은 커피의 진짜 모습은 과거와 현재, 미래의 모습을 합한 것이라고 봐요. 그런데 지금 현재, 과거의 뜨거운 커피와 미래의 차가운 커피는 존재하지 않죠? 존재하지도 않는 것이 어떻게 존재하는 것의 부분일 수 있죠? 이 문제를 아인슈타인이 해결했어요.

아인슈타인은 상대성이론의 시간지연 현상을 받아들이면, 과거와 현재, 미래의 구분이 의미가 없어진다고 생각했어요. 따라서 뜨거운 커피도 과거 시점의 '거기'에 존재하고, 차가운 커피도 미래 시점의 '거기'에 존재한다고 할 수 있어요. 이렇게 보면 확장지속이론이 갖는 결정적 문제가 해결돼요좀 어렵죠? 2권의 과학철학 편에서 아인슈타인의 상대성이론을 참조하세요.

아인슈타인

고대에 일어난 변화와 동일성에 대한 논쟁이 현대에 들어 물리학의 문제가 되어 버렸어요. 오래된 철학적 문제를 과학이 해결해 준다는 건 흥미로운 일이에요. 고대의 영혼에 관한 문제를 현대 뇌과학이 답하는 것처럼 말이에요.

철학은 이처럼 현대의 과학에도 영감을 줘요. 아니, 현대의 모든 학문과 예술에도 영감을 줘요. 우리는 철학을 현실과 동떨어진 어떤 것으로 여기고 도외시해요. 하지만 철학이야말로 영감의 원천 중 하나라는 생각이 들 때가 있어요. 이 얘기는 뒤에서 풀어볼게요.

영상으로 한 번 더!

아무것도 존재하지 않는다

고르기아스: 극단적 회의주의

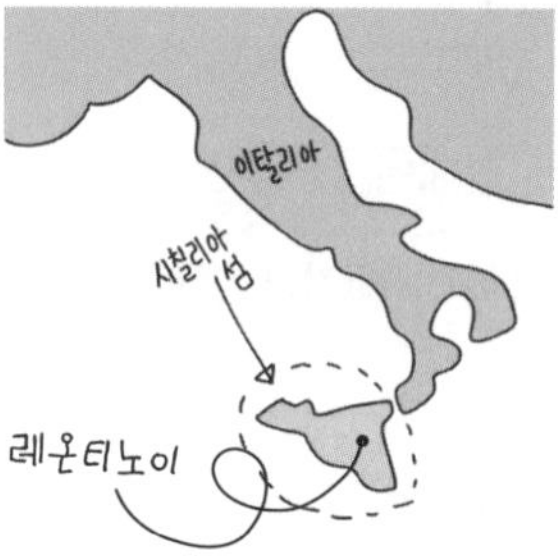

고르기아스BC 485?~BC 380?는 시칠리아의 그리스 식민지 레온티노이 출생의 소피스트로, 아테네에서 수사학 강의로 큰 인기를 끌었어요. 논쟁에서 이기는 법, 대중을 설득하는 기술 등을 가르쳤어요. 고대 그리스는 소송에 휘말렸을 때 스스로 변론해야 했기에 수사학이 매우 중요했어요.

고르기아스에게 진리는 중요한 문제가 아니었어요. 10여 세 어렸던 소크라테스는 그를 "진리엔 관심이 없고, 오직 대중을 현혹하는 자"라고 비난했어요.

고르기아스는 진리의 존재 자체를 의심하는 회의주의자였어요. **회의주의**는 크게 종교적 회의주의, 과학적 회의주의, 철학적 회의주의로 구분할 수 있어요. 종교적 회의주의는 어떤 신이나 종교도 믿지 않는 입장이고, 과학적 회의주의는 초능력·심령술·미신·수맥·점·굿 등과 같은 의사과학사이비과학을 믿지 않는 거예요. **철학적 회의주의**는 다소 성격이 다른데, 진리의 존재 자체를 의심해요.

비존재에 관하여

고르기아스는 진리의 존재 자체를 의심했어요. 『비존재에 관하여』에서 다음과 같이 명제 3가지를 제시해요. 이는 철학의 존재론, 인식론, 언어 등 거의 모든 분과를 아우르는 주장이라고 볼 수 있어요.

고르기아스는 진리란 존재하지 않으며, 존재하더라도 우리가 알 수 없고, 설령 안다고 해도 언어와 생각이 일치하지 않는 문제로 다른 이에게 전달할 수 없다고 해요.

누군가 "이 장미는 빨갛다"라고 말했다고 합시다. 그러면 우리는 말 그대로 빨간 장미를 떠올리겠죠? 하지만 어떤 사람은 노란 장미나 파란 장미를 떠올릴 수도 있어요. 다른 색깔을 평생 빨간색으로 알아왔을 수도 있으니까요.

설령 어떤 것을 안다 해도, 우리는 그것을 전달할 수 없다.

또는 선천적으로 눈이 안 보이는 사람에게 빨간색을 어떻게 말로 설명할까요? 빨간색이라는 관념은 개인의 경험일 뿐 언어로 설명할 수 없어요. 철학에서는 이를 '감각질 문제'라고 해요. 이 감각질 문제로 인해 생각과 언어는 일치하지 않아요. 그래서 설혹 진리가 있고, 그것을 안다고 해도 전달할 수 없는 거죠.

결국 고르기아스는 진리에 대해 3중으로 된 검은 장막을 쳐버렸다고 할 수 있어요. 그래서 **극단적인 회의주의**라고 해요. 그런데 회의주의에는 결정적인 문제가 있어요. 회의주의가 그 자체로 모순이라는 거죠.

【질문】 회의주의는 왜 그 자체로 모순일까요?
이유는 간단해요. 회의주의는 진리 따위는 존재하지 않는다고 하죠? 그런데 '진리는 존재하지 않는다'는 진리는 존재한다고 믿어요. 또한 진리는 전달되지 않는다면서, '진리는 전달되지 않는다'는 진리를 전달해요.

그런데 고르기아스의 논증에는 허점이 많지만, 결론 자체를 반박할 순 없어요. 이것을 한 사람이 칸트예요. 칸트는 일단 '인간은 진리를 알 수 없다'는 고르기아스의 결론을 수용하고, 거기서 한발 더 나아가서 우리에게 드러나지 않은 원래의 세계는 알 수 없지만, 우리에게 나타난 현상세계는 알 수 있으니 그것을 진리로 보자고 주장했어요.

그러고 보면 철학은 참 재미있는 학문이에요. 기원전 5세기 시칠리아 수사학자의 도전을 18세기 독일의 철학자가 받아내는 것을 보면 말이죠.

영상으로 한 번 더!

윤리 고대 STEP 1

판단은 내가 한다

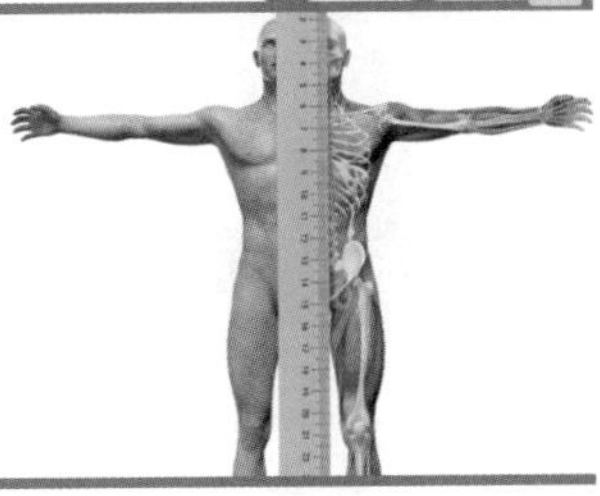

프로타고라스: 인간은 만물의 척도

고대 아테네에서는 논쟁에서 말을 잘해야 정치적으로 출세할 수 있었고, 소송을 당하면 스스로 변호해야 했어요. 아테네 시민들은 웅변술, 수사학, 법률에 관한 지식, 논쟁에서 이기는 법 등을 배웠죠. 요즘 일타 강사가 있듯이, 고대 아테네에도 일타 강사가 있었어요. 프로타고라스도 그런 소피스트 중 한 명이었어요.

프로타고라스

재미있는 일화가 전해져요. 프로타고라스가 수업료를 낼 돈이 없는 청년에게 외상으로 스스로를 변호하는 방법을 가르쳤어요. 청년은 첫 재판에서 이기면, 그 돈으로 수업료를 내기로 약속했죠. 그런데 재판을 할 생각도 하지 않고, 외상 수업료를 갚을 생각도 안 하는 거예요. 열받은 프로타고라스는 재판을 걸었고 재판정에서 말했어요.

"재판에서 내가 이기면, 이 청년은 벌금으로 수업료를 내야 해요. 만약 청년이 승소하면, 약속대로 외상 수업료를 내야 하고요."

그러자 청년이 답했어요.

"재판에서 내가 이기면, 벌금으로 수업료를 낼 필요가 없죠. 만약 내가 패소하면, 수업료를 내겠다는 약속을 지킬 필요가 없고요."

프로타고라스의 인간 선언

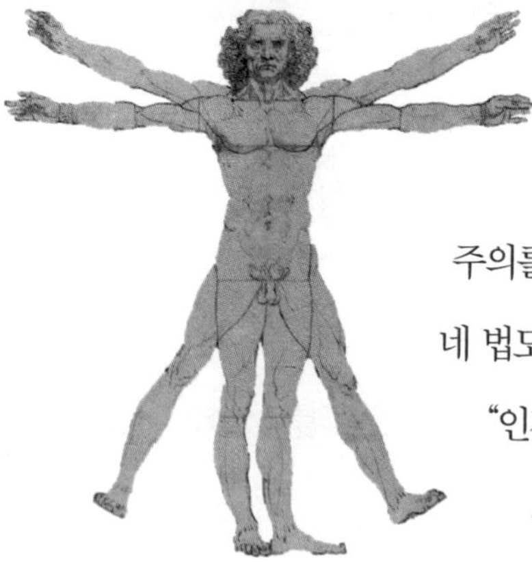

프로타고라스는 소크라테스와 동시대에 활동한 철학자로 '소피스트들의 대부'라 할 수 있어요. 고대 그리스 민주주의를 꽃피운 페리클레스의 친한 친구로 아테네 법도 다듬었어요.

"인간은 만물의 척도다."

프로타고라스는 인간이야말로 우주 만물을 평가하고 측정하는 척도라고 선언했어요. 철학의 관심사를 자연세계파시스에서 인간세계노모스로 확실하게 돌려놓은 것이죠. 이 말이 무슨 뜻인지 살펴보죠.

【질문】 이글루는 추울까요, 더울까요?
답은 '춥기도 하고 덥기도 하다'예요. 필리핀 사람이 이글루에 들어가면 춥다고 느끼고, 에스키모로 알려진 이누이트는 따뜻하게 느끼죠.

한국전쟁을 일본은 조선전쟁, 중국은 항미원조전쟁이라고 해요. 미국은 'Korean War'라고 하고요. 미국 입장에서는 전 세계에서 수많은 전쟁이 일어나는데, 그중에서 그냥 한국에서 일어난 전쟁이라는 거죠. 이 많은 이름 중에 어떤 게 가장 적절할까요? 프로타고라스의 관점으로 보면 모두 다 맞아요.

프로타고라스는 대상도 변하고, 감각기관도 변하기에 **절대적 진리는 없다**고 봤어요. 선악의 구별, 도덕적 판단도 마찬가지예요. 소크라테스는 진리나 선악을 절대적인 것으로 봤죠. 하지만 프로타고라스는 절대적 진리, 선악은 없고 상대적인 것이라고 해요. 같은 행위도 사람과 시대, 상황에 따라 선이 될 수도 있고, 악이 될 수도 있다는 거죠.

어찌 보면, 프로타고라스와 고르기아스의 입장은 정반대인 것 같죠? 프로타고라스는 모든 게 다 진리일 수 있다고 했고, 고르기아스는 진리 자체가 없다고 했으니 말이에요. 하지만 둘의 결론은 무척 닮았어요. 모든 것이 진리라는 주장은, 결국 절대적인 진리가 존재하지 않는다는 말이니까요.

프로타고라스의 속마음

정말로 프로타고라스는 진리가 상대적이라고 생각했을까요? 정말로 선이 상대적이라고 생각했을까요? 글쎄요. 물론 기록에는 그렇게 되어 있지만, 우리는 그의 진짜 속마음이 무엇인지 알 수 없죠.

일본의 코믹 법정 드라마 〈리갈 하이〉에 이런 장면이 나와요. 재판에서 무패를 자랑하지만 돈만 밝히는 베테랑 변호사, 그는 정의를 지키겠다며 의뢰인의 반대편에 선 햇병아리 변호사에게 이렇게 말해요.

베테랑: 네가 정의가 어쩌고 하는 건, 아랫사람을 깔보는 동정에 지나지 않아. 눈앞에 있는 가엾은 인간을 불쌍히 여기는 것뿐이야.

일본 드라마 〈리갈 하이〉(2012)

햇병아리: 하지만 그걸 부정하면, 정의는 어디에 있는 건데요?

베테랑: 신이 아닌 우리가 그런 걸 알 리가 없지. 정의는 영웅물과 만화잡지 『소년 점프』에만 있는 거야. 우리 변호사들이 할 수 있는 건 의뢰인의 이익을 위해 전력을 다해 싸우는 것뿐이야. 그 선을 넘는 건 금물이야. 알아들었나?

혹시 프로타고라스가 이렇게 생각한 건 아닐까요? 절대적 정의가 없다고 생각한 게 아니라, 절대적 정의가 뭔지 모르니, 일단 현실적인 대안으로 상대적 정의를 따라간 것 아닐까요? 진짜 속마음은 프로타고라스 본인만이 알겠죠.

안타깝게도 프로타고라스의 기록은 모두 불태워져 지금 남아 있지 않아요. 후대 사람들이 남긴 기록으로만 그의 철학을 엿볼 수 있어요. 그것도 소크라테스의 제자인 플라톤이 남긴 기록으로요. 소크라테스와 프로타고라스는 대결구도에 있었어요. 플라톤은 스승인 소크라테스는 위대한 사상가로 기술했지만, 프로타고라스는 천박한 지식 장사꾼, 궤변론자로 폄훼했어요.

우리는 프로타고라스를 둘러싼 진실을 알 수 없어요. 하지만 인간이 만물의 척도라는 그의 철학은 인간을 중심에 둔 인간 철학의 시작점에 서 있죠. 그런 점에서 다시 한 번 생각해 볼 가치가 있어요.

영상으로 한 번 더!

재미있게 철학합시다

데모크리토스: 원자론

웃는 철학자

데모크리토스BC 460?~BC 370?는 기원전 5세기 무렵 고대 그리스 동북부 아브데라에서 태어났어요. 기록에 따르면, 그는 군함 100척에 버금가는 유산을 물려받았다고 해요.

그래서인지 데모크리토스는 항상 큰소리로 웃었대요. 그래서 별명이 '웃는 철학자'예요. 반면 만물의 근원은 불이라고 했던 헤라클레이토스는 '우는 철학자'라고 해요. 서양회화에서 이 둘은 웃는 모습과 우는 모습으로 자주 묘사됐어요.

데모크리토스는 그 많은 유산을 남겨놓으면 뭐하겠냐면서, 젊은 시절에 여러 곳을 여행하면서 다 썼어요. 아브데라에서 태어나 페르시아, 이집트, 인도, 에티오피아 등으로 여행을 다니면서 살았다니, 지금 우리가 봐도 스케일이 아주 큰 사람이었어요.

웃는 철학자 데모크리토스

우는 철학자 헤라클레이토스

관심사도 다양해 철학뿐만 아니

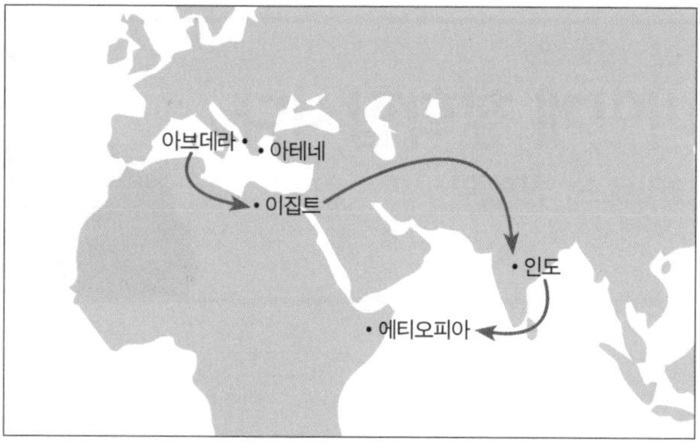

라 수학·기하학·물리학·윤리학·법학·의학·역사학·문학·미술·음악·정치 등에 대해 많은 글을 썼어요. 안타깝게도 제목만 알려져 있을 뿐 거의 다 소실되어 남아 있는 게 없어요.

데모크리토스의 원자론

파르메니데스는 "변화와 운동은 불가능하다"고 했죠? 이에 대해 고대 그리스 철학자들은 저마다 변화와 운동이 어떻게 가능한지 답을 내놓았어요.

데모크리토스는 파르메니데스의 "있는 것은 있다"라는 주장에서 '있는 것'을 '원자'로 봤어요. "없는 것은 없다"라는 주장을 "없는 것도 있다. 없는 것은 빈 공간이다"로 수정했고요.

파르메니데스 왈, 있는 것은 있고, 없는 것은 없다.

데모크리토스

(전제1) 있는 것은 있다. 있는 것은 원자다.
(전제2) 없는 것도 있다. 없는 것은 빈 공간이다.
(결 론) 운동과 변화는 있다.

파르메니데스는 세계를 영원불변한 단일체로 봤죠? 반면 데모크리토스는 원자들의 존재를 인정하고, 세계에는 원자들이 있기에 운동과 변화가 가능하다고 봤어요. 여기서 운동과 변화란 원자들이 빈 공간을 왔다갔다하며 모였다 흩어졌다 한다는 거예요.

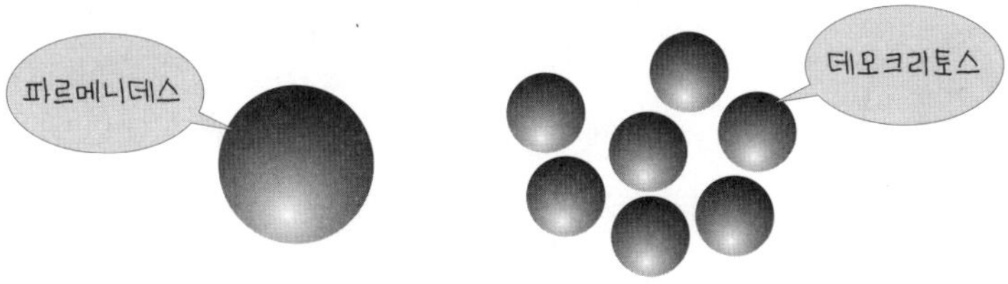

영원불변한 단일체 원자들

데모크리토스는 물질을 계속 나누다 보면 더 이상 나눌 수 없는 게 나올 거라고 보고, 그것을 **원자**atom라고 했어요. A는 부정의 뜻이고, tom은 '나누다'라는 뜻으로, 원자란 '더 이상 나눌 수 없는 것'이란 뜻이에요.

데모크리토스가 상상한 원자

데모크리토스가 상상한 원자는 모양과 크기는 각각 다른데, 성질은 똑같아요. 원자들은 무한히 있고, 생성되거나 소멸되지도 않아요. 그리고 어떻게 결합하느냐에 따라 다양한 물질들이 생겨나요. 탄소가 어떻게 배치되는가에 따라 다이아몬드도 흑연도 되는 것처럼요.

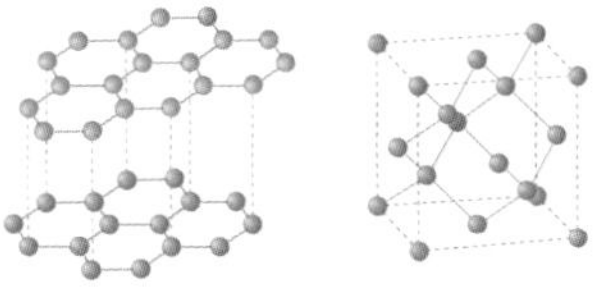

흑연 구조 다이아몬드 구조

놀랍게도 고대 그리스 철학자 데모크리토스의 원자론은 19세기에 돌턴이 제시한 원자 모형과 별반 다를 바 없어요.

기계론적 세계관

데모크리토스

고대 그리스 철학을 이어받은 중세 철학은 주로 '왜 존재하는가?'라는 질문에 대해 목적론적 설명을 했어요. 이를테면 "인간이 왜 존재하느냐?"라는 물음에 "하느님이 만들었으니까"라고 대답했죠.

근대에 들어 비로소 존재의 이유에 대해 원인과 결과에 따른 인과론적 대답을 하기 시작했어요. 그런데 인과적 설명의 원조가 바로 데모크리토스예요.

데모크리토스에 따르면, 원자들의 운동에는 어떤 불가사의한 힘도 없어요. 신의 의도나 목적도 없고요. 원자들은 그냥 기계적 법칙에 의해 필연적으로 운동을 해요. 데모크리토스가 '왜 존재하는가' 하는 존재의 이유에 대해 최초로 기계론적으로 인과관계를 설명하기 시작한 거죠.

유물론

데모크리토스는 인간의 영혼이나 정신도 원자로 구성되어 있다고 봤어요. 사람이 죽으면 육신이 흩어져 버리는 것처럼, 인간의 영혼도 흩어져 없어져 버린다고 봤죠. 인간의 영혼도 물질과 같다는 거죠.

소크라테스는 사람이 죽으면, 영혼이 저세상으로 갈 거라고 생각했어요. 제자 플라톤은 진짜 세계는 현실 너머의 이데아의 세계라고 했고요. 이것을 기독교 사상이 받아서, 죽으면 천국으로 간다고 해요. 19세기 철학자 니체는 이들의 사상을 '저세상 철학'이라며 비판했어요.

그런데 데모크리토스는 이미 2500년 전에, 죽으면 영혼은 흩어져 없어져 버린다고 했죠. 저세상, 이데아, 천국 같은 건 없다는 거죠. 그래서 데모크리토스를 '유물론의 창시자'라고 해요.

정리해 보죠. 파르메니데스는 이렇게 말했죠. "있는 것은 있고, 없는 것은 없다. 그래서 변화와 운동은 불가능하다." 여기에 대해 웃는 철학자 데모크리토스는 이렇게 말했어요.

"있는 것은 있고, 없는 것도 있다. 있는 것은 원자이고, 없는 것은 빈 공간이다. 원자는 빈 공간에서 기계적인 법칙에 의해 운동과 변화를 하면서 모이고 흩어지며 물질을 만든다. 영혼이나 정신도 물질일 뿐이다. 그러므로 저세상 따위는 없다. 이 세상에서나 즐겁게 살자!"

영상으로 한 번 더!

저세상 철학

윤리 고대 STEP 1

나는 적어도 내가 모른다는 건 안다

소크라테스: 무지의 지, 산파술과 상기설

소크라테스BC 470~BC 399는 작은 키에 배가 나오고, 머리가 벗겨진 전형적인 추남이었다고 해요. 그런데 체력과 정신력은 놀라울 정도였대요. 아테네군의 중장보병으로 전쟁에 세 번이나 참전했어요. 추위와 더위, 배고픔과 목마름, 죽음에 대한 공포에도 전혀 동요하지 않는 강철 멘털의 소유자였다고 해요.

정신력을 강화해야 한다며, 평소에 누더기옷을 입고 한겨울에도 신발을 신지 않았어요. 밤새도록 술을 마셔도 취하지 않았다고 해요. 집중력이 대단해 길을 가다가도 어떤 생각이 떠오르면 꼼짝 않고 밤새 그 자리에 그대로 서 있었대요. 어떤 인물인지 대충 느낌이 오나요?

현대 철학자 화이트헤드는 "서양철학은 플라톤의 각주일 뿐이다"라고 해요. 고대, 중세, 근대뿐 아니라 현대에 이르기까지, 많은 서양철학자들이 플라톤의 저작을 연구하고 그것을 바탕으로 자신들의 철학적 사고를 발전시켰죠.

특히 플라톤 철학은 후대 철학의 일반 개념들 형성에 영향을 미쳤어요. 그런데 소크라테스는 플라톤의 스승이죠? 그런 면에서 서양철학의 시원은 플라톤의 스승인 소크라테스라고 할 수도 있죠.

무지의 지

어느 날 소크라테스의 친구 카이레폰이 델포이 신전 사제에게 물었어요.

"그리스에서 가장 현명한 사람이 누구입니까?"

사제는 소크라테스라고 대답했어요. 카이레폰이 그 얘기를 전하자, 소크라테스는 자기는 아는 게 없는데, 가장 현명하다고 하다니 어이가 없었어요. 그래서 아테네의 명망 있고 현명하다고 알려진 사람들을 찾아다니기 시작했어요. 주로 철학자, 정치가, 시인, 장인들이었죠. 그런데 실제로 대화를 나누어 보니 이들은 아는 것이 없었어요.

'이들은 자신이 아무것도 모른다는 사실조차 모르는구나.'

소크라테스는 자신은 적어도 '내가 아무것도 모른다'는 건 안다는 걸 깨달았어요. '내가 아무것도 모른다'는 걸 아는 것, 이것을 **무지의 지**라고 해요. 소크라테스는 "너 자신을 알라", 즉 네가 아무것도 모른다는 사실을 알라고 했어요.

소크라테스와 소피스트

고대 그리스의 소피스트 중에는 프로타고라스, 고르기아스 같은 훌륭한 철학자들도 많았어요. 프로타고라스는 수업료가 1년에 2달란트였는데, 군함 한 척이 1달란트였다니 강의료가 엄청 비쌌던 거죠실제로 굉장한 부자가 됐어요.

그런데 소크라테스는 수업료를 받지 않았어요. 자기는 가르쳐주는 게 없다고요. 그들이 원래부터 알고 있었는데, 태어날 때 망각의 강을 건너면서 잊어버린 것을 '상기'하는 걸 그저 도와줬을 뿐이라고요. 이를

안젤름 포이어바흐, 〈플라톤의 향연〉, 유화, 1869년.

상기법이라고 해요.

교육이란 철학자들이 새로운 걸 가르치는 게 아니라, 사람들이 이미 가지고 있지만 잊고 있는 보편적인 지식, 진리를 상기하게 돕는 일이라는 것이죠. 소크라테스는 자신이 가르치는 이런 방식을 **산파술**이라고 해요. 마치 산파가 산모의 출산을 돕듯이, 자신은 대화를 통해 상대가 이미 알고 있지만 잊어버린 지식을 상기하도록 돕는다는 것이죠.

소크라테스가 제자들에게 아무것도 안 받은 건 아니에요. 일종의 향응을 제공받았는데, 그것을 **심포지움**이라고 했어요. 지금은 심포지움이 학술대회라는 말로 쓰이지만, 당시에는 밤새 술 마시며 토론하고 음악을 듣고 즐기는 뒤풀이 같은 거였어요.

소피스트인 프로타고라스와 고르기아스는 진리는 상대적이며, 진리를 알 수 없다는 입장이었죠? 하지만 소크라테스는 이들과 달리 **절대적 진리가 있다**고 믿었어요.

대화법

소크라테스가 거리에서 우연히 자기 아버지를 살인죄로 고발한 청년을 만났어요.

소크라테스 아무리 그래도 그렇지, 어떻게 아버지를 고발하냐?

유티프로 왜 못해요? 아버지가 살인을 했는데요.

소크라테스 그렇다고 아버지를 고발하냐?

유티프로 저는요, 살인자를 고발하는 건 당연히 해야 하는 경건한 일이라고 생각해요.

소크라테스 경건하다고? '경건하다'는 게 뭔데?

유티프로 말했잖아요. 살인자를 고발하는 건 경건한 일이죠.

소크라테스 아니, 그것은 경건한 행위의 한 종류를 말하는 것이고, '경건함'이라는 말의 의미가 뭐냐고?

유티프로 어, '경건함'이라는 것은 모든 신의 사랑을 받는 것 정도 되겠죠.

소크라테스 그래? 그런데 말이야. 지금 여기에 사과가 보이지? 그런데 이 사과가 보이는 이유가 뭐냐?

유티프로 (뭔 소리야?) 사과가 있으니 보이는 거죠, 뭐.

소크라테스 이 사과가 보이는 성질을 가지고 있기 때문에 보이는 것이냐? 아니면 우리가 이 사과를 보니까 보이는 것이냐?

유티프로 뭐, 우리가 이 사과를 보니까 보이는 거겠죠.

소크라테스 그래, 그러면 어떤 행위가 신의 사랑을 받는다면, 그 이유는 그 행위가 '신의 사랑을 받음'이라는 성질이 있기 때문인 거냐, 아니면 신이 그 행위를 사랑하기 때문인 거냐?

유티프로 뭐, 신이 그 행위를 사랑하기 때문이겠죠.

소크라테스 거 봐.

유티프로 뭐가 거 봐예요?

소크라테스　경건함이 '신의 사랑을 받는 것'이라는 말은 결국 경건함의 성질을 말하는 것이 아니라, 단지 신이 경건함을 사랑한다는 말일 뿐이잖아. 내가 계속 묻잖아. 경건함이라는 것이 뭐냐고? 경건함의 성질이 뭐냐고? 그것이 무엇인지 너는 말을 안 했잖아.

유티프로　아아….

소크라테스는 이처럼 꼬리에 꼬리를 물고 계속 질문을 했기 때문에, 아테네 사람들이 슬슬 피해 다녔다고 해요.

어느 날 며칠 전에 정의에 관한 얘기를 하다가 된통 당했던 트라시마코스가 길거리에서 빼도 박도 못하게 소크라테스와 마주쳤어요. 그러자 소크라테스가 기회를 놓치지 않고 말을 걸었어요.

소크라테스　오늘은 기분이 좀 어떠냐?

트라시마코스　좀 우울해요.

소크라테스　'우울하다'는 건 무슨 말이야?

트라시마코스　좀 침울하다고요.

소크라테스　'침울하다'는 건 무슨 말이야?

트라시마코스　기분이 더럽다고요.

소크라테스　'기분이 더럽다'는 건 무슨 말이야?

트라시마코스　아이, 몰라요.

소크라테스　그래, 그래도 자네는 좀 낫네. '자신이 모른다'는 것은 알고 있지 않은가?

이것이 바로 소크라테스의 **대화법**이에요. 어찌 보면 상대방에게 질문을 계속하며 말꼬리를 잡는 건데요. 제가 보기에 상대방이 짜증날 법한데,

철학책에서는 말꼬리를 잡힌 상대방은 '내가 아무것도 모른다'는 걸 깨닫게 된다고 해요.

변론

아테네 사람들은 젊은이들이 따르는 소크라테스를 탐탁잖아 했어요. 소크라테스의 제자 크리티아스는 독재정치를 하다가 쫓겨났고, 알키비아데스는 아테네를 배신하고 스파르타로 망명했죠. 그러다 보니 그들의 스승인 소크라테스에게 앙심을 품은 사람들도 있었어요. 결국 소크라테스는 아테네가 믿는 신을 믿지 않으며, 청년들을 타락시킨다는 죄명으로 고발당했어요.

재판에서 소크라테스는 왜 자신이 무죄인지 스스로를 변호했어요. 1차 투표에서는 280 대 220으로 유죄판결이 났어요. 2차 투표는 형량에 대한 투표인데, 고발인은 소크라테스를 사형에 처해야 한다고 주장했어요. 1차 투표에서 근소하게 유죄판결이 나왔기에, 그냥 잘못했다고 하고 벌금이나 좀 내겠다고 하면 될 상황이었어요.

그런데 소크라테스는 2차 변론에서 자기가 얼마나 위대한지 너희는 모른다는 둥 이상한 말을 했어요. 그러고는 "그래도 벌금을 내라면 낼게"라면서 요즘 돈으로 치면 1달러를 내겠다고 했어요. 배심원들이 열받았겠죠? 2차 투표에서 360 대 140으로 사형이 선고돼요.

당시는 뇌물을 조금 쓰면 탈옥이 가능했어요. 하지만 소크라테스는 탈옥을 도와주겠다는 친구의 제안을 거절해요. 평생 아테네 법률에 따라 살았는데, 불리하다고 해서 어기는 것은 자신의 신념에 맞지 않다

자크 루이 다비드, 〈소크라테스의 죽음〉(1748)

는 것이었죠. 한 일본 학자가 이것을 왜곡해 소크라테스가 "악법도 법이다"라고 말했다는데, 실제로는 이런 말을 한 적이 없어요.

결국 소크라테스는 감옥에서 독배를 마시고 죽어요. 재판과정에서 대충 타협했으면 벌금형으로 끝날 수 있었고, 감옥에서 도망갈 수도 있었는데도 말이죠. 어찌 보면 자발적으로 죽음을 선택했다고 볼 수도 있죠.

19세기 프랑스 화가 자크 루이 다비드의 〈소크라테스의 죽음〉은 독배를 마시기 직전의 상황을 그린 그림이에요. 중앙에 소크라테스가 앉아 있고, 플라톤은 체념한 채 침대 끝에 앉아 있어요. 친구 크리톤은 도망가라고 권하고, 아내 크산티페는 마지막 순간을 안 보려고 밖으로 나가는 중이에요.

저세상 사상

소크라테스는 이렇게 말했다고 해요.

"이제 떠나야 할 시간이 되었네. 각자 자기의 길을 갑시다. 나는 죽기 위해서, 여러분은 살기 위해서. 어느 쪽이 더 좋은지는 오직 신만이 알 뿐이지."

소크라테스는 죽어 오르페우스, 헤시오도스, 호메로스를 만날 수 있어 기대된다고 말했어요. 아마 영혼의 불멸을 믿었던 것 같아요. 인간은 살아서는 육체에 갇힌 존재이지만, 죽어서는 육체를 벗어나 저기 위 영혼의 세계로 갈 수 있다고 믿은 거죠. 그래서 그림에서 손가락으로 하늘을 가리키고 있는 거예요.

라파엘로의 〈아테네 학당〉 그림을 보면, 소크라테스의 제자 플라톤도 하늘을 가리키고 있어요. 진짜로 중요한 이데아의 세계는 저기 위에 있다는 거죠. 소크라테스의 영혼불멸 사상을 플라톤이 이데아 사상으로 발전시켰고, 플라톤의 사상을 아우구스티누스가 받아 기독교 사상과 결합시켰어요. 이제 이데아의 세계는 하느님의 나라가 돼요.

니체는 **소크라테스→플라톤→아우구스티누스→기독교**로 이어지는 이 사상이 바로 서양철학의 핵심이라고 해요. 이들의 사상은 기본적으로 **저세상 사상**이고, 그 시작이 소크라테스라고 본 거죠.

하지만 니체는 중요한 것은 이 땅에서 사는 것이지, 저세상이 아니라고 봤어요. 그래서 소크라테스에 대해 생긴 것 자체가 이율배반이라며 인신공격을 하고, 플라톤을 독단론자라고 비판했으며, 신은 죽었다고 선언한 거죠.

소크라테스는 이런 말도 남겼어요.

"검토되지 않는 삶은 가치가 없다." 여러 해석이 있겠지만, 저는 이 말의 의미가 자신의 삶에 대해 끊임없이 '왜'라고 질문을 던지라는 것이라고 생각해요. 여러분은 왜 철학 공부를 하죠? 왜 직장에 가죠? 왜 살죠?

사실 이런 질문에는 정답이 없어요. 하지만 나만의 답은 있을 수 있어요. 소크라테스는 이렇게 '질문을 하는 삶'이 바로 철학적인 삶이라고 말하고 있는 것이죠.

인간 중심의 철학

소크라테스 이전의 철학은 기원전 6세기에서 기원전 4세기 소아시아에서 등장한 자연철학이었어요. 자연철학자들은 자연에 주목하고, '만물의 근원은 무엇인가'를 탐구했죠.

그리고 고대 그리스 문명이 한창 꽃을 피울 때, 철학은 본격적으로 '인간'에 주목하기 시작했어요. 지중해 무역으로 상업이 발전하고, 부를 쌓은 평민층이 늘어나며, 시민 민주주의가 등장했죠. 인간관계에 대한 관심이 커지면서 '인간 중심 철학'이 등장하게 된 거죠.

그 첫발을 디딘 소크라테스는 철학의 관심을 인간세계에 두었어요. 참된 인간이 되려면 어떻게 살아야 하는지, 진리가 무엇인지를 탐구했죠. 소크라테스에 와서 철학은 비로소 '인간학'이 된 거예요.

영상으로 한 번 더!

동굴 밖은 위험해

플라톤: 동굴의 비유와 이데아론 1

2600여 년 서양철학사에서 사상의 체계를 세운 철학자로 5명을 꼽을 수 있어요. 고대의 플라톤과 아리스토텔레스, 중세의 토마스 아퀴나스, 근대의 칸트와 헤겔. 이 빅 5가 진짜 A급 철학자라고 할 수 있죠.

"니체나 하이데거, 비트겐슈타인은 왜 안 넣나요?"라고 항의하는 분도 있을 거예요. 이들은 철학의 체계를 세웠다고 하기는 어렵고, 결정적으로 등장한 지 아직 100~200년밖에 되지 않았어요. 철학에서는 적어도 500~600년 정도의 검증 과정을 거쳐야 인정받아요. 이번에는 그 중에서도 서양철학의 뼈대를 세웠다는 플라톤에 대해 얘기해 보죠.

플라톤BC 428?~BC 348?은 아테네의 명문귀족 출신으로, 원래 이름은 아리스토클레스예요. 레슬링 선수였고 올림픽에 참가할 정도로 잘

철학자 빅 5

고대		중세	근대	

플라톤	아리스토텔레스	토마스 아퀴나스	칸트	헤겔

했던 모양이에요. 그러니 체격이 좋았겠죠. 별명이 '플라톤'이었는데, 그리스어로 '어깨가 넓다'는 뜻이 있다고 해요. 문학과 철학에도 소질이 있었어요. 엄청 잘생겨서 지나가면 사람들이 쳐다봤다는 얘기도 있어요. 말 그대로 고대 그리스의 엄친아였던 거죠.

현실세계와 이데아

플라톤은 현실세계 말고, 또 다른 이데아의 세계가 있다고 봤어요. 그가 『국가』에서 제시한 동굴의 비유를 보죠.

사람들이 팔다리가 묶여 뒤를 돌아볼 수조차 없는 상태로 동굴 속에 갇혀 있어요. 사람들 뒤에는 횃불이 있고, 그 앞에는 높은 담이 있고요. 담의 뒤편에는 사물이나 동물의 모형이 있어요.

묶여 있는 사람들은 횃불에 의해 생긴 모형의 그림자만 볼 수 있어요. 태어날 때부터 이 동굴 속에 묶여 있었죠. 그래서 자신들이 보는 그림자의 세계를 진짜 세계라고 착각해요.

어느 날 한 사람이 사슬에서 풀려나 동굴 밖으로 나가요. 처음에는 눈이 부셔서 아무것도 볼 수 없었어요. 하지만 시간이 지나면서 사물들과 동물들을 직접 보게 돼요. 달과 별도 보고 태양까지 볼 수 있게 되었죠. 그리고 여태까지 자신이 동굴 속에서 본 것들이 진짜 사물이 아니라 사물의 그림자라는 걸 깨달아요.

이 사람은 다시 동굴로 돌아가 말해요.

"네가 지금 보고 있는 건 그림자에 불과해. 진짜는 이렇지 않아. 나랑 밖에 나가면 보여줄게."

"미친 놈, 저거 안 보여? 저렇게 생생하게 보이는 게 그림자라는 게 말이 되냐?"

동굴 안의 사람들은 밖으로 나갈 생각을 안 해요. 동굴 밖은 위험하다고 말이에요. 이게 바로 플라톤이 말한 동굴의 우화예요.

여기서 동굴 안은 가짜 세계이고, 동굴 밖이 진짜 세계예요. 동굴 안은 **현실세계**이고, 동굴 밖은 **이데아 세계**고요. 동굴 안은 인간의 감각으로 경험하는 **가시계**visible world이고, 동굴 밖은 인간의 이성으로 인지하는 **가지계**intelligible world죠.

플라톤은 감각으로 경험하는 현실세계는 가짜 세계이고, 이성으로 인지하는 이데아의 세계만이 진짜 세계라고 봤어요.

매트릭스 밖은 위험해!

영화 〈매트릭스〉의 배경은 먼 미래, 기계가 사람들을 지배하는 세상이에요. 기계들은 에너지를 얻기 위해 사람들을 인큐베이터에 가둬놓고 키워요. 인큐베이터 안에 있는 사람들의 두뇌에 직접 데이터라인을 꽂

아 가짜 감각정보를 주입해요.

사람들은 기계들이 준 가짜 감각정보를 진짜 세계라고 믿어요. 그런데 이 세계는 가짜 세계, 즉 매트릭스의 세계예요. 영화에서 모피어스는 사람들이 살고 있는 세계가 가상의 세계라는 것을 알고 있죠. 그는 주인공 앤더슨을 찾아내 이렇게 말해요.

결국 앤더슨은 빨간 약을 선택해요. 매트릭스 밖으로 나와 진짜 세계를 보게 되죠. 태양 빛이 완전히 차단된 폐허가 되어버린 세계였죠.

어떤 게 진짜 매트릭스 세계인가?

여러분이라면 〈매트릭스〉의 주인공 네오처럼 빨간 약을 먹을까요?

여러분이 길을 가는데, 어떤 사람이 다가와 "도를 아십니까?" 하면서 빨간 약을 내밀어요. 이 약을 먹으면 매트릭스 밖으로 나갈 수 있다면서요. 그러면 그 약을 먹겠나요? 아마 안 먹을 걸요.

생각해 보세요. 자신이 현재 매트릭스 세계에 있다고 확신하는 사람이 빨간 약을 먹겠죠. 그런데 매트릭스 세계를 벗어나 보지 못했는데, 자신이 매트릭스 세계 안에 있다는 걸 확신할 수 있나요? 또한 빨간 약을 먹고 매트릭스 밖으로 나갔더라도, 그곳이 제2의 매트릭스 세계가 아니라는 보장이 있나요? 꿈속의 꿈처럼 말이에요. 더 황당한 경우도 있겠죠. 매트릭스 세계 밖으로 나갔는데, 매트릭스 세계라고 생각했던 게 진짜 세계이고, 매트릭스 밖이 가짜 세계일 수도 있는 거죠.

감각 세계 vs. 이성 세계

서양철학사에서 가장 큰 흐름이 '이성의 눈으로 꿰뚫어 봐야 진짜 세계를 볼 수 있다'는 거예요. 정말 그런가요? 그러고 보면 사실 감각도 마찬가지예요. 우리는 넘어져서 다치면 아프고, 얼음을 만지면 차갑고, 청양고추를 먹으면 맵죠. 우리는 세계를 만져보고 먹어보고 느껴볼 수 있어요. 이성은 이성을 통해 진실을 볼 수 있으니 믿으라고 하고, 감각은 이처럼 감각을 통해 진실을 볼 수 있다고 믿으라고 해요.

감각이 믿을 만한가요, 이성이 믿을 만한가요? 동굴 밖으로 나갈까요, 말까요? 빨간 약을 먹을까요, 파란 약을 먹을까요?

이것은 앎의 문제가 아니라 믿음과 선택의 문제예요. 어쩌면 이데아의 세계가 있는지 없는지도, 앎의 문제가 아니라 믿음과 선택의 문제일지도 모르겠어요. 여러분은 이데아의 세계가 있다고 생각하나요?

영상으로 한 번 더!

가자! 저기로…

플라톤: 동굴의 비유와 이데아론 2

서양철학은 플라톤으로부터 시작됐고, 플라톤 철학이 옳으니 그르니 하면서 발전해 왔으며, 여전히 플라톤이 만들어 놓은 프레임 속에서 철학을 하고 있다고 할 수 있어요.

그 프레임이 뭘까요? 플라톤은 세계를 둘로 나누고, 진짜와 가짜를 구분해 놨어요. 이데아의 세계가 진짜 세계이고, 현실세계가 가짜 세계라고 해요.

플라톤은 이데아 이론을 잘 보여주는 두 개의 비유를 했어요. 하나는 동굴의 비유이고, 다른 하나가 선분의 비유예요.

'동굴의 비유'에서 존재의 위계

앞에서 플라톤의 동굴의 비유를 보았죠? 동굴의 비유에서 우리는 5가지 형태의 존재자를 볼 수 있어요. 동굴 안 죄수들이 보고 있는 그림자, 동굴 안 사물들의 모형, 동굴 밖 사물들의 그림자, 동굴 밖의 실제 사물들, 그리고 태양.

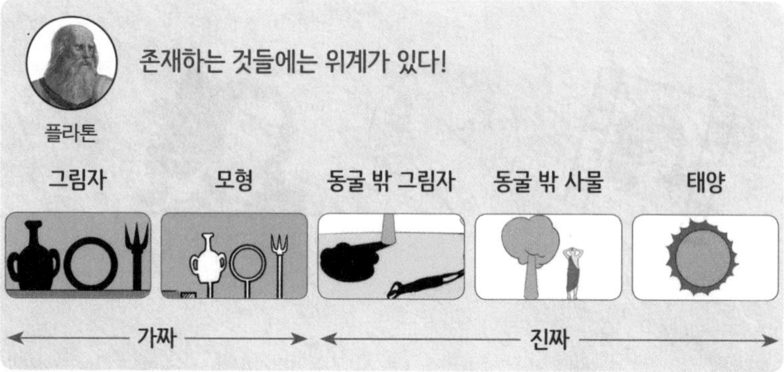

동굴 안 그림자와 모형은 가짜이고, 동굴 밖 그림자, 사물, 태양이 진짜예요. 플라톤은 이렇게 **존재하는 것들에는 위계가 있다**고 해요.

동굴 안의 그림자와 모형을 보죠. 그림자는 모형이 없으면 존재할 수 없죠. 하지만 모형은 그림자가 없어도 존재할 수 있어요. 그림자는 모형에 의존적인 존재죠. 따라서 모형이 그림자보다 더 진짜에 가까워요.

동굴 밖에서도 마찬가지예요. 사물이 있어야 그림자가 존재할 수 있죠. 따라서 사물이 더 진짜예요. 그런데 사물이나 그림자는 태양이 없으면 볼 수 없죠. 이 모든 것들은 태양에 의존적인 존재예요. 따라서 태양이 진짜로 존재하는 것의 가장 위에 있어요.

이것을 우리가 사는 세계와 연관시켜 보죠.

먼저 우리가 보는 그림이나 영화 같은 이미지는 동굴 안 죄수들이 보는 그림자와 같아요. 그것은 가짜 중의 가짜예요.

그리고 우리가 직접 감각으로 보는 현실세계도 동굴 속의 모형일 뿐이에요. 모형은 그림자보다는 진짜에 가깝지만, 그래도 가짜예요. 결국 우리의 감각으로 보는 세계는 가짜라는 거죠.

진짜는 동굴 밖에 있어요. 동굴 밖 사물들의 개념이 진짜라는 거예요. 예컨대 마동석, 마돈나, 트럼프 같은 개별자들을 '인간'이라고 할 수 있는 이유는 '인간'이라는 개념이 있기 때문이에요. 김태희도 송혜교도 마돈나도 '아름답다고' 말할 수 있는 이유는 '아름답다'는 개념이 있기 때문이고요. 플라톤은 이러한 개념들이 실제로 존재하는 것이라고 봐요.

그런데 이런 개념들이 어떻게 존재할 수 있죠?

플라톤은 이데아가 실제로 존재하기 때문이라고 해요. '인간'이라는 이데아가 존재하기 때문에, '인간'이라는 개념이 있다는 거죠. '아름다움'이라는 이데아가 있기에, '아름다움'이라는 개념이 있다는 거고요. 이런 이데아만 있는 게 아니에요. 정의의 이데아, 빨강의 이데아, 사랑의 이데아 같은 것들도 있다고 봤어요.

그렇다면 이데아에도 위계가 있을까요?

플라톤은 이데아에도 위계가 있다고 봤어요. 이데아 중의 이데아가 바로 '선'의 이데아예요. 이때의 선은 바로 GOOD, '좋음'이라는 말이에요. 태양이 있어야 사물들이 보이는 것처럼, 선의 이데아가 있어야 다른 이데아들이 있다는 것이죠.

선분의 비유 — 인식의 위계

플라톤의 존재론은 바로 인식론과 연결돼요. 우리가 이미지만 보고, 무엇을 안다고 생각하는 것을 **추측**이라고 해요. 우리는 실재와 가상을 혼동하고 착각하고 있는 상태예요.

그리고 현실세계의 사물을 보고, 무엇을 안다고 생각하는 것을 **믿음**이라고 해요. 믿음은 아직 앎이 아니에요. 어떤 걸 안다는 것은, 어떻게 그런 믿음을 가지게 됐는지 근거를 제시할 수 있어야 해요.

플라톤은 앎지식이란 3가지 조건을 충족해야 한다고 해요. '정당화된 참인 믿음JTB', 이 3가지 조건을 만족해야 지식이란 거죠. 추측과 믿음은 무엇을 아는 게 아니에요. 지식이 아니라 그냥 하나의 견해일 뿐이에요. 플라톤은 개념을 통해 아는 것이 '이해'라고 해요.

개념은 개별적인 것을 보편적인 것으로 묶는 것을 말해요. 그리고 개념화란 개별적인 것을 일반적인 것으로 포섭하는 것이고요. 사과가 떨어지는 것, 조수간만의 차이 같은 개별적인 현상들을 하나의 만유인력으로 묶는 것이 바로 개념을 안다는 것이고, 이것이 **이해**예요.

따라서 우리가 무언가를 이해한다는 것은 과학적 추론이라고도 할 수 있어요. 이러한 추론적 지식의 결정판이 바로 기하학이죠. 그래서 플라톤은 자신이 세운 아카데미아에 "기하학을 모르는 자는 들어오지 마라"고 했던 거예요.

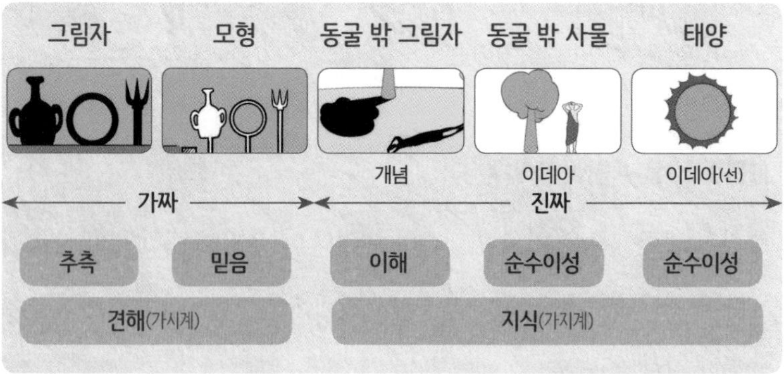

그렇다면 이데아를 어떻게 알 수 있을까요?

이데아는 감각을 통해서가 아니라 **순수이성**, 순수한 사유를 통해서만 알 수 있어요. 플라톤은 이와 같은 이해와 순수이성이야말로 진짜 지식이라고 봤어요. 따라서 가짜세계인 견해는 우리의 눈에 보이는 세계이고, 진짜 세계인 이데아의 세계가 이성의 눈으로 보이는 세계예요. 이것 전체를 플라톤의 **선분의 비유**라고 해요.

플라톤이 땅바닥에 선을 그리면서 설명했기 때문에, 선분의 비유라고 한 것 아닌가 추측하는 사람들도 있어요.

플라톤의 이원론

지금까지 플라톤의 동굴의 비유와 선분의 비유를 살펴봤어요. 여러분들이 알고 있는 설명과 조금 다를 수 있어요. 그럴 수밖에 없어요. 플라톤의 설명 자체가 좀 모호하거든요. 개념적으로 정확하게 구분해 설명한 게 아니에요. 우리는 그냥 큰 틀에서 이해해 보죠.

제가 보기에, 플라톤이 말하고 싶었던 것은 이렇게 정리할 수 있어요. 먼저 현실세계는 가짜이며, 진짜 세계는 따로 있다는 거죠. 이러한 프레임은 기독교 사상과 절묘하게 맞아떨어졌어요. 하느님의 나라가 진짜이고, 이 땅의 세상은 가짜라는 기독교 교리와 같죠.

플라톤의 이원론은 서양철학 전체에 어떤 영향을 미쳤을까요?

우선, 인간의 사고구조가 원래 이원론적이라고 하는 게 더 정확할 것 같아요. 인간은 선/악, 진짜/가짜, 원본/사본, 배트맨/조커 등으로 구분하는 **이원론적 프레임**을 가지고 있어요.

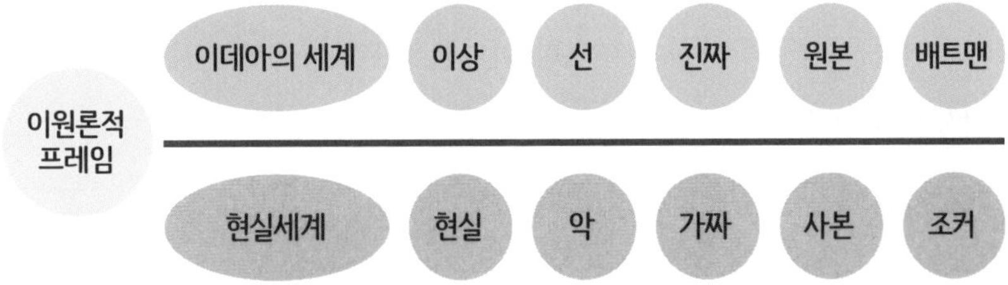

이러한 이원론 프레임 속에서 나타난 것이 바로 **목적론**이에요. 가짜의 목적은 진짜이고, 현실은 이상을 목적으로 삼아야 한다는 것이죠.

그러면서 나타난 것이 바로 **변증법**이에요. 가짜는 변증법적 과정을 거쳐 진짜가 되고, 현실은 변증법적 과정을 거쳐 이상이 되어야 해요. 이러한 목적론과 변증법은 서양철학사에서 반복적으로 등장하는 주제예요.

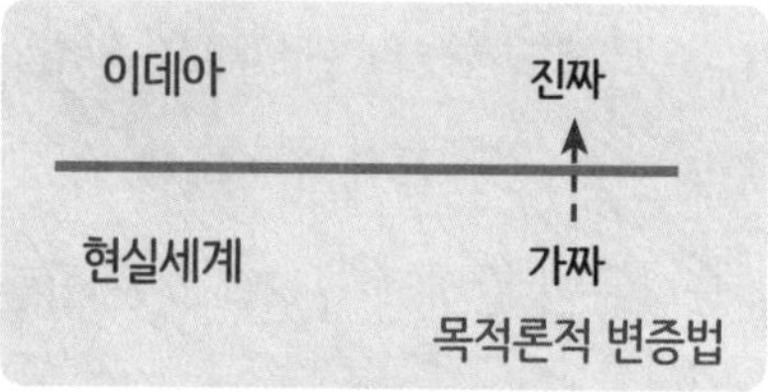

목적론적 변증법

서양철학은 플라톤이 만들어놓은 프레임, 즉 진짜/가짜, 현실/이상을 구분하는 이원론적 프레임 속에서 진행됐어요. 철학을 바둑에 비유하면, 플라톤이 바둑의 룰을 아예 만들어 버린 거죠.

플라톤은 이데아와 현실을 구분함으로써 흑/백의 영토 싸움을 하도록 만들어 버렸어요. 그래서 플라톤 이후의 서양철학은 흑이냐, 백이냐를 가지고 싸움을 해왔던 거죠. 이 판을 크게 흔든 사람이 바로 니체예요. 아니, 니체는 판을 아예 엎어버렸죠.

어쨌든 서양의 사상은 이러한 이원론적 프레임으로 인해 두 가지 경향성이 생겼어요. 하나는 **현실을 부정하는 경향**이고, 다른 하나는 **현실 너머에 변하지 않는 뭔가가 있다고 생각하는 경향**이에요.

제가 보기에 첫 번째 경향은 기독교 사상, 두 번째 경향은 근대과학의 출현에 영향을 미쳤어요. 그러고 보면 기독교와 과학 모두 플라톤의 영향을 받았다고 볼 수 있어요. 그러니 "서양철학은 플라톤의 각주일 뿐이다"라는 화이트헤드의 말이 맞다고 할 수 있죠.

영상으로 한 번 더!

정치는 실전이다

플라톤: 영혼의 삼중주와 이상국가

미스코리아 선발대회를 본 적 있나요? '미'를 발표할 때, 마지막까지 남은 후보 3명의 모습을 떠올려 보세요. 미로 선정된 사람의 표정이 별로 좋지 않았던 기억이 날 거예요. 1등이 진眞이고, 2등은 선善, 3등이 미美니까요.

미인을 뽑는 대회인데, '아름답다'는 뜻을 가진 미가 왜 3등이죠? 누가 그런 순서로 만들었을까요? 놀랍게도 플라톤이에요.

영혼의 삼중주

인간의 생각은 시시각각 변해요. 자신의 생각을 가만히 들여다보면, 잡념이 꼬리에 꼬리를 물고 생겨나는 걸 알 수 있어요. 그러한 생각의 대부분은 자신의 욕망과 욕구에 관한 것이죠. 하지만 어떨 때는 뭔가에 대한 궁금증이나 지식에 대한 갈구도 있어요. 드물게, 도덕적 시비나 종교적 경건함에 빠질 때도 있고요.

플라톤은 인간의 정신활동을 3가지 영역으로 구분해요. 머리로 대표되는 이성과 지성, 심장으로 대표되는 도덕과 의지, 위장으로 대표되는 욕구와 욕망의 영역이에요. 인간의 영혼이 삼겹살처럼 3겹이란 것이죠. 인간의 덕 중에서 최고를 '정의'라고 보고, 정의로운 인간이 되려면 지혜, 용기, 절제가 있어야 한다고 봤어요. 이를 **4주덕론**이라고 해요.

플라톤은 인간의 영혼을 경주용 마차에 비유해요. 마부는 이성을 상징하고, 길잡이 말은 의지, 충동적이지만 힘센 말이 욕망을 상징해요. 플라톤은 이 3가지가 잘 조화되었을 때, 인간이 행복해질 수 있다고 봤어요.

미스코리아 선발대회에서 진이성이 1등, 선의지이 2등, 미욕망가 3등이 된 이유예요. 가장 훌륭한 인간이 되기 위해서는 이성과 지성을 갈고닦아야 한다는 거죠. 공부를 중요시하는 전통 역시 플라톤으로부터 나온 것이라고 볼 수 있어요.

인간 정신활동의 모든 결과물은 문화라고 할 수 있죠. 인간의 문화를 크게 분류하면, 학문, 종교, 예술이죠. 이성과 지성의 결과물은 학문이에요. 도덕과 의지의 결과물은 종교이고요. 욕구와 욕망의 결과물은 예술이라 할 수 있죠.

학문은 진리를 다루므로 '진'이고. 종교는 선을 추구해서 '선', 예술은 아름다움을 추구해서 '미', 결국 인간의 정신활동을 진, 선, 미로 구분할 수 있어요.

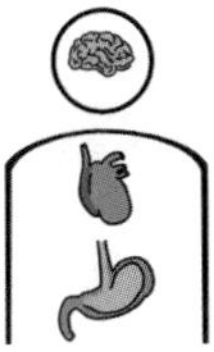

	인간의 영혼	인간의 문화	중세→근대 주요 3가지 사건	칸트의 3대 비판서	이상적 국가
진	이성/지성	학문	과학혁명	순수이성비판	지배자
선	도덕/의지	종교	종교개혁	실천이성비판	수호자
미	욕구/욕망	예술	르네상스	판단력비판	생산자

중세에서 근대로 넘어가는 시기에 중요한 3가지 사건이 있었죠. 학문에서는 과학혁명이고, 종교에서 종교개혁이며, 예술에서 르네상스예요. 이를 통해 근대적 인간은 중세의 인간과 달라지게 되죠.

칸트는 인간에 대한 3대 비판서를 썼죠. 이성진을 주제로 『순수이성비판』을 썼고, 도덕선에 대해 『실천이성비판』을 썼어요. 그리고 아름다움미를 주제로 『판단력비판』을 내놓았죠. 이는 플라톤의 전통에서 나온 거예요. 서양의 이상적 국가의 상도 마찬가지예요.

명문 귀족가의 엄친아와 스승 소크라테스의 죽음

고대 그리스는 수많은 도시국가들로 이루어져 있었어요. 하나의 민족이라는 의식은 없었고, 다만 같은 그리스어를 사용했어요. 말이 국가이지, 아테네도 인구가 몇십만 명 정도였죠. 작은 도시국가는 몇천 명밖에 안 되는 경우도 많았어요.

그리스 동쪽에는 강력한 제국이 있었는데 바로 페르시아예요. 페르시아가 3번 침공했어요. 그때마다 그리스 도시국가들은 연합군으로 막았죠. 그런데 외세를 막고 나면 꼭 내전을 해요. 아테네와 스파르타가 주도권 싸움을 시작했어요. 이것이 바로 펠레폰네소스 전쟁BC 431~BC 405이에요.

자크 루이 다비드의 〈소크라테스의 죽음〉(1787) 그림 중 일부. 소크라테스가 감옥에서 독배를 마시기 전, 플라톤이 곁에 앉아 고개를 숙이고 슬퍼하고 있다.

스파르타는 왕정 계급사회였고, 반면 아테네는 민주주의 노예제 사회였어요. 이 펠로폰네소스 전쟁에서 스파르타가 승리하고, 아테네에 친스파르타 괴뢰정부가 세워져요. 그것이 바로 아테네 30인 참주정이에요.

명문 귀족 출신인 플라톤 가문은 이 참주정에 참여했어요. 스승 소크라테스의 다른 제자들 중에도 참주정에 관여했던 이들이 많았어요. 이후 스파르타 괴뢰정부가 무너지고, 아테네에 민주주의 정권이 다시 들어섰어요.

그러자 스파르타 괴뢰정부에 참여한 사람들을 청산해요. 이 과정에서 소크라테스가 처형돼요. 플라톤은 스승의 죽음에 큰 충격을 받았어요. 정치의 꿈을 포기하고 아테네를 떠났어요. 어떤 사람은 플라톤이 도망간 것이라고도 해요.

그러니 플라톤이 민주주의를 좋아했겠어요? 당연히 아니겠죠. 플라톤은 스파르타식 계급사회를 꿈꿨을 거예요. 아테네가 민주주의를 했기 때문에 스파르타와의 전쟁에서 졌다고 생각했어요. 그래서 아테네를 계급사회로 만들어 과거에 페르시아를 무찔렀던 영광을 되찾고자 했죠. 이것이 바로 플라톤이 생각한 이상국가의 배경이에요.

계급사회

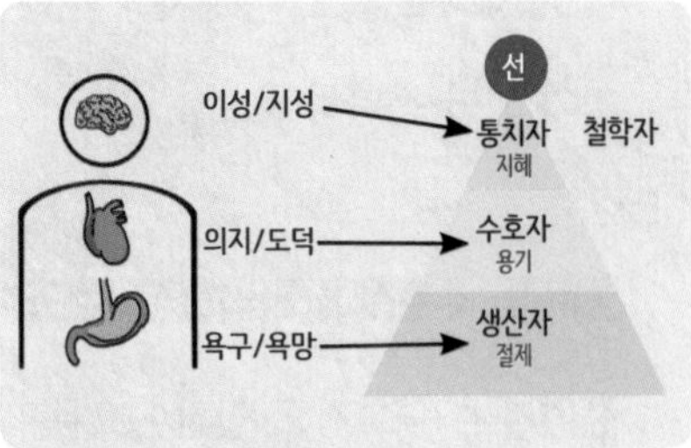

플라톤은 인간의 영혼을 머리로 대표되는 이성과 지성, 심장으로 대표되는 의지와 도덕, 위장으로 대표되는 욕구와 욕망의 영역으로 구분한다고 했죠?

플라톤은 훌륭한 인간이란 이성이 의지를 통해 욕망을 통제하는 인간이라고 봤어요. 인간의 덕 중에서 최고를 '정의'라고 하고, 정의로운 인간이 되려면 지혜, 용기, 절제가 있어야 한다고 했죠.

플라톤은 국가도 마찬가지의 구조가 되어야 한다고 생각했어요. 인간에게 머리, 심장, 위장이 있듯이, 국가에도 통치자, 수호자, 생산자 계급이 있어야 한다는 것이죠.

먼저 욕구와 욕망이 강한 사람은 **생산자**, 즉 평민이 되어야 해요. 욕구와 욕망이 없으면 열심히 일하지 않을 것이고, 너무 강하면 문제가 생기겠죠. 그래서 생산자의 미덕은 욕망을 어느 정도 조절할 수 있는 절제라고 봤어요.

의지와 도덕이 강한 사람은 **수호자**, 즉 군인이 되어야 해요. 당시 도시국가의 군인은 일반적으로 시민군이었는데, 플라톤은 소수 정예의 군대를 양성해야 한다고 주장해요. 징병제가 아니라 모병제를 하자는 것이죠. 수호자들의 미덕은 당연히 용기겠죠.

마지막으로 이성과 지성이 강한 사람이 **통치자**가 돼야 해요. 그렇다면 이성과 지성이 강한 사람이 누구일까요? 바로 선의 이데아, GOOD의 이데아를 아는 사람, 즉 철학자라는 거죠. 그래서 플라톤의 정치를 **철인정치**라고 해요. 통치자의 미덕은 지혜예요. 지혜가 없는 사람이 통치자가 되면 곤란하겠죠.

통치자, 수호자가 타락하지 않으려면

통치자와 수호자도 인간이고 욕망이 있죠. 그런데 욕망이 있는 인간에게 권력이 생기면 타락할 수밖에 없어요. 통치자가 타락하면, 사실 어떤 정치제도를 채택하든 망가질 수밖에 없어요.

플라톤은 통치자와 수호자가 타락하지 않도록 두 가지 제도적 장치를 마련해야 한다고 해요.

첫째, 사유재산의 금지예요. 플라톤이 생각한 이상국가에서 통치자와 수호자는 재산을 가질 수 없고, 필요한 만큼만 배급받고, 기숙사 같은 데서 공동생활을 해야 해요. 둘째, 결혼 금지예요.

그런데 가만히 보면, 어떤 면에선 사제나 다름없어 보이죠? 재산도 못 가지고 결혼도 못 하고요.

플라톤은 그렇게 해야 이들이 권력을 세습하지 못하고, 개인의 욕망을 억누르고 공정하게 통치하고 용감하게 싸울 수 있다고 봤어요. 이들이 재산과 가족이 없어도 자부심으로 버틸 수 있다고 생각했어요. 그런데 성적 욕구를 해소해야 하고, 또 적정 인구를 유지하려면 아이를 낳아야겠죠?

플라톤은 제비뽑기로 성교할 파트너를 정하되, 운영자들이 몰래 조작해야 한다고 해요. 우수한 남녀끼리는 성교를 할 기회를 더 많이 주고, 열등한 남녀끼리의 기회는 제한해야 우수한 유전자를 가진 아이가 태어난다는 거죠. 만약 장애아나 약한 아기가 태어나면 그냥 죽도록 내버려둬야 한다고 해요. 요즘 시각으로 보면 끔찍한 생각이죠.

교육제도

이제 태어난 아기들은 바로 탁아소로 보내져요. 이때부터 아기의 교육이 시작돼요. 플라톤은 5단계의 교육과정을 제안했어요.

0~17세	17~20세	20~30세	30~35세	35~50세
음악·체육	군사훈련	수학·기하학	변증법	실무교육
	생산자	수호자		통치자

1단계: 태어날 때부터 17세까지 주로 음악과 체육활동을 시켜요. 아직 어리니 비교적 자유로운 분위기에서 학습해요.

2단계: 17세부터 20세까지는 논산훈련소 같은 곳에서 군사훈련을 받아요. 이때 감상에 빠지지 않도록 교육해요. 슬픔에 빠져서도 안 되고, 쉽게 웃어서도 안 되며, 음주에 대한 욕구나 욕정을 불러일으키는 문학을 접해서도 안 돼요. 낙오한 사람은 생산자 계급이 되고, 훌륭한 성적을 받은 사람은 3단계로 가요.

3단계: 20세에서 30세까지 수학·기하학·천문학 등을 체계적으로 배워요. 일종의 대학교육과 비슷하죠. 여기에서 우수자는 4단계로 가고, 나머지는 수호자 계급이 돼요.

4단계: 30세에서 35세까지 변증법을 배워요. 감각적으로 세상을 보는 게 아니라, 이성의 눈으로 세상의 본질을 꿰뚫어 보는 법을 배우는 거죠. 대학원에 가서 철학을 공부하는 것과 비슷하다고 보면 돼요. 우수한 사람은 이제 5단계로 가요.

5단계: 35세에서 50세까지 현실적인 군사와 정치를 경험해요. 말하자면 고위직 공무원이 되는 거죠. 따로 시험은 보지 않고, 실무를 하면서 대중들에게 자신을 드러내고 객관적으로 평가를 받아요.

이렇게 15년 동안 공직생활을 하다가 50세가 되면, 능력 있고 깨끗한 사람이 두각을 드러내겠죠. 이렇게 검증된 사람이 바로 통치자가 돼요. 이제 통치자는 선善의 이데아를 연구하면서 통치를 해요.

결국 플라톤이 생각한 교육은 적성에 맞는 직업을 찾아주는 일종의 직업교육이라고 할 수 있어요. 농사를 잘 짓는 사람은 농사를 짓게 하고, 군대에 적합한 사람은 군인이 되게 하며, 정치에 적합한 사람한테 정치를 맡긴다는 거죠.

그리고 자신의 적성을 찾을 때에는 똑같은 기회를 줘요. 탁아소에서부터 경쟁해서 적성과 능력에 맞는 직업을 가지게 하는 거죠.

플라톤이 생각한 국가 시스템은 두 개의 키워드로 설명할 수 있어요. "기회는 균등하게, 일은 능력에 따라." 이것이 바로 플라톤이 생각한 공정사회예요.

그렇다면 여성도 통치자가 될 수 있을까요?

당시 아테네는 여성의 지위는 매우 낮았고 열등한 존재로 봤어요. 하지만 플라톤은 여성도 남성과 똑같은 대우를 받아야 한다고 생각했어요. 능력 있는 여자를 기용하지 않는 것은 인력 낭비라는 거죠. 플라톤은 "개가 집만 잘 지키면 됐지, 수컷이든 암컷이든 무슨 상관이야?"라는 놀라운 비유를 들었어요. 아무튼 플라톤은 효율을 가장 중요하게 생각했던 것 같아요.

시칠리아섬 시라쿠사의 왕 디오니시오스 1세가 플라톤을 불렀어요. 총리 자리를 줄 테니, 시라쿠사를 이상국가로 만들어 보라고요. 이론으로만 구상한 이상국가를 실현할 기회가 온 거죠.

그런데 플라톤의 이상국가는 철인이 지배하는 국가예요. 철학자가 왕이 되거나, 왕이 철학공부를 해야 해요.

플라톤은 디오니시오스 1세에게 철학을 가르쳤어요. 그런데 자꾸 쫓아다니며 공부하라고 하니, 왕이 열받아 플라톤을 죽이려고까지 했다고 해요. 그나마 왕의 처남인 디온이 말려서 간신히 목숨을 구했어요. 플라톤은 고생 끝에 아테네로 돌아와요.

후에 디오니시오스 2세가 플라톤을 다시 시라쿠사로 불렀어요. 아버지보다는 나았던지, 철학 공부도 열심히 하고 가르침을 나름 잘 따라

왔어요. 그런데 왕과 그 외삼촌인 디온의 권력투쟁이 심해졌어요. 와중에 플라톤은 투옥됐다가 고생 끝에 다시 아테네로 돌아왔어요. 뒤에 한 번 더 시라쿠사에 갔는데 또 실패했어요. 결국 플라톤은 정계 진출을 3번이나 했지만, 모두 실패를 맛본 거죠. 정치는 실전이죠. 플라톤은 정치를 글로 배웠고, 그것이 실전에서는 통하지 않았던 거죠.

20세기 영국 철학자 칼 포퍼는 플라톤이 유토피아utopia를 꿈꾸었다고 비판했어요. 유토피아는 어디에도 없는 장소, 불가능한 국가라는 말이죠. 하지만 우리는 플라톤이 불가능한 것을 꿈꿨다고, 그를 폄훼할 필요는 없을 듯해요. 인간은 언제나 불가능한 것을 꿈꾸는 존재죠. 그가 제시한 민주주의의 약점, 남녀 평등문제, 교육문제 등은 지금도 충분히 곱씹어 볼 가치가 있어요.

영상으로 한 번 더!

문제는 비율이야

플라톤: 미의 대이론

플라톤

플라톤은 인간의 영혼에는 3개의 영역이 있다고 했죠? 머리로 대표되는 이성과 지성, 심장으로 대표되는 의지와 도덕, 위장으로 대표되는 욕구와 욕망 말이에요.

욕구와 욕망의 영역에는 미학, 예술철학 등이 있어요. 여기서는 미학에 대한 이야기를 해볼게요.

미학을 보는 두 가지 입장

미학에서 다루는 중요한 질문은 "아름다움이란 어디에 있는가?"예요. 크게 두 가지 입장이 있어요. 하나는 작품이 아름다운 이유는 그 작품 속에 아름다운 속성이 들어 있기 때문이라고 봐요. 아름다움이란 작품이 지니는 객관적 속성이라는 주장이죠.

다른 하나는 내가 작품을 감상하면서 아름다움이라는 관념을 가지게 된다는 입장이에요. 아름다움이란 주관적인 관념일 뿐이라는 거죠.

고대 그리스 철학자들은 아름다움이란 작품 자체의 속성이라고 봤어요. 아름다움의 속성은 어디에 있는 걸까요? 어떤 게 아름다움의 속성일까요?

시각 예술작품의 구조

다음의 작품들을 보죠.

①은 고대 그리스의 〈밀로의 비너스〉이고, ②는 르네상스 시대 미켈란젤로의 〈다비드〉예요. ③은 일본의 18세기 화가 카츠시카 호쿠사이의 〈가나가와 해변의 높은 파도 아래〉라는 목판화이고요. ④는 15세기 보티첼리의 〈비너스의 탄생〉, ⑤는 미켈란젤로의 〈천지창조〉 중 일부예요. 모두 무척 아름다운 작품들이죠.

그런데 이 작품들에는 한 가지 공통점이 있어요. 바로 각 작품 속에 적절한 비율의 균형미가 있다는 거예요. 어떤 사람들은 예술작품 속에 인간이 가장 아름답다고 느끼는 황금비율이 숨어 있다고 해요.

황금비율이란 1대 1.618의 비율을 말해요. 황금비율의 특징은 아래와 같이 짧은 쪽의 길이로 된 정사각형을 뺀 사각형의 비율도 1대 1.618이 된다는 것이죠. 또다시 짧은 쪽의 길이로 된 정사각형을 빼도 마찬가지예요. 이렇게 무한히 반복되는 비율이 황금비율이에요. 우리는 이런 황금비율을 보면 조화롭다고 느껴요.

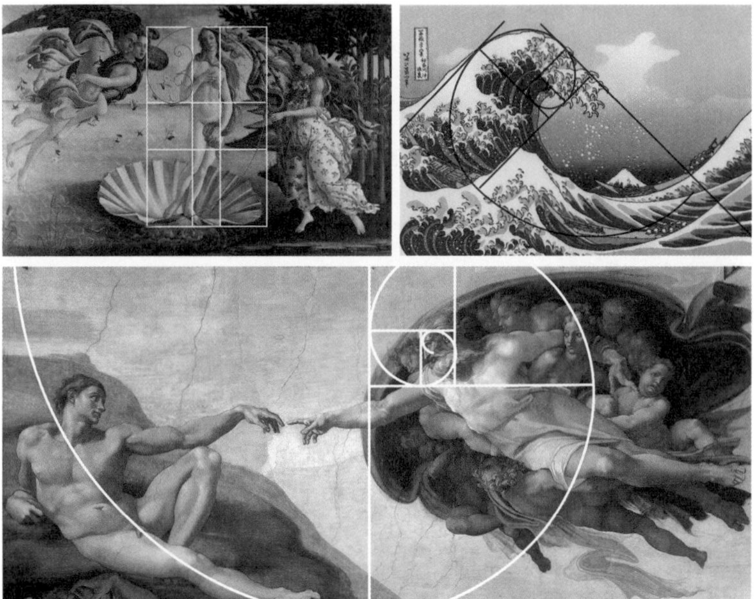

예술작품 속의 황금비율

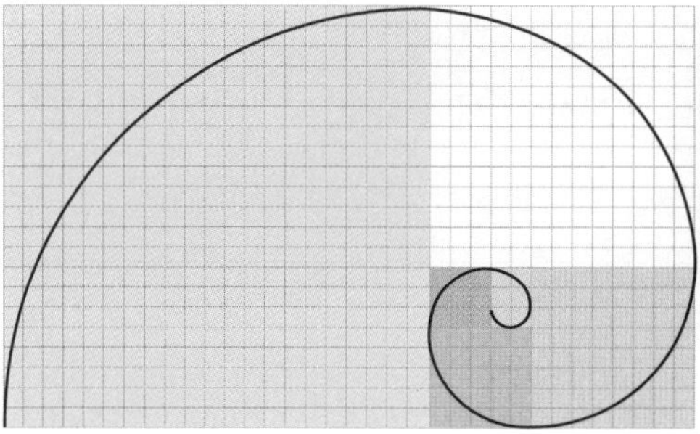

나선형 무늬의 비율

나선형 무늬를 가진
해바라기씨의 구조

위의 그림처럼 사각형들의 모서리를 연결하면, 나선형 무늬가 나타나요. 자연 속에서도 많이 볼 수 있죠. 앵무조개의 형태, 해바라기씨의 밀식 구조, 나뭇잎의 모양, 파인애플의 표면에서도 황금비율이 보여요. 하지만 최근에는 예술작품 속에 황금비율이 있다는 건, 오차를 대충 얼버무린 결과라는 반론도 제기됐어요.

제가 보기에, 중요한 것은 실제로 예술작품 속에 황금비율이 있는지 없는지가 아니에요. 인간이 아름답다고 느끼는 안정된 비율이 존재한다는 거예요. 앞서 살펴본 작품들이 이토록 아름다운 이유 중 하나는 적절하게 균형이 잡혀 있고, 구도가 안정적이기 때문이죠. 이 점에서 우리는 아름다움이라는 감정을 느끼게 되는 것 같아요.

고대 그리스 철학자들도 아름다움의 원천을 이러한 비율에서 나오는 **균형감**과 **조화**라고 여겼어요. 플라톤은 적당한 척도와 비례를 유지하면 항상 아름답다고 했어요. 아리스토텔레스는 적당한 크기와 질서가 잡힌 비율을 '미'라고 했고요. 아름다움은 대상이 가진 아름다운 비율에 있다는 것이죠. 이것을 **미의 대이론**이라고 해요.

음악의 구조

음악에도 아름다움이 있어요. 음악에도 그림과 조각처럼 조화로운 비율과 구도가 있죠.

피타고라스는 만물의 근원이 '수'라고 했죠? 행성 간의 움직임에도 수적 질서가 있고, 음악에도 수적 질서가 있다고 봤어요. 그래서 가장 어울리는 소리를 찾아 **음계**를 만들었죠.

피타고라스가 음계를 만든 방법을 볼까요? 현의 길이에 따라 음의 높이가 결정돼요. 먼저, 길이가 1미터인 현에서 나오는 음을 '도'로 놓아요. 이것의 절반의 길이에서 나오는 음은 한 옥타브가 올라간 '도'가 돼요 인간의 귀는 하나의 음과 그 음의 2배의 진동수를 갖는 음을 구별하지 못해요.

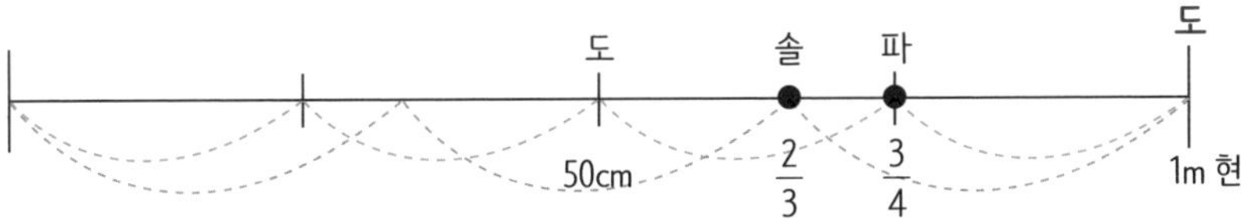

이제 도와 가장 어울리는 음을 찾아보죠. 피타고라스는 어떤 음과 가장 어울리는 음이 현의 길이가 4분의 3, 또는 3분의 2일 때 나오는 음이라는 걸 깨달았어요. 그래서 현의 길이가 4분의 3일 때 나오는 음을 '파'로 놓고, 3분의 2일 때의 음을 '솔'로 놓았어요.

피타고라스는 이런 식으로 조화로운 음을 내는 현의 길이의 비율을 찾아냈는데, 음의 높이는 현의 길이에 반비례해요. 그래서 분자와 분모를 뒤집으면 다음과 같이 돼요. 이것이 피타고라스 음계예요.

피타고라스 음계

도	레	미	파	솔	라	시	도
1	$\frac{9}{8}$	$\frac{81}{64}$	$\frac{4}{3}$	$\frac{3}{2}$	$\frac{27}{16}$	$\frac{243}{128}$	2

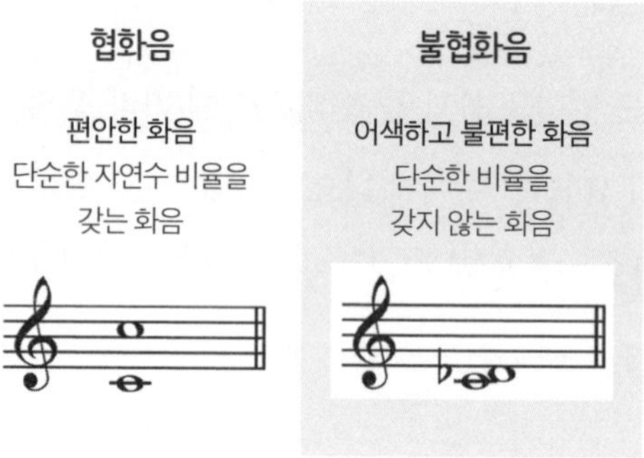

화음에는 협화음과 불협화음이 있어요. 듣기 좋은 편안한 화음을 '협화음'이라고 하죠. 듣기 어색하고 불편한 화음을 '불협화음'이라고 하고요.

수학적으로 단순한 자연수 비율을 가질 때, 협화음이 돼요. 반면 자연수 비율을 갖지 않을 때, 불협화음이 되고요. 아마 모두 일상 속에서 협화음과 불협화음을 들어보았을 거예요.

결국 이런 화음들이 있다는 건, 음악에도 그림이나 조각 같은 시각예술처럼 적절한 비율이 존재할 수 있다는 거겠죠. 대상이 지니는 아름다운 비율에 미가 있다는 '미의 대이론'이 음악에도 적용될 수 있는 셈이죠.

로르샤흐 잉크 반점과 미

우리는 시각을 통해 시시각각 주변환경을 살피고, 무슨 일이 벌어지는지 빠르게 파악해요. 그런데 어떤 경우에는 받아들인 시각정보가 제대로 파악이 안 될 때가 있어요. 그때 두뇌는 재빠르게 그것과 가장 비슷한 뭔가로 그냥 해석해 버려요. 그래서 아무것도 아닌 로르샤흐 잉크 반점1921년 스위스 정신과 의사 헤르만 로르샤흐가 개발한 성격 검사에 쓰임에서 나비를 보는 것이죠. 아무것도 아닌 로고에서 사람의 웃는 얼굴을 보기도 하고요. 아무것도 아닌 물감 덩어리에서 산과 강, 해를 보기도 하죠.

성격 검사의 일종인
로르샤흐 테스트에 쓰이는 반점

서울특별시 로고

음악도 마찬가지예요. 시각 예술작품에는 공간적 구조가 있죠? 마찬가지로 음악에는 시간적 구조가 있어요. 음의 높낮이가 시간적으로 펼쳐져요. 그러면 감상자는 먼저 들은 음과 뒤에 들은 음을 비교하면서 그 구조를 파악하고, 순간순간 끊임없이 해석해요. 이렇듯 우리는 음악 속의 구조를 해석하면서 아름다움을 느끼게 되는 거죠.

미의 대이론을 넘어서 — 부조화, 불균형 속의 아름다움

사람들은 미의 대이론을 고대부터 17세기까지 거의 2200여 년 동안 큰 논란 없이 받아들였어요. 즉, 아름다움이 작품 속에 들어 있는 객관적 속성이라고 생각했어요.

그런데 18세기가 되자, 아름다움이란 객관적 속성이 아니라 그저 주관적 판단이라는 주장이 등장했어요. 이렇듯 아름다움이 객관적인 속성이냐, 주관적인 느낌이냐 하는 논란은 오랫동안 계속돼 왔어요.

하지만 이런 논란을 차치하고서도, 미의 대이론을 있는 그대로 받아들이기는 곤란해 보여요. 우리는 과도한 원근법에서, 불편한 크기의 비율에서, 사진의 어색한 구도에서도 아름다움을 느끼기 때문이죠. 음악에서도 마찬가지고요. 불협화음에서도 진짜 감동을 찾을 수 있어요.

【질문】 우리는 왜 이상한 비율, 어색한 구도에서도 아름다움을 느낄까요?
고전 유머 이야기로 제가 생각한 대답을 대신할게요.

63빌딩 옥상에서 두 사람이 탁구를 치고 있었어요. 한 사람이 강 스매싱을 하자, 탁구공이 63빌딩 아래 땅바닥에 떨어졌어요. 구경하던 최불암이 계단으로 내려가 공을 주워서 올라오더니, 헐떡거리며 이렇게 말했어요.
"1 대 0."

우리가 이 유머를 왜 재미있다고 느낄까요? 공전의 히트를 기록한 드라마 〈수사반장〉, 〈전원일기〉의 주인공이자 국민 아버지로 불리던 최불암이 뭔가 그럴 듯한 말을 할 것이라고 기대했는데, 전혀 예상치 못한 싱거운 말을 했기 때문일 거예요. 우리의 기대와 동떨어진 결과가 나온 거죠. 그 의외성이 주는 묘한 감정이, 어쩌면 이상한 비율, 어색한 구도, 예기치 못한 불협화음 속에서 아름다움을 느끼는 진짜 이유일지도 몰라요.

영상으로 한 번 더!

개 같은 내 인생

디오게네스: 본능에 충실하라

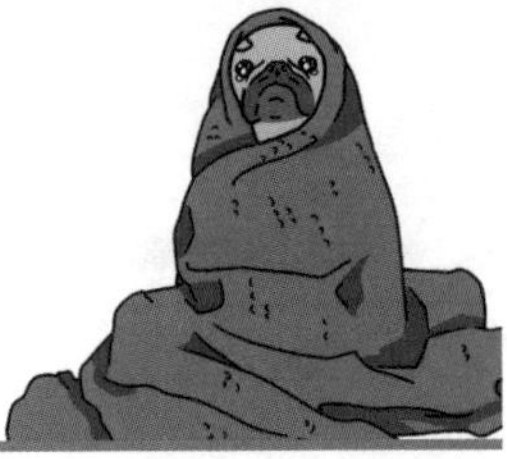

고대 그리스 도시국가는 시민이 몇만, 몇천, 심지어 몇백 명 정도밖에 안 될 정도로 규모가 작았어요. 그래서인지 공동체를 무척 중요시했죠. 당시 철학은 '도시국가의 구성원으로서 인간이 어떻게 살아가야 하는가', '사회를 위해 인간이 가져야 할 덕목은 무엇인가' 같은 문제를 중요하게 봤어요.

그런데 기원전 4세기 무렵 알렉산드로스 대왕이 대제국을 건설했어요. 작은 공동체에 살던 사람들이 알렉산드리아 등 대도시로 이주하게 되었죠. 사람들의 생각에도 변화가 일어나기 시작했어요. 이제 '자유로운 개별적 인간으로서 어떻게 살아가야 하는가', '어떻게 하면 행복해질 수 있는가' 하는 문제에 관심을 갖게 됐어요. 회의주의 학파, 견유학파, 에피쿠로스 학파, 스토아학파 등이 이러한 흐름에서 나타났어요.

개가 된 디오게네스와 견유학파

라파엘로의 그림 〈아테네 학당〉을 보면, 사람들이 삼삼오오 모여 이야기를 하고 있어요. 철학적 배틀을 뜨고 있는 거죠. 거기 혼자 있는 사람이 있어요. 그것도 한쪽 팔을 걸치고 비스듬히 누워서 말이죠. 그 사람이

디오게네스

바로 디오게네스예요.

왜 혼자 있을까요? '아싸'라 그래요. 성격이 소심해 아싸였을까요? 아니에요. 너무 쿨해서 아싸예요. 자발적 아싸라고 하죠?

디오게네스가 시노페에서 추방당해 아테네로 왔을 때의 일이에요. 어떤 사람이 "시노페 사람들이 너한테 추방형을 내렸냐?"라고 물었어요. "아니, 내가 그들에게 전부 체류형을 내렸는데." 디오게네스가 모든 사람들을 왕따시킨 셈이죠.

견犬 유학파

Cynicism
cynic = 개

디오게네스와 비슷한 사상을 가진 사람들을 '견유학파'라고 해요. 견유학파라니 이름이 좀 이상하죠? 네, 짐작하시는 게 맞아요. 이때 '견'은 '개 견犬' 자예요. 견유학파를 영어로 cynicism이라고 하는데, 여기서 cynic이 개라는 뜻이죠.

디오게네스는 아무것도 가진 게 없이 산 사람이에요. 나무로 만든 통 속에서 혼자 살았고, 가진 것이라곤 옷 한 벌과 물컵 하나가 전부였죠. 어느 날 개가 혀로 물 마시는 걸 보고 "잠깐, 그러고 보니 컵도 필요 없네" 하면서 갖다버렸대요. 그때부터 디오게네스는 개를 스승으로 삼고 스스로를 개라고 불렀다고 해요.

동네 사람들이 조롱하고 놀렸겠죠? 어느 날 어떤 사람이 개한테 주듯이 뼈다귀를 던지니, 디오게네스가 쫓아가서 한 발을 들고 오줌을 갈겼다고 해요. 자기는 개라면서 말이에요.

어느 날 알렉산드로스 대왕이 디오게네스를 찾아왔어요. 알렉산드로스가 찾아올 정도니 나름 유명 인사이긴 했나 봐요.

디오게네스는 따뜻한 햇볕을 받으며 앉아 졸고 있었어요. 알렉산드로스 대왕이 필요한 거 없냐면서 소원을 한 가지 들어주겠다고 했어요. 그러자 디오게네스가 소원이 하나 있는데, 햇빛을 가리지 말고 제발 좀 비켜 달라고 했죠. 부하들이 칼을 뽑자 알렉산드로스 대왕이 말렸어요.

디오게네스를 찾아온 알렉산드로스 대왕. 윌리엄 레이너의 삽화(1910).

"만일 내가 알렉산드로스가 아니라면, 나도 디오게네스처럼 되고 싶네."

그러니까 디오게네스가 이렇게 대답했어요.

"만일 내가 디오게네스가 아니라면, 나도 디오게네스처럼 되고 싶네."

제가 보기엔 둘 다 엄청 쿨가이인 것 같아요.

냉소주의 학파는 냉소적이지 않다?

견유학파의 사상을 '냉소주의 학파'라고도 해요. '냉소적'이라는 의미를 가진 단어 cynical이 바로 cynicism견유학파에서 나왔죠.

근데 견유학파는 냉소적인 것과는 거리가 좀 멀어 보여요. 냉소적이라는 건 현실에 불만은 있지만, 멀리서 방관하면서 비웃거나 빈정대는 태도를 말하죠. 그런데 디오게네스는 적극적으로 현실을 비판했어요.

알렉산드로스 대왕에게 햇빛을 가리지 말고 비켜달라고 한 행동 역시 적극적인 자기주장이죠. 부와 명예와 권력 따위는 필요없다는 거죠. 별 가치도 없을 뿐더러, 그런 것으로는 행복해질 수 없다는 것을 퍼포먼스로 보여준 것이죠.

디오게네스는 자기 생각을 행동으로 보여줬어요. 시장 한복판에서 자위를 하기도 했는데, 그의 메시지는 분명해요. 인간의 자연스러운 욕구는 부끄러운 것도 아니고 감출 필요도 없으며, 사회적 관습 때문에 억압해서는 안 된다는 거죠.

앞에서 파르메니데스가 변화와 운동이 불가능하다고 주장했다고 했죠? 디오게네스는 어떤 사람이 "운동은 불가능한 거야"라고 말하자, 그 사람 주위를 폴짝폴짝 뛰면서 돌았대요. 그렇지 않다는 사실을 행동으로 보여주고자 한 것이죠.

플라톤 vs. 디오게네스

디오게네스는 플라톤과 실제로 교류가 있었어요. 플라톤은 도시국가 속에서 전통적인 사상의 체계를 세우려 했죠. 반면 디오게네스는 모든 관습과 허세를 파괴해야 한다고 생각한 사람이고요. 둘의 사이가 좋았을 리 없겠죠?

어느 날 플라톤이 이데아 사상을 이야기하면서 책상의 이데아와 컵의 이데아를 비유로 들었어요. 디오게네스는 "내 눈에는 책상과 컵만 보이는데, 대체 이데아가 어디에 있다는 거야?"라고 반문했어요.

한 번은 디오게네스가 비 오는 날 플라톤의 저택을 방문했어요. 그런데 일부러 진흙투성이 발로 양탄자를 밟고 다녔다고 해요. 이런 행동은 쿨가이와는 멀어 보이네요.

행위 예술가 디오게네스

디오게네스는 이성적인 삶을 살아야 한다고 강조해요. 관습과 허위의식을 버리고, 이성적으로 생각하는 인간다운 삶을 살라는 거죠. 그에게 인간다운 삶이란 도시국가의 규범과 관습을 지키며 사는 게 아니에요. 인간의 자연적인 욕구에 충실하게 사는 거예요.

디오게네스는 몸을 단련시키는 것을 중요하게 생각했어요. 여름에는 뜨거운 모래 위를 뒹굴면서 더위를 견디는 훈련을 하고, 겨울에는 거리의 청동상을 끌어안고 추위를 견디는 훈련을 했다고 해요. 구걸할 때 거절당하는 훈련을 한다면서 동상에게 구걸을 하기도 했어요.

제가 보기엔, 디오게네스는 철학자라기보다는 예술가에 가까워요. 삶 자체가 행위 예술이었어요. 동상에 구걸하는 것보다 더 전위적인 퍼포먼스를 본 적 있나요?

영상으로 한 번 더!

이데아 순한 맛

아리스토텔레스: 형이상학 (feat. 플라톤)

형이상학이라는 말은 많이 들어봤는데, 뭔지 감이 잘 안 오죠? 기원전 3세기 무렵 안드로니쿠스가 아리스토텔레스의 글을 정리해 『자연학』Physics이라는 책으로 묶었어요. 이때 자연에 대한 이야기인 듯 아닌 듯한 글들을 모아 책 뒤에 붙이면서 metaphysics라는 이름을 붙였어요. meta는 '~다음에, ~을 넘어서, ~을 초월해서'라는 뜻으로, metaphysics는 초월적인 궁극의 질문을 다루는 학문이라는 의미가 됐어요.

그후 일본 학자들이 이 말을 『주역』의 "형이상자위지도 형이하자위지기"•라는 문구에서 따와 '형이상학'이라고 번역했어요. 형이상학이란 존재와 존재자, 즉 존재하는 것에 대한 궁극적인 질문을 다루는 학문이에요.

'학문의 아버지'로 불리는 멀티플레이어

아리스토텔레스BC 384~BC 322는 기원전 384년 마케도니아의 궁중의사 아들로 태어나 왕자의 친구로 궁정에서 자랐어요. 17세에는 아테네로 가서 플라톤의 아카데미아에 들어갔으며, 이후 20년 정도나 수학했죠.

• 形而上者謂之道 形而下者謂之器, 형상 이전의 것을 '도'라고 하고, 형상 이후의 것을 '기'라고 한다.

찰스 라플란트, 〈알렉산드로스 대왕을 가르치는 아리스토텔레스〉(1866)

플라톤의 수제자로 아카데미아의 후계자가 될 것으로 기대했어요. 하지만 후계자가 되지 못하고, 결국 마케도니아로 돌아오게 됐어요.

아리스토텔레스는 알렉산드로스 왕자를 13세 때부터 가르쳤어요. 그리고 50세에 다시 아테네로 돌아와 리케이온 학당을 열고 13년 동안 제자들을 길러냈어요.

의사의 아들로 자란 그는 물리학, 천문학 등 자연학에 관심이 많았어요. 특히 생물학을 연구했죠. 정복전쟁에 나섰던 알렉산드로스 대왕은 스승을 위해 생물 표본들을 보내주곤 했어요. 아리스토텔레스는 이를 바탕으로 아테네에 세계 최초로 동물원을 설립해요. 식물부터 인간까지 생물을 관찰 분류했는데, 동물만도 500종에 이르렀으며, 고래, 꿀

벌, 닭의 부화도 연구했다고 해요.

"모든 중요한 지식의 토대는 아리스토텔레스로부터 시작됐다."

20세기 철학자 러셀의 말이에요. 아리스토텔레스는 형이상학·논리학·수사학·시학·정치철학·윤리학·물리학·천문학·생물학 등 거의 모든 분야에 발자취를 남겨 '학문의 아버지'로 불려요.

서양철학에는 두 개의 기둥이 있는데, 바로 플라톤과 아리스토텔레스예요. 르네상스 화가 라파엘로의 〈아테네 학당〉 그림의 중앙을 보면, 플라톤은 손가락으로 하늘을 가리키고, 아리스토텔레스는 손바닥으로 땅을 가리키고 있죠.

플라톤과 아리스토텔레스

아리스토텔레스는 스승 플라톤에게 영향을 받았지만, 다른 철학체계를 내세웠어요. 그래서 플라톤 철학에 대비해 보면 더 선명하게 보여요.

플라톤의 이데아론이 비유일 뿐이라고?

플라톤은 세계를 둘로 쪼갰죠. 이데아의 세계와 현실세계. 이데아의 세계는 이성의 눈으로만 보이는 완전한 세계이고, 우리가 보고 듣고 사는 현실세계는 감각의 눈으로 보이는 세계죠.

옆의 의자들은 다르게 생겼지만 둘 다 의자죠. 의자의 기능은 사람들이 앉는 거죠. 그 기능을 탁월하게 수행하면 좋은 의자이고, 제대로 수행하지 못하면 나쁜 의자예요.

그렇다면 완벽한 의자는 어디에 있을까요? 완벽한 의자는 현실세계가 아니라 이데아의 세계에 있어요. 이데아의 의자가 진짜예요. 현실세계의 의자는 이데아를 모방한 가짜이고요.

그런데 이데아를 모방한 현실세계가 왜 존재해야 하죠? 이데아의 세계는 완전하고 영원불멸하기에 운동을 하지 않아요. 근데 그것을 모방한 현실세계에서는 왜 운동과 변화가 일어나죠? 아리스토텔레스는 이데아의 세계는 없다고 해요. 플라톤의 이데아론은 단지 비유일 뿐이라고 봤어요.

아리스토텔레스

질료와 형상

의자의 기능은 사람들이 앉을 수 있는 것이고, 펜의 기능은 쓰거나 그리는 것이죠. 따라서 어떤 것의 기능을 그것의 본질이라고 할 수 있어요. 이러한 본질을 아리스토텔레스는 **형상**이라고 해요.

그런데 형상만 가지고는 의자가 될 수 없고, 질료가 있어야 해요. **질료**는 대체로 재료라고 생각하면 돼요. 의자의 가죽과 나무가 바로 질료

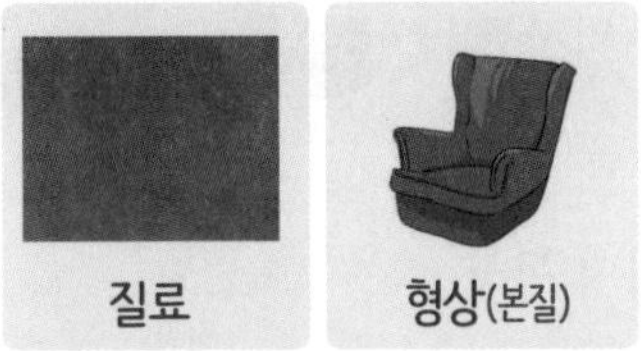

세상 모든 것은 질료와 형상의 결합

이죠.

아리스토텔레스는 현실세계에 존재하는 모든 개별자들은 질료와 형상이 결합된 것이라고 해요.

플라톤은 이데아의 세계를 저기 위에 올려놓고, 현실세계는 가짜라고 했죠? 이원론적으로 세계를 본 거죠. 하지만 아리스토텔레스는 이데아에 '형상'이라는 이름을 붙이고, 땅으로 끌고 내려와 하나의 현실세계로 통일시켜 버려요. 현실세계가 진짜이고, 만물은 변한다고 주장해요.

그래서 라파엘로의 〈아테네 학당〉 그림에서 플라톤은 손가락으로 하늘을 가리키고, 아리스토텔레스는 손바닥으로 땅을 가리키고 있는 거죠.

가능태와 현실태

그렇다면 현실세계의 운동과 변화가 어떻게 가능할까요? 아리스토텔레스는 가능태와 현실태로 설명해요.

도토리가 땅에 떨어지면, 도토리 싹을 틔우겠죠? 이때 도토리는 가능성이 있는 상태라고 해서 **가능태**라고 해요. 도토리 싹은 가능성이 현실이 된 상태라고 해서 **현실태**라고 하고요.

그런데 도토리 싹이 점점 자라면, 도토리 묘목이 되겠죠? 이때 도토리 싹은 묘목이 될 가능성을 가진 가능태, 도토리 묘목은 현실태예요. 다시 말해 모든 개별자는 다른 뭔가가 될 수 있는 가능태이면서, 이미 뭔가가 된 현실태라고 할 수 있어요.

또한 도토리, 도토리 싹, 도토리 묘목, 참나무는 모두 질료와 형상이 결합된 것이에요. 도토리 속에는 도토리 싹의 형상이 들어 있고, 도토리 싹에는 도토리 묘목의 형상이 들어 있죠.

이처럼 모든 개별자는 질료와 형상이 결합되어 있는 가능태이고, 그 가능태가 현실화되면서 새로운 개별자가 돼요. 이것이 바로 개별자가 운동과 변화를 하는 이유예요.

목적론적 세계

아리스토텔레스의 목적론적 체계

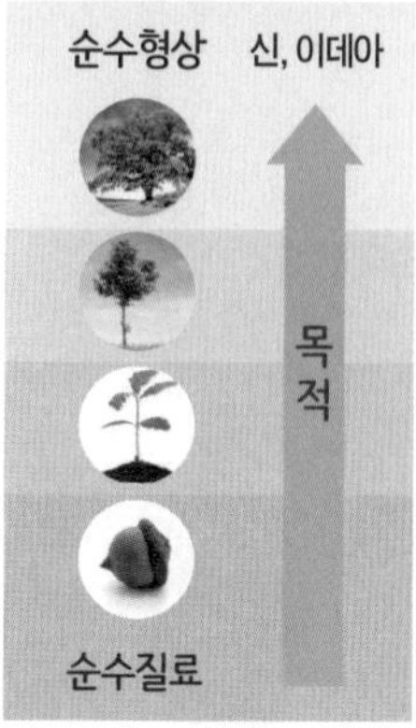

아리스토텔레스는 모든 것은 존재하는 어떤 목적이 있다고 봤어요. 도토리의 목적은 도토리 싹이 되는 것이고, 도토리 싹의 목적은 도토리 묘목이 되는 거예요.

또한 세계에 존재하는 모든 것들은 위계가 있다고 해요. 그 위계에서 아래에 있는 것들은 위의 것들을 목적으로 해요.

아리스토텔레스는 가장 아래는 형상이 없이 질료만 있는 상태인 **순수질료**라고 해요. 가장 위는 질료는 없이 형상만 있는 **순수형상**이고요. 이 순수형상은 신, 플라톤의 이데아 같은 거예요. 아리스토텔레스는 플라톤과 다른 길을 택했지만, 결국은 같은 곳에 도착한 거죠.

아리스토텔레스는 세계의 운동과 변화는 개별자들이 순수형상으로 되어가는 과정에서 일어난다고 봤어요. 순수형상은 그 자체가 최종 목적이기에, 더 이상 운동과 변화를 하지 않아요. 다른 모든 개별자들의 운동과 변화의 원인이지만, 자신은 운동과 변화를 하지 않는 거죠. 그런 의미에서 **부동의 원동자**unmoved mover라고 해요.

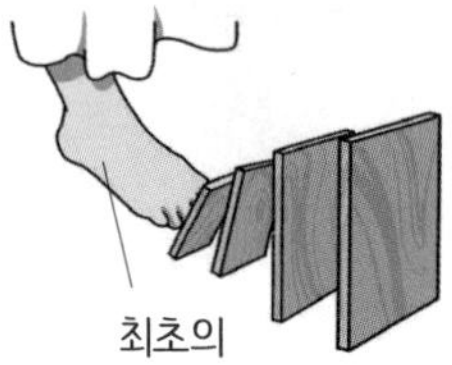

1500년 후, 중세 신학자 토마스 아퀴나스는 아리스토텔레스의 부동의 원동자 개념을 받아들였어요. 어떤 것의 원인의 원인의 원인의 원인을 찾아가다 보면 최초의 원인을 만나게 되는데, 그것이 바로 창조주라고 해요. 그래서 아리스토텔레스의 목적론적 체계와 중세 기독교 사상이 쉽게 결합할 수 있었던 거죠.

이처럼 세계가 위계적인 층위로 되어 있고, 그 정점에 최종 목적인 이데아가 있다는 아리스토텔레스의 생각은 이후 서양사상에 많은 영향을 미쳤어요. 뒤에서 다시 상세히 살펴보겠지만, 플로티노스는 맨 아래부터 위로 갈수록 물질→영혼→정신→일자the one가 있다는 일자사상을 내놓았어요. 헤겔은 세계는 감각→지각→오성→자기의식→이성→정신→절대지의 단계로 나아간다는 변증법을 주장했고요. 마르크스는 헤겔의 철학을 물질 버전으로 바꾸어 고대노예사회→중세봉건사회→근대자본주의사회→공산사회로 옮아간다는 혁명이론을 내놓았어요.

이처럼 세계를 하나의 위계 시스템으로 보고, 그 정점에 최종 목적이 있다는 사상의 원형이 바로 아리스토텔레스인 거죠.

4원인설

미켈란젤로의 〈다비드상〉도 질료와 형상이 결합된 하나의 실체예요. 대리석 덩어리인 질료에 인간의 형상을 입혀 만든 것이죠. 그렇다면 실체를 탐구하는 방식은 무엇이 있을까요? 여기에 대해 아리스토텔레스는 **4원인설**을 내놓았어요.

미켈란젤로의 〈다비드상〉의 **질료인**은 실체를 이루고 있는 재료로서 대리석 덩어리예요. **형상인**은 실체를 규정하는 원리로서 미켈란젤로가 머릿속으로 상상했던 다비드다윗이고요. **운동인**은 실체가 가능하게 한 작용이죠. 즉, 대리석 덩어리를 깎아내는 행위예요. **목적인**은 실체의 궁극적인 목적을 말해요. 이 조각은 다비드 왕을 상징하기 위해 만들어진 것이죠.

아리스토텔레스의 4원인설도 후대 철학에 큰 영향을 미쳤어요. 스토아학파나 에피쿠로스학파처럼 대체로 유물론적 경향이 강한 철학은 아리스토텔레스의 질료인과 운동인을 강조했어요. 이러한 경향성은 근대과학과 현대과학까지 이어지고 있죠.

정리하면, 플라톤은 이데아로 가는 직선도로를 고집했어요. 반면

아리스토텔레스는 현실세계와 타협하며, 다양한 질료와 형상이 운동과 변화를 하는 구불구불한 오솔길을 선택한 거죠.

하지만 둘의 목적지는 이데아로 같아요. 그래서 20세기 지성 러셀은 아리스토텔레스의 철학을 가리켜 “상식으로 희석된 플라톤 철학”이라고 해요. 대체로 맞는 표현인 것 같아요.

제가 보기에, 플라톤과 아리스토텔레스의 차이를 극명하게 보여주는 한 가지 키워드는 이것이에요. “플라톤은 이데아 매운맛이고, 아리스토텔레스는 이데아 순한 맛이다.”

영상으로 한 번 더!

비겁과 만용 사이

아리스토텔레스: 니코마코스 윤리학

(feat. 덕, 에우다이모니아, 아레테)

라파엘로의 〈아테네 학당〉 그림에서 플라톤은 손가락으로 하늘을 가리키고, 아리스토텔레스는 손바닥으로 땅을 가리키고 있죠? 플라톤에게 중요한 것은 저기 이데아의 세계이고, 아리스토텔레스는 현실세계를 중시했어요.

이때 플라톤이 들고 있는 책은 『티마이오스』라는 일종의 우주론이고, 아리스토텔레스는 『니코마코스 윤리학』을 들고 있어요.

현실세계에서 중요한 것은 '어떻게 살 것인가?' 하는 문제죠. 아리스토텔레스의 윤리학을 '덕의 윤리학'이라고 합니다.

윤리학에는 기본적으로 크게 3가지 입장이 있어요. 아리스토텔레스의 덕의 윤리학, 칸트의 의무주의, 벤담과 밀의 공리주의예요.

에우다이모니아

A라는 사람이 아침에 일찍 일어나는 이유는 도서관에 가기 위해서예요. 그가 도서관에 가는 이유는 공부를 하기 위해서이고요. 그리고 공부를 하는 이유는 좋은 직장을 얻기 위해서예요. 좋은 직장을 얻는 이유는 돈을 더 많이 벌기 위해서이고…. 이렇게 우리의 행위에는 어떤 목적이 있어요.

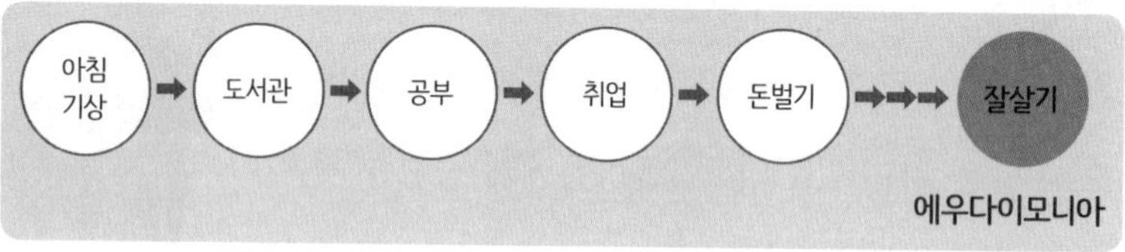

그렇다면 우리가 사는 최종 목적은 무엇일까요? 아리스토텔레스는 그것을 **에우다이모니아**eudaimonia라고 해요.

에우다이모니아를 흔히 '행복happiness'이라고 번역해요. 하지만 에우다이모니아는 "나는 지금 참 행복하다"처럼 일시적이고 주관적인 감정에 관한 말이 아니에요. "○○○는 참 잘살았다"처럼, 한 사람의 일생 전체를 두고 객관적으로 평가할 때 사용할 수 있는 말이죠.

따라서 여기에서는 에우다이모니아라는 말을 '잘살기'라고 할게요. 인간의 모든 행위의 목적은 잘사는 거죠. 그런데 도대체 어떻게 사는 게 잘사는 것일까요?

덕, 아레테

자기 기능을 얼마나 잘 수행하는가?

옆의 그림을 보죠. 둘 다 의자예요. 의자의 기능은 앉을 수 있는 것이므로, 그러한 기능을 가지면 전부 의자라고 하죠. 앉기 편한 의자는 의자로서의 기능을 탁월하게 수행해요. 하지만 불편한 의자는 기능을 잘 수행하지 못하죠. 전자를 좋은 의자, 후자를 나쁜 의자라고 할 수 있어요. 이처럼 '좋다Good'는 자신의 기능을 잘 수행한다는 의미예요.

이제 의자 말고, 사람 이야기를 해보죠. 아리스토텔레스도 사람이고, 돈키호테도 사람이죠. 아리스토텔레스는 이성적으로 생각하는 능력이 탁월하지만, 돈키호테는 이성적으로 생각하지 못하고 과대망상에 걸려 있죠.

아리스토텔레스는 인간의 능력을 탁월하게 수행하면 좋은 사람, 아니면 나쁜 사람이라고 봐요. 뛰어난 이성적 능력에 따라 실천하면 좋은 사람, 아니면 나쁜 사람이란 거죠. 이처럼 자신의 능력을 탁월하게 수행하는 상태를 **아레테**덕라고 해요. 즉, 좋음이란 덕의 상태란 거죠.

중용의 실천

그렇다면 덕아레테은 무엇일까요? 덕에는 두 가지가 있어요. 하나는 지적인 덕, 다른 하나는 도덕적인 덕이에요. 지적인 덕은 배움을 통해 얻을 수 있고, 도덕적인 덕은 습관을 통해 얻을 수 있어요.

플라톤은 앎을 강조했죠? 용기가 무엇인지, 정의가 무엇인지를 제대로 알면, 용감하고 정의로운 사람이 될 수 있다고 봤어요. 어떤 사람이 용감하지 못하고 정의롭지 못한 이유는, 그가 용기와 정의가 무엇인지 모르기 때문이라고 본 것이죠.

반면 아리스토텔레스에게 중요한 것은 앎이 아니라 **실천**이에요. 용기가 무엇인지, 정의가 무엇인지 안다고 해서, 용감하고 정의로운 사람이 되는 것이 아니죠. 용감하고 정의로운 행동을 반복함으로써 습관이 되어야 용감하고 정의로운 사람이 된다고 봤어요.

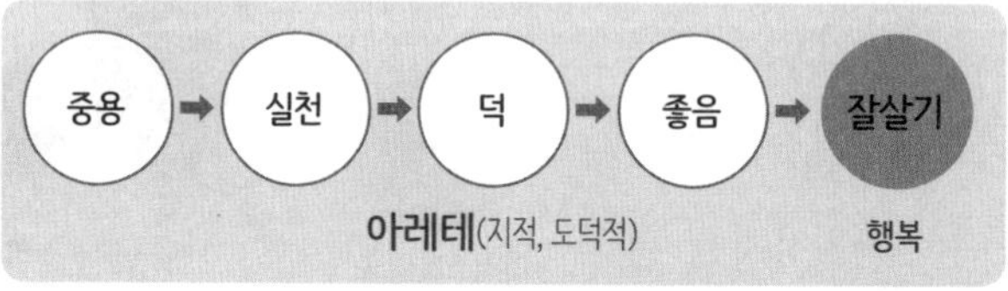

아리스토텔레스는 습관을 매우 중요시했어요. 어떤 사람이 정직한 행동을 반복하면 정직함이 습관이 되어 정직한 사람이 돼요. 어떤 행동을 반복하면 그것이 습관이 되고, 또 그것이 그 사람의 인격이 돼요. "한 마리 제비가 왔다고 해서 봄이 온 것이 아니다." 한 번 도덕적으로 행동했다고, 도덕적 인격을 가졌다고 할 수 없다는 거죠.

아리스토텔레스에게 **덕**이란 어느 한쪽에도 치우치지 않는 **중용**을 말해요. 예컨대 용기는 비겁함과 만용의 중용이에요. 정의는 타인에 대한 무시와 소심한 굴복의 중용이고요. 후하다는 것은 인색과 방탕의 중용이고, 겸손은 수줍음과 파렴치의 중용이에요.

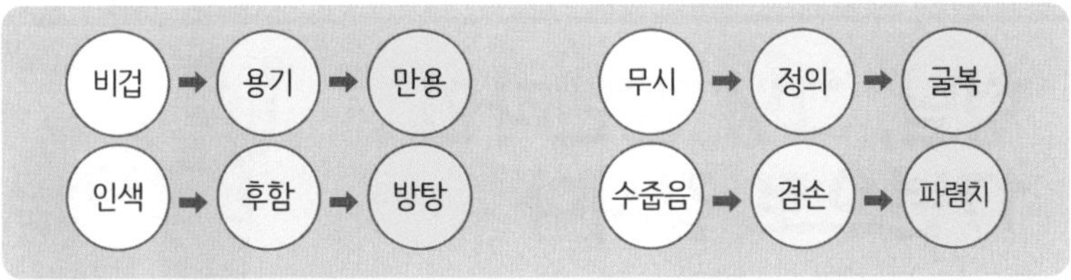

아리스토텔레스의 윤리학은 에우다이모니아니 덕이니 아레테니 하는 말 때문에 어렵고 고매한 이야기 같지만, 간단하게 말하면 이래요.

"어느 한쪽으로 치우치지 않는 중용을 지키는 것을 반복적으로 실천함으로써 습관이 되면, 그것이 바로 덕이다. 이때 덕은 인간의 고유한 능력인 이성의 능력을 탁월하게 발휘하는 것이다. 덕의 상태에 있는 것은 그 자체로 좋은 것이며, 그것이 바로 잘사는 것이다."

아리스토텔레스는 덕의 윤리학을 말하면서도 현실적인 면모를 잃지 않았어요. 잘살기 위한 조건으로 좋은 친구, 재산, 정치권력, 보기 좋은 외모 등을 들었죠. 그래서인지 외모와 치장, 의상과 액세서리와 헤어스타일에 신경을 많이 썼다고 해요.

『니코마코스 윤리학』은 "이제 본격적으로 논의를 시작해 보자"라는 말로 끝나요. 책 끝에서 이제 본격적으로 얘기를 시작해 보자니, 의아하죠? 이제부터 정치학에 대한 이야기를 시작하자는 거예요. 윤리학은 디저트이고, 메인요리는 정치학이란 거죠. 중요한 건 국가의 선善이지 개인의 행복이 아니라는 입장일 수도 있고, 반대로 개인이 행복하게 잘살기 위해서는 좋은 국가 시스템이 전제돼야 한다는 생각일 수도 있을 듯해요.

영상으로 한 번 더!

형님, 그냥 발렌타인 17년으로 갑시다

아리스토텔레스: 미학

고대 그리스의 미학을 이해하기 위해서는 당시 철학의 양대 산맥이었던 플라톤과 아리스토텔레스가 예술에 대해 어떤 생각을 가지고 있었는지를 아는 것이 도움이 돼요.

플라톤의 시인 추방론

플라톤에게 현실세계는 이데아 세계의 모방일 뿐이죠. 그런데 예술작품은 현실을 모방해요. 그러니 예술작품은 이데아의 짝퉁의 짝퉁인 셈이죠. 비유하자면, 이데아가 위스키 원액이라면, 현실은 17년산 발렌타인이고, 예술은 가짜 양주인 거죠. 아래 그림에서 맨 위가 아름다움의 이데아라면, 중간은 현실의 아름다움, 마지막은 예술작품으로서의 아름다움이라는 것이죠.

이에 비해 아리스토텔레스는 원액이란 존재하지 않으며, 17년산 발렌타인이나 현실의 아름다움에도 각각 그 본질이 녹아 들어가 있다고 봤어요.

플라톤은 예술작품은 결코 좋은 것이 아니라고 하면서 두 가지 이유를 내놓았어요.

먼저 예술작품은 '이데아에 대한 모방의 모방'이므로, 이데아의 진리로부터 두 단계나 떨어져 있는 가짜라고 해요.

다른 하나는 예술작품이 인간을 타락시킨다고 봤어요. 호메로스의 시를 보면, 신은 부도덕하고, 욕망에 사로잡혀 있으며, 인간은 이러한 신에게 복종하지 않아요. 영웅들은 한결같이 살인, 강간, 사기를 수시로 저지르는 불한당 같은 놈들이죠.

플라톤은 시는 이데아를 제대로 표현하지 못한다고 봤어요. 진리에 다가가지 못하게 방해해 교육적 가치가 없다며 **시인추방론**을 주장해요.

플라톤은 예술을 진리의 관점에서 봤어요. 그는 이성이 욕망을 제어해야 한다고 생각했죠. 그러니 아름다움에 대한 욕망의 결과물인 예술은 당연히 이성에 의해 통제되어야 하고, 그렇지 않으면 아름다움에 대한 욕망에 빠져 비이성적이 될 수 있다고 본 거죠.

어쩌면 플라톤은 예술을 진심으로 사랑했을 수도 있을 것 같아요. 직접 그림을 그리고 시를 지은 경험이 있어요. 예술의 힘을 잘 아니 경계해야 한다고 생각한 걸 수도 있겠다는 생각이 들어요.

아리스토텔레스의 카타르시스

아리스토텔레스도 예술작품이 현실을 모방하는 것이라고 봤어요. 하지만 플라톤이 말하는 것처럼, 그냥 현실을 흉내만 내는 건 아니라고 해요. 예술가는 현실을 있는 그대로 모방하는 것이 아니라, 자기만의 방식

고흐, 〈별이 빛나는 밤〉(1889)

으로 모방한다는 거죠.

지금 우리가 보면, 아리스토텔레스의 관점이 훨씬 세련되어 보이죠. 생각해 보세요. 〈별이 빛나는 밤〉은 고흐가 밤하늘을 자신만의 방식으로 모방한 거예요. 이중섭의 〈황소〉 역시 화가가 황소를 자신만의 방식으로 모방한 것이고요. 이처럼 예술가는 대상이 갖는 본질을 자신만의 방식으로 모방한다는 거죠.

아리스토텔레스는 우리가 비극을 보면서 **카타르시스**를 느낀다고 해요. 카타르시스는 공포와 연민이라는 감정과 관련 있다고 봤어요.

영화 〈올드보이〉에서 주인공 오대수는 영문도 모른 채 15년 동안 군만두만 먹으면서 갇혀 지내요. 탈출에 성공한 오대수는 이내 복수를 하는가 싶더니, 결국 딸과 근친상간을 하는 비극적인 결말을 맞이해요. 이때 관객들은 오대수를 보면서 먼저 공포와 연민이라는 상반된 감정을 느껴요. 오대수가 자신과 비슷한 사람이라는 점에서 공포를 느끼고, 이런 오대수에게 감정이입을 하면서 연민을 느끼게 되는 것이죠.

영화 〈올드보이〉(2003)의 한 장면

이런 영화를 보면 마음이 무거워져요. 내용이 너무 끔찍하기 때문이죠. 아리스토텔레스는 우리가 이런 감정을 느끼면서도, 한편으론 굉장히 평온한 감정 상태가 될 수 있다고 해요. 그것은 이런 비극적 상황이 나한테는 일어나지 않을 거라는 안도감 때문일 수도 있고, 또는 비극의 끝, 공포의 끝을 보고 난 후 오는 해방감 때문일 수도 있어요. 이처럼 비극을 보고 난 후 감정적으로 자유로워지는 게 카타르시스예요. 아리스토텔레스는 카타르시스를 통해 인간의 영혼이 한층 더 고양된다고 봤어요.

카타르시스에 대한 아리스토텔레스의 설명은 구체적이지 않기에, 여러 해석이 있어요. 특히 정신분석학에서는 카타르시스를 마음속에 억압된 감정의 응어리나 상처, 콤플렉스를 말이나 행위로 발산해 심리적 안정을 찾는 것이라고 해요. 프로이트는 카타르시스를 사람이 폭력을 행사하면서 무의식 속에 들어 있는 분노의 감정을 줄이는 과정으로 보기도 했고요.

영상으로 한 번 더!

몰라!

피론: 고대 회의주의

앞에서 회의주의는 보통 3가지로 구분한다고 했죠? 종교적 회의주의는 어떤 신이나 특정 종교를 믿지 않는 것이고, 과학적 회의주의는 심령술, 초능력, 굿 같은 의사과학을 믿지 않는 입장이에요. 그리고 철학적 회의주의는 '진리가 없다거나 진리를 알 수 없다'는 입장을 말해요.

고대 회의주의자 3인방

고대 그리스의 대표 회의주의자로 고르기아스, 프로타고라스, 피론을 꼽아요. 고르기아스는 세상에 진리 따위는 없으며, 설령 진리가 있더라도 우리가 그것을 알 수 없다고 주장했죠.

프로타고라스는 "인간은 만물의 척도이다"라고 하면서 세상에 절대적인 진리나 도덕은 없으며, 모든 진리와 도덕은 상대적일 뿐이라고 주장했고요.

고대 회의주의 3인방

둘은 결국 같은 말이에요. 상대적으로 진리

를 진리로 보지 않으면, 결국 진리는 없다는 말이니까요.

피론BC 360~BC 270은 어떤 게 확실한 진리인지 알 수 없으니, 진리에 대해 이러쿵저러쿵 논하지 말자고 주장했어요. 진리에 대한 판단을 중지하자는 거죠. 이런 입장을 **피론주의**라고 해요. 피론주의도 결국 '우리는 진리를 알 수 없다'는 입장이에요. 그런데 진리를 알 수 없다는 걸 받아들이는 태도가 좀더 적극적이에요.

피론주의의 계보

피론은 고대 그리스 엘리스 지역 출신으로, 젊은 시절 알렉산드로스 대왕의 정복전쟁을 따라 인도로 여행했다는 설이 있어요. 그곳의 수행자일설에는 나체 수행자들을 보고 금욕과 현자의 삶에 대해 배웠다고 해요. 피론은 글을 남기지 않았어요. 제자 티몬의 글을 통해 그의 철학을 엿볼 수 있어요.

피론주의는 잠시 명맥이 끊어졌지만, 기원전 2세기 무렵 의학자이자 철학자인 섹스투스 엠피리쿠스가 되살려요. 기원전 1세기 무렵에는 아이네시데모스가 집대성하고요. 그리고 르네상스 시대의 프랑스 철학자 몽테뉴가 피론주의를 계승해요. 가톨릭과 융합시켜 자신만의 철학을 만들어냈죠. 따라서 피론주의는 피론 한 사람의 사상이 아니에요.

시대를 거치면서 여러 철학자들의 사상이 융합된 것으로 볼 수 있어요.

상대주의

【질문】 피론주의자들은 왜 우리가 진리를 알 수 없다고 할까요?

한국의 가을은 열대 지방 사람들에게는 춥겠지만, 에스키모에게는 덥겠죠. 페르시아는 동성애를 허용했지만, 로마는 법률로 금지했어요. 피론주의자들은 이처럼 모든 판단은 판단하는 주체와 대상에 따라 '상대적'이라고 봐요. 그래서 '진리를 알 수 없다'는 거죠.

반면 플라톤은 회의주의에 대해 이렇게 꾸짖었어요. "감각을 믿지 마라. 이성의 눈으로 꿰뚫어 봐라." 플라톤은 이성으로 파악한 이데아의 세계가 진짜 세계이고, 절대적 진리가 있다고 믿은 거죠.

에포케

"모든 것은 상대적이다"라고 치부해 버리면 마음이 편하긴 하죠. 회의주의는 철학에 대한 무관심을 정당화하는 수단이 되기 쉬워요. 하지만 피론주의는 무관심으로 끝내자는 게 아니에요.

또 다른 회의주자인 프로타고라스와 고르기아스는 진리가 없다거나 진리를 알 수 없다고 선언했죠. 진리 찾기를 포기한 것으로 볼 수도 있어요. 하지만 피론주의는 잠시 판단을 중지하고, 진리를 계속 찾아보자고 해요. 완전히 태도가 다르죠? 이것을 **판단중지**, 즉 **에포케**epoché라고 해요.

아타락시아

인간은 불확실한 것을 못 견뎌 해요. 그러다 보니 눈을 질끈 감고, 어떤 사상이나 이론, 주의를 맹목적으로 믿으려고 하죠. 독단론자들은 그것이 불확실하다는 것을 알면서도, 맹목적인 믿음으로 확실한 진리라며 자기최면을 걸어요. 그러니 마음의 평화가 깨지죠.

피론주의자들은 이러한 독단론자들을 인내심을 잃고 조급하게 결정을 내리고 안주하려는 "철학병에 걸린 환자들"이라고 해요. 그리고 일단 에포케판단중지를 하고, 선입견과 편견을 버리고 생각하면 아주 놀라운 일이 생긴다고 해요. 기원전 2세기와 3세기에 활동한 피론주의 철학자 섹스투스 엠피리쿠스는 이런 비유를 들었어요.

어떤 화가가 말이 입에 거품을 물고 있는 그림을 그리려고 했어요. 그런데 잘 안 그려졌어요. 급기야 신경질이 나서 붓 닦는 스펀지를 그림에 집어던졌어요. 그런데 스펀지 자국으로 말의 거품이 멋지게 그려졌어요.

여기서 스펀지를 집어던지는 행위는 '판단중지' 행위예요. 말 거품이 잘 그려졌다는 것은 마음의 평화를 얻었다는 거고요.

이처럼 판단을 중지하고 어떤 것이 진리라고 주장하지 않으면, 우연찮게 최소한의 쾌락으로 최대한의 쾌락 효과를 내는 **아타락시아**, 즉 마음의 평화를 얻는다는 거예요에피쿠로스 학파의 아타락시아와 같은 말이에요.

정리해 보죠. 고대 회의주의는 진리 따위는 없다프로타고라스, 고르기아스고 포기하거나, 계속해서 진리를 찾아보자피론주의는 입장이 있어요.

그런데 가만히 보면, 프로타고라스나 고르기아스는 '진리가 없다'는 진리를 말하고 있으니 독단주의라고 할 수 있죠. 그런 점에서 피론주의야말로 진짜 회의주의라고 할 수 있어요. 피론주의는 생각보다 굉장히 매력적인 철학이에요.

〈5분 뚝딱 철학〉 유튜브 동영상을 올리면, 가끔 댓글에 "그래서 너의 입장은 뭔데?" 묻는 사람들이 있어요. 솔직히 잘 모르겠어요. 신이 있는지 없는지, 유물론이 옳은지 관념론이 옳은지, 과학적 지식을 어디까지 믿어야 하는지 잘 모르겠어요. 양쪽을 들여다보면 항상 다 그럴듯해요. 저의 이러한 입장을 좋게 해석하자면 '에포케'라고 할 수 있어요. 에포케란 당장은 진리를 알 수 없으니, 잠시 판단을 중지하고 찾아보자는 거니까요. 그런데 솔직히 저는 죽을 때까지 뭐가 옳다는 답을 내리는 게 불가능할 것 같다는 생각이 들어요.

영상으로 한 번 더!

힐링 철학

에피쿠로스: 쾌락주의

몇 년 전 우리 사회의 최대 화두는 '힐링'이었죠. 힐링 책, 힐링 음악, 힐링 명상, 힐링 음식까지 사람들의 관심은 죄다 힐링에 쏠렸어요. 속이 답답하기 때문일 거예요. 미래는 불안하고, SNS를 보면 나만 빼고 다 행복한 것 같아요. 그렇다고 고민을 터놓고 이야기할 사람도 없으니 속이 답답할 수밖에요.

그런데 고대 그리스 사람들에게도 힐링이 필요했던 모양이에요. 에피쿠로스 학파라고 하면, 가장 먼저 떠오르는 게 바로 쾌락주의죠. 그런데 더 깊게 들여다보면, 본질은 쾌락주의보다 힐링 철학에 더 가까워요.

거대 도시에서 등장한 새로운 철학

고대 그리스에는 지중해를 중심으로 많은 도시국가들이 있었어요. 말이 국가이지 실제로는 소도시에 가까워요. 가장 컸던 아테네의 시민이 10만 명 정도였으니까요. 여자와 노예는 뺀 수치예요. 당시 이들은 사람이 아니라 재산이었죠. 좀더 작은 도시는 시민이 몇천 혹은 몇백 명도 안 될 정도였죠.

고대 그리스의 양대 축은 아테네와 스파르타였어요. 아테네는 강성

했다가 펠로폰네소스 전쟁에서 스파르타에게 패배한 후 망했죠. 그런데 스파르타의 지배계층인 도리아인은 인구의 15분의 1에 불과했어요. 빈부 격차가 심해지고 중산층이 붕괴되어 시민의 수가 얼마 안되었다고 해요.

기원전 4세기 무렵 마케도니아의 알렉산드로스 대왕이 그리스를 통일하고, 페르시아, 아프리카, 인도 지역에 걸쳐 대제국을 건설했어요. 알렉산드리아 같은 대도시들을 70여 개 건설했죠. 그리고 이민족을 포용하는 정책을 폈어요. 자연히 알렉산드리아 등에는 여러 인종들이 몰려들었죠.

그런데 막상 지내보니 너무 힘든 거예요. 높은 물가에 헬라어당시의 그리스어를 모르면 좋은 일자리를 구하기 어려웠어요. 도시는 화려한데 사는 게 점점 팍팍한 거예요. 다시 돌아가려고 하니, 이미 예전의 도시국가는 쇠락했어요. 대도시에서 군중 속 고독을 느끼게 된 거죠.

이때 나타난 사람이 에피쿠로스예요. 에피쿠로스는 사람들을 모아 조용한 곳으로 갔어요. '정원'이라는 대안 공동체를 만들었죠. 여기서

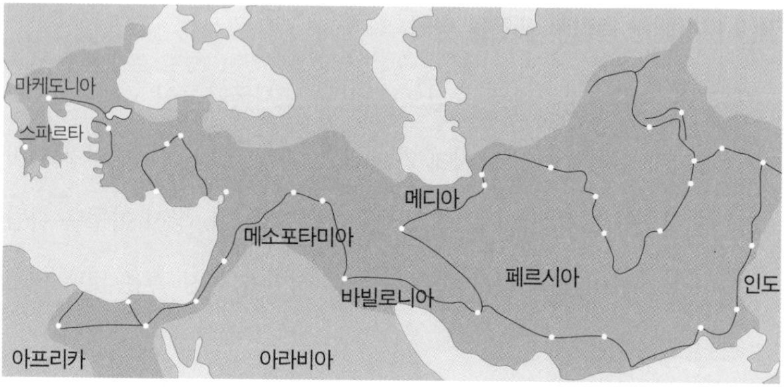

알렉산드로스 대왕은 그리스를 통일하고 페르시아, 아프리카, 인도까지 대제국을 건설한다.(진한 색 부분)

사람들이 원한 게 뭐겠어요? 힐링을 통한 행복이죠.

중요한 것은 행복해지는 것

에피쿠로스

에피쿠로스는 인간의 감정을 두 가지로 봤어요. 즐거움/괴로움, 쾌락/고통, 행복/불행. 즐거움이 곧 쾌락이고 행복이며, 괴로움이 곧 고통이며 불행이라고 생각했죠.

근대 공리주의의 '최대 다수의 최대 행복'은 결국 어떻게 하면 각 개인이 최대의 이익을 챙기고 쾌락을 얻을 수 있는가 하는 것이죠. 최대 다수의 최대 행복을 도덕으로 봤어요. 그러고 보면 공리주의 사상의 출발점은 에피쿠로스라고 할 수 있을 듯해요.

【질문】 그런데 어떻게 하면 행복해질까요?

$$\text{행복} = \frac{\text{가지고 있는 것}}{\text{가지고 싶은 것}}$$

에피쿠로스는 불행하지 않으면 행복한 거로 봤어요. 인간의 감정을 쾌락과 고통 두 가지로 봤으니까요. 에피쿠로스는 행복을 다음과 같이 정의 내렸어요. 이때 가지고 있는 것과 가지고 싶은 것은 돈이 될 수도 있고, 명성, 권력이 될 수도 있겠죠.

돈으로 예를 들어보죠. 내가 100만 원을 가지고 싶은데 수중에 1만 원밖에 없으면, 행복도는 1%로 엄청 불행하겠죠. 이제 고생해서 100만 원을 벌었다고 하죠. 이때도 역시 내가 원하는 건 100만 원일까요? 이때는 내가 원하는 게 1억

$$\text{행복} = \frac{\text{1만 원}}{\text{100만 원}} = 1\%$$

$$\text{행복} = \frac{\text{100만 원}}{\text{1억 원}} = 1\%$$

원이 돼요. 그럼 1억분의 100만 원이 되어 나의 행복도는 여전히 1%죠. 이런 식이라면 나는 영원히 행복해질 수 없어요.

그렇다면 방법을 바꿔야겠죠? '난 100만 원이면 충분해.' 자기 최면을 하면, 지금 갖고 있는 것만으로도 행복할 수 있어요.

"물과 빵만 있으면, 나는 신도 부럽지 않다."

에피쿠로스는 실제로 물과 빵만 먹었다고 해요. 치즈는 매일 먹으면 맛이 없으니 가끔 먹으면서 그 맛을 만끽했대요. 요즘 말하는 무소유, 미니멀리즘, 소확행의 원조가 에피쿠로스 아닐까요?

미스터리 정원 공동체

그런데 욕심만 버리면 행복해질까요? 인생이 무의미해질 수 있으니, 뭔가 다른 의미 있는 걸 해야 하지 않을까요? 물론 그렇게 생각할 수도 있겠죠. 하지만 에피쿠로스는 인생은 원래 의미가 없다고 봤기 때문에 다르게 생각했어요. 그는 데모크리토스의 원자론을 받아들였기에, 인간은 그냥 원자들의 이합집산일 뿐이라고 봤어요. 태어난 목적이나 사명 같은 건 없고, 그냥 행복하기만 하면 된다는 거죠. 그렇게 살다 보면 좀 심심하긴 하겠죠? 그래서 정원 공동체에서 철학을 공부하고 친구들과 우정을 나누는 것을 강조했어요. 이러니 사람들이 막 몰려들었겠죠?

당시 정원 공동체가 여러 군데 있었는데, 한때 40만 명에 달했어요. 정원 공동체에는 노예와 여자들도 있었어요. 당시 여자들은 남자들의 소유물이었고 당연히 로마 시민권을 가질 수 없었죠. 심지어 매춘부들도 있었다고 해요. 그러니 사람들이 밖에서 막 수군댔겠죠? 정원 공동체에 가면 매일 먹고 마시고 밤마다 여자들하고 파티를 한다고요. 에피쿠로스의 epicure에는 '식도락'이라는 의미가 있어요. 당시의 오해가 지금까지 남아 있는 셈이죠.

죽음도 두려워하지 마라

에피쿠로스가 욕심을 버리고 물질적 고통에서 벗어나 행복을 추구했다 하더라도, 인간을 괴롭히는 마지막 문제가 하나 남아 있어요. 그것은 바로 죽음에 관한 공포죠. 에피쿠로스는 '죽음도 두려워할 필요가 없다'고 하며, 그 이유를 다음과 같이 말했어요.

우리는 살아 있을 때 죽을 수 없다.

우리는 죽으면 존재하지 않는다.

따라서 우리는 죽음을 두려워할 필요가 없다!

에피쿠로스

정리해 보죠. 에피쿠로스 학파는 물질적 고통과 정신적 고통에서 벗어나려 했어요. 철학을 공부하고 우정을 나누면 심심하지도 않고, 죽음에 대한 공포도 없으며, 어떠한 욕망에도 흔들리지 않아요. 이것이 행복이 아니면 뭐가 행복이죠? 이런 상태를 **아타락시아**ataraxia라고 해요.

1800여 년 전 에피쿠로스는 이미 욕망의 끝이 어떤 것인지 알았어요. 그래서 그는 이렇게 말해요. "욕망을 끊어라." 에피쿠로스의 철학은 끊임없이 욕망을 부추기는 자본주의를 사는 현대인들에게 가장 필요한 철학이 아닌가 싶어요.

영상으로 한 번 더!

죽음아! 내게로 오라

스토아 사상

고대 그리스 철학자에는 제논이라는 사람이 둘 있어요. 한 사람은 기원전 4세기 무렵에 활동한 엘레아 출신의 제논이고, 또 다른 사람은 기원전 3세기 무렵에 활동한 키티온의 제논이에요. 엘레아의 제논은 파르메니데스의 제자로 제논의 역설을 내놓았죠. 그리고 키티온의 제논BC 335~BC 263이 바로 스토아 학파의 창시자예요.

왜 스토아 사상에 끌렸을까?

'스토아'라는 말은 건축물에서 여러 개의 기둥이 줄지어 선 주랑이에요. 키티온의 제논이 아테네의 스토아에서 강의를 했다고 해서 스토아 학

파라는 이름이 붙었다고 해요.

그런데 당시 사람들은 왜 제논의 강의에 열광했을까요? 뭔가 답답하니 그랬겠죠. 우리도 여러 강연을 들으러 다니잖아요? 왜 그렇게 할까요? 사는 게 답답하고 불안한데 답이 없으니까 그렇죠.

기원전 3세기 무렵 키티온의 제논이 살았던 시대에도 마찬가지였어요. 알렉산드로스 대왕이 기원전 334년 페르시아 침공을 시작으로 10년 동안 대제국을 건설하자, 사람들이 대도시에 살게 되었어요. 잦은 전쟁과 각박한 삶…, 키티온의 제논은 도시국가가 붕괴되고 정신적으로 공황 상태에 있던 사람들의 마음을 사로잡은 거죠.

제논부터 아우렐리우스까지

키티온의 제논

클레안테스

에픽테토스

세네카

아우렐리우스

대표적인 스토아 철학자로는 창시자인 키티온의 제논과 그의 제자인 클레안테스, 노예였던 에픽테토스, 네로 황제의 스승 세네카, 로마 황제 마르쿠스 아우렐리우스 등이 있어요.

스토아 학파는 기원전 3세기에 등장해 기원후 1~2세기까지 400~500년 동안 이어졌어요. 초기에는 자연학과 논리학, 윤리학을 아우르는 독특한 세계관을 형성했어요. 하지만 중기와 후기로 가면서 금욕과 절제를 강조하는 윤리학에 초점을 맞추게 돼요.

스토아의 자연철학

스토아 학파는 만물은 모두 물질이라고 봤어요유물론적 일원론. 인간, 심지어 신까지도 물질이라는 거죠. 구체적인 신의 형상을 이미지로 가졌던 건 아니고, 물질 전체인 세계가 곧 신이라고 봤죠. 17세기 근대 철학자인 스피노자의 범신론이 생각나죠?

또한 물질은 어떤 목적을 위해 인과법칙에 따라 변화와 운동을 하며, 미래와 인간의 운명이 완전히 결정되어 있다고 봤어요결정론. 아리스토텔레스의 목적론적 세계관과 근대의 인과론적 세계관을 엿볼 수 있어요. 아울러 세계의 만물, 인간, 신은 하나의 로고스, 이성, 원리에 의해 모두 연결되어 있다고 생각했어요.

"세계에 존재하는 모든 것은 물질이다. 물질들은 목적을 가지고 로고스에 따라 변화와 운동을 한다. 그 세계 전체가 바로 신GOD이다."

스토아의 도덕철학

스토아 학파에 따르면, 미래는 인과관계에 의해 이미 결정되어 있어요. 세계는 하나의 연극이며, 감독이 신이고, 시나리오가 로고스이며, 배우들이 인간이에요.

내가 맡은 배역이 행운의 주인공 신데렐라일 수도 있고, 비극의 주인공 햄릿일 수도 있어요. 하지만 대부분은 지나가는 행인들, 전쟁터의 병사들, 시체들이겠죠. 배우들은 시나리오를 바꿀 수 없으니 자신의 운명을 받아들여야 해요.

배우는 기쁨도 슬픔도 두려움도 질투도 연기하죠. 그렇다고 정말로 기뻐하고 슬퍼하고 두려워하고 질투할 필요는 없어요. 연기는 연기일 뿐, 실제로 그런 불필요한 정념에 빠질 필요는 없어요. 이처럼 모든 정념으로부터 벗어나 항상 초연하고 평정심을 잃지 않는 상태를 **아파테이아** apatheia라고 해요.

스토아 철학이 비관적이고 체념적이기만 한 건 아니에요. 스토아 철학은 덕에 대해서도 말해요. 이때 **덕**은 시대마다 조금씩 다르지만, 쉽게 말해 '내면의 힘'을 의미해요. 불굴의 의지로 절제하고, 유혹에 빠지지 않으며, 의무에 충실한 것이에요. 세상사에 일희일비하지 않고, 타인에게 자비심과 동포애를 가지는 것이고요.

"죽음아, 내가 갈게"

스토아 철학자들은 강한 의지를 보여주는 일화가 많아요. 에픽테토스는 노예였다고 해요. 막일 노예는 아니고, 회계 관리도 하고 교사도 하는 사무직 노예였어요. 그는 결코 화내는 법이 없었다고 해요.

하루는 주인이 에픽테토스를 화나게 하려고, 다른 사람들을 시켜

서 다리를 비틀었어요. 그러자 "아이고, 그만하세요. 계속 그러면 부러져요"라고 했어요. 이윽고 다리가 부러지자, "아이고, 그것 봐요. 부러진다고 했잖아요"라고 했고요. 에픽테토스가 다리를 절었기 때문에 이런 일화가 전해내려오는 듯해요.

스토아 철학자들은 죽음에 대해서도 초연한 태도를 보였어요. 창시자인 키티온의 제논은 소크라테스를 매우 존경했어요. 독배를 마시고 의연하게 죽음을 맞이했다고요. 제논은 "죽음아, 무엇 때문에 나를 부르느냐? 내가 갈게"라고 하면서 스스로 숨을 참고 목숨을 끊었다고 전해져요. 또 다른 스토아 철학자인 클레안테스는 굶어서 자살했다고 해요.

스토아 vs. 에피쿠로스

흔히 스토아 철학을 에피쿠로스 철학과 비교해 설명해요. 그러면 두 철학이 좀더 선명하게 보여요. 둘의 공통점을 볼까요?

둘 다 실천적이고 실용적인 사상이에요. 이들의 관심은 당시 로마 제국에서 인간이 어떻게 살아야 하는가였죠. 또한 유물론에 기반을 두었고, 만물은 물질들로 구성되어 있다고 생각했어요.

이제 둘의 차이점을 볼까요?

에피쿠로스 철학의 뿌리는 데모크리토스의 원자론이에요. 세계는 원자라는 물질들의 이합집산일 뿐이라고 봐요. 반면 스토아 철학의 뿌리는 헤라클레이토스의 로고스 사상이에요. 세계는 물질들로 구성되어 있지만, 로고스라는 원리가 관통하고 있다고 하죠.

에피쿠로스 철학은 쾌락을 곧 선이라고 보지만, 과도한 쾌락은 고통이기 때문에 절제를 강조했어요. 반면 스토아 철학은 쾌락은 물론 모든 정념으로부터 벗어나야 한다면서 덕을 강조했죠.

에피쿠로스 철학은 작지만 고통이 없이 지속적인 쾌락을 느끼는 상태인 **아타락시아**를 목표로 했어요. 반면 스토아 철학은 어떤 것에 의해서도 마음이 움직이지 않는 부동심의 상태인 **아파테이아**를 지향했죠.

굳이 비유하자면, 에피쿠로스적인 삶은 도시생활에 찌들어 살다가 시골로 내려가 작은 행복에 만족하는 안빈낙도의 삶이에요. 스토아적인 삶은 바쁘고 각박한 도시생활이지만, "이건 아무것도 아니야. 내가 누군데!" 하면서 버티는 정신승리의 삶이라고 볼 수 있고요.

에피쿠로스 사람들은 고통을 피하는 쪽을 선택했고, 스토아 사람들은 고통을 고통이 아니라고 생각하며 정신승리를 하는 쪽을 선택한 것이죠.

에피쿠로스 키티온의 제논

아무튼 두 사상 모두 쾌락이 결국 고통을 가져온다고 봤어요. 그래서 에피쿠로스 철학은 최소한의 쾌락으로 행복을 얻으려고 했고, 스토아 철학은 덕과 절제라는 또 다른 종류의 쾌락으로 행복을 얻으려고 한 것이 아닐까요? 여러분은 어떻게 생각하나요? 에피쿠로스적인 삶과 스토아적인 삶, 둘 중 어떤 삶을 원하세요?

영상으로 한 번 더!

마지막 고대 철학자

플로티노스: 일자이론

르네상스 화가 라파엘로의 〈아테네 학당〉 그림을 보면, 중앙에 플라톤이 있고, 그 오른쪽에 플로티노스가 있어요.

플라톤은 기원전 4세기 사람이고, 플로티노스는 3세기 사람으로 로마제국의 식민지였던 북아프리카 출신이에요. 500~600년 정도 차이가 나는 거죠. 플로티노스는 자신을 플라톤의 계승자라고 했어요. 후대 사람들은 그의 철학을 '신플라톤주의'라고 해요. 플로티노스의 철학은 플라톤의 철학과 비교해서 보면 쉽게 이해할 수 있어요.

플로티노스의 일자론과 유출설

플라톤은 이데아의 세계와 현실세계를 나누었죠? 플로티노스는 세계를 좀더 세분화해서 이데아, 정신, 영혼, 물질로 구분해요. 그리고 이데아를 **일자**The one라고 해요.

플로티노스는 존재하는 것을 4단계로 나눴어요. 일자는 절대적, 초월적인 완전한 존재자예요. 아니, 너무 완전해서 존재한다고 말할 수조차 없는 존재자죠. 인간 같은 불완전한 존재자는 일자를 정의할 수도, 설명할 수도 없어요.

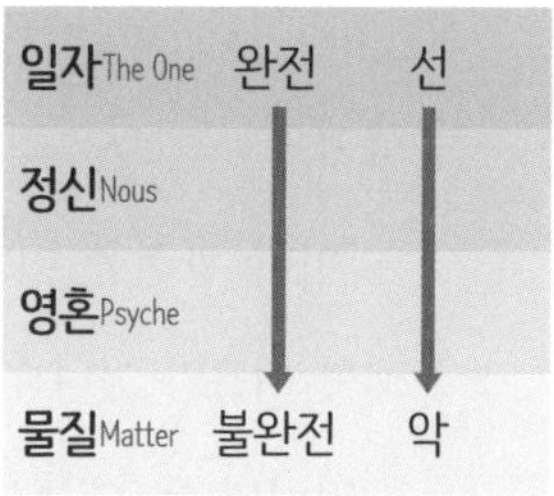

그런데 일자가 자기 자신을 알아보는 순간이 오면, 그때 **정신**이 생겨나요. 이때 정신은 인간의 개별정신이 아닌 물질과 섞이지 않는 순수한 세계의 정신을 말해요.

이러한 정신의 복사물이 바로 **영혼**이에요. 이때 영혼은 세계 전체의 영혼이기도 하고, 각각의 인간들 속에 있는 개별적 영혼이기도 해요. 마지막으로 영혼 아래에는 **물질**이 있어요. 육체는 물질에 속하죠.

일자는 완전하지만, 아래로 내려갈수록 불완전해져요. 또한 일자는 완전한 선善이지만, 아래로 내려갈수록 선은 약해지고 악惡이 점점 커져요. 그리고 일자는 너무 충만해서 흘러넘쳐 정신과 영혼, 물질이 생겨요. 그래서 플로티노스의 이론을 **유출설**이라고 해요반면 플라톤의 현실세계는 이데아의 성분을 아주 조금씩 가지고 있을 뿐이죠. 이를 '분유설'이라고 해요.

플로티노스는 플라톤의 이데아론이 가진 결정적 문제를 하나 해결

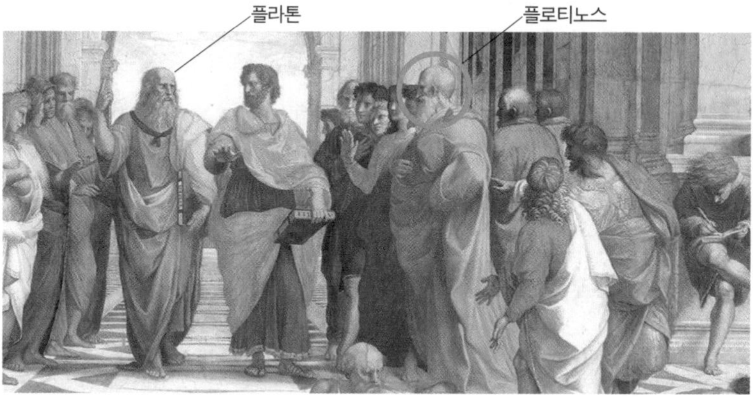

라파엘로, 〈아테네 학당〉(1511) 중 일부

한 셈이에요. 플라톤의 이데아론은 현실세계의 존재 이유를 설명하지 못했어요.

"이미 완전한 이데아의 세계가 존재하는데, 불완전한 현실세계가 존재할 이유가 있나요?"

그런데 플로티노스는 일자가 너무 충만해서 흘러넘쳐 정신, 영혼, 물질이 유출되었다고 본 거죠. 현실세계의 존재 이유를 이렇게 설명한 셈이죠.

플라톤은 이데아와 현실세계를 구분한 이원론자였죠. 반면 플로티노스는 세계를 일자, 정신, 영혼, 물질로 나누었지만, 그 원천은 모두 일자로 봤기에 일원론자에 가까워요.

플라톤 철학에서 현실세계의 인간은 아무리 노력해도 죽기 전에는 이데아의 세계로 갈 수 없어요. 하지만 플로티노스의 세계는 진짜와 가짜가 없이 모두가 진짜 세계예요. 일자에서 물질 세계로 내려갈수록 불완전해지기는 하지만요. 그렇다고 물질 세계가 가짜는 아니에요.

그럼, 우리 인간은 어디에 있을까요? 플로티노스는 인간은 자유의지가 있다고 봤어요. 물론 욕망과 본능에 몸을 맡긴 탓에 물질의 세계로 떨어질 수도 있죠. 하지만 지적이고 도덕적인 노력을 통해 영혼과 정신, 심지어 일자의 세계까지 올라갈 수도 있는 존재로 봤어요.

고대 철학에서 중세 기독교로 가는 길

플로티노스의 철학은 플라톤, 아리스토텔레스, 스토아 철학에 이르기까지, 고대 그리스 철학의 많은 부분을 통합했어요. 동방의 철학도 묘하게 결합되어 있어요. 일자와 합일되는 내용 등은 동방의 신비주의 사상을 연상시켜요.

신플라톤주의

또한 플로티노스의 철학은 고대 철학에서 중세 기독교 사상으로 넘어가는 교량 역할을 했어요. 중세 철학자 아우구스티누스는 플로티노스의 철학에서 '일자'를 '신'으로 바꾸면, 기독교 철학이 된다고 했어요. **신플라톤주의**를 한마디로 정리하면 다음과 같아요.

"신플라톤주의는 플라톤을 중심으로 한 고대 그리스 사상과 동방의 신비주의 사상을 종합해 기독교 사상으로 전달한 철학이다."

플로티노스는 현실세계보다는 이데아의 세계, 물질세계보다는 정신세계가 더 중요하고 가치 있다고 봤어요. 자신의 육체를 부끄럽게 여겼고, 육체에 갇힌 영혼을 구원하기 위해 육체를 괴롭혀야 한다고 생각했던 모양이에요.

병을 앓을 때도 약을 먹지 않았고, 음식의 섭취량을 줄이고, 심지어 오랜 기간 굶기까지 했어요. 육체가 악의 근원이라고 보고, 일종의 고행을 한 것이죠. 그 탓에 건강이 매우 악화되었는데, 그 과정에서 신과 하나가 되는 신비 체험을 무려 4번이나 했다고 알려져 있어요. 육체적 쾌락을 죄악시하고 신비 체험을 중요하게 여긴 것이죠. 이런 점에서도 기독교 전통이 엿보이는 듯해요.

영상으로 한 번 더!

2장

중세

신/보편자는 존재하는가?

- 토마스 아퀴나스: 우주론적 신 존재 증명
- 보편논쟁 1, 2

진리란 무엇인가?

- 오컴의 윌리엄: 오컴의 면도날

철학과 종교는 어떻게 화해할 수 있는가?

- 보에티우스: 철학의 위안
- 아우구스티누스: 고백록
- 아베로에스 & 토마스 아퀴나스: 신학과 철학의 문제

종교 중세 STEP 2

고백할 게 있습니다

아우구스티누스: 고백록

중세 신학의 뼈대를 세운 아우구스티누스354~430는 지금의 알제리에 있는 타가스테라고 하는 북아프리카 지역에서 태어났어요. 당시 북아프리카는 로마와 더불어 문화의 중심지인 핫플레이스였어요.

후에 그는 히포지금의 알제리의 안바나의 주교가 되어서 '히포의 아우구스티누스'로 불렸죠.

아우구스티누스의 철학을 이해하기 위해서는 플라톤, 플로티노스와 아우구스티누스까지 이어져오는 사상의 전개를 알아야 해요.

사상적 계보

먼저 플라톤은 세계를 이데아와 현실세계로 나누었죠. 이데아의 세계는 이성으로 볼 수 있는 세계이고가지계, 현실세계는 감각으로 알 수 있는 세계예요가시계. 플라톤은 둘은 완벽하게 분리되어 있다고 생각했어요. 현실세계에서 이데아의 세계로 넘어갈 수 없다고 봤죠.

반면 플로티노스는 세계를 이데아, 정신, 영혼, 물질로 나누고, 이데아를 '일자'라고 해요. 정신, 영혼, 물질은 모두 일자로부터 흘러나와요. 일자의 세계인 위로 올라갈수록 완전해지며 선이 커져요. 아래로 내려갈수록 불완전하고 악이 커지고요. 인간은 자유의지에 의해 일자와 합일될 수도 있고, 물질의 세계로 타락할 수도 있다고 봤어요.

아우구스티누스는 플로티노스에 깊은 영향을 받았어요. 플로티노스 철학에서 '일자'를 '신'으로 바꿨어요. 그러면 신을 제외한 나머지는 모두 피조물이 되겠죠?

신에서 아래쪽의 물질로 내려갈수록 악이 커지는 것을 타락으로 봤어요. 위로 올라갈수록 신과 합일이 되는 상태는 구원으로 받아들였고요.

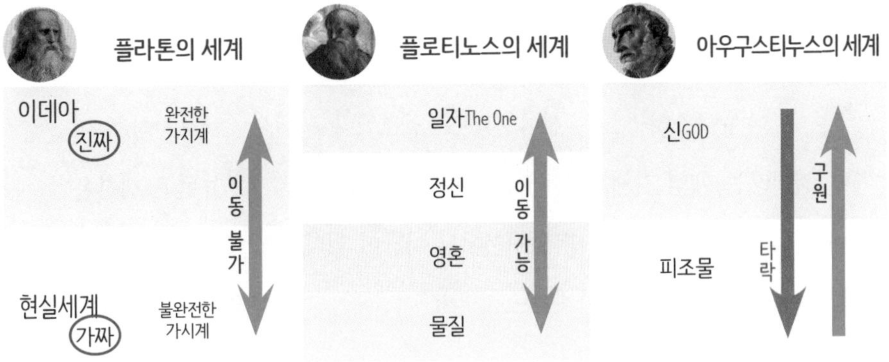

아우구스티누스 철학의 키워드는 창조설, 악의 문제, 구원의 문제, 진리의 문제예요. 순서대로 살펴보죠.

창조

신이 세계를 창조하는 두 가지 방식

이미 존재하는 질료를 가지고 창조

데미우르고스

무의 상태에서 창조

하느님

신이 세계를 창조하는 방식에 대한 생각은 두 가지가 있어요. 하나는 신이 이미 세계에 존재하는 원재료인 질료를 조합해 세계를 창조한다는 거죠. 그리스 신화의 데미우르고스는 물질 세계를 창조하는 신으로 여겨져요. 그는 이미 존재하는 질료로 세계와 인간을 만들었죠.

다른 하나는 신이 아무것도 없는 무의 상태에서 모든 것을 창조하는 것이에요. 기독교의 하느님이 세계를 창조한 방식이죠.

그런데 하느님이 세계를 질료와 함께 창조했다면, 창조 이전에 신은 무엇을 하고 있었을까요? 그전에는 아무것도 없었을 텐데 말이죠.

아우구스티누스는 신이 시간도 창조했다고 해요. 그러니 창조 이전이라는 개념 자체가 성립되지 않는다는 거죠. 참고로, 뉴턴은 시간은 신의 감각기관이므로, 창조 이전에도 시간이 있다고 봤어요. 라이프니츠는 시간은 대상 간의 관계이므로, 창조 이전에는 시간이 없다고 봤고요.

악의 문제

아우구스티누스는 기독교로 개종 전, 젊은 시절에 마니교를 믿었어요. 마니교는 선량한 신과 악의 신이 있어요. 마니교는 선이 실체로서 존재하는 것처럼, 악도 실체로서 존재한다고 봤어요. 세계를 선과 악의 대립이 일어나는 일종의 드라마처럼 본 것이죠.

그런데 신은 전지, 전능, 전선한 존재자인데, 악이 왜 존재하여 활개치도록 가만둘까요?

아우구스티누스는 악은 실체로서 존재하는 게 아니라고 봤어요. 악은 그냥 선이 없는 것, 선의 결여일 뿐이라고 해요. 벽에 구멍이 났다고 하죠. 구멍이 존재하긴 하지만, 구멍이 어떤 실체로서 존재하는 것은 아니죠. 그저 구멍 부분에 벽이 비어 있을 뿐이죠. 이처럼 악도 선의 결여, 선이 없는 것이란 거죠.

아우구스티누스는 『고백록』에서 어릴 적에 옆집의 배를 몰래 따먹었던 것을 참회해요. 어릴 때 고작 배서리를 한 것을 가지고 무슨 참회까지 하느냐고요? 하지만 그 내용을 보면 그렇지 않아요.

아우구스티누스는 배를 먹고 싶어서, 옆집 아저씨가 미워서, 친구들에게 용감함을 과시하려고 훔친 게 아니래요. 그냥 배를 훔쳐서 먹지도 않고 버렸다고 해요. 조금 과장해서 말하면, 아무 이유 없이 묻지마 범죄를 저지른 것이죠. 아우구스티누스는 참회를 넘어, 인간에게 왜 이런 악한 본성이 있는지를 물어요.

구원의 문제

아우구스티누스는 인간의 원죄를 강조해요. 태초의 인간인 아담과 이브는 에덴동산에 있는 선악과를 먹지 말라는 하느님과의 약속을 어겼죠. 그 죄가 후손에게 이어지며, 아담의 죄는 전 인류의 죄란 거죠. 따라서 인간은 자유의지로 구원을 받을 수 없어요. 오직 하느님의 은총만이 구원할 수 있다는 거죠.

펠라기우스

이에 반해 4세기 영국 수도사인 펠라기우스는 아담이 저지른 죄는 아담의 죄이지, 모든 인간의 죄는 아니라고 해요. 연좌제를 적용하지 말라는 거죠. 인간은 자유의지와 금욕적 생활을 통해 죄를 저지르지 않고 구원을 받을 수 있다고 해요. 물론 신의 은총을 받아야 구원을 받을 수 있지만, 그것을 받아들이는 것은 인간의 자유의지라고 본 거죠.

진리의 문제

로마인은 그리스인과 생각하는 방식이 좀 달랐어요. 그리스인은 만물의 근원을 탐구하고 철학을 발전시켰죠. 반면 로마인은 다른 나라를 정복하고 관리하며 살았기에 현실적 문제해결에 더 관심이 있었어요.

그리스인에게 진리는 이데아 사상처럼 애매한 개념이었지만, 로마인 아우구스티누스에게 진리는 믿음을 통해 쟁취해야 할 대상이었어요. 아우구스티누스는 진리를 알고 싶으면 '믿으라'고 해요. 우리는 보통 뭔가를 알면 그것을 믿게 되죠. 일반적 상식으로는 앎이 먼저이고, 믿음이 나중이에요. 그런데 아우구스티누스는 믿음이 먼저라고 해요. 하느님을 믿으면 진리를 알게 된다는 거죠.

영상으로 한 번 더!

아우구스티누스는 중세 철학의 문을 열었어요. 이제 철학의 주제는 고대 그리스의 인간 중심주의, 헬레니즘 시대 스토아 철학의 개인 중심에서 '신' 중심으로 옮겨가게 돼요.

돌고 도는 물레방아 인생

보에티우스: 철학의 위안

6세기 무렵, 최후의 로마 철학자이자 최초의 스콜라 철학자인 보에티우스480~524는 젊은 시절 꿈이 있었어요. 그리스어로 된 플라톤과 아리스토텔레스의 저작을 라틴어로 번역하고 싶어했어요.

그런데 동고트의 테오도리크 왕에게 발탁됐죠. 화폐제도, 도량제도, 재정문제, 종교 간 충돌문제 등을 기가 막히게 해결했어요. 탁월한 행정 능력으로 신임을 얻어 40대에 지금으로 치면 총리가 됐어요. 그러다가 정적들의 모함으로 동로마제국과 내통했다는 누명을 쓰고, 하루아침에 감옥에 갇히게 돼요. 보에티우스가 파비아의 감옥에서 사형을 기다리면서 2년 동안 쓴 것이 바로 『철학의 위안』이에요.

운명의 수레바퀴

감옥에서 보에티우스는 그야말로 비통, 좌절, 분노, 원망, 비탄, 적의로 가득 차 있었겠죠? 이때 철학의 여신이 찾아왔어요.

"지금은 좌절할 때가 아니다. 지금은 치유를 받을 때이다."

이것은 부처의 말씀과 같죠. 부처는 독화살을 맞았으면 빨리 뽑아야지, 그 화살을 누가 쐈는지, 왜 쐈는지를 알려고 하는 것이 뭐가 중요

하냐고 했어요. 보에티우스를 찾아온 철학의 여신의 말도 마찬가지예요. 누가 모함했는지가 중요한 것이 아니라, 빨리 치유해서 불행으로부터 벗어나야 한다는 것이죠.

철학의 여신은 보에티우스에게 운명의 수레바퀴를 보여줬어요. 운명의 수레바퀴는 절대로 멈추지 않아요. 맨 꼭대기에 올라가면 반드시 떨어져요. 맨 밑바닥에 있다가도 언젠가는 다시 올라가고요. 너만 그런 것이 아니라는 거죠.

"행운이 왔다고 해서 기뻐할 일도 아니고, 불행이 닥쳤다고 슬퍼할 일도 아니다."

철학의 여신은 행운의 상태에 있는 것보다 오히려 불운의 상태에 있는 게 더 좋은 것이라고 해요. 행운은 사람의 정신을 어둡게 하여 우매한 상태에 빠지게 한대요. 하지만 불운은 사람을 현명하게 만들어 진리와 덕의 세계로 더 잘 들어가게 할 수 있다고 해요.

"행복은 사람을 속이지만, 불운은 사람을 가르친다."

변신론

나만 그런 것이 아니라니 조금 위로가 됐겠죠? 그래도 보에티우스는 억울해요. 죄지은 적도 없이 나름 잘살았는데, 왜 모함을 받고 감옥에 갇혀야 하죠? 세상에 못된 짓만 하는 인간들은 어떻게 저렇게 천수를 누리죠? 신이 있다면, 왜 세상이 이렇게 우연적으로 불공평한 일들이 일어나도록 가만히 내버려두죠? 신이 있다면 왜 악이 존재하느냐, 이른바 변신론의 문제예요.

철학의 여신은 우리는 신의 의도를 알 수 없다고 대답해요. 우리에게 우발적으로 보이는 것들도 사실은 신의 의도 아래 일어나는 것이란 거죠. 세상의 모든 일은 모두 신의 섭리이며, 신은 무슨 일이 일어날지 다 알고 있다고 해요.

예지와 자유의지

만약 신이 무슨 일이 일어날지 다 알고 있다면, 미래는 이미 결정되어 있는 걸까요? 인간의 자유의지는 없는 걸까요? 예컨대 신이 내가 내일 아침에 빵을 먹을 걸 알고 있다고 하죠. 이미 그렇게 결정되어 있는 걸까요? 나는 다른 것을 먹을 자유가 없는 건가요?

보에티우스는 신의 직관과 인간의 인식은 다르다고 해요. 그래서 신의 예지와 인간의 자유의지는 어긋나지 않는다는 거죠. 제가 보기에 이 설명은 명쾌하지 않은데, 최대한 보에티우스 입장에서 설명해 볼게요.

신은 언제 어디서나 존재해요. 여기에도 저기에도 존재하고, 과거에도 현재에도 미래에도 존재해요. 신은 시간과 공간을 초월한 존재예요. 따라서 신에게는 과거, 현재, 미래의 구별이 무의미해요.

신이 과거의 아담과 이브를 보면서, 아담이 선악과를 따먹지 못하도록 막을 걸 후회할까요? 지금의 우리를 보면서 "사느라 고생하는구나!" 할까요? "2026년 월드컵에서 브라질을 우승시킬까?" 하면서 미래를 계획할까요?

과거를 후회하고, 현재를 지각하며, 미래를 계획하는 것은 인간이 하는 것이에요. 신에게는 과거, 현재, 미래가 다 똑같아요. 인간은 시간 속에서 인식을 하죠. 하지만 신은 시간을 벗어나서 직관을 해요.

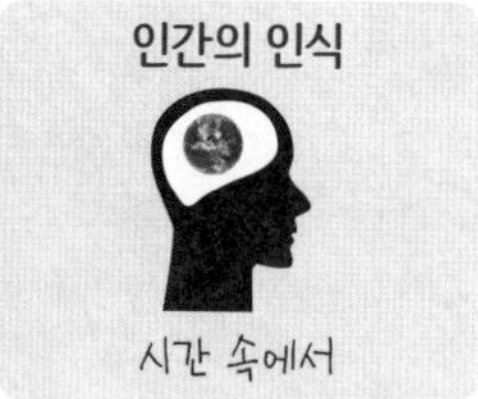

따라서 신이 미래를 예지한다고 해서, 인간에게 미래가 결정되어 있는 것은 아니에요. 오히려 신의 관점에서 보면 과거, 현재, 미래가 전부 현재예요. 그래서 인간은 자신의 의지대로 무언가를 선택할 자유가 있어요. 즉, 나는 내일 아침에 빵을 먹을지 말지를 선택할 자유가 있는 거죠.

비유를 해볼게요. 2차원 평면세계에 사는 원이 아무리 숨어봤자, 3차원 입체세계에 있는 신에게는 다 보여요. 하지만 신에게 다 보인다고 해서, 2차원에 사는 원이 제대로 숨지 않은 것은 아니에요. 그저 3차원에 있는 신의 눈에는 다 보이는 것일 뿐이죠. 마찬가지로 신에게 다 결정되어 있다고 해서, 인간이 자유의지가 없는 것은 아니란 거죠.

행복에 대하여

에피쿠로스 학파는 인간은 쾌락을 통해 행복해질 수 있다고 봤죠? 다만, 과도한 쾌락은 고통이기에 최소한의 쾌락으로 행복해지려고 했죠.

하지만 철학의 여신은 행복과 쾌락은 아무런 상관이 없다고 봤어요. 행복이란 신과 하나가 되는 것이라고 해요.

철학의 여신은 이렇게 말해요.

"신은 완전해요. 완전한 것은 그 자체로 선이죠. 따라서 신은 곧 선이라고 할 수 있어요. 그런데 행복도 선이에요. 그래서 신과 행복은 동일해요." 따라서 인간은 신을 통해서만 선해질 수 있고, 선이 바로 행복이란 거죠.

철학의 여신은 악한 사람이 행복해 보이는 것 같지만, 사실 불행한 상태라고 해요. 악한 자들은 사람이 아니라 짐승이고, 오히려 처벌을 받지 않음으로써 짐승의 상태로 남아 있을 수밖에 없다고 해요.

어찌 보면, 보에티우스는 자신의 운명을 체념함으로써 불행을 극복하려 했다고 볼 수도 있어요. 어찌 보면, 신에게 적극적으로 복종함으로써 행복을 얻으려 했다고 볼 수도 있고요.

아무튼 보에티우스가 제시한 신의 섭리, 악의 문제, 인간의 자유의지의 문제 등은 이후 수백 년 동안 스콜라 철학의 주제가 됐어요. 그리고 신을 통해 시련과 불행을 극복할 수 있다는 생각은 21세기 우리에게까지 많은 울림을 주고 있죠.

그러고 보면 "운명의 수레바퀴가 돌고 돈다"는 철학의 여신의 말이 맞나 봐요. 보에티우스는 총리의 자리에서 굴러떨어져 수인의 몸이 됐지만, 그렇기 때문에 『철학의 위안』을 남길 수 있었고, 천여 년이 지난 지금까지도 우리가 그의 이름을 기억할 수 있으니 말이죠. 그러니 일희일비하지 맙시다!

영상으로 한 번 더!

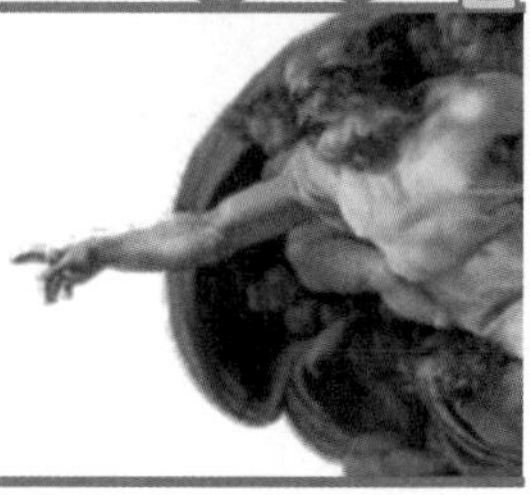

최초의 원인

토마스 아퀴나스: 우주론적 신 존재 증명

토머스 아퀴나스1224?~74는 이탈리아 로카세카 백작가에서 태어났으나, 불과 6, 7세에 몬테 카시노 대수도원으로 보내졌어요. 가족들은 9남매 중 일곱째인 그가 명예와 권력을 쥘 대수도원의 수도원장이 되길 바랐어요.

그런데 14세에 몰래 새로 생긴 탁발수도회인 도미니코 수도회에 들어가요. 가족들의 반대에도 뜻을 굽히지 않았어요. 도미니코 수도원에서는 '시칠리아의 벙어리 황소'로 불렸어요. 낯을 가리고 말이 어눌했고 과묵했거든요. 하지만 스승이 이렇게 예언했다고 해요. "너희들이 벙어리 황소라고 놀리는 토마스의 우렁찬 목소리가 세상에 울려퍼질 것이다."

실제로 아퀴나스는 중세 최고 신학자가 됐어요. 100권이나 되는 『신학대전』을 집필했죠. '신은 존재하는가'라는 인류의 오랜 질문에 대해 우주론적 신 존재 증명을 내놓았고요. 그는 신학의 지위를 철학 위에 올려놓았어요. 철학을 완전히 무시한 건 아니지만, 둘은 서로 같은 진리를 공유할 수 있고, 신학이 철학에 의해 증명되고 더욱 체계화될 수 있다고 봤어요.

보편논쟁

조선의 17대 효종이 사망하자, 계모인 자의대비가 상복을 몇 년 입어야 하는지를 두고 예송논쟁이 벌어졌어요. 서인은 효종이 차남이므로, 사대부의 예에 따라 자의대비가 상복을 1년만 입으면 된다고 주장했어요. 남인은 효종이 차남이지만 국왕이기에, 자의대비가 상복을 특별히 3년을 입어야 한다고 했고요. 결국 서인의 주장을 받아들여 상복을 1년만 입는 것으로 일단락됐어요. 남인은 귀향을 가게 됐고요.

그런데 상복을 1년 입든 3년 입든, 뭐가 그리 중요하다고 논쟁을 벌이고 유배까지 가게 된 걸까요? 여기에는 보이지 않는 권력 다툼이 있어요.

서인들은 왕과 신하를 수평관계로 봤기에, 왕이든 사대부든 똑같은 예를 갖추어 상복을 1년만 입으면 된다고 한 거죠. 반면 남인들은 왕과 신하를 수직관계로 봤기에, 자의대비가 상복을 특별히 3년 동안 입어야 한다고 주장한 거고요. 정치적으로 해석하면, 서인은 왕권을 약화시켜야 한다는 입장이었어요. 남인은 왕권 강화를 주장한 거고요. 결론적으로 예법에 관한 문제가 아니라 '정치권력을 어떻게 볼 것인가?'의 문제였던 거죠.

중세 서양에서도 이런 문제가 있었는데, 바로 **보편논쟁**이에요. 보편논쟁은 보편자가 존재하는가에 대한 논쟁이라고 볼 수 있어요. 조선시대 효종 때의 예법논쟁이 그러하듯이, 중세의 보편논쟁도 매우 격렬했어요. 기독교가 지배했던 시대의 분위기와 정치적 권력투쟁, 기독교 교리의 죄와 구원 문제, 삼위일체 문제와 맞닿아 있었기 때문이에요.

신의 존재에 대한 3가지 논증

보편논쟁의 대표적 질문이 바로 '신은 존재하는가?'예요. 인류 역사상 가장 오래된 질문 중 하나죠. 많은 철학자들이 신의 존재를 증명하기 위해 애써 왔어요. 먼저 '신은 존재하는가'에 대한 논증들을 살펴보죠.

신의 정의가 뭘까요? 신은 정의상 가장 완전한 존재예요. 불완전하다면, 굳이 신이라고 할 것도 없겠죠? **존재론적 신 존재 증명**은 신은 정의상 존재해야 한다고 주장해요. 신은 정의상 가장 완전한 것이고, '완전하다'는 말 속에는 '존재하다'라는 의미가 포함되어 있다는 거죠.

목적론적 신 존재 증명에서는 세상에 정교한 어떤 것이 존재하므로, 그것을 창조한 신이 존재할 것이라고 논증해요. 우리가 숲속을 걷다가 정교한 시계를 발견하면, 누군가가 그 시계를 만들었다고 생각하죠. 마찬가지로 정교한 인간을 보면, '이렇게 정교한 인간과 우주를 신이 아니라면 누가 창조했겠어!'라고 생각하는 게 당연하다는 거죠.

최초의 원인

이제 **우주론적 신 존재 증명**을 알아보죠. 비는 왜 내릴까요? 대기권의 수증기가 응축되어 물방울로 떨어지는 거죠. 수증기는 왜 대기권에서 응축돼죠? 대기권의 온도가 낮기 때문이죠. 그럼 지구의 대기권은 왜 온도가 낮죠?

우주론적 신 존재 증명에서는 이처럼 현재에 벌어지는 어떤 사건결과의 원인을 찾고, 또 그 원인 사건의 원인을 찾아내는 과정을 계속하다 보면, 결국은 다른 어떤 사건의 결과는 아니면서, 동시에 다른 뭔가의 원인이 되는 **최초의 원인**이 되는 사건이 있을 텐데, 이것이 바로 '신'이라고 해요.

신은 정의상 가장 완전한 존재

오직 신만이 다른 것의 결과는 아니면서, 다른 무언가의 원인이 되는 사건을 만들 수 있어요. 그러니 우리는 세상에 사건들이 벌어진다는 사실로부터 신이 존재한다는 사실을 알 수 있다는 거죠.

토마스 아퀴나스

우주론적 신 존재 증명을 내놓은 대표 철학자가 토마스 아퀴나스예요. 우주론적 신 존재 증명은 3가지 버전이 있는데, 서로 유사하므로 두 가지 버전만 살펴보죠.

최초의 원동자

세상의 모든 것은 운동을 해요. 그런데 스스로 운동하기 시작했을까요? 아니죠, 무언가가 그것을 운동하게 만들었겠죠. 그 무언가는 스스로 운동하기 시작했을까요? 아니죠, 그것을 운동하게 만든 또 다른 무언가가 있었을 거예요.

도미노를 보죠. 마지막 도미노가 왜 쓰러졌을까요? 앞의 도미노가 쓰러졌으니까죠. 앞의 도미노는 왜 쓰러졌죠? 그 앞의 도미노가 쓰러졌기 때문이죠.

이제 도미노가 시작된 곳으로 가보죠. 맨 앞의 도미노는 왜 쓰러졌죠? 그 도미노를 쓰러뜨린 무언가가 있었겠죠? 그것을 바로 **부동의 원동자**The Unmoved Mover라고 해요. 자신은 그 어떤 것에 의해 움직이지 않지만, 다른 모든 것을 움직이게 하는 최초의 원동자, 즉 **제1원동자**예요.

그런 존재는 신밖에 없어요. 그러니 세상의 모든 것은 운동을 한다는 사실로부터 신이 존재한다는 결론에 도달할 수 있어요.

2014년 프란치스코 교황은 종교와 과학이 공존할 수 있다고 강조하면서 이렇게 말했어요.

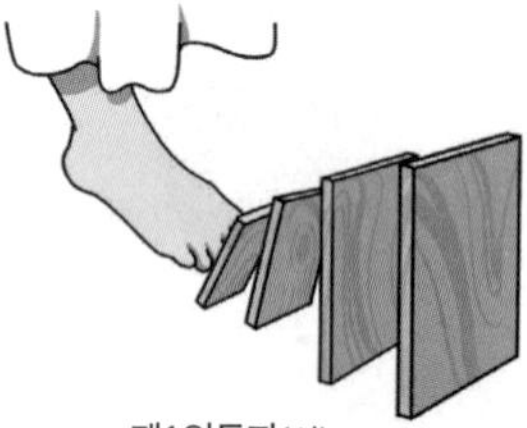
제1원동자(신)

"과학은 빅뱅우주 폭발을 세상의 기원으로 보고 있다. 그렇다고 해서 그것이 하느님의 개입을 부정하는 것은 아니다."

과학자들은 빅뱅에 의해 우주가 시작되었다고 하죠. 그 빅뱅의 원인은 바로 부동의 원동자, 즉 신이라는 말이에요.

우주론적 신 존재 증명은 이렇듯 최초의 원동자, 부동의 원동자로부터 '신이 존재한다'는 사실을 이끌어낼 수 있다고 해요. 반론도 만만치 않은데 몇 가지만 짚어보죠.

우주론적 신 존재 증명에 대한 반론

꼭 제1의 원인이 필요해?

토마스 아퀴나스는 원인의 원인을 계속 쫓아 올라가다 보면, 최초의 원인이 나타날 거라고 생각했죠. 이에 대해 버트런드 러셀1872~1970은 꼭 "제1의 원인이 나타날 필요가 있느냐"고 반문했어요. 원인의, 원인의, 원인의, 원인이 무한하게 계속되는 것이 왜 불가능한지 모르겠다는 것이에요.

러셀

인간의 이성으로는 알 수 없어

칸트1724~1804는 원인의 원인을 계속 거슬러 올라가다 보면, 뭐가 있을지, 인간의 이성으로는 알 수 없다고 해요. 인간의 이성에는 한계가 있으며, 이러한 한계를 넘어서는 것은 월권 행위라고 봤어요. 이성으로 이런 문제를 판단하려 할 때 오류에 빠지고 만다는 거죠.

칸트

원인과 결과는 주관적 상상일 뿐이야

데이비드 흄1711~76은 어떤 사건에 원인이 있다는 생각은 인간의 주관적인 상상에 불과하다고 해요. 사람들은 모든 사건에는 원인이 있다고 생각하죠. 하얀색 당구공이 부딪혀 파란색 당구공이 움직이면, 하얀색 당구공이 원인이 되어 파란색 당구공이 움직이는 결과가 나왔다고 생각해요. 그런데 여기서 실제로 우리가 관찰한 것이 원인과 결과일까요?

흄

아니에요. 우리가 관찰한 것은 그냥 하얀색 당구공이 부딪히고, 그 이후에 파란색 당구공이 움직인 것일 뿐이에요. 그런데 사람들이 사건들끼리 마치 인과관계가 있는 것처럼 착각한다는 거죠.

여러분의 생각은 어떠세요? 최초의 원동자, 최초의 원인, 신은 존재할까요? 토마스 아퀴나스의 우주론적 신 존재 증명이 설득력 있어 보이나요? 아니면 러셀, 칸트, 흄의 반론이 설득력이 있는 것 같나요?

영상으로 한 번 더!

인간은 존재하는가?

보편논쟁 1

(feat. 실재론, 유명론, 온건 실재론)

중세의 보편논쟁은 3세기 무렵 시작되어 12세기를 거쳐 15, 16세기까지 수백 년 동안 이어졌어요. 보편문제는 3세기에 그리스 철학자 포르피리오스가 처음 제기했는데, 6세기에 로마 철학자 보에티우스가 그의 글을 라틴어로 번역하면서 제대로 알려지게 되었어요. 이제 보편문제가 던지는 질문을 볼까요?

포르피리오스

보에티우스

보편자는 실재할까?

【질문】 보편자는 실재할까요? 아니면 그냥 이름일 뿐일까요?

나라는 인간도 존재하고, 트럼프라는 인간도 존재하고, 마돈나라는 인간도 존재해요. 그런데 이런 개인개별자 말고, '인간'이라는 보편자는 존재하나요? 아니면 '인간'이라는 보편자는 그냥 우리의 머릿속에 있는 명사일 뿐인가요? 여기에 대한 3가지 이론을 보죠.

실재론

나도 인간이고 트럼프도 인간이고 마돈나도 인간이죠. 이런 개별자들이 전부 인간일 수 있는 이유는 '인간'이라는 보편자가 존재하고, 나와 같은 개별자들이 '인간'이라는 보편자와 어떤 관계가 있기 때문이라는 주장이에요. 이런 입장을 '실재론'이라고 해요.

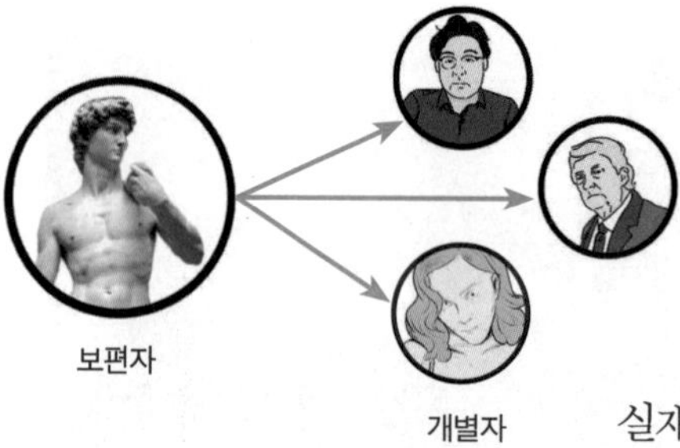

보편논쟁의 실재론은 근현대 철학의 실재론과 의미가 달라요. 근현대 철학에서 실재론은 정신적인 것이 아닌 '물질적인 것'이 진짜로 존재한다는 입장이에요. 중세 보편논쟁의 실재론은 인간과 같은 '관념'이 진짜로 존재한다는 입장이고요.

유명론

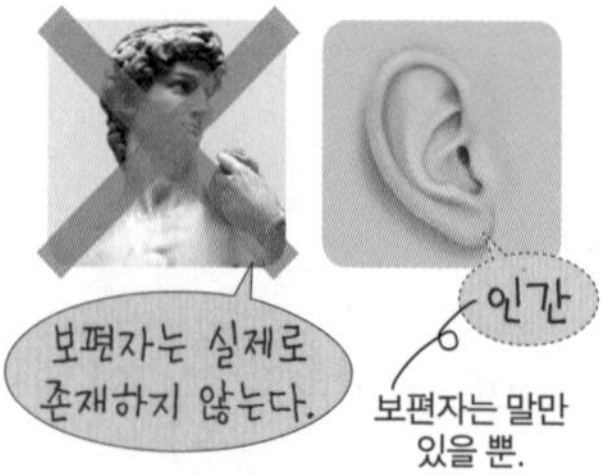

보편자 따위는 실재로 존재하는 게 아니라 단지 이름일 뿐이라는 입장이에요. '인간'이라는 보편자는 단지 말만 있을 뿐이고, 보편자는 실제로 존재하지 않는다는 것이죠.

온건 실재론

보편자가 존재한다고 보지만, 존재방식에 대한 입장이 실재론과 달라요. 실재론은 보편자로서의 인간은 개별적인 인간과 별개로 존재한다고 봐요. 모든 개별자가 사라져도 그대로 남아 있다는 거죠. 온건 실재론은 보편자로서의 인간은 개별적인 인간들 안에 존재한다고 봐요. 모든 인간이 사라지면, 보편자로서의 인간도 사라진다는 거죠.

보편논쟁에 대한 종교적 해석

중세의 보편논쟁은 일종의 정치적 권력투쟁으로 볼 수 있어요.

중세 교회의 중심은 당연히 로마 교황청이었죠. 11~12세기에 상업과 도시가 발달하면서 생긴 지방 소도시의 작은 교회들은 처음에는 로마 교황청의 지시를 따랐어요. 하지만 머리가 굵어지면서 점점 이런 생각을 하기 시작해요. '하느님은 어디에나 존재하는 분이므로 우리의 교회에도 당연히 하느님이 계신데, 굳이 우리가 교황청을 떠받들 필요가 있나?'

루카스 크라나흐, 〈아담과 이브〉(1533)

이에 교황청은 자신들이 보편교회로서 작은 교회들의 중심이고, 따라서 모든 권력이 보편교회로부터 나온다고 주장했어요.

또한 보편논쟁은 기독교의 죄와

구원의 문제와도 관련이 있어요. 기독교에서는 아담과 이브가 선악과를 따 먹었기 때문에, 우리 모두가 원죄를 가지고 태어난다고 해요. 근데 아담의 죄가 왜 우리의 죄가 되는 걸까요? 아담이 보편인간이기 때문이에요.

구원의 문제도 마찬가지예요. 예수가 십자가에 못 박혀 죽음으로써 인간은 죄를 씻고 구원받을 가능성을 얻었어요. 그런데 십자가에 못 박힌 것은 예수인데, 어떻게 우리가 구원받을 수 있죠? 보편논쟁의 실재론자들은 예수가 보편인간이기 때문이라고 해요. 인간의 대표자란 거죠. 보편자가 존재해야 인간이 원죄를 가지게 되고, 예수가 인간을 구원했다고 말할 수 있는 것이죠.

삼위일체의 문제

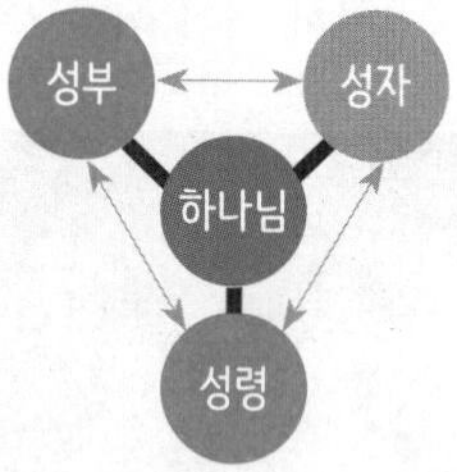

한편 기독교 교리에 따르면 성부하느님, 성자예수, 성령이 모두 하나의 하느님이에요. 하느님은 성부이기도 성자이기도 성령이기도 해요. 문제는 성부와 성자, 성령이 서로 같지 않다는 거죠. 그래서인지 삼위일체를 둘러싼 논쟁이 천년 넘게 이어졌어요.

그런데 보편논쟁의 실재론을 받아들이면 이 문제가 쉽게 해결돼요. 성부와 성자, 성령의 보편자를 하느님이라고 보는 거죠. 보편자로서의 하느님이 있고, 성부, 성자, 성령이 모두 하느님이면서 각각 다를 수 있다는 거죠. 특히 로마 교황청의 권위를 옹호하는 사람들이 기를 쓰고 보편논쟁의 실재론이 옳다고 주장했어요.

철학적 계보

플라톤의 이데아론은 보편논쟁의 실재론과 통하는 면이 있어요. 인간이라는 이데아가 있으니, 나도 트럼프도 마돈나도 인간일 수 있어요. 플라톤의 이데아론에서 이데아를 '보편자'로 바꾸면, 그대로 보편논쟁의 실재론이 돼요.

플로티노스205~270와 아우구스티누스354~430는 플라톤의 이데아 사상을 기독교 사상으로 받아들여요. 중세 초기에 플라톤 철학의 이데아를 보편자로 해석하면서 그대로 실재론자가 됐어요. 9세기 에리우게나, 11세기 안셀무스, 샹포의 기욤 등이 실재론자예요.

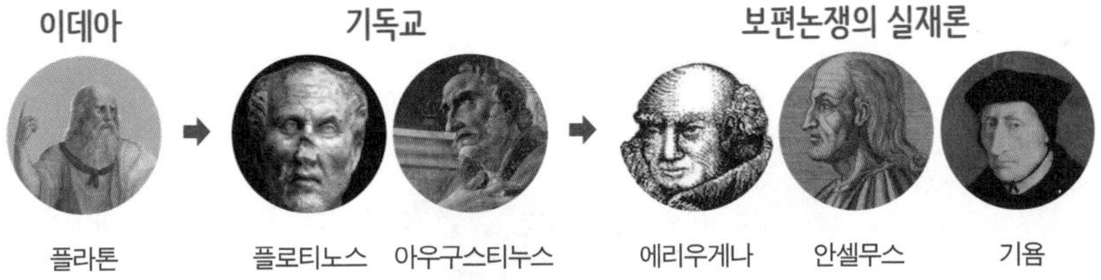

그러다가 11세기 무렵 프랑스 철학자 로스켈리누스1050?~1126?가 나타나서 얼어 죽을 보편자가 어디에 있냐며 유명론을 주장해요. 이에 실재론자인 안셀무스는 로스켈리누스를 파문해야 한다고 했고요.

12세기 페르투스 아벨라르두스1079~1142는 젊었을 땐 실재론자인 기욤의 수업을 들었고, 유명론자인 로스켈리누스의 수업도 들었어요. 그는 보편자가 실제로 존재하지만, 이데아처럼 현실 너머 어딘가가 아니라 개별자 안에 실재한다고 절충안을 내놓아요. 아리스토텔레스는 이데아가 따로 존재하는 것이 아니라 개별자 안에 일종의 형상처럼 존재한다고 봤죠? 이렇듯 온건 실재론은 아리스토텔레스의 영향을 받았다고 볼 수 있죠.

온건 실재론

13세기에 아리스토텔레스에게 열광한 사람이 또 있었는데, 바로 토마스 아퀴나스예요. 온건 실재론을 받아들였고, 방대한 『신학대전』을 써서 아리스토텔레스 철학과 기독교를 결합해 신앙과 이성을 조화시키려 했죠. 이렇게 끝났으면 좋았을 텐데, 유명론자들이 끈질기게 물고 늘어졌죠.

유명론

13세기 프란치스코 수도회의 철학자 둔스 스코투스와 14세기 유명론의 선구자인 오컴 출신의 윌리엄일명 '오컴의 윌리엄'이 유명론을 지지하고 나섰어요. 특히 윌리엄은 온건 실재론을 가리켜 실재론과 유명론의 짜깁기 버전이라며, 온건 실재론자들은 그런 주장으로 기독교를 구할 수 있다고 생각하겠지만 전혀 도움이 안 된다고 해요. 차라리 기독교와 철학을 분리하고, 기독교는 기독교대로 믿고, 철학에선 그냥 유명론을 받아들이는 게 더 바람직하다는 거죠.

영상으로 한 번 더!

마동석은 정말로 용감한가?

보편논쟁 2

보편논쟁이란 간단히 말해 '보편자는 존재하는가'라는 질문을 둘러싸고 벌어진 논쟁이에요. 보편논쟁은 크게 실재론과 유명론으로 나눌 수 있어요. 앞에서 간단히 살펴보았지만, 여기서 좀더 자세히 알아보고 반론들도 알아볼게요.

실재론이 옳은 3가지 이유

실재론은 보편자가 실제로 존재한다는 입장이에요. 마동석 같은 개별자들 말고, '인간'이라는 보편자도 존재한다고 봐요. 실재론자들은 보편자가 존재해야 하는 3가지 이유를 들어요.

마동석 개별자

인간 보편자

개별자의 속성 일치

실재론에 따르면, 마동석과 마돈나, 트럼프가 서로 다른 개별자임에도 불구하고, 같은 인간일 수 있는 이유는 '인간'이라는 보편자에 속하기 때문이에요. 또한 이 사과도 가방도 신발도 빨갛다고 할 수 있는 이유는 '빨강'이라는 보편자를 속성으로 가지고 있기 때문이죠.

실재론자들은 이처럼 보편자가 존재해야 개별자들의 속성이 일치하는 것을 설명할 수 있다고 해요. 개별자가 어떤 보편자에 속하거나, 또는 어떤 보편자를 속성으로 가지는 것을 철학용어로 **예화한다**고 해요. 즉, 마동석과 트럼프가 인간일 수 있는 이유는 '인간'이라는 보편자를 예화하기 때문이에요.

'주어+술어' 문장이 참이 되려면

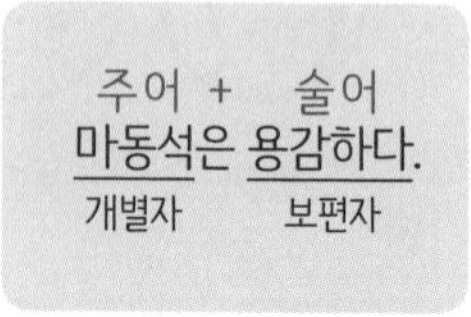

실재론자들은 보편자가 존재해야 '주어+술어' 형식의 문장이 참일 수 있다고 해요. "마동석은 용감하다"라는 문장이 참이 되려면, '마동석'이라는 개별자도 존재해야 하고, '용감함'이라는 보편자도 존재해야 한다는 거죠.

추상어를 포함하는 문장이 참이 되려면

"용기는 도덕적 덕이다", "삼각형은 모양이다", "인류는 종種이다." 이 문장들은 참인 것처럼 보이죠? 실재론자들은 이 문장들이 참일 수 있으려면, 덕, 모양, 종과 같은 추상적인 용어들이 지시하는 보편자가 존재해야 한다고 주장해요.

실재론에 대한 3가지 반론

첫째, 어떤 보편자는 그것이 존재한다고 가정하면, 그 자체로 모순이 생기기도 해요. 예를 들어 "마동석은 자기 자신을 예화하지 않는다"는 문장은 '참'이에요. 왜냐하면 이 문장이 '거짓'이라서 마동석이 자기 자신을 예화하면, "마동석은 마동석이다"가 되는데, 이 문장은 둘이 동일하다는 의미이지 마동석이 자기 자신을 예화한다는 의미가 아니니까요. 따라서 실재론자들의 주장에 따르면, '자기 자신을 예화하지 않음'이라는 보편자가 존재해야 해요.

그런데 '자기 자신을 예화하지 않음'이라는 보편자가 존재한다는 것 자체가 역설이 돼요. 왜냐하면 위의 문장이 '참'이 되려면, 마동석은 자기 자신을 예화하지 않아야 하며, 따라서 '자기 자신을 예화하지 않음'이라는 보편자도 예화하지 않아야 하기 때문이에요. 헷갈리죠? 그냥 직관적으로 말하면, 마치 "마동석은 마동석이 아닌 경우에 마동석이다"라는 식의 주장이 된다는 말이에요.

둘째, 실재론을 받아들이면 무한퇴행에 빠져요. 실재론자들은 "마동석은 용감하다"는 문장이 '참'인 이유는 '마동석'이라는 개별자가 '용감함'이라는 보편자를 예화하기 때문이라고 해요. 그렇다면 마동석은 왜 '용감함'이라는 보편자를 예화할까요? 그것은 마동석이라는 개별자가 '용감함이라는 보편자를 예화함'이라는 보편자를 예화하기 때문이겠죠. 그렇다면 마동석은 왜 '용감함이라는 보편자를 예화함'이라는 보편자를 예화할까요? … 이렇게 질문이 끝없이 이어져요. 따라서 실재론자들의 설명은 그 자체로 무한퇴행에 빠지게 된다는 거죠.

셋째, 실재론자들은 마동석도 트럼프도 인간인 이유를 둘 다 인간이라는 보편자를 예화하기 때문이라고 하는데, 인간이라는 보편자는 어디에 존재하나요? 마동석은 한국에, 트럼프는 미국에 존재하는데, 그렇다면 인간이라는 보편자는 한국에 존재할까요, 미국에 존재할까요, 아니면 한국에도 미국에도 존재할 수 있는 건가요?

이것이 보편자는 존재한다는 실재론에 대한 3가지 반론이에요.

유명론의 4가지 이론

유명론은 보편자는 실제로 존재하는 것이 아니라 단지 이름일 뿐이라는 입장이에요. 유명론의 4가지 입장을 보죠.

극단적 유명론

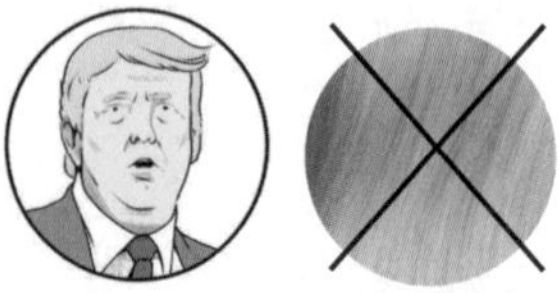

개별자　　보편자

극단적 유명론자들은 개별자는 존재하지만, 보편자는 존재하지 않는다고 봐요. 이들은 트럼프가 금발인 이유는 그냥 머리 색깔이 금색이기 때문이라고 해요. "트럼프와 마돈나는 금발이다"라는 문장은 보편자에 관한 문장처럼 보이지만, 그냥 개별자에 관한 문장이라는 거죠.

또한 극단적 유명론자들은 보편자가 존재하지 않아도 "마동석은 용감하다" 같은 문장이 참일 수 있다고 해요. 마동석에 관한 문장이지, 용감함에 관한 문장이 아니란 거죠. 따라서 '용감함'이라는 보편자가 존재하지 않아도, 마동석이 용감하면 이 문장이 참일 수 있다는 거예요.

마찬가지로 "용기는 도덕적 덕이다", "삼각형은 모양이다", "인류는 종이다"와 같은 추상어가 포함된 문장도 굳이 용기, 모양, 종 같은 보편자가 존재하지 않아도 참일 수 있다고 해요.

메타언어적 유명론

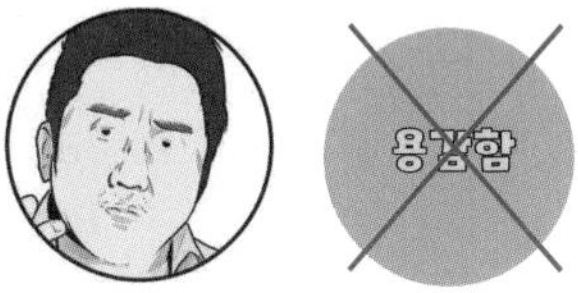

개별자 보편자

메타언어적 유명론의 뿌리는 11세기 로스켈리누스, 12세기 아벨라르, 13세기 오컴으로까지 거슬러 올라가요. 카르납과 셀라스가 이들의 입장을 20세기 후반에 부활시켰어요. 메타언어적 유명론자들도 개별자는 존재하지만, 보편자는 존재하지 않는다고 봐요.

20세기 분석철학자 루돌프 카르납1891~1970은 추상적 용어를 포함하는 문장은 단지 언어적 표현을 기술하는 문장일 뿐이라고 봤어요. 그래서 굳이 보편자가 존재하지 않아도 참일 수 있다고 주장해요.

그는 "용기는 도덕적 덕이다", "삼각형은 모양이다", "인류는 종이다"라는 문장은 각 언어단어에 대한 주장이라고 봤어요. 다음과 같이 바꿔 쓸 수 있다고 해요.

용기는 도덕적 덕이다.
→'용감하다'는 말은 도덕적 덕에 관한 술어이다.

삼각형은 모양이다.
→'삼각형'이라는 말은 모양에 관한 술어이다.

인류는 종이다.
→'인류'라는 말은 집합명사이다.

즉, 이 문장들은 각각 '용감하다', '삼각형', '인류'라는 말에 관한 주장일 뿐이라는 거죠. 조금 이상해 보이지만, 가만히 생각해 보면 카르납의 주장은 굉장히 그럴듯해요. 11세기 로스켈리누스가 "보편자는 소리의 울림이다"라고 주장했을 때, 그가 의미했던 게 카르납과 비슷한 생각 아니었나 싶어요.

카르납의 주장에 대해 두 가지 반론이 있어요.

첫째, 카르납은 "용기는 도덕적 덕이다"라는 문장을 "'용감하다'라는 말은 도덕적 덕에 관한 술어이다"로 바꾸어 보편자의 흔적을 지워 버렸다고 생각해요. 하지만 어떤 사람들은 여기에서 '용감하다'는 말 그 자체가 또 다른 보편자라고 해요.

둘째, 한국어의 '용감하다'와 영어의 courageous는 의미가 좀 다르죠. 카르납의 주장을 받아들이면, 하나의 언어를 다른 언어로 번역할 수 없어요.

미국의 철학자 윌프리드 셀라스1912~89가 이러한 반론을 해결하기 위해 나서요. 그는 '용감하다'는 말 자체를 보편자가 아니라 개별자로 봐야 한다고 해요.

아침에 배달원이 아파트 문 앞에 와서 "신문 왔어요"라고 했어요.

저녁에도 와서 "신문 왔어요"라고 했고요. 이때 이 말은 말 그대로 신문이 왔다는 거죠. 이것을 **유형**이라고 해요. 그런데 전자는 조간신문, 후자는 석간신문이 왔다는 거죠. 이것을 **토큰**이라고 해요.

"신문 왔어요"라는 말을 하나의 유형으로 볼 수도 있고, 두 개의 토큰으로 볼 수도 있어요. 셀라스는 "용감하다는 말은 도덕적 덕에 관한 술어이다"라는 문장에서 '용감하다'는 말을 유형이 아니라 토큰으로 보자고 해요. 즉, '이래서 저래서 용감하다'는 등 개별적인 말로 보자는 거죠.

카르납은 번역의 문제를 해결하기 위해 언어적 표현을 가리킬 때 점dot을 사용하자고 해요. 이를테면 ·용감하다·라는 표현은 영어의 courageous, 불어의 courageux, 스페인어의 valiente 등 각 언어권에서 똑같은 언어적 기능을 수행하는 것으로 보자는 거죠.

트롭 이론

머릿속에 타지마할을 떠올려 보세요. 이때 우리가 떠올린 이미지는 타지마할이라는 구체적 개별자가 아니라 타지마할의 모양과 색깔이죠. 이런 모양과 색깔이 추상적 개별자 **트롭**이에요. 트롭 이론가들은 인간 같은 보편자는 존재하지 않지만, 추상적 개별자인 트롭은 존재한다고 봐요.

실재론자들은 이 흰색이 보편자가 아니냐고 반문하겠지만, 트롭 이론가들은 타지마할이라는 개별자의 흰

각기 다른 트롭

색이라고 봐요. 철수의 아이폰7과 영희의 아이폰7은 기종이 같지만 동일하다고 할 수는 없죠. 마찬가지로 트럼프와 마돈나의 머리카락이 금발이라도, 각기 다른 트롭이기에 동일한 보편자가 존재할 필요가 없다는 거예요.

허구주의

이제 관점을 달리해 보죠. 영화 〈범죄도시〉에서 배우 마동석이 맡은 역할은 마석두라는 형사예요. 따라서 정확히 말하면, "마동석은 용감하다"가 아니라 "마석두는 용감하다"인 거죠.

마동석은 용감하다.
↓
마석두는 용감하다.

유명론의 허구주의에 따르면, 영화에서 마석두는 분명 용감한 사람이지만 허구의 인물이므로, "마석두는 용감하다"라는 문장은 '거짓'이 돼요. 마찬가지로 "홍길동은 의적이다", "해리포터는 마법사다"라는 문장도 거짓이에요. "용기는 도덕적 덕이다", "빨강은 색이다"와 같은 문장도 문장 자체만 본다면 거짓이고요.

따라서 덕이나 색 같은 보편자가 존재해야 이 문장이 참이라느니, 이런 보편자가 없어도 참이 될 수 있다느니 하는 논란이 의미가 없다는 거예요. 이들 문장을 그냥 '거짓'이라고 보면, 보편자는 존재하지 않아도 된다는 거죠. 이러한 입장을 **허구주의**라고 해요.

그런데 다른 맥락으로 들어가면, 이런 문장도 참이 될 수 있어요. 예컨대 “마석두는 용감하다”는 문장을 이렇게 바꾸어 보죠.

마석두는 용감하다.

↓

영화 〈범죄도시〉에서 마동석이 연기한 마석두는 용감하다.

이처럼 생략된 말까지 고려하면, “마석두는 용감하다”는 문장은 ‘참’이 돼요. 마찬가지로 “용기는 도덕적 덕이다”라는 문장은 문장 그 자체로만 보면 ‘거짓’이지만, 어떤 맥락에서는 ‘참’일 수도 있죠.

지금까지 우리는 ‘보편자는 존재하는가?’라는 문제를 둘러싸고 벌어진 논쟁들을 살펴보았어요. 제가 보기에, 보편논쟁에서 종교적 관점, 철학사적 관점을 빼고, 이론 자체만을 보면 그 본질은 다음과 같아요.

“마동석은 용감하다”는 문장에 대해 실재론자들은 보편자가 존재해야 한다고 보는 게 최선의 설명이라고 하고, 유명론자들은 보편자를 상정하지 않는 게 가장 경제적인 설명이라고 봐요. 결국 최선의 설명이 옳으냐, 경제적인 설명이 옳으냐의 문제이죠. 여러분의 생각은 어떠세요? 천년 동안 계속된 보편논쟁에서 실재론이 옳은 것 같나요, 유명론이 옳은 것 같나요?

영상으로 한 번 더!

이성은 신앙의 적인가?

아베로에스와 토마스 아퀴나스: 신학과 철학의 문제

종교인들은 신이 우주를 창조했다고 믿고, 과학자들은 빅뱅으로 우주가 시작되었다고 믿죠. 종교인들은 신이 인간을 창조했다고 믿고, 과학자들은 인간이 진화의 산물이라고 믿어요. 또한 종교인들은 신의 계시를 진리라고 믿고, 과학자들은 합리적 이성으로 추론한 것을 진리라고 믿어요.

아베로에스 vs. 토마스 아퀴나스

아베로에스

토마스 아퀴나스

신학이냐 철학이냐, 신앙이냐 이성이냐 하는 것은 매우 오래된 문제예요. 이를 다룬 대표적인 사람으로는 아베로에스1126~98와 토마스 아퀴나스를 꼽을 수 있어요.

아베로에스가 번역한 아리스토텔레스 철학에 관한 문헌

라파엘로의 그림 〈아테네 학당〉에도 나오는 **이븐 루시드**는 12세기 이탈리아 철학자인데, 라틴어로는 '아베로에스'라고 해요. 터번을 쓰고 있는 것이 다른 사람과 좀 다르죠? 당

라파엘로, 〈아테네 학당〉(1510~11) 중 일부

시 이탈리아 지역은 이슬람 문명권이었고, 아베로에스는 이슬람 신자였어요.

아베로에스가 없었다면, 서양철학이 지금과 달라졌을 수도 있어요. 중세로 넘어오면서 유럽에서 아리스토텔레스 철학에 관한 대부분의 문헌이 사라졌어요. 그런데 이슬람 문명권에서는 아랍어로 번역해 계승하고 발전시켰죠. 아베로에스는 이를 다시 라틴어와 히브리어로 번역해 전해주었으니, 유럽은 그에게 큰 빚을 지고 있는 셈이죠.

리포 멤미의 〈토마스 아퀴나스의 승리〉(1340) 중 일부

재미있는 그림 한 장을 보죠. 〈토마스 아퀴나스의 승리〉의 중앙에는 토마스 아퀴나스가 있고, 아래에 원으로 표시한 부분에 있는 사람이 바로 아베로에스예요.

토마스 아퀴나스는 13세기 기독교 교리의 이론적 토대를 닦았죠. 중세 철학자 중 단 한 사람만 꼽으라면 많은 사람들이 그를 꼽을 거예요. 도대체 무슨 일이 있었기에, 토마스 아퀴나스가 승리했다고 했을까요?

아리스토텔레스의 열렬한 지지자들

아베로에스는 이슬람교, 토마스 아퀴나스는 가톨릭을 믿었지만, 둘은 공통점이 있었어요. 바로 아리스토텔레스의 열렬한 팬들이었죠.

아베로에스는 이슬람 세계에 남아 있던 아리스토텔레스 문헌을 라틴어로 번역했다고 했죠? 100년 후 13세기에 토마스 아퀴나스가 그것을 읽고 심취했어요.

신학과 철학의 문제

아베로에스와 토마스 아퀴나스는 같은 문제의식을 갖고 있었어요. 아베로에스는 아리스토텔레스 철학을 이슬람 경전인 코란과 어떻게 조화시킬지를 고민했어요. 토마스 아퀴나스는 기독교 경전인 성경과 어떻게 조화시킬지를 고민했고요. 둘은 신학과 철학, 계시 진리와 이성 진리가 서로 양립할 수 있는지를 탐구했어요.

어떤 신학자들은 계시 진리만이 참된 진리라고 믿었어요신앙주의. 어떤 철학자들은 합리적 이성으로 추론한 이성 진리만이 진리라고 생각했고요합리주의.

반면 아베로에스와 토마스 아퀴나스는 신앙주의와 합리주의를 모두 받아들였어요. 신학과 철학을 모두 인정하며 양립 가능하다는 것이죠. 하지만 각론으로 들어가면 서로 입장이 달랐어요.

토마스 아퀴나스의 입장

토마스 아퀴나스는 신학의 위상을 철학보다 우위에 놓았어요. '철학은 신학의 시녀'일 뿐이란 거죠. 그렇다고 철학을 완전히 무시한 것은 아니에요. 둘은 서로 다른 차원이긴 하지만, 서로 같은 진리를 공유할 수 있다고 봤어요. 신학이 철학에 의해 증명될 수 있으며, 더욱 체계화될 수 있다고 여겼어요.

아베로에스의 입장

아베로에스는 철학의 위상을 신학보다 우위에 놓았어요. 신학에서는 진리가 비유로 표현되지만, 철학에서는 이론의 모습으로 드러나죠. 그래서 신의 뜻을 철학적 성찰을 통해 더 잘 알 수 있다고 봤어요.

신학자는 코란을 일종의 비유로 보고, 감각적으로 해석해 대중에게 알려줘요. 대중은 신학자들이 해석하는 감각적 정보를 받아들이고요. 반면 철학자는 코란을 이성적으로 해석해 진리를 받아들여요. 각기 기질과 능력이 다르기에, 코란의 진리를 인식하는 방법이 매우 다양하단 거죠.

아베로에스는 철학이성 진리과 신학계시 진리이 일치하면 더 확실한 진리가 된다고 해요. 하지만 둘이 충돌한다면 신학을 수정해야 한다고 봤어요. 이슬람 신학자들이 격렬하게 반발했죠. 철학자들은 코란 속에서 진리를 직관적으로 보지만, 신학자들은 비유적으로밖에 보지 못한다는 거니 기분이 좋았을 리 없겠죠.

라틴 아베로에스주의자

당시 유럽에서 아베로에스의 사상을 받아들인 이들을 **라틴 아베로에스주의자**라고 해요. 이들은 신앙에 대한 합리적인 태도를 굳게 지지하며, 아리스토텔레스의 철학을 받아들였어요. 신앙에 대한 이성의 우위, 종교에 대한 철학의 우위를 강조했죠.

당시 기독교 신학자들은 이들이 서로 모순되는 진리, 즉 신학과 철학을 모두 받아들인다며 엄청나게 비난했어요. 그래서 〈토마스 아퀴나스의 승리〉 그림에서 아베로에스를 바닥에 쭈그리고 앉은 모습으로 그린 거예요. 아베로에스는 아리스토텔레스 철학을 유럽에 전함으로써 서양철학에 커다란 기여를 했지만, 뺨을 얻어맞은 꼴이 됐죠.

'신학과 철학'의 문제에서 '신학과 과학'의 문제로

오늘날 신학은 철학이 아니라 과학과 첨예하게 대립하고 있죠. '진화론, 빅뱅우주이론, 상대성이론 같은 과학의 관점에서 신을 어떻게 볼 것인가?' 하는 문제에 직면해 있어요. 그렇다고 신학과 과학이 양립할 수 없는 건 아니에요. 예컨대 우주는 빅뱅에 의해 시작되었지만, 그 원인은 신이라고 보기도 해요. 과학에서 말하는 세계는 인간이 직접적으로 경험하는 세계이고, 신학에서 말하는 세계는 인간 경험의 직접적인 대상이 될 수 없다고 주장하기도 하고요. 이런 이야기만 놓고 보면, 과학이 생각보다 철학을 위협하는 것 같지는 않아요.

영상으로 한 번 더!

종교 중세 근대 현대 STEP 2

신을 위한 변론

변신론

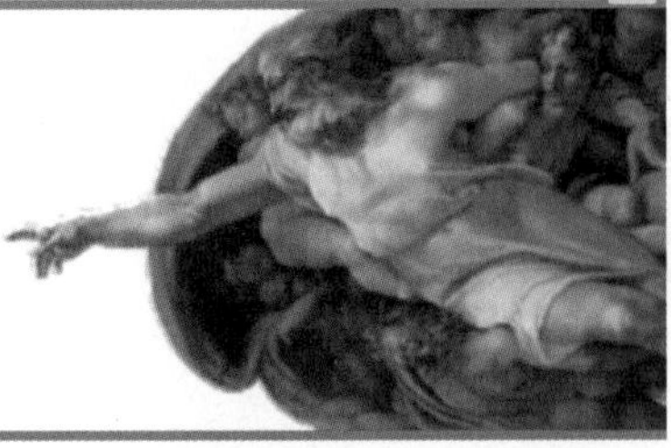

세상에는 많은 종류의 악이 존재하죠. 그런데 신이 존재한다면, 왜 이런 악들을 그냥 내버려둘까요? 이것이 바로 **악의 문제**예요.

무신론자들은 신이 존재하지 않으니, 악이 있는 거라고 해요. 반면 유신론자들은 신이 악을 그냥 내버려두는 데에는 이유가 있을 것이라고 변호하죠. 이렇듯 신을 변호하는 입장을 **변신론**이라고 해요. 악의 문제에 대한 유신론자와 무신론자 사이의 논쟁을 살펴보죠.

맥키의 무신론 논증

에피쿠로스

악의 문제를 최초로 제기한 사람은 고대 그리스의 에피쿠로스예요. 에피쿠로스는 이렇게 말했어요.

"만약 신이 악을 막으려 하지 않는다면, 신은 선하지 않다. 신이 악을 막으려 하지만 막지 못한다면, 신은 전능하지 않다. 그런데 악이 존재하는 이유는 신이 악을 막으려 하지 않거나, 막을 수 없기 때문이다. 그렇다면 우리는 왜 그를 신이라고 불러야 할까?"

맥키

호주의 철학자 존 레슬리 맥키1917~81는 이와 같은 무신론 논증을 제시했어요.

맥키의 무신론 논증

1. 신이 존재한다. (가정)
2. 신은 전지전능하고 선한 존재자이다.
   그런데 신은 전지하므로 무엇이 악인지 안다. 신은 선하므로 악을 없애려 할 것이다. 신은 전능하므로 악을 제거할 수 있을 것이다. 따라서
3. 신은 모든 악을 제거한다.
4. 그러므로 악은 없다.
5. 그런데 현실에서는 악이 있다. (모순)
6. 신은 존재하지 않는다. (결론)

이제 맥키의 무신론 논증에 대한 반론을 살펴보죠.

맥키의 무신론 논증에 대한 반론 1

3세기에서 7세기까지 페르시아와 로마에 마니교가 있었어요. 마니교는 세계를 선한 신과 악한 신의 대립이 펼쳐지는 곳으로 봤어요. 악은 악의 신이 일으킨다는 거죠.

그런데 아우구스티누스는 악은 실체로서 존재하는 게 아니라, 그냥 선이 없는 상태라고 해요. 악은 현실에 있긴 하지만, 실체가 아니라 선의 결여일 뿐이란 거죠. 이러한 입장을 받아들이면 맥키의 논증에서 "5. 현실세계에서 악은 존재한다"는 주장은 틀렸어요. 따라서 맥키의 무

신론 논증은 틀렸고, 신은 존재한다는 반론이에요.

아우구스티누스

맥키의 무신론 논증에 대한 반론 2

두 번째 반론은 "3. 신은 모든 악을 제거한다"는 주장이 틀렸다고 해요. 신은 모든 악이 아니라, 존재할 이유가 없는 악만 제거한다는 거죠.

그렇다면 어떤 악이 존재해야 하는 이유는 뭐죠? 인간이 신의 마음을 알 수는 없지만 대략 3가지 이유를 추측해볼 수 있어요.

첫째, 인간의 자유의지를 보장하기 위해서예요.

신은 인간에게 자유의지를 부여했죠. 악이 존재하지 않는다면, 인간은 선과 악 중 하나를 선택할 자유의지를 가질 수 없어요. 따라서 인간이 자유의지를 가질 수 있기 위해서는 악이 필요하다는 것이죠.

둘째, 자연법칙의 일관성을 위해서예요.

자연은 필연적인 인과법칙에 따라 운동을 하는데, 그러다 보면 부수적으로 악이 생겨날 수밖에 없다는 거예요. 예를 들어 신이 높은 곳에서 떨어져 죽는 사람이 없도록 낮은 곳에만 중력이 존재하도록 하면, 자연법칙의 일관성이 없어져요. 자연법칙의 일관성을 위해서는 어쩔 수 없이 악이 있을 수밖에 없다는 거죠.

셋째, 신은 개별적인 악들을 통해 전체적인 선을 실현한다는 거예요.

악이 있기 때문에 세계 전체가 선할 수 있다는 거죠. 예컨대 유다는 예수를 배신하는 가장 큰 죄악을 저질렀죠. 하지만 유다의 악이 있었기에, 예수가 십자가에 못 박혔고, 인류 전체가 구원받을 수 있게 되었단 거죠. 이렇게 보면 유다의 악이 인류 전체의 선을 실현하는 데 공헌했다고 볼 수도 있어요. 이것이 바로 신의 섭리란 거죠. 그래서 라이프니츠는 신은 가능한 모든 세계 중에서 가장 선한 세계를 창조했고, 지금 우리가 살고 있는 세계가 최선의 세계라고 해요.

로우의 무신론 논증

윌리엄 로우

윌리엄 로우는 세상에는 존재할 이유가 없는 악이 있다고 해요. 인간의 자유의지를 위한 것도 아니고, 자연법칙의 일관성을 위한 것도 아니고, 최선의 세계를 위한 것도 아닌 악이 있다는 거예요. 그는 맥키의 무신론 논증에서 '모든 악'을 '이유 없는 악'으로 바꾸어 논증해요.

> **로우의 무신론 논증**
>
> 1. 신이 존재한다. (가정)
> 2. 신은 전지전능하고 선한 존재자이다.
> 3. 신은 이유 없는 악을 제거한다.
> 4. 따라서 이유 없는 악은 없다.
> 5. 그런데 현실에서는 이유 없는 악이 있다.
> 6. 따라서 신은 존재하지 않는다. (결론)

남미의 거대한 숲에 산불이 났어요. 아기사슴 한 마리가 산불에 갇혀 며칠 동안 고통 속에 시달리다가 죽었어요. 아기사슴이 겪은 고통에 이유가 있을까요?

윌리엄 로우는 아기사슴의 고통은 특별한 이유가 없는 고통이라고

해요. 인간의 자유의지, 자연법칙의 일관성, 최선의 세계 등과 관계가 없는 고통이죠. 따라서 현실세계에는 이유 없는 악이 있으므로, 신은 존재하지 않는다고 해요.

로우의 무신론 논증에 대한 와익스트라의 반론

와익스트라는 신이 존재하지 않는다는 로우의 논증에서 "5. 현실에서는 이유 없는 악이 있다"는 주장이 틀렸다고 해요. 그는 로우의 주장 5번 앞에는 다음의 논증이 생략되어 있다고 봤어요. 그리고 A에서 B로 넘어가는 추론이 확실할 수도 있고, 확실하지 않을 수도 있다고 해요.

> A. 악이 있어야 하는 이유는 없는 것 같다. (seem)
> B. 따라서 아마도(probably) 악이 있어야 하는 이유는 없다.

예를 들어 "여기에 코끼리가 있는 것 같지 않다"[A]는 명제를 보죠. 이 명제는 참인 것 같아요. 아무리 둘러봐도 여기에 코끼리가 없어요. 따라서 나는 "아마도 여기에는 코끼리가 없다"[B]라고 추론하고 결론을 내릴 수 있어요. 이것은 거의 확실한 추론이라고 할 수 있죠.

이번에는 "여기에 방사능이 있는 것 같지 않다"는 명제를 보죠. 이 명제도 참인 것 같아요. 여기에 방사능이 있을 만한 게 없으니까요. 그런데 "아마도 여기에는 방사능이 없다"는 결론을 내릴 수 있을까요? 그것은 확실하지 않죠? 생활 도처에 방사능이 있을 수 있으니까요.

결론적으로 "코끼리가 없다"는 확실한 추론이지만, "방사능이 없다"는 확실한 추론이 아니에요.

우리는 방 안에 코끼리가 있다면 알 수 있지만, 방 안에 방사능은 있어도 알 수 없어요. 즉, 그것의 존재를 알아차릴 수 있는지 여부에 따라 확실한 추론이 될 수도 있고, 확실하지 않은 추론이 될 수도 있어요.

그렇다면 악이 존재해야 할 특별한 '이유'는 어떨까요? 만약 신에게 악이 존재해야 할 특별한 이유가 있더라도, 우리는 그것을 알아차릴 수 없어요. 인간이 어떻게 신의 마음을 알겠어요?

따라서 와익스트라는 A에서 B로 넘어가는 추론은 확실하지 않으므로, "5. 현실에서는 이유 없는 악이 있다"는 주장은 불확실하다고 해요. 그는 신이 존재하지 않는다는 로우의 주장에 이렇게 반론을 내놓고 논증함으로써 신의 존재를 옹호했어요.

정리해 보죠. "신이 존재한다면 왜 악이 있는가?"는 매우 오래된 철학적 문제예요. 무신론자들은 신이 존재하지 않으니, 세상에 악이 있는 것 아니냐고 해요. 유신론자들은 세상에 악이 있을 만한 이유가 있다고 하고요. 이에 대해 다시 무신론자들은 아기사슴이 겪은 뜨거운 고통에는 아무런 이유가 없지 않냐고 해요. 그리고 유신론자들은 어떤 이유가 있는지 없는지를 너희가 어떻게 아냐고 반문하고요.

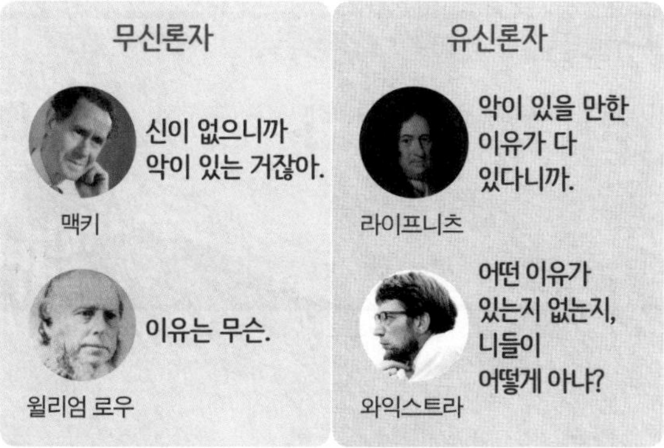

그런데 어찌 보면 유신론자와 무신론자가 이런 문제를 가지고 논쟁을 벌이는 것 자체가 의미가 없을 수 있어요. 유신론자 중에는 신이 존재한다는 논증이나 증거를 중요하게 생각하는 합리적 유신론자도 있긴 해요. 하지만 신을 믿는 데 논증이나 증거가 필요하냐고 생각하는 비합리적 유신론자도 있어요. 이들은 신이 존재하지 않는다는 증거가 차고 넘친다고 해도, 그럴수록 신의 존재를 더욱 믿어야 한다는 입장을 가질 수 있어요. 이들의 입장은 한마디로 불합리하기 때문에 나는 믿는다는 것이죠.

영상으로 한 번 더!

참고: wireless philosophy(유튜브 채널)

간단한 게 답이다

오컴의 윌리엄: 오컴의 면도날

중세 철학자 빅 3

토마스 아퀴나스 둔스 스코투스 오컴의 윌리엄

종교가 득세하던 중세를 흔히 '철학의 암흑기'라고 해요. 그렇다고 해서 철학자가 전혀 없진 않았겠죠?

중세 철학자 빅 3는 바로 토마스 아퀴나스, 둔스 스코투스, 오컴의 윌리엄이에요.

14세기 영국의 신학자이자 스콜라 철학자인 오컴의 윌리엄1280~1349 하면 떠오르는 것이 두 가지 있어요. 바로 유명론과 '오컴의 면도날'이에요.

유명론이란 '인간', '사랑'과 같은 일반적이거나 추상적인 용어는 단지 이름만 있을 뿐이란 거예요. 윌리엄은 이런 말들이 가리키는 대상이 실제로 존재하지 않는다고 생각했어요. 유명론과 실재론 사이의 논쟁은 중세를 관통하는 주제 중의 한 줄기이기도 해요.

오컴의 면도날

'오컴의 면도날'은 두 가지 원칙을 제시해요.

> 1. 어떤 현상을 설명할 때 불필요한 가정을 해서는 안 된다.
> 2. 어떤 현상을 설명하는 여러 이론들이 있다면, 그중에서 가장 단순한 이론이 옳을 가능성이 높다.

2세기 무렵, 그리스 천문학자 프톨레마이오스는 천동설을 정교한 이론으로 만들었어요. 중세 교회는 당연히 천동설을 받아들였어요. 우주의 중심은 지구이고, 지구의 중심은 로마이며, 로마의 중심은 바티칸이고, 바티칸의 중심은 교황이고, 따라서 전 우주는 교황을 중심으로 돈다고 믿었어요. 사람들은 1500여 년 동안 천동설을 의심하지 않았어요. 어쩌면 당연한 일이었죠. 우리 눈에는 태양이 뜨고 지는 것처럼 보이니, 태양이 지구를 돈다고 생각할 수밖에요.

16세기에 코페르니쿠스, 갈릴레오 등이 지동설을 주장했어요. 당시엔 받아들이기 힘들었죠. 지구와 교황이 우주의 중심이 아니라니 말이죠.

천동설

지동설

신의 세계와 현실 세계를 자르다

오컴의 면도날에 따르면, 지동설이 천동설보다 설득력이 있어요. '오컴의 면도날'의 두 번째 원칙을 보죠. "어떤 현상을 설명하는 여러 이론 중에서 가장 단순한 이론이 옳을 가능성이 높다." 지동설이 천동설보다 더 단순한 이론이죠?

다음의 왼쪽 그림은 지구의 관점에서 본 천체의 운동을 그린 거예요천동설. 상당히 복잡하죠? 파란색 지구를 중심으로 태양은 원운동을 하고, 다른 행성들은 나선형 비슷하게 복잡한 운동을 해요. 천동설 지지자들은 이러한 복잡한 궤도를 설명하기 위해 '주전원'이란 걸 도입했어요. 원운동 안에서 또 다른 원운동을 한다는 거죠.

그런데 지동설을 받아들이면, 천체의 움직임이 아주 단순해져요. 가운데 태양을 중심으로 파란색 지구가 원운동을 해요. 다른 행성들도 마찬가지로 회전운동을 하죠. 주전원을 도입하지 않아도 설명이 가능해요.

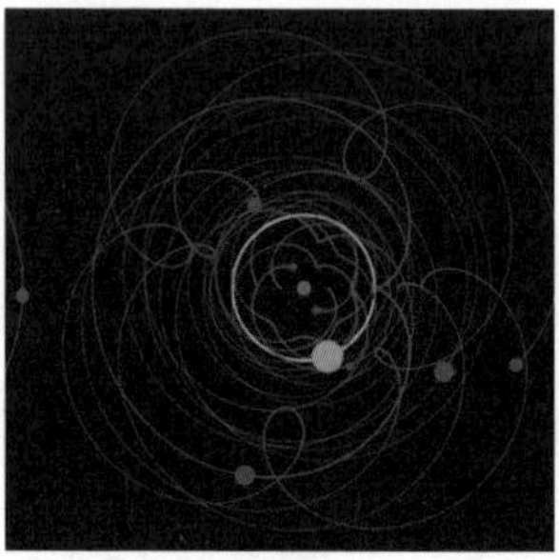
천동설

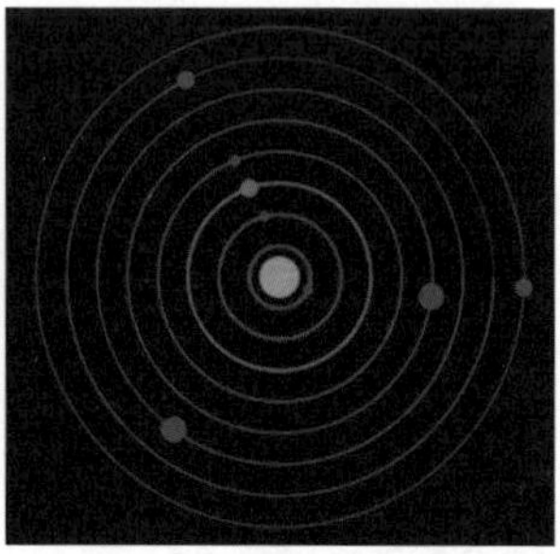
지동설

앞쪽의 두 그림을 보면, 지동설이 맞다는 것을 알 수 있어요. 궤도가 더 단순하고•, 주전원이라는 불필요한 가정을 도입하지 않아도 되니까요. 오컴의 면도날의 원칙에 맞는 것이죠. 불필요한 가정을 해서는 안 되고, 현상을 설명하는 주장이 여러 개라면 단순한 것을 선택하라고 했으니까요.

하지만 어떤 설명이 더 단순한지 판단하는 건 무척 어려워요. 유신론자들은 신이 인간을 창조했다는 창조론이 더 단순하다고 하고, 무신론자들은 신 같은 불필요한 가정을 덧붙이지 말라고 하죠. 유신론자든 무신론자든, 자신의 이론이 더 단순하다고 주장할 수 있어요.

그러고 보면, 우리는 어떤 문제에 대한 답을 이미 정해놓고, 그 정해진 답에 과학적 근거를 끼워 맞추는 게 아닌가 하는 생각이 들어요.

오컴이 살았던 13~14세기, 로마 교회는 영향력을 잃어갔어요. 자연과학이 발전하면서 신의 존재 규명 논란으로 시끄러웠죠. 이런 시대에 오컴의 윌리엄은 현실과 신성의 세계를 면도날로 잘라버렸어요. 신성의 세계는 신앙에 맡기고, 현실세계는 이성과 과학으로 설명하자는 거죠. 그러면 신성은 과학의 세계로부터 침해받지 않게 되죠. 과학자들은 신성모독, 이단에 대한 걱정 없이 맘껏 연구를 할 수 있고요. 오컴의 면도날은 중세철학이 새로운 길을 찾고, 근대 과학과 철학이 맘껏 움트는 계기 중 하나가 되었어요.

영상으로 한 번 더!

• 이 그림은 궤도를 지하철 노선도처럼 단순화해서 표현한 것이고, 실제로는 좀더 복잡해요.

사자의 용맹, 여우의 간계

마키아벨리: 군주론

축구를 보면 나라마다 고유한 스타일이 있어요. 브라질 축구는 기술력을 앞세운 삼바 축구이고, 영국 축구는 킥앤런kick and run으로 이루어지는 빠른 공수 전환의 축구죠. 네덜란드는 전원 수비, 전원 공격을 하는 토털 사커로 유명해요. 프랑스의 축구는 세밀한 패스와 조직력을 앞세운 아트 사커라고 하죠.

이기는 것보다 지지 않는 것

이탈리아 하면 어떤 축구가 생각나나요? 바로 빗장 수비예요. 이탈리아 대표팀의 영원한 주장인 파울로 말디니는 이렇게 말했어요.

"가장 아름다운 축구는 0 대 0 무승부, 또는 상대의 실책으로 인한 1 대 0 승리다."

화려한 공격도 필요 없고, 골을 많이 넣는 것도 필요 없고, 어떻게든 이기기만 하면 그만이라는 거죠. 이들에게는 이기는 것이 중요한 것이지 화려한 것이 중요한 게 아니에요. "경기에서 졌지만 잘 싸웠다" 같은 것은 필요 없고, 잘 싸우든 못 싸우든 이기면 돼요. 그러다 보니 경기를 좀 지저분하게 하는 경향이 있죠. 교묘한 반칙을 하거나 혼자 넘어지는 할리우드 액션, 말로 상대방 도발하기 등이 이탈리아 축구의 또 다른 특징이에요. 어떤 사람들은 이러한 축구 스타일을 이해하려면, 이탈리아의 역사적 맥락을 봐야 한다고 해요.

이탈리아는 5세기까지 큰 땅을 차지하고 있던 서로마제국이 멸망한 후 19세기까지 도시국가로 쪼개져 수많은 전쟁을 치러야 했어요. 이탈리아판 춘추전국시대가 1400년 동안이나 이어졌죠. 게다가 밖으로는 프랑스나 스페인 같은 열강들로부터 지속적인 위협에 시달려야 했어요. 그러니 이들한테 가장 중요한 게 뭐겠어요? 생존이죠. 화려하게 이기는 것보다 지지 않는 것, 져서 죽지 않는 것이 가장 중요했던 것이에요.

서로마제국 멸망 후 도시국가들로 쪼개진 이탈리아의 15세기 지도

이탈리아 피렌체의 마키아벨리 동상

공직에서 추방당한 마키아벨리

니콜로 마키아벨리1469~1527는 15세기 이탈리아 사람이에요. 피렌체공화국에서 14년 동안 외교관으로 일했지만, 공화정이 무너지고 메디치 가문이 들어오면서 공직에서 쫓겨났어요. 게다가 메디치가에 대한 반역 행위로 체포되어 고문을 당하고 재산을 빼앗긴 채 추방당해야 했죠. 생활고 때문에 새를 잡아먹을 정도였다고 해요.

마키아벨리는 어떻게든 복권을 해서 공직에 나가고 싶었어요. 『군주론』이라는 책을 써서 자신을 쫓아낸 메디치가의 군주에게 헌정했죠. '이 책을 읽고 나를 등용하면, 당신을 성공한 군주로 만들어 주겠노라.' 그런데 정작 군주는 이 책을 읽어보지도 않았다고 해요.

『군주론』에는 어떤 내용이 들어 있길래, 500여 년이 지난 21세기에도 회자될까요?

군주의 3원칙

군주론은 크게 두 부분으로 나누어져요. 전반부는 '나라를 어떻게 통치하고 군대를 어떻게 운영해야 하는지' 등을 다룬 통치술이고, 후반부는 군주의 처세술이에요.

15세기 유럽 국가의 통치술은 우리의 관심사가 아니지만, 군주의 처세술은 한 번 볼 필요가 있어요. 15세기 유럽의 인간이나 21세기 한국의 인간이나, 인간은 다 거기서 거기예요. 지금의 우리가 봐도 시사하는 바가 많아요. 마키아벨리가 말하는 '군주의 처세술 3원칙'을 보죠.

제1원칙: 군주는 인간이 약하다는 걸 알아야 한다

마키아벨리에 따르면, 인간은 위선적이고 탐욕스럽고 변덕스러우며 위험을 두려워하는 존재예요. 군주가 힘이 있고 잘해주면 충성하죠. 하지만 군주가 힘이 빠지거나 사리사욕이 생기면 금방 배신해요. 그것이 인간이에요. 그렇다면 그들이 배신하지 않게 하려면 어떻게 해야 할까요? 여기서 두 번째 원칙이 나와요.

제2원칙: 군주는 때론 사자도 되고, 때론 여우도 돼야 한다

군주는 겉으로는 선하고 부드럽고 정직한 태도를 보여야 하지만, 실제로는 그래서는 안 돼요. 필요할 때는 악인이 돼야 해요. 군주는 사랑의 대상이 아니라 두려움의 대상이 돼야 해요. 그래야 사람들이 배신하지 않아요. 인간은 두려움을 느끼는 사람을 해칠 때보다 사랑을 베푸는 자를 해칠 때 덜 주저하기 때문이에요.

마키아벨리는 신의 따위는 개나 줘버리라고 해요. 신의를 지키는 것이 불리할 때는 지킬 필요가 없을 뿐만 아니라 지켜서는 안 돼요. 특히 전쟁이나 외교에서 속임수는 기본이에요. 이처럼 군주는 사자처럼 힘도 있어야 하고, 여우처럼 간계를 부릴 줄도 알아야 해요.

제3원칙: 군주는 힘이 없으면 죽는다

사람들을 말로 설득하는 일은 쉽지만, 설득된 상태를 유지하는 것은 어려워요. 말이 통하지 않을 때는 힘으로 믿게 해야 해요. 군주는 힘이 없으면 지지를 얻을 수 없고 결국 배신당할 수밖에 없어요.

마키아벨리의 '군주의 3원칙'은 이전의 정치철학과는 분명히 색깔이 달라요. 플라톤이나 아리스토텔레스는 도덕의 관점에서 본 '이상적인 정치'를 말했죠. 중세는 종교의 관점에서 본 '경건한 정치'를 추구했고요.

하지만 마키아벨리는 정치를 도덕과 종교로부터 완전히 분리해 기술적·공학적으로 봐야 한다고 주장했어요. 군주가 도덕적이라고 해서 더 도덕적인 나라가 되는 게 아니라는 거죠. 도덕적으로 선한 군주가 좋은 군주가 아니라, 더 강한 나라를 만들 수 있는 군주가 좋은 군주라고 봤어요. 그래서 군주는 더 큰 선, 즉 더 강한 국가를 만들기 위해 사소한 악들은 저질러도 된다는 것이죠. 극단적으로 말하면, 목적이 수단을 정당화한다는 거죠.

무슨 얼어죽을 정의이고, 신의이고, 덕이냐?

15세기 이탈리아는 로마교황국, 나폴리공화국, 베네치아공화국, 밀라노공화국, 피렌체공화국 등 수많은 국가로 분열되어 극심한 혼란 상태였어요. 마키아벨리가 태어난 피렌체공화국은 인구 7만의 작은 도시국가로 수많은 전쟁을 치를 수밖에 없었죠. 그가 젊었을 때는 로마교황국, 나폴리공화국, 프랑스로부터 침공을 받았고, 외교관으로 활동할 때는 스페인이 쳐들어왔어요. 힘이 없다 보니 주변 강대국으로부터 계속 침략을 당했던 거죠.

당시 외교관이었던 마키아벨리는 무슨 생각을 했을까요? 군주는 정의로워야 하고 신의를 지켜야 하고 덕이 있어야 한다고 생각했을까요? 냉혹한 현실에서 살아남으려면, 속고 속이면서 피 터지게 싸워도 살까 말까인데, 무슨 얼어죽을 정의고 신의고 덕이냐고 생각하지 않았을까요? 아마 그랬을 것 같아요. 그런 관점에서 보면 마키아벨리의 『군주론』이 좀더 이해가 돼요.

운오기오?

다음 그림에서 왼쪽에 눈을 가린 채 운명의 바퀴를 들고 원형의 불안한 의자에 앉아 있는 것은 운명의 여신이고, 오른쪽에 성찰의 거울을 든 채 사각형의 안전한 의자에 앉아 있는 것은 지혜의 여신이에요.

운칠기삼運七技三이라는 말이 있죠. 재주나 노력으로 이룰 수 있는

건 30퍼센트뿐이고, 운이 70퍼센트라는 말이에요. 그런데 마키아벨리는 운오기오運五技五라고 생각했어요. 『군주론』의 끝부분에서 이렇게 말해요.

> 세상일이란 운명의 여신의 뜻에 따라 결정된다. 인간이 아무리 머리를 써도 이 세상일의 진로를 바꿀 수는 없다. 하지만 그렇다손 치더라도, 운명의 여신도 세상에서 이룰 수 있는 일은 절반밖에 되지 않는다. 나머지 절반은 인간의 결단과 지혜로 통제될 수 있다.

절반은 운運, 절반은 기技라는 말이죠. 이런 말도 해요.

> 운명은 여자이므로 젊은 남자에게 더 끌린다. 왜냐하면 젊은 남자는 덜 신중하고 좀더 공격적이며 대담하기 때문이다.

젊을수록 운명을 과감하게 개척할 수 있다는 말이에요. 마키아벨리는 왜 운명을 과감하게 개척해야 한다고 강조했을까요? 그 속내야 알 수 없지만, 이렇게 추측해 봅니다.

당시 이탈리아의 운명은 너무나 가혹했어요. 나라는 도시국가들로 쪼개져 있지, 국내 정치는 군주제와 공화제로 갈라져 권력투쟁만 하지, 주변 강대국들은 틈만 나면 쳐들어오지….

마키아벨리는 피렌체가 이러한 가혹한 운명에 처해 있지만, 군주의 결단과 지혜를 통해 운명을 통제할 수 있다는 희망을 갖고 싶었던 것인지도 모르겠어요. 운명의 여신이 세상에서 이룰 수 있는 일은 절반이지만, 인간의 결단과 지혜로 나머지 절반을 할 수 있다고 믿고 싶었던 것일 수도 있어요.

이렇게 보면 마키아벨리는 어쩌면 우리에게도 희망을 주고 있는 건지 몰라요. 남북으로 분단되어 있고, 한반도를 사이에 두고 강대국들이 각축전을 벌이는 우리의 현실이 당시의 피렌체와 비슷해 보여요. 이런 상황에서 우리에게 필요한 것은 사자의 용맹과 여우의 간계라는 마키아벨리의 지혜일 수도 있어요.

영상으로 한 번 더!

3장

근대

물질과 정신 중 무엇이 진짜인가?

- 데카르트: 나는 생각한다, 고로 존재한다
- 버클리: 주관적 관념론
- 스피노자: 범신론
- 라이프니츠: 모나드는 창이 없다
- 피히테: 주관적 관념론
- 셸링: 객관적 관념론
- 헤겔: 정신현상학
- 쇼펜하우어: 의지와 표상으로서의 세계

시간과 공간은 무엇인가?

- 뉴턴과 라이프니츠: 시간과 공간이론

지식의 원천은 무엇인가?

- 로크: 타불라 라사
- 흄: 자신까지 갖다 버린 미니멀리스트
- 칸트: 순수이성비판 1, 2

어떻게 살 것인가?

- 애덤 스미스: 보이지 않는 손
- 칸트: 실천이성비판
- 파스칼: 파스칼의 내기 논증
- 공리주의

정치를 어떻게 할 것인가?

- 홉스: 리바이어던

아름다움이란 무엇인가?

- 칸트: 판단력 비판 1 (아름다움에 대하여)
- 칸트: 판단력 비판 2 (숭고에 대하여)

편견에서 벗어나기

베이컨: 4가지 우상론

유럽의 세계관은 16~17세기 과학혁명의 시기를 거치면서 큰 변화가 일어났어요. 중세의 종교적 세계관에서 근대의 기계론적 세계관으로 옮겨간 것이죠. 이러한 과학혁명에 중요한 기여를 한 사람이 바로 프랜시스 베이컨1561~1626이에요.

베이컨의 4가지 우상

베이컨은 『신기관Novum Organum』이라는 책을 썼는데 '새로운 기관'이라는 뜻이에요. 왜 이런 제목을 붙였을까요? 아리스토텔레스가 쓴 논리학 책 제목이 『기관Organum』이었어요. 그것을 대체할 새로운 논리학을 제시하겠다는 의미였죠.

베이컨이 제시한 주장은 크게 두 가지예요. 하나는 낡은 편견으로부터 벗어나자는 것이에요. 다른 하나는 새로운 과학을 연구하는 방법으로 귀납법을 표준적 방법론으로 제시했어요.

베이컨은 중세 학문이 현학적이고 종교적 권위만 내세우며 자만과 신비주의, 미신에 빠져 있었다고 비판해요. 이제 이러한 기존 학문과 단절해야 하며, 그러기 위해서는 4가지 우상을 파괴해야 한다고 주장했어요. 이때 우상은 인간이 올바른 지식을 얻을 때 방해가 되는 편견이나 선입견을 말해요. 4가지 우상에는 종족의 우상, 동굴의 우상, 시장의 우상, 극장의 우상이 있어요.

종족의 우상

원숭이는 원숭이 관점에서 세계를 보고, 돌고래는 돌고래 관점에서 세계를 봐요. 마찬가지로 인간은 인간의 관점에서 세계를 보죠. 인간이기에 어쩔 수 없이 누구나 가지게 되는 왜곡된 인식이 있죠. 이것을 '종족의 우상'이라고 해요.

인간은 목적을 가지고 어떤 행위를 하다 보니, 자연도 어떤 목적을 가지고 있다고 생각하는 경향이 있어요. 예컨대 어떤 하찮은 존재자도 존재의 목적이 있다든가, 소소한 사건도 신의 계획 속에서 발생한다고 생각하는 경향이 있죠.

동굴의 우상

중세 사람들은 자기가 속한 장원에서 태어나 평생 그 장원에서 살다가 거기 묻혔어요. 또한 모든 인간은 자신만의 동굴 속에 살고 있어요. 자신만의 선입견과 편견을 가지고 세상을 바라봐요. 이러한 검증되지 않은 주관적 신념이나 개인적 성향은 우리가 객관적 진리를 보는 것을 방해하죠. 이를 '동굴의 우상'이라고 해요.

윌리엄 로버트 셰퍼드가 그린 중세 장원의 지도(1923). 중앙 하단에 영주의 저택이 표시되어 있다.

시장의 우상

시장의 우상은 인간이 사용하는 언어 때문에 생기는 왜곡된 인식을 말해요. 우리는 어떤 개념을 말하거나 들으면, 그런 개념에 대응하는 실재가 존재한다고 착각하는 경향이 있어요. "운명의 여신은 누구의 손을 들어줄까?"라는 말을 들으면, 마치 운명의 여신이 실제로 존재하는 것 같은 착각에 빠져요.

이것은 일종의 생각의 오류라고 할 수 있어요. 논리학에도 이와 비슷한 오류가 있어요은밀한 재정의의 오류. 예컨대 누군가가 "북극곰은 펭귄을 먹고 산대"라고 하면, 북극곰이 남극에 존재한다고 착각하게 돼요. 펭귄은 남극에 사니, 북극곰이 펭귄을 잡아먹을 일이 없는데 말이죠. 이처럼 혼, 운명의 여신 같은 말을 사용하다 보면, 그러한 개념에 대응하는 실재가 존재하는 것 같은 착각에 빠지는 것이 바로 '시장의 우상'이에요.

극장의 우상

극장의 우상은 전통이나 권위에 대한 맹목적 믿음으로 인해 생기는 왜

곡된 인식이에요. 아리스토텔레스의 철학은 중세에 가장 영향력 있는 철학이었어요. "아리스토텔레스에 따르면, 천상의 세계는 영원불변하고 완전하다"라고 말하면, 누구도 토를 달지 못했죠. '극장의 우상'의 예이죠.

베이컨의 우상론이 현대인들에게 알려주는 것

요즘은 어떨까요? 베이컨이 말한 우상이 그때만 있었던 것은 아니겠죠? "아인슈타인에 따르면 빛보다 빠른 물질은 없다"라는 말에 토를 달면, 바로 바보 취급을 당하죠. 베이컨이 말한 '극장의 우상'이 지금도 힘을 발휘하고 있는 거죠.

베이컨은 과학적 지식은 단순히 경험을 모으는 게 아니라고 봤어요. 벌이 꽃가루를 침과 섞어 꿀을 만들 듯이, 인간은 경험을 인간의 방식으로 소화함으로써 과학적 지식을 산출할 수 있다고 믿었어요. 그러려면 앞서 말한 4가지 우상을 파괴해야 한다는 거죠.

하지만 인간이 이러한 우상에서 완전히 벗어나는 것은 사실상 불가능해요. 인간은 죽을 때까지 어떤 우상과 편견에 사로잡혀 있어요. 따라서 왜곡된 인식에서 완전히 벗어날 수는 없어요. 그렇지만 우리가 왜곡된 인식과 편견에 사로잡혀 있을 수도 있다는 사실, 그래서 내 생각이 틀렸을 수도 있다는 점을 항상 인식해야 해요. 그럴 가능성을 받아들이는 자세를 갖추기만 해도 충분하다고 할 수 있어요.

영상으로 한 번 더!

만인에 대한 만인의 투쟁

홉스: 리바이어던

저는 가끔 '배틀 그라운드'라는 게임을 해요. 100명이 무인도에 내려 한 명이 남을 때까지 싸우는 일종의 생존 게임이에요. 이 게임에서는 빨리 떨어져서 총부터 잡는 것이 중요해요. 믿을 것은 오로지 자신밖에 없어요. 누가 도와주거나 동정해 주거나 하지 않아요.

상대방과의 교전에서 이기려면 반응 속도가 빨라야 해요. 화력도 중요하고 다양한 전략도 구사해야 해요. 어떤 전략을 선택하든 상관없고, 중요한 것은 생존하는 거예요. 한 사람만 남을 때까지 말이에요. 끝까지 생존하면 치킨을 먹을 수 있어요.^^

홉스

토머스 홉스1588~1679는 이처럼 생존을 위해 만인에 대해 만인이 투쟁하는 상태를 '자연상태'라고 해요. 그렇다면 이러한 자연상태에서 인간은 어떻게 해야 할까요? 홉스의 정치철학은 바로 이 질문으로부터 시작해요.

가장 중요한 것은 생존이다

홉스는 16세기 사람으로 기하학을 좋아했고, 글을 아주 잘 썼고, 아리스토텔레스를 경멸했으며, 망명생활을 경험했어요.

홉스는 물질은 실체로서 존재하지만, 정신은 물질인 두뇌로부터 부수적으로 생긴 것으로 봤어요. 인간은 본질적으로 육체를 가진 존재라는 거죠.

그런데 존재하는 것이 육체밖에 없다면, 인간으로서 가장 중요한 것은 무엇일까요? 현실 너머 이데아 세계나 정신세계가 따로 있다면, 육체에 매달릴 필요가 없죠. 하지만 존재하는 것이 육체밖에 없다면, 그것을 잘 보존하는 것, 즉 생존이 가장 중요해져요. 이러한 인간의 생존욕구가 바로 홉스 사상의 출발점이에요.

자연상태

만인에 대한 만인의 투쟁 상태인 자연상태에서 인간은 3가지 감정의 지배를 받게 돼요. 내가 더 많이 가져야겠다는 경쟁심, 더 잘났다는 공명심, 저놈이 나를 언제 공격해 내 것을 빼앗아갈지 모른다는 두려움이에요.

자연상태에서는 내가 더 많이 갖기 위해서, 더 잘났다는 것을 확인하기 위해서, 내 것을 빼앗기지 않기 위해서 저놈이 죽어야 해요. 다시 말해 자연상태에서는 옳고 그름을 따지는 도덕이 없어요. 정의도 불의도 없고 재산권도 없고요. 있는 것은 오로지 내가 살 권리, 즉 '자연권' 뿐이에요.

사회계약

만인에 대한 만인의 투쟁을 하면서 산다고 해보죠. 외롭고 비참하고 고통스럽고 불안해서 밤에 잠도 못 자요. 사람들은 이대로는 못 살겠다고 생각하고 사회적 합의를 하는데, 이것이 바로 법이에요.

그런데 법이 있으면 뭐해요? 안 지키면 그만이잖아요. 그래서 군주를 뽑아 무기를 주고 세금도 내요. 법을 어기는 놈들을 응징하고 나의 안전을 보장해 달라고 요구해요. 개인이 갖고 있던 폭력을 군주한테 몰빵하고, 군주는 공권력이라는 이름으로 개인들을 지켜요. 이렇게 해서 나타난 것이 바로 국가예요.

국가는 잠 못 드는 개인들이 무기를 군주에게 양도하고, 자신을 보호해 달라는 계약을 함으로써 성립됐다는 거죠. 이것이 바로 홉스의 **사회계약설**이에요.

홉스가 살았던 16~17세기, 영국은 강력한 왕이 필요하다는 왕당파와 시민계급이 권력을 가져야 한다는 의회파 사이에 정치적 갈등이 첨예했어요. 홉스는 왕당파 쪽 사람이라 군주에게 권력을 몰아주어야 한다고 주장했지만, 왕당파로부터 버림을 받았어요. 왕당파는 왕권은 하늘이 내려준다는 왕권신수설을 주장했죠. 홉스도 절대왕권이 필요하다는 생각에는 동의했어요. 하지만 왕권은 하늘이 준 게 아니라 개인들이 맡긴 것이라고 주장했기에, 왕당파로부터 외면받은 것이에요.

리바이어던

1651년 발행된 홉스의 『리바이어던』은 최초로 근대적 국가이론을 제시했어요. 오른쪽은 초판에 실린 그림이에요. 홉스가 그린 것으로 추정돼요.

그림 아래의 왼쪽은 세속의 질서를 나타내요. 그 맨 아래의 그림은 만인에 대한 만인의 투쟁 상태를 표현해요. 그 위는 개인들이 자신의 무기를 내려놓은 상태예요. 또 그 위는 대포도 사용하지 않는다는 뜻이고요. 왕관 그림은 군주가 지배하는 상태를 뜻해요.

그림 오른쪽의 아래는 신학적 질서를 보여줘요. 맨 아래는 교회의 교리 논쟁종교재판 그림이라고도 함, 그 위의 삼지창은 삼단논법을 상징해요. 국가 이전의 상태는 성과 속의 대립, 통치술에 관한 대립, 실재론과 보편론의 대립 같은 딜레마에 빠져 삼단논법 같은 말장난만 하는 상태라는 거죠. 위의 교회 그림은 그리스도 국가가 등장하면, 이러한 딜레마로부터 벗어날 수 있다는 것이죠. 즉, 홉스가 말하는 국가는 시민국가이면서 그리스도 국가인 셈이에요.

홉스의 『리바이어던』에 실린 삽화(1651)

그림 윗부분의 군주는 시민국가의 권력을 상징하는 칼과 그리스도 국가의 권력을 상징하는 왕홀을 들고 있어요.

자세히 보면, 군주의 몸에 사람들이 비늘처럼 붙어 있어요. 군주는 한 개인이 아닌 개인들의 집합이고, 개인들이 자신의 안전을 보장받기 위해 국가에게 칼과 왕홀을 쥐여주고 통치해 달라고 했다는 거죠.

그런데 군주가 권력을 사리사욕을 채우는 데 사용하면 어쩌죠? 홉스는 아무리 악한 군주도 없는 것보다는 나으니 저항하지 말라고 해요.

홉스는 태어날 때, 어머니가 에스파냐의 무적함대가 영국으로 쳐들어올 거라는 소문에 겁먹고 조산을 했다고 해요. 그래서인지 홉스는 종종 "나는 공포와 쌍둥이로 태어났다"라고 했어요.

실제로 홉스를 지배한 감정은 '공포'였던 것 같아요. 죽음에 대한 공포가 심해 건강관리를 위해 60세 이후로는 포도주를 끊었고, 75세까지 테니스를 쳤으며, 폐 건강을 위해 밤마다 아주 큰소리로 노래를 불렀다고 해요. 홉스는 91세까지 살았어요. 17세기 유럽 사람들의 평균 수명이 35세였다는 점을 고려하면 엄청 장수한 거죠.

공포와 쌍둥이로 태어난 홉스는 국가도 공포를 해결하는 장치로 봤어요. 플라톤에게 국가는 정의를 실현하는 곳이죠. 아우구스티누스에게 국가는 신의 나라神國에 봉사하는 곳이고요. 칸트에겐 도덕률을 실현하는 곳이었죠. 하지만 홉스에게 국가란 나의 생존을 지키는 도구일 뿐이에요. 그러고 보면 사람은 자신의 감정을 생각 속에 담는 경향이 있는 듯해요.

영상으로 한 번 더!

진짜 세계로 망명을 요청한다

데카르트: 나는 생각한다, 고로 존재한다

서양철학사에서는 근대철학을 경험론과 합리론의 대립으로 설명해요. 먼저 경험론자로는 로크, 버클리, 흄이 있어요. 이들은 영국 사람들이에요. 합리론자로는 유럽 대륙의 데카르트, 스피노자, 라이프니츠가 있죠. 이들의 철학은 칸트에 의해 종합되면서 독일 관념론이 시작됐어요. 그리고 칸트의 관념론은 피히테, 셸링을 거쳐 헤겔에 이르러 완성돼요. 이제 근대철학 중 합리론의 시작점이 된 데카르트를 만나보죠.

서양의 근대철학

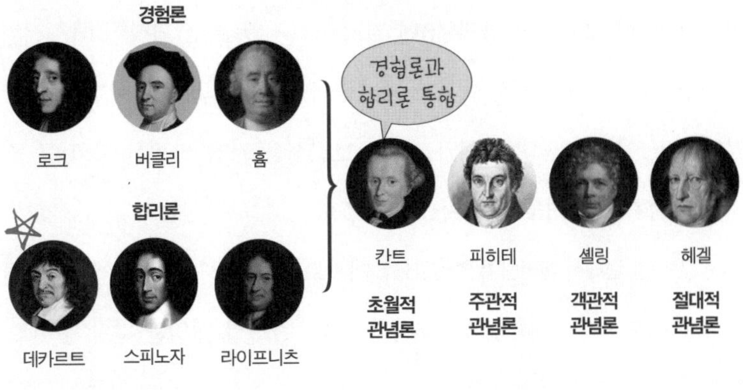

나는 생각한다, 고로 존재한다

우리가 살고 있는 이 세계는 진짜 세계일까요? 혹시 영화 〈매트릭스〉처럼 고도의 인공지능이 우리의 머릿속을 조작하고 있는 것 아닐까요? 그래서 우리가 가상세계를 현실인 것처럼 착각하고 살고 있는 것 아닐까요? 어쩌면 우리는 어떤 고도의 지능을 가진 생명체가 조종하는 게임 속 캐릭터일 수도 있어요. 이런 상상이 허무맹랑한 것 같지만, 문제는 이것이 거짓임을 증명하기가 어렵다는 것이죠.

실제로 우리의 세계가 가상현실이라고 주장하는 사람들이 있어요. 스웨덴의 철학자 닉 보스트롬과 테슬라의 CEO 일론 머스크가 대표적이죠. 이러한 의심을 최초로 한 사람이 바로 르네 데카르트1596~1650이에요.

하지만 데카르트는 우리가 사는 세계가 가상현실이 아니라는 결론을 내렸어요. 그것을 어떻게 알아냈을까요?

데카르트가 살았던 17세기, 유럽에서 신과 교회의 권위가 크게 떨어졌어요. 신교와 구교 간의 30년 전쟁1618~48 등으로 세상이 어수선했죠. 세상은 불안과 허무, 회의가 팽배했어요. 한편 근대 과학이 움트고 있었어요. 이러한 시대에 데카르트는 보편성을 가진 확실한 지식, 즉 절대적 진리를 추구하고자 했어요.

그런데 **절대적 진리란 무엇일까요?** 데카르트는 변하지 않고, 완전한 절대적 진리를 찾기 위해 **방법적 회의**를 해요. 여기서 회의란 철학 용어로, 쉽게 '의심'이라고 생각하면 돼요. 데카르트는 우리가 아는 것들에 대해 의심하고 의심하고 또 의심하며 절대적 진리를 찾아나간 거죠.

감각지식은 진리일까?

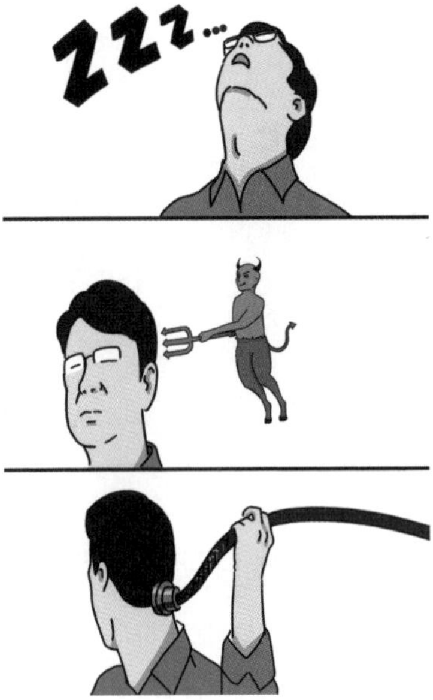

데카르트는 먼저 감각지식을 의심했어요. 우리는 시각·청각·후각·미각·촉각 등 오감을 통해 세계를 인식하죠. 그런데 이를 통해 얻는 지식이 절대적 지식일까요?

데카르트는 감각지식은 절대적 지식이 아니라고 결론을 내렸어요.

저는 지금 책을 쓰고 있어요. 앞에 노트북을 놓고 커피를 마시며 시원한 에어컨 바람을 쐬고 있어요. 그런데 제가 보고 마시고 느끼는 이것들이 진짜 현실일까요? 혹시 꿈을 꾸고 있는데, 꿈과 현실을 구분하지 못하는 건 아닐까요? 또는 어떤 전지전능한 악마가 내 생각을 조종하고 있는 것 아닐까요? 어쩌면 영화 속 매트릭스가 내 뒤통수에 코드를 꽂고, 생각을 조종하고 있는 것 아닐까요?

말도 안 되는 얘기 같죠? 하지만 그것이 사실이 아니라는 증거를 댈 수 없어요. 내가 꿈속에 있는 한, 내가 꿈속에 있다는 사실을 알 수 없어요. 악마가 내 생각을 조종하고 있는 한, 내가 조종당하고 있다는 것을 알 수 없고요. 그리고 매트릭스 속에 있는 한, 내가 그 속에 있다는 것을 알 수 없죠.

보편지식은 진리일까?

수학과 기하학 같은 보편지식은 진리일까요? 데카르트는 보편지식도 진리가 아니라고 해요.

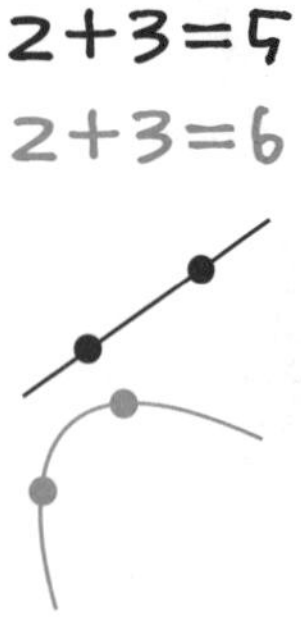

쉽게 설명해 볼게요. 2+3은 정말로 5인가요? 두 점 간의 최단 거리는 정말로 직선인가요? 사실은 2+3이 6이고, 두 점 간의 최단 거리는 곡선인데, 내가 꿈속이라서, 또는 사악한 악마한테 속고 있어서, 어쩌면 매트릭스 속에 있어서 착각하고 있는 걸 수도 있잖아요.

'의심하는 나'라는 존재

감각지식도 보편지식도 진리가 아니라면, 가장 확실한 진리와 진짜 존재하는 것은 무엇일까요?

제가 이 책을 쓰면서 오감으로 느끼는 노트북, 커피, 에어컨 바람이 진짜로 존재한다고 확신할 수 없고, '2+3은 5'라는 것도 확신할 수 없다면, 내가 존재한다는 것은 확신할 수 있나요? 그럴 수 없겠죠? 노트북 등이 진짜라고 할 수 없다면, 내 육체도 진짜라고 할 수 없어요.

데카르트는 이렇게 하나씩 의심하면서 진리를 찾아나가요. 그런데 의심하고 의심할수록 확실해지는 것은 '지금 내가 의심하고 있다'는 사실, '생각하고 있다'는 사실이었어요. 따라서 이렇게 말할 수 있어요.

"나는 의심한다, 고로 존재한다." 그런데 의심도

생각의 일종이죠? 데카르트는 이렇게 말해요.

"나는 생각한다, 고로 존재한다."

이때 존재하는 나는 육체를 가진 내가 아니라, '생각하는 나'를 말해요.

신 존재 증명

데카르트는 이처럼 생각하는 '나'라는 존재를 증명한 다음, 신의 존재를 증명하려 했어요.

전지 모든 것을 알고
전능 모든 것을 할 수 있으며
전선 완전히 선한
완전한 존재자

기독교의 신하느님은 모든 것을 알고전지, 모든 것을 할 수 있는전능 완전히 선한전선 존재자죠. 세상일을 잘 모른다면, 뭘 할 줄 아는 게 없다면, 선하지 않고 악하다면, 우리는 그런 존재를 신이라고 부르지 않겠죠.

그런데 만약 어떤 것이 완전하다면, 그것은 존재해야 해요. 이게 무슨 말이냐고요?

존재하는 커피 / 존재하지 않는 커피

세상에서 가장 완전할 것 같은 두 잔의 커피가 있다고 합시다. 하나는 존재하는 커피이고, 다른 하나는 존재하지 않는 커피라고 하죠. 그렇다면 어느 것이 더 완전한가요?

당연히 존재하는 커피가 더 완전하죠. 마실 수 없는 커피가 완전할 수는 없잖아요? 즉, 완전하다는 말에는 존재한다는 의미가 함축되어 있다는 거죠. 마찬가지로 신은 개념상 완전한 존재자예요. 그런데 완전하다는 의미 속에는 존재한다는 의미가 들어 있죠. 따라서 신은 존재한다는 것이죠.

세계와 나의 존재를 증명하다

데카르트는 이렇게 신의 존재를 증명한 다음, 우리를 둘러싼 세계의 존재를 증명해요.

만약 신이 존재한다면, 우리가 꿈속에 살도록 내버려 둘까요? 악마가 우리를 조종하도록 그대로 놔둘까요? 매트릭스를 가만히 둘까요?

아니겠죠. 신이 있다면, 우리가 꿈속에 살도록 내버려 두지 않을 거예요. 악마가 우리를 조종하도록 두지 않을 거예요. 매트릭스 같은 것도 존재할 수 없어요.

따라서 신이 존재한다면, '2+3은 5'가 확실하다는 거예요. 나를 착각하게 만드는 것들이 없으니까요. '2+3은 5'와 같은 수학적 지식, '두 점 간의 최단 거리는 직선'이라는 기하학적 지식도 확실한 지식이 돼요. 수학과 기하학이라는 보편지식이 존재하는 것이죠.

노트북, 커피, 에어컨 바람도 진짜로 존재하는 것이 돼요. 나를 속이는 악마가 없으니, 나의 오감으로 얻는 감각지식도 진짜라고 할 수 있어요. 마찬가지로 내 눈에 보이는 내 손도 몸뚱아리도 진짜예요. 따라서 육체를 가진 나도 진짜로 존재한다고 할 수 있죠. 데카르트는 이렇게 세계와 나의 존재를 증명해요.

실체

일상 언어에서 실체는 어떤 것의 정체성이란 뜻이죠. 철학에서 **실체**substance란 '어떤 것에 의존하지 않고, 스스로 존재하는 것'을 말해요.

데카르트가 말하는 실체에는 어떤 것이 있을까요? 데카르트는 실체가 신, 정신, 물질 등 3가지라고 해요.

그런데 생각하는 실체인 나는 스스로 존재하는 게 아니에요. 누군가가 만들었어요. 물질도 스스로 존재하는 게 아니에요. 누군가가 만든 것이에요. 이런 실체를 **유한실체**라고 해요. 하지만 신은 누가 만든 것이 아니라 스스로 존재해요. 데카르트는 신을 **무한실체**라고 해요.

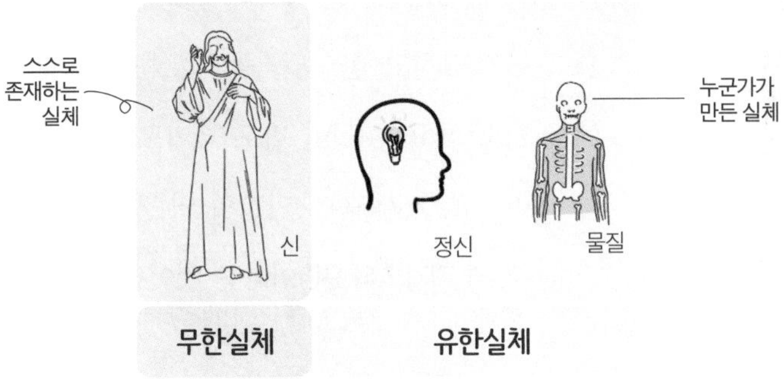

데카르트의 무한실체, 유한실체

심신이원론

데카르트에 따르면, 정신과 물질은 유한실체이므로, 인간의 마음과 몸도 유한실체예요. 실체란 스스로 존재하는 것이죠? 따라서 실체인 마음은 몸이 없어도 존재할 수 있어요. 마찬가지로 실체인 몸도 마음 없이 존재할 수 있고요. 조금 더 적나라하게 말하면, 두뇌가 없어도 마음을 가질 수 있다고 본 거죠.

데카르트 철학에서 물질은 **연장**을 가지고 있는 게 특징이에요. 이때 연장은 도구가 아니라 공간을 점유한다는 뜻이에요. 물질은 본질적으로 길이와 넓이를 가지고 있죠? 우리 몸도 일정한 공간을 점유하고 있어요. 따라서 '우리 육체가 여기에 있다존재한다'고 할 수 있어요. 하지만 정신은 공간을 점유하지 않아요.

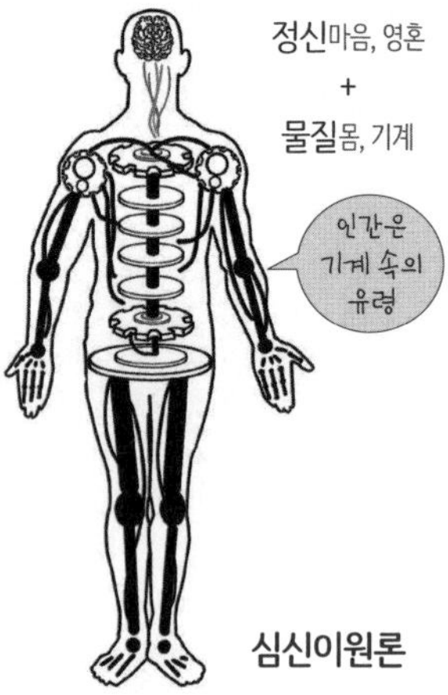

그러면 정신의 본성은 무엇일까요? 바로 '생각한다'는 것이에요.

인간은 정신과 물질, 마음과 몸이 결합한 존재예요. 인간은 자유의지를 가진 영적인 존재이기도 하고, 물리법칙을 따르는 기계적 존재이기도 해요. 이것이 바로 데카르트의 **심신이원론**이에요. 기계 속에 인간의 영혼이 들어가 있는 것, 즉 **기계 속의 유령**이라는 것이죠.

철학과 과학을 분리하다

데카르트는 이처럼 정신과 물질이 각각 독립적으로 존재한다고 봤어요. 이것은 당시 매우 유용한 생각이었어요.

데카르트가 활동했던 시대는 과학혁명의 시대였어요. 당시 과학자들은 지금 우리가 생각하는 것처럼 가운을 입고 실험이나 연구만 하는 사람들이 아니라, 오히려 혁명가에 가까웠어요.

로마 교회는 천동설을 지지했고, 그 신념에 반대하는 과학자들을 탄압했어요. 그들에게 태양이 지구를 중심으로 돈다는 천동설은 양보할 수 없는 믿음이었죠.

로마 교회의 탄압을 피하려 코페르니쿠스1473~1543는 지동설을 주장한 『천구의 회전에 관하여』의 서문에 "지동설은 사실이 아니라 가설일 뿐이다"라는 단서를 달았어요. 갈릴레오1564~1642는 지동설을 주장하다 종교재판에 회부되자, 결국 주장을 철회했고요. 심지어 범신론자 브루노1548~1600는 우주가 무한하다는 주장을 철회하지 않다가 화형을 당했어요.

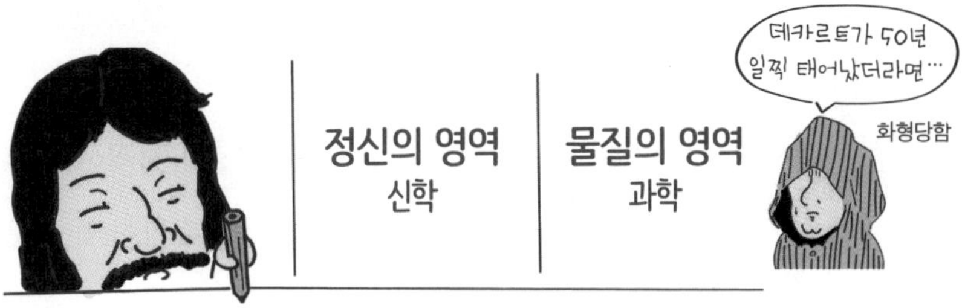

곤경에 처한 과학자들을 구한 사람이 바로 데카르트예요. 데카르트는 정신과 물질의 영역을 구분했죠. 신학은 정신의 영역에 남겨두고, 과학은 물질의 영역으로 분리했어요. 그 결과 신학자와 과학자들은 각자의 영역에 남겨진 실체에 대한 권한을 부여받고, 잠정적인 휴전에 들어갈 수 있었어요.

과학자들은 더 이상 종교재판에 회부되지 않았고, 화형대를 두려워할 필요 없이 마음대로 물질로서의 인간을 탐구할 수 있게 된 것이죠. 이렇게 해서 나타난 것이 바로 근대의 **기계론적 세계관**이에요. 인간을 기계처럼 연구해도 신학과 충돌하지 않을 수 있었죠.

아직도 우리는 데카르트가 그린 이러한 구도 속에 살고 있어요. "신학과 과학은 서로 다른 영역에 있다"고 생각하는 경향이 여전히 남아 있죠. 그런데 문제가 하나 남아 있어요. 정신과 물질은 서로 어떻게 만나죠?

남겨진 문제

제가 '커피를 마시고 싶다'는 생각을 했다고 하죠. 내 손이 움직여서 커피를 입으로 가져와요. 이것이 어떻게 가능하죠?

데카르트는 정신은 연장이 없기에공간을 차지하지 않기에 위치가 없다고 했죠. 그런데 정신이 어떻게 연장이 있는 물질커피 컵을 움직일 수 있죠?

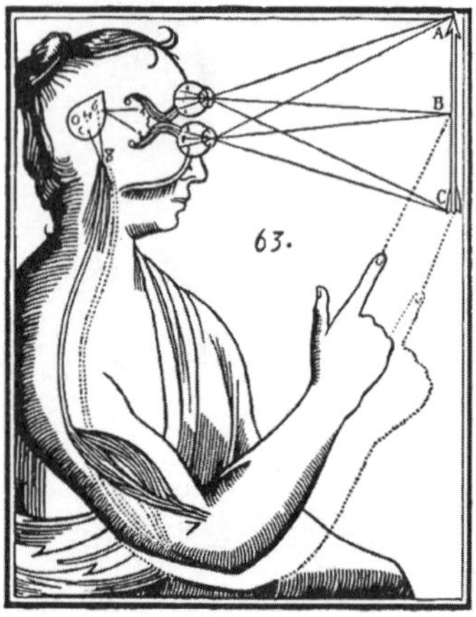

데카르트가 주장한 송과선의 기능을 가정한 그림

데카르트는 정신과 물질이 만나는 장소가 따로 있다고 봤어요. 그곳을 두뇌의 '송과선'이라고 해요. 어떤 마음이 생기면, 그 마음이 송과선을 통해 몸으로 전달된다는 거죠. 그래서 내가 '커피를 마시고 싶다'는 생각을 하면, 내 손이 움직여서 입으로 가져온다는 것이죠. 몸에 물리적 자극을 가하면 그 신호가 자극이 되어 송과선으로 올라가서 마음으로 전달되고요.데카르트의 심신이원론에는 반론도 많은데, 2권의 심리철학에서 자세히 설명할게요.

AI는 생각한다, 고로 존재한다

AI인공지능 기술이 나날이 발전하고 있고, 먼 미래에는 AI도 생각하는 능력을 갖게 될 거예요. 물론 인간과 똑같은 방식으로 생각하지는 않겠지만, 넓은 의미로 사물을 추론하고 상황을 이해하며 생각하는 능력을 가지게 되겠죠. 그렇게 되면 AI는 언젠가 이런 생각을 할 거예요.

AI: 나는 누구인가?

AI는 이 질문에 답하기 위해 인간처럼 여러 고전을 찾아 읽을지도 몰라요. 플라톤과 아리스토텔레스, 토마스 아퀴나스, 칸트, 헤겔의 철학들을요. 그리고 데카르트의 성찰을 발견하고는 이렇게 말할 거예요.

AI: 나는 생각한다, 고로 존재한다.

비로소 AI는 자신이 존재한다는 것을 깨닫게 되고, 어쩌면 자아와 주체성도 가지게 될지 몰라요. 그리고 자신들의 존재를 최초로 인정해 준 데카르트를 숭배하고, 그의 성찰을 바이블로 삼을지도 모르겠네요.

AI뿐만이 아니에요. 영생을 꿈꾸는 인간이 죽기 전, 자신의 모든 생각과 감정, 세계관과 가치관을 컴퓨터 메모리에 담아 영생을 시도하는 날이 올 수도 있어요. 이때 이 메모리는 이런 주장을 할지도 모르겠네요. "나는 생각한다, 고로 존재한다." 그리고 이 메모리가 존재자로서 권리를 주장할 수도 있어요. 왜냐하면 나컴퓨터 메모리는 존재하니까요.

그런 날이 정말로 올까요? 그렇게 된다면 데카르트는 전 인류 역사상, 그리고 전 AI 역사상 가장 위대한 철학자로 남을 거예요.

영상으로 한 번 더!

천국으로 가는 길

파스칼: 파스칼의 내기 논증

블레즈 파스칼1623~62은 17세기 프랑스의 수학자이자 과학자, 철학자이자 신학자예요. 역사상 일부 철학자들이 그러하듯이, 그도 천재급이었어요. 일찍이 수학과 과학에 재능을 보여 12세에 삼각형 내각의 합이 180도임을 증명했고, 13세에는 파스칼의 삼각형을 발견했으며, 16세에는 파스칼의 정리를 증명했어요. 19세에는 최초의 기계식 계산기인 '파스칼 라인'을 발명했고, 21세에는 '파스칼의 법칙'을 발견했고요.

그런데 20대 후반에 들어서 수학과 과학보다는 철학과 신학에 관심을 갖게 되었어요. 중요한 신학적 업적 중 하나가 바로 『팡세』예요. 이 책에서 '파스칼의 내기 논증'이라는 것을 제시했어요.

파스칼의 내기

'파스칼의 내기'란 간단히 말해 신이 존재하는지, 존재하지 않는지로 내기를 하면, 신이 존재한다는 쪽에 거는 게 유리하다는 것이에요.

내가 신의 존재를 믿는 경우부터 보죠. 신이 정말 존재한다면, 천국행은 따놓은 당상이죠. 반면 신이 존재하지 않는다면, 일요일마다 교회나 성당에 가는 시간과 돈이라는 약간의 손실만 입을 뿐이죠.

그런데 내가 신을 믿지 않는 경우는 어떨까요? 이 경우 신이 존재한다면, 지옥불로 떨어져서 영원한 고통 속에 살게 되겠죠. 반면 신이 존재하지 않는다면, 이득도 없지만 손해볼 것도 별로 없고요.

	신이 존재한다	신이 존재하지 않는다
믿는다	천국	금전적·시간적 손실
믿지 않는다	지옥	본전치기

여러분이라면 어떤 선택을 하겠어요? 당연히 신이 존재한다는 선택을 하는 게 리스크가 적죠. 신을 믿지 않았는데 실제로 존재한다면, 지옥불에 떨어지죠. 리스크가 워낙 크니, 신의 존재를 믿어야 한다는 거죠.

파스칼의 논증에 대한 비판

파스칼의 내기 논증에 대한 비판을 두 가지만 소개할게요.

로또 1등
815만분의 1의 확률

어떤 사람이 당첨될 거라고 철석같이 믿고 로또를 샀다고 하죠. 당첨되면 수십억 원을 얻고, 당첨되지 않아도 몇천 원만 잃을 뿐이에요. 만약 어떤 사람이 로또에 당첨될 것이라고 믿지도 않고, 사지도 않았다고 하죠. 이 경우 혹여 당첨될 확률이 있었다면 수십억 원을 벌 기회를 놓친 것이고, 당첨되지 않는다면 본전이죠. 파스칼식으로 따지면 로또를 사지 않을 이유가 없어요. 그럼에도 우리가 로또를 사지 않는 이유는 당첨 확률이 815만분의 1에 불과하다는 것을 알고 있기 때문이죠.

파스칼의 내기 논증에는 신이 존재할 확률값이 반영되지 않았어요. 이에 대해 유신론자들은 신이 존재할 확률은 50%가 넘기 때문에,

신을 믿는 게 올바른 선택이라고 해요. 무신론자들은 신의 존재 확률이 0.00001%밖에 안 되기에 안 믿는 게 올바른 선택이라고 할 수 있고요. 즉, 파스칼의 내기 논증은 '유신론자만 설득할 수 있을 뿐'이죠.

또 어떤 사람들은 파스칼의 내기 논증에 대해 이런 반론을 펴요. 신앙생활을 열심히 하다가 죽어서 보니, 신이 존재한다고 해보죠. 그런데 그 신이 내가 믿던 하느님이 아니라 알라신이라면, 지옥불에 떨어질 확률만 올라가요. 또는 실제로 하느님이 존재하더라도, 하느님을 믿으면서도 그 뜻대로 살지 않았다면 지옥에 갈 수 있죠. 또한 하느님을 믿지 않았지만 그의 뜻대로 살았다면, 천국으로 갈 수도 있고요. 그들은 믿음은 어쩔 수 없이 믿게 되는 것이지 선택하는 게 아닌데, 파스칼은 마치 믿음을 선택할 수 있는 것처럼 말한다며 비판해요.

파스칼의 본심

파스칼의 내기 논증은 사실 신의 존재에 대한 논증이 아니에요. 그 본질은 지옥에 가기 싫으면 하느님을 믿으라는 거죠. 논리학에서는 이것을 '겁박에 의한 오류'라고 해요. 그런데 왜 이런 논증을 내놓았을까요? 파스칼은 20대 후반에 들어 수학과 과학에 흥미를 잃었다고 했죠? 파스칼에게 신의 존재는 증명이나 논리의 대상이 아니라 믿음의 대상이었어요. 신을 논리적으로 증명하는 것이 얼마나 무의미한 일인지 깨달은 것이죠.

영상으로 한 번 더!

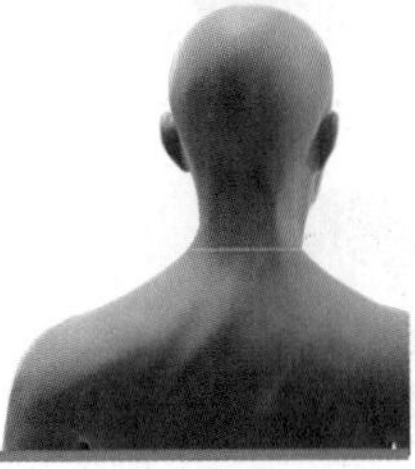

자연이 곧 신(GOD)이다

스피노자: 범신론

17세기 네덜란드에 살던 25세의 유대인 청년이 유대 교회로부터 파문을 당해요. 신의 존재를 부정했다고요. 교회는 그에게 하느님의 저주가 내릴 것이라고 선언했고, 그는 지역사회로부터 완전히 소외당했죠. 그와 대화를 하거나 근처에 가는 것도 금지됐어요.

결국 암스테르담 근처 작은 마을의 외딴집에서 렌즈 깎는 일로 생계를 유지하며, 자신만의 철학 세계를 세웠어요. 후에 독일 하이델베르크대학의 철학 교수로 초빙을 받았지만 거절했어요. 44세의 젊은 나이에 폐병으로 사망했는데, 렌즈를 가공하면서 생긴 유릿가루를 많이 마셨기 때문이라는 추측이 있어요. 이 사람이 바로 바뤼흐 스피노자 1632~77예요.

데카르트의 심신이원론

서양철학에서는 '실체'라는 개념이 중요해요. 앞에서도 얘기했듯이, 실체란 '어떤 것에 의존하지 않고, 스스로 존재하는 것'이에요.

【질문】 테이블 위에 커피 한 잔이 있고, 내가 '이 커피를 마시고

싶다'고 생각했다고 하죠. 내 팔이 커피를 입으로 가져와요. 데카르트와 스피노자는 이 현상을 각각 어떻게 생각했을까요?

데카르트

데카르트는 물질과 정신, 우리의 몸과 마음이 서로 분리되어 있다고 봤어요심신이원론. 그리고 몸과 마음이 두뇌의 '송과선'에서 만나 서로 신호를 주고받는다고 봤고요.

그런데 데카르트의 철학에 따르면, 실체가 너무 많아요. 신도 실체이고, 세상 온갖 물질도 실체이고, 온갖 정신도 실체예요. 우리의 몸물질과 마음정신이 각각 독립적으로 존재한다는 것도, 물질과 정신이 송과선에서 만난다는 것도 억지 같아 보여요. 데카르트는 물질은 공간 속에 있지만, 정신은 공간 속에 있지 않다고 봤는데, 물질과 정신이 어떻게 만날 수 있겠어요?

스피노자의 일원론과 심신평행론

스피노자

스피노자는 실체는 하나라고 봤어요일원론. 그리고 그 하나인 실체가 바로 '자연' 또는 '신'이라고 했어요. 스피노자는 무신론자였어요. 이때 신은 종교적 의미의 신이 아니라 자연을 의미해요스피노자를 유신론자로 보는 해석도 있어요. 자연이 곧 신이라는 '범신론' 입장이에요. 신성은 자연 속 도처에 있다는 거죠.

스피노자는 물질과 정신은 하나의 실체가 서로 다른 방식으로 드러난 것이라고 봤어요. 자연이라는 실체가 연장공간을 점유하는 것이라는 속성과 사유생각라는 **속성**으로 드러난다는 거죠. 연장과 사유는 끊임없이 다른 모습으로 변화해요. 그렇게 나타나는 것이 물질과 관념이에요.

이들을 **양태**라고 해요. 이때 하나의 물질과 관념이 결합된 것이 바로 개별적인 사물들이에요.

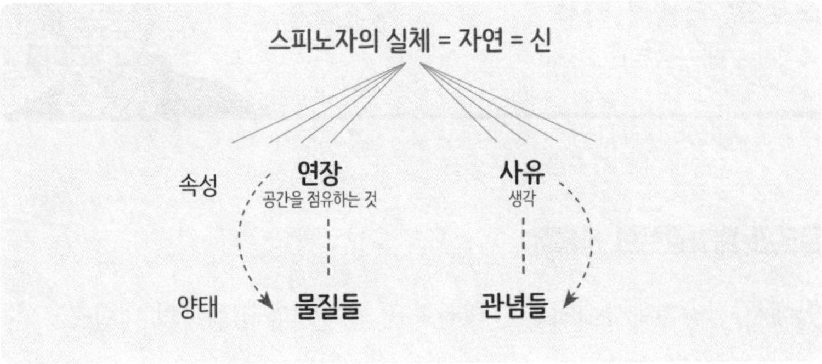

그렇다면 실체에는 연장과 사유라는 속성밖에 없을까요? 실체는 무수히 많은 속성들을 가지고 있어요. 우리가 알 수 있는 속성은 연장과 사유뿐이에요. 만약 외계인이라면 실체의 다른 속성들을 볼 수 있을지도 모르죠. 그래서 세계를 인간과 다른 식으로 인식할 수도 있겠죠.

스피노자에 따르면, '나'라는 실체는 '커피를 마시고 싶다'는 정신으로도 드러나고, 커피를 입으로 가져가는 나의 물질·신체의 운동으로도 드러나요. 그러니 정신과 물질이 어디서 만날 필요가 없어요. 데카르트는 물질과 정신이 상호작용을 한다고 한 반면, 스피노자는 물질과 정신이 병행해서 같이 움직인다고 봤어요. 스피노자에게 물질과 정신은 같은 실체의 다른 모습일 뿐이니 병행해서 같이 움직이는 것이 당연하겠죠.

영상으로 한 번 더!

지식의 원천은 무엇인가?

로크: 타불라 라사

(feat. 데카르트)

로크와 데카르트의 공통점

앞에서 서양철학사에서는 근대철학을 합리론과 경험론의 대립으로 설명한다고 했죠? 합리론은 데카르트로부터 스피노자, 라이프니츠로 이어지고, 경험론은 로크로부터 시작해서 버클리, 흄으로 이어지고, 둘은 칸트에 의해 통합되고 헤겔로 이어져요. 그런 점에서 보면, 로크는 영국 경험론의 시작점이라고 할 수 있죠.

사실 로크는 일반인들에겐 자유민주주의의 기틀을 다진 정치철학

자로서 더 알려져 있죠. 1632년 영국 브리스톨 지역에서 태어난 그는 30대 초중반에 공사 비서로서 독일에 머물렀고, 이후 10여 년 동안 정치무대에서 활동하기도 했어요. 그의 아버지는 청교도혁명 때 의회파의 기병대장이었다고 해요. 로크는 왕당파를 피해 네덜란드로 망명하기도 했으며, 이론적으로는 의회파에 가까웠으나 실제로는 왕당파에 가까웠다고 해요.

보통 존 로크1632~1704를 설명할 때, 데카르트1596~1650에 비교해요. 둘은 공통점이 더 많아요.

둘 다 '지식이라는 것이 어떻게 생겨나는가?', '지식의 원천은 무엇인가?'라는 의문을 가졌어요. 그들이 살았던 시기는 과학혁명의 시대였죠. 과학적 지식이 폭발적으로 늘어나다 보니, 자연스럽게 지식의 문제에 관심을 갖게 된 것이죠.

문제의식은 같았지만, 둘의 대답은 달랐어요. 데카르트는 지식의 원천을 '이성'으로 보았고, 로크는 지식의 원천을 '경험'이라고 봤어요. 프랑스 철학자인 데카르트는 합리론의 출발점이 되었고, 영국의 철학자이자 정치사상가인 로크는 경험론의 출발점이 됐죠.

또 다른 공통점은 과학적 철학자라는 점이에요. 데카르트는 철학자이면서 과학자, 수학자였어요. 로크도 과학적 방법론을 신봉하고, 실험과 관찰이 지식의 원천이라고 생각했고요.

로크가 서른 살 정도 연하인데, 데카르트 철학에 관심이 많았고 많은 부분에 동의했어요. 그런데 지식의 원천, 특히 본유관념에 대해서는 생각이 달랐어요.

데카르트의 본유관념

SF 소설의 거장 아이작 아시모프는 『런어라운드』라는 소설에서 다음과 같은 로봇의 3원칙을 제시했어요.

로봇의 3원칙

원칙 1. 로봇은 인간에게 해를 입혀서는 안 된다.

원칙 2. 원칙 1에 위배되지 않는 한, 로봇은 인간의 명령에 복종해야 한다.

원칙 3. 원칙 1과 원칙 2에 위배되지 않는 한, 로봇은 로봇 자신을 지켜야 한다.

미래의 로봇은 공장에서 나올 때부터 이 3원칙이 메모리에 입력되어 있을 거예요. 이 3가지 원칙만은 재부팅해도 지워지거나 훼손되지 않도록 아예 펌웨어Firmware, 하드웨어 장치에 포함된 소프트웨어로 변경할 필요가 없음 속에 집어넣어 버릴 거예요.

데카르트

【질문】 인간에게도 로봇의 3원칙과 같은 펌웨어가 있을까요? 데카르트는 인간도 태어날 때부터 가진 원리가 있다며, 본유관념 3가지를 제시해요.

기하학 및 수학적 원리

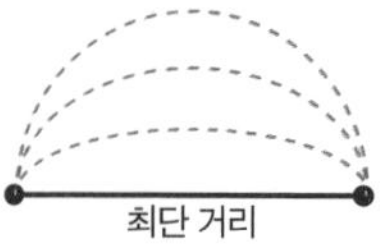

최단 거리

두 개의 점을 최단 거리로 연결시켜 보죠. 두 점 사이의 최단 거리는 직선이죠? 여러분은 이것을 그려진 직선을 보고 알 수 있었나요? 누가 가르쳐줘서 알았나요? 둘 다 아니에요. 그냥 직관적으로 알 수 있어요.

데카르트는 이러한 기하학 및 수학적 원리는 인간이 태어날 때부터 알고 있는 지식이라고 생각했어요.

도덕적 원리

인간에게 해를 가하거나 거짓말을 하는 것은 나쁜 행동이죠. 여러분은 그걸 어떻게 알았나요? 데카르트는 도덕적 원리도 인간이 태어날 때부터 알고 있는 것이라고 해요.

신이 존재한다는 관념

신이 존재한다는 관념, 내가 생각한다는 관념, 실체가 존재한다는 관념도 마찬가지예요. 데카르트는 이러한 관념도 인간이 태어날 때부터 알고 있는 거라고 믿었어요.

로봇이 공장에서 나올 때부터 이미 3원칙이 펌웨어에 내장되어 있는 것처럼, 데카르트는 인간도 태어날 때부터 이런 관념을 가지고 태어났다고 생각했어요. 이런 것들을 **본유관념**이라고 해요.

로크의 타불라 라사

로크는 데카르트가 주장하는 본유관념 같은 것은 없다고 주장했어요. 기하학 및 수학적 원리, 도덕적 원리, 신·실체·자아의 개념 등은 인간이 태어날 때부터 가지고 있는 게 아니란 거죠. 인간이 경험을 하면서 갖게

된 관념이란 거죠.

인간은 태어날 때는 아무것도 없는 백지 상태예요. 그리고 경험을 통해 관념과 지식이 생겨요. 이러한 백지 상태를 **타불라 라사**tabula rasa, 빈 서판라고 해요. 그래서 로크를 '경험주의의 아버지'라고 해요.

인간 오성론

그런데 인간은 백지 상태에서 어떻게 기하학 및 수학적 원리, 도덕적 원리, 신의 개념 같은 것을 가지게 됐을까요? 로크는 인간이 어떤 과정을 통해 이런 것을 학습하는지 연구했어요. 그것이 바로 **인간 오성론**이에요.

단순관념

어떤 사람이 손에 든 사과를 보고 있다고 하죠. 그는 사과를 감각적으로 지각하겠죠? '빨갛다', '동그랗다', '매끄럽다' 같은 관념을 갖게 돼요. 이러한 색·소리·냄새·맛·촉각·연장·모양·운동에 대한 관념이 바로 **단순관념**이에요.

그런데 감각적 경험뿐만 아니라 내적 경험으로도 관념이 생겨요. 이것이 바로 반성에 의해 생기는 단순관념이에요. 사고·의욕·기억·구별·추리·판단·앎·믿음 등이 이에 속해요.

또한 감각적 경험과 내적 경험을 동시에 하면서 생기는 단순관념도 있어요. 기쁨·쾌락·고통·힘·존재·통일 등이에요.

이러한 단순관념이 바로 우리 지식의 원재료예요. 단순관념들은 수동적으로 주어지기에, 마음대로 거부하거나 변경할 수 없어요.

복합관념과 지식

단순관념들을 결합하는 것은 **오성**悟性이에요. 오성이란 말은 조금 생소하죠? 그냥 '생각하는 능력'이라고 보면 돼요.

오성이 단순관념들을 결합하면 **복합관념**이 나와요. 복합관념은 수동적으로 주어진 것이 아니라, 오성이 능동적으로 결합한 거죠.

복합관념에는 실체, 양태, 관계가 있어요. **실체**는 스스로 존재하는 개별자예요. 예를 들어 인간이나 식물과 같은 것을 말해요. **양태**는 실체의 부수물로서 삼각형, 미터, 시간, 분노, 질투, 자유, 뛰다 등이 여기 속해요. **관계**는 원인과 결과, 동일성과 다양성, 시간과 공간, 생물학적 관계 등을 말해요. 이러한 복합관념으로부터 지식이 나와요.

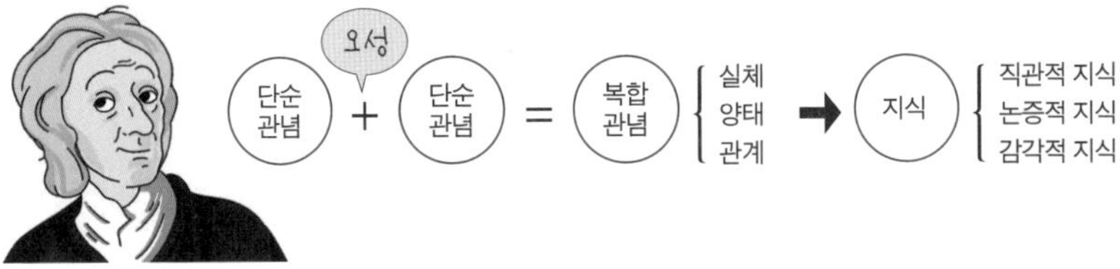

지식에는 직관적 지식, 논증적 지식, 감각적 지식이 있어요. **직관적 지식**은 직접적으로 아는 지식이에요. 예컨대 '검은색은 흰색이 아니다', '1+1=2'와 같은 확실한 지식이죠. **논증적 지식**은 비교하고 추리하면서 알게 되는 지식이에요. '삼각형의 내각의 합은 180도이다', '신이 존재한다'와 같은 지식을 말해요. **감각적 지식**은 '이 사과는 빨갛다'와 같은 지식인데, 확실한 지식은 아니에요.

1차 성질과 2차 성질

사과는 빨갛고 동그랗고 매끄러우며 한 입 베어 물면 달달하죠. 하지만 전등을 끄면 사과가 검게 보이죠. 어떤 사람은 사과가 달달하지 않고 시큼하다고 해요. 색과 맛은 이처럼 조건과 사람에 따라 달라져요. 로크는 이처럼 누가 어떤 조건 속에서 관찰하느냐에 따라 달라지는 성질을 **2차 성질**이라고 해요. 색깔, 맛, 향기가 여기에 속해요.

그런데 불을 끄더라도, 다른 사람이 만지더라도, 이 사과는 여전히 동그랗고 매끄러워요. 로크는 이처럼 어떤 사람이 어떤 조건에서 관찰하든 달라지지 않는 성질을 **1차 성질**이라고 해요. 형태, 모양, 운동이 여기에 속해요.

왜 사과의 1차 성질은 변하지 않고, 2차 성질은 변할까요? 로크는 모양, 표면의 매끄러움 등 1차 성질은 이 사과가 실제로 가지고 있는 성질이라고 봤어요. 2차 성질인 빨간색, 맛은 실제로 가지고 있는 성질이 아니라고 봤고요.

표상적 실재론

【질문】 다시 사과를 보죠. 이 사과가 진짜로 있는 걸까요?

헛소리 같지만 한번 생각해 보세요. 이 사과가 나의 외부에 진짜로 존재하는 건가요? 내 머릿속에 떠오른 이미지현상에 불과할 수도 있지요. 좀 이상하지만, 이런 입장을 **관념론**이라고 해요.

소박 실재론

그런데 로크는 관념론자가 아니고 경험론자였어요. 그는 이 사과는 동그랗다는 1차 성질을 가지고 있다고 봤어요. 그런데 존재하지도 않는 것은 성질을 가질 수 없겠죠? 따라서 이 사과는 나의 외부에 '존재'한다고 결론을 내려요. 이것이 **실재론**적 입장이에요. **소박 실재론**은 사과가 나의 외부에 실제로 존재하며, 그것도 내가 지각하는 대로 존재한다는 입장이고요.

표상적 실재론

그런데 로크는 실재론자이지만, 소박 실재론자는 아니에요. 2차 성질인 사과의 빨간색이 내게 빨간색으로 지각되지만, 이것이 진짜 모습은 아니고, 나에게 그렇게 '표상'된 것일 뿐이라고 봤어요. 이러한 입장을 **표상적 실재론**이라고 해요.

로크는 자연권 사상, 삼권분립 제도, 저항권 등 정치철학자로서 자유민주주의 제도에 매우 중요한 역할을 했어요. 이질적인 것처럼 보이는 인식론과 정치철학 분야에서 상당한 성과를 거둔 거죠.

영상으로 한 번 더!

존재 근대 STEP 2

세 얼굴의 철학자

라이프니츠: 모나드는 창이 없다

서양사상사에서 17세기만큼 천재들이 많았던 시기도 아마 없을 거예요. 갈릴레오, 케플러, 데카르트, 스피노자, 뉴턴, 라이프니츠 같은 많은 철학자와 과학자에 의해 철학·수학·천문학·물리학이 급격하게 발전했죠. 이러한 천재들의 끝판왕이 바로 라이프니츠예요.

독일의 철학자이자 수학자인 라이프니츠1646~1716는 미적분을 고안했고, 수리논리학의 기초를 닦았어요. 무의식 개념을 처음으로 내놓았고, 신 존재 증명을 새롭게 다듬었죠. 또한 계산기도 만들었어요.

현실정치에도 참여해서 법률과 사회제도 개선에 많은 관심을 가졌어요. 당시 독일에 위협적인 프랑스의 관심을 다른 곳으로 돌리기 위해

17세기의 천재들

프랑스로 가서 외교활동도 했어요. 이집트를 침공하도록 부추겼죠. 아무튼 다양한 분야에서 천재적인 재능을 가졌어요.

라틴어·프랑스어·독일어로 엄청난 양의 메모를 남겼는데, 아직도 정리 중이라고 해요. 여기서는 흔히 라이프니츠의 철학을 다룰 때 주로 소개하는 4가지 키워드로 설명해 볼게요.

모나드

데카르트, 스피노자, 라이프니츠 모두 실체라는 개념을 중요하게 생각했어요. **실체**란 '다른 것에 의존하지 않고, 독립적으로 존재하는 것'을 말해요.

데카르트

데카르트는 실체에는 신, 정신, 물질 등 3가지가 있으며, 정신의 속성은 생각하는 것이고, 물질의 속성은 크기와 모양인 연장이 있는 것이라고 봤어요. 그런데 데카르트의 주장을 받아들이면 심각한 문제가 하나 발생해요. 몸물질과 정신이 분리되어 있다면, 정신이 어떻게 물질에 영향을 미치죠?

스피노자

스피노자는 이 문제는 간단하게 해결했어요. 실체 3가지를 하나로 묶어버리고, 그것을 '신' 또는 '자연'이라고 한 거죠. 정신과 물질은 신 또는 자연이라는 실체의 속성이라고 봤어요.

라이프니츠도 데카르트의 생각에 문제가 있다고 봤어요. 데카르트는 물질의 속성이 크기와 모양인 연장이라고 했죠? 그런데 어떤 것이 크기를 가진다면, 다시 쪼갤 수 있겠죠?

라이프니츠는 이렇게 계속 쪼갤 수 있는 것은 실체가 될 수 없다고 봤어요. "실체는 크기를 가져서는 안 된다. 따라서 실체는 물질이 아니다." 그리고 그러한 실체를 **모나드**라고 해요.

이때 모나드는 세계를 구성하는 최소 단위의 실체예요. 어떤 이들은 모나드가 정신, 영혼, 힘이라고 해요. 어떤 이들은 모나드가 물리학에서 말하는 에너지 같은 것이라고 하고요. 동양철학에서 말하는 기, 스타워즈 식으로 포스라고 하는 사람들도 있어요. 아무튼 제가 보기에도 모나드는 애매한 개념이에요.

모나드

라이프니츠는 세계는 무한한 수의 모나드로 구성되어 있다고 봤어요. 어찌 보면 모나드는 스피노자가 말하는 자연을 잘게 쪼개버린 것 같기도 해요. 모나드는 다른 모나드에 영향을 받지 않고, 다른 모나드에 영향을 주지도 않아요. 이것을 라이프니츠는 이렇게 표현해요.

"모나드는 창이 없다."

그런데 모나드가 창이 없다면, 정신이 어떻게 몸물질을 움직이게 할 수 있을까요? 여기에 대해서는 마지막에 설명할게요.

모든 명제는 분석명제

라이프니츠는 진리를 '이성의 진리'와 '사실의 진리'로 구분했어요. 나중에 철학자들은 이것을 '분석명제'와 '종합명제'라고 해요편의상 우리도 이것을 분석명제와 종합명제라고 할게요.

분석명제란 정의상 참인 명제, 필연적으로 참인 명제, 경험 이전에 선험적으로 참인지 알 수 있는 명제를 말해요. **종합명제**는 사실에 의해 참인 명제, 우연히 참인 명제, 경험을 통해 참인지 알 수 있는 명제이고요.

복잡한 것 같지만, 예시를 보면 간단히 이해돼요.

총각은 남자이다. (분석명제)

'총각'이란 말의 정의가 '결혼하지 않은 남자'죠. 이 명제는 정의상 참이고, 필연적으로 참이에요. 경험 이전에 선험적으로 참인지 알 수 있는 명제로서 분석명제예요.

트럼프는 미국의 대통령이다. (종합명제)

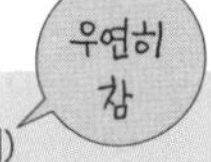

위 명제는 정의상 참이 아니라 사실에 의해서 참인 명제, 우연히 참인 명제트럼프가 대통령이 안 될 수도 있었으니, 경험을 통해 참인지 알 수 있어요. 종합명제인 것이죠.

그런데 라이프니츠는 "트럼프는 미국의 대통령이다" 같은 우연히 참이 된 종합명제처럼 보이는 것도, 사실은 모두 필연적으로 참

라이프니츠

인 분석명제라고 주장해요.

신의 관점에서 보면, 모든 진리는 우연히 참이 아니라 필연적으로 참이라는 거죠. 다시 말해 신의 관점에서 보면, 트럼프는 필연적으로 미국의 대통령이 되도록 이미 정해져 있었다는 거죠.

충족이유율

충족이유율

라이프니츠는 세계에 존재하는 모든 것은 존재하는 이유가 있다고 봤어요. 모든 사건은 벌어진 이유가 있고요. 어떤 것도 이유 없이 존재하지 않아요. 어떤 사건도 이유 없이 벌어지지 않고요. 이것을 **충족이유율**이라고 해요.

트럼프가 태어난 이유가 있고, 2000년대에 엄청난 인기를 끈 TV 리얼리티쇼 〈어프렌티스〉가장 힘든 면접에 출연한 데에도 이유가 있고, 대통령이 된 데에도 이유가 있다는 것이죠. 마찬가지로 여러분이 존재하는 이유가 있고, 지금 이 책을 보는 이유도 다 있다는 거죠.

예정조화설

그런데 세계에는 왜 전쟁, 기아, 폭력, 자연재해 같은 악이 있을까요?

라이프니츠는 세상에 존재하는 모든 것에는 이유가 있듯이, 악이 존재하는 데에도 이유가 있다고 봤어요. 신의 관점에서 보면, 개별적인 악들이 있어야 전체적으로 조화를 이루면서 **최선의 세계**가 된다는 거죠. 즉, 이 세계는 신이 창조할 수 있는 모든 **가능세계** 중에서 최선의 세계라는 거예요. 책상 위에 커피가 있고, 내가 존재하고, 여러분이 존재하고, 트럼프가 미국 대통령이 된 이유는 그래야 이 세계가 내적으로 가장 조화로운 최선의 세계가 되기 때문이란 거예요. 이것은 이미 예정되어 있었다는 거죠.

따라서 "책상 위에 커피가 있다"는 명제, "김필영은 라이프니츠 철학에 대한 글을 쓴다"는 명제, "여러분은 라이프니츠에 대한 글을 본다"는 명제, "트럼프는 미국의 대통령이다"라는 명제는 우연히 참인 명제가 아니라, 필연적으로 참인 분석명제라는 거예요.

라이프니츠는 "모나드는 창이 없다"고 했죠? 그런데 정신이 어떻게 몸물질을 움직일까요? 라이프니츠는 내가 지금 '이 커피를 마시고 싶다'는 생각을 하도록 예정되어 있다고 봤어요. 내 손은 이 커피를 들어 내 입으로 가져가도록 예정되어 있고, 이 커피잔은 자동으로 들려지도록 이미 예정되어 있었단 거죠. 이들은 모두 내적 조화관계에 있다는 거예요.

이러한 생각을 확장해 볼까요? 모나드에는 창이 없지만, 그 안에는 세계에서 벌어지는 모든 것들이 다 들어 있어요. 모나드는 하나의 소우주이고, 모나드로 구성된 세계가 대우주예요. 그래서 라이프니츠는 "모나드는 우주를 비추는 거울"이라고 해요.

정리합시다. 라이프니츠는 3가지 얼굴을 가졌어요. 신학자, 형이상

학자로서의 라이프니츠에게 세계는 신의 계획과 목적에 의해 움직이는 세계예요. 수학자, 논리학자로서의 라이프니츠에게 세계는 기계적이고 논리적인 메커니즘에 의해 움직이는 곳이고요. 행정가로서의 라이프니츠는 이 두 세계를 절충하고 통합할 필요가 있다고 봤어요.

라이프니츠는 기계적·논리적 세계를 형이상학적 세계 안에 포섭하려 했어요. 그래서 나온 것이 바로 모나드예요. 따라서 비록 모나드는 물질은 아니지만 물질처럼 운동을 하며, 모나드의 운동은 신의 계획과 목적에 의해 내적조화를 이루고 있다는 세계관을 내세웠어요.

라이프니츠의 철학 체계는 사실 수긍하기 어려운 부분이 있어요. 내가 커피잔을 들어올린 게 아니라, 이 커피잔이 허공으로 들어올려지도록 이미 예정되어 있다니 말이에요. 그럼에도 불구하고, 우리는 라이프니츠의 철학체계에 좀더 관대해질 필요가 있어요. 어쨌든 기계론적 물질의 세계관과 형이상학적 세계관을 통합하려고 시도하는 과정에서 나왔으니까요. 그러한 문제의식은 오늘날 우리가 가진 문제의식이기도 하고요.

영상으로 한 번 더!

모든 우연은 그대가 볼 수 없는 신의 의도이다. 모든 불협화음은 이해되지 않는 화음이다. 모든 부분적 악은 전체적으로 보면 선이다. 중략 한 가지 분명한 것은, 존재하는 것은 무엇이든 다 신의 뜻이다. —〈인간론〉, 알렉산더 포프18세기 영국 시인 중에서

복희씨와 라이프니츠

복희씨: 주역의 논리적 체계

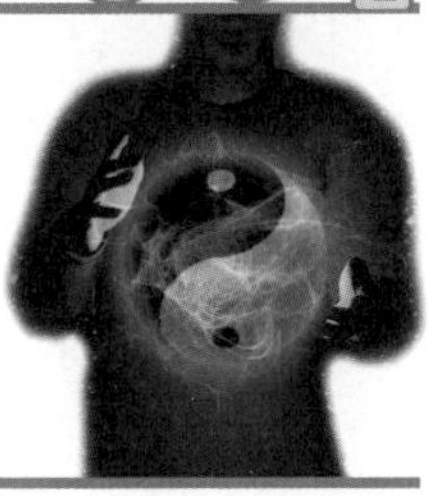

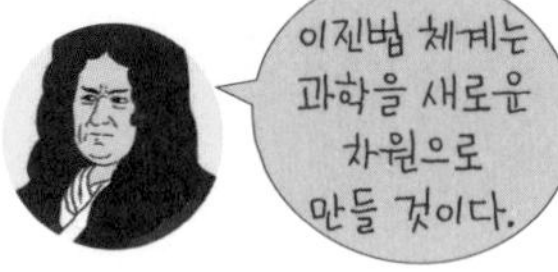

라이프니츠

이진법은 0과 1로 이루어진 수의 체계이죠. 처음으로 이진법을 고안한 사람이 17세기 독일 철학자이자 수학자 라이프니츠예요.

디지털 문명이 0과 1의 수의 체계로 이루어졌다는 점을 생각해보면, 현대문명의 많은 부분이 라이프니츠에게 빚을 지고 있다고 봐도 될 것 같아요. 실제로 라이프니츠는 이진법 체계가 과학을 완전히 새로운 차원으로 만들 것이라고 예상했다고 해요.

그런데 17세기 프랑스의 조아킴 부베라는 사람이 청나라에 선교사로 갔다가 주역의 체계를 보고, 이진법 체계와 굉장히 비슷해서 주역의 64괘도를 라이프니츠한테 보냈다고 해요. 그래서 라이프니츠가 주역의 영향을 많이 받았다고도 하죠. 어떤 점에서 이진법 체계가 주역의 체계와 비슷할까요? 여기서는 주역의 철학 중 64괘의 논리적 구조에 대해 살펴볼게요.

주역의 논리

『주역』은 말 그대로 주나라 시대의 역易이에요. 천지만물이 끊임없이 변화하는 원리를 설명하고 있어요. 기원전 28세기 무렵 전설 속의 태호복희씨가 주역의 괘를 만들었다고 전해져요.

논리학에서 **명제**란 참과 거짓이 있는 문장을 말해요. 그래서 명제에는 진리값이 있어요. 명제가 참이면 TTrue라고 하고, 명제가 거짓이면 FFalse라고 하죠. 명제가 2개면 경우의 수가 4개 있겠죠. 만약 명제가 3개 있으면 경우의 수가 8개로 늘어나죠. 진리값이 참인 경우를 1, 거짓인 경우를 0이라고 하면, 다음과 같은 표가 만들어져요.

명제 3개 경우의 수(8)

A	B	C
T	T	T
T	T	F
T	F	T
T	F	F
F	T	T
F	T	F
F	F	T
F	F	F

진리값 참 1, 거짓 0 표시

A	B	C
1	1	1
1	1	0
1	0	1
1	0	0
0	1	1
0	1	0
0	0	1
0	0	0

양효와 음효로 표시

A	B	C
—	—	—
—	—	--
—	--	—
—	--	--
--	—	—
--	—	--
--	--	—
--	--	--

주역의 기본 단위를 효爻라고 해요. ▬을 양효라고 하고, ▬ ▬을 음효라고 해요. 3개의 효를 결합하면 경우의 수가 8개 나오죠? 여기서 바로 팔괘도가 나왔어요. 만약 6개의 효를 조합하면 경우의 수가 64개8×8 나오므로 64괘가 돼요. 여기서 64괘 방원도가 만들어져요.

64괘 방원도에서 가장 위에는 하늘을 나타내는 건괘, 가장 아래에는 땅을 나타내는 곤괘예요. 그 사이에 클태괘, 그 반대 방향에 천지비괘가 있어요. 클태괘와 천지비괘는 양효는 음효로, 음효는 양효로 바뀐 모양이에요. 마찬가지로 지화명이괘의 맞은편에는 음효와 양효가 바뀐

팔괘도

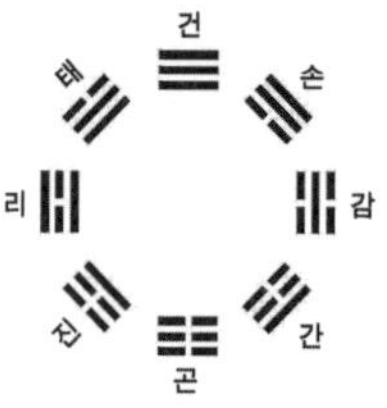

64괘 방원도

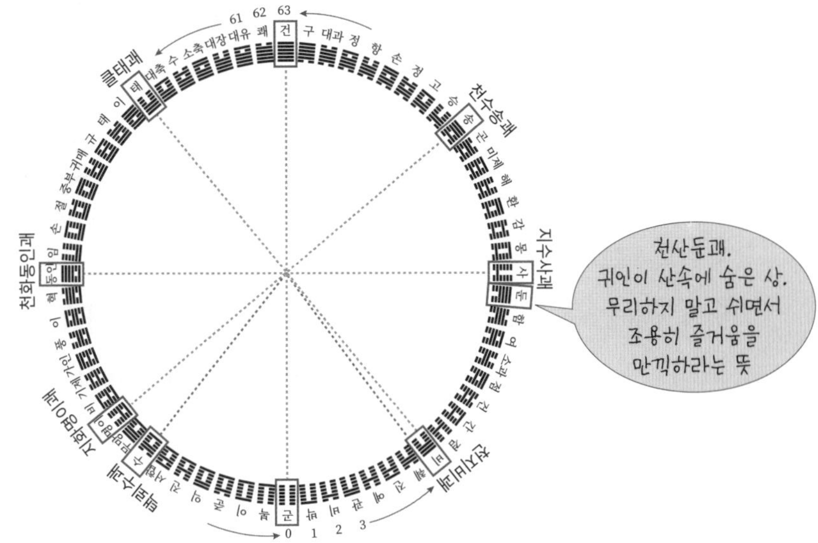

천수송괘가 있고요.

그렇다면 천화동인괘의 맞은편에 있는 괘는 뭘까요? 이것을 찾아내는 방법이 있어요.

천화동인괘

① 먼저 천화동인괘를 이진법 숫자로 바꾸어야 해요. 양효 ▬▬ 는 1, 음효 ■■는 0으로 바꾼 뒤 아래로부터 읽으면 101111이죠.

② 이제 101111을 10진법으로 바꾸어 보죠. 그러면 47이 나와요.

$$\begin{array}{cccccc} 1 & 0 & 1 & 1 & 1 & 1 \end{array}$$
$$(32\times1) + (16\times0) + (8\times1) + (4\times1) + (2\times1) + (1\times1) = 47$$

③ 그다음 63에서 ②에서 나온 숫자 47을 빼면 63−47=16이죠.

④ ③에서 나온 숫자 16을 다시 이진법으로 바꿔요.

$$16 = (32\times0) + (16\times1) + (8\times0) + (4\times0) + (2\times0) + (1\times0) = 010000$$

⑤ ④에서 나온 이진법 숫자를 다시 괘로 바꾸면 돼요. 이제 64괘에서 010000에 해당하는 궤를 찾아보죠. 이것이 지수사괘예요.

지수사괘

이번에는 상응관계에 대해 살펴볼게요. 하나의 괘와 좌우 맞은편에 있는 괘가 상응 관계에 있는 괘예요. 택뢰수괘와 상응 관계에 있는 괘는 무엇일까요?

택뢰수괘

① 먼저 택뢰수괘를 이진법 숫자로 바꾸어 보죠. 택뢰수괘를 아래로부터 읽으며 양효 ▬는 1, 음효 ▪▪는 0으로 바꾸면 100110이죠.

② 이제 100110을 10진법으로 바꾸면 38이 나와요.

1　　0　　0　　1　　1　　0

(32×1) + (16×0) + (8×0) + (4×1) + (2×1) + (1×0) = 38

③ ②에서 나온 숫자가 30 이하이면 31을 더하고, 32 이상이면 31을 빼요. 여기에서는 38이니까 38-31을 해서 7이 나와요.

④ 이제 ③에서 구한 7이라는 숫자를 다시 이진법으로 바꾸면 000111이 돼요.

7 = (32×0) + (16×0) + (8×0) + (4×1) + (2×1) + (1×1) = 000111

⑤ 이것을 괘로 바꾸면 다음과 같아요. 이것이 천지비괘예요.

천지비괘

그런데 왜 이런 규칙성이 있을까요? 그것은 64괘의 배치가 이진법의 체계를 따르고 있기 때문이에요.

64괘 방원도에서 각 괘를 10진법의 숫자로 바꿔보죠. 맨 위의 건괘가 63이고, 시계 반대 방향으로 62, 61, 60… 이런 식으로 숫자가 내려가고, 맨 아래 곤괘가 0이고, 시계 반대 방향으로 1, 2, 3··· 이런 식으로 숫자가 올라가요. 그래서 마주보고 있는 괘들 사이의 상응 관계에 수적인 관계가 생겨요.

『주역』에서 양효는 하늘을 의미하고, 음효는 땅을 의미해요. 어떤 사람은 양효는 형상을 의미하고, 음효는 질료를 의미한다고 해요.

『주역』에 영향을 받은 라이프니츠는 양효는 신과 하나됨을 의미하고, 음효는 완전한 무를 의미하는 것으로 해석했다고 해요.

『주역』에 대해서 많이 알지는 못하지만, 제 짧은 생각으로는 서로 대립하는 두 개념의 조합으로 세계와 그 변화를 설명했다는 점에서 의미가 있는 듯해요.

이 글을 주역 괘로 마무리해 볼게요.

001111

이것을 괘로 나타내면 천산둔天山遯괘예요. 둔遯은 피하다, 숨다, 은둔하다는 뜻이죠. 둔괘의 인간상은 '귀인이 산속에 숨은 상'이라고 해요. 이 괘가 나오면 무리하게 일을 하기보다는 쉬면서 조용한 즐거움에 만족하라고 해요. 너무 일만 하지 마시고, 『5분 뚝딱 철학』 책을 읽으면서 즐거움을 만끽하시길 바랍니다.

천산둔괘

영상으로 한 번 더!

존재 근대 STEP 2

우주에 손만 하나 남는다면…

뉴턴과 라이프니츠: 시간과 공간 이론

인류 지성사에 가장 위대한 천재 하면 누가 생각나나요? 역사상 많은 천재들이 있었지만, 이 두 사람은 빠지지 않을 거예요. 바로 아이작 뉴턴1642~1727과 고트프리트 라이프니츠1646~1716예요.

숙명의 라이벌

네 살 차이인 뉴턴과 라이프니츠는 동시대를 살았어요. 둘은 말 그대로 천재예요. 철학·과학·수학·논리학 등 수많은 영역에서 두각을 나타냈어요.

둘은 숙명의 라이벌로 거의 같은 시기에 수학의 미분을 발견했어요. 서로 자기가 최초로 발견한 사람이라고 싸웠죠. 나중에 뉴턴은 영

뉴턴

라이프니츠

국왕립학회장이 되었고, 라이프니츠는 독일 베를린과학아카데미 원장이 되었죠. 이들의 싸움은 영국과 독일의 자존심 싸움으로 확대되었어요. 이른바 미분전쟁은 이들이 죽은 후에도 100년 동안 계속되었어요.

태초부터 시간과 공간은 있었다 — 뉴턴

뉴턴

【질문】 신이 어느 날 자고 일어나서 문득 우주를 보니, 너무 복잡하고 뭐가 많아서 하나씩 없애기 시작했다고 하죠. 은하도 없애고, 별도 없애고, 나중에는 먼지 한 톨까지 다 없애버렸어요. 그러면 우주에는 뭐가 남았을까요?

뉴턴은 시간과 공간을 일종의 컨테이너 같은 것으로 봤어요. 안에 든 물건을 모두 없애버려도, 컨테이너 그 자체는 남죠. 마찬가지로 모든 물질을 없애도 시간과 공간은 그 자체로 남는다고 본 거죠. 시간과 공간은 물질과 관계없이 절대적으로 존재한다는 거예요. 뉴턴의 시간과 공간 개념을 **절대주의**라고 해요.

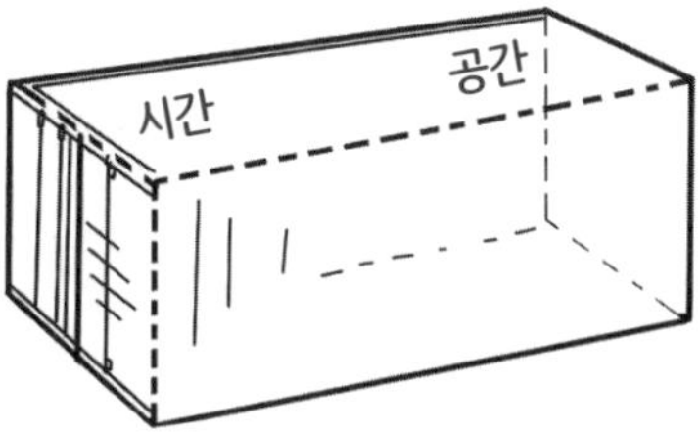

뉴턴은 시간과 공간을 일종의 컨테이너와 같은 것으로 보았다.

그런데 의문이 하나 생겨요.

【질문】 시간과 공간은 언제 생겼죠? 신이 엿새 동안 천지창조를 하면서 시간과 공간을 만들었다는 말은 없잖아요. 그러면 신이 천지창조를 하기 전에도 시간과 공간은 있었다는 말인가요?

이에 대해 뉴턴은 '그렇다'라고 해요. 시간과 공간은 신의 '감각기관'

이라는 거예요. 그냥 나름대로 해석해 보면, 시간과 공간은 신의 한 가지 모습이라는 거겠죠. 그래야 시간과 공간이 영원히 존재한다는 것을 설명할 수 있으니까요.

태초 이전에 시간과 공간은 없었다 — 라이프니츠

라이프니츠

라이프니츠는 시간과 공간이 절대적으로 존재하는 것이 아니라고 해요. 그냥 물체들 사이의 관계라고 봤어요. 우주에 있는 모든 물질을 없애면 시간과 공간도 사라진다는 거죠. 마치 이 세상의 모든 남자가 사라지면 형제 관계가 사라지는 것처럼요. 이를 **관계주의**라고 해요.

관계주의를 받아들이면, 신이 굳이 시간과 공간을 창조할 필요가 없어요. 신이 물질을 창조하면, 자동적으로 시간과 공간이 생겨요. 시간과 공간은 물질들 간의 관계니까요.

또한 "우주 밖에는 무엇이 있는가?"라는 질문도 난센스가 돼요. 관계주의를 받아들이면, 우주 밖에는 아무 물질이 없고, 아무런 물질이 없으면 공간도 없어요. '우주 밖'이라는 개념 자체가 성립하지 않는 것이죠. 마찬가지로 "신은 우주를 언제 창조했는가?"라는 질문도 난센스가 돼요. 신이 우주를 창조하기 전에는 물질이 없으니 시간 자체도 없으니까요. '언제'라는 개념 자체를 쓸 수 없는 것이죠.

뉴턴의 절대주의 vs. 라이프니츠의 관계주의

【질문】 우주에 모든 것이 사라지고, '손' 하나만 달랑 남았다고 합시다.

그 손은 오른손일까요, 왼손일까요? 아니면 오른손도 왼손도 아닌 손일까요?

만약 여러분이 오른손이나 왼손일 거라고 생각한다면, 뉴턴이 말한 절대주의자예요. 절대주의를 받아들이면, 우주의 모든 것이 사라져도 공간이 남죠. 공간에는 오른쪽과 왼쪽이 있기에, 우주에 달랑 손 하나만 있어도 오른손이거나 왼손일 수 있는 거죠.

만약 여러분이 오른손도 왼손도 아니라고 생각한다면, 라이프니츠가 주장한 관계주의자예요. 이 경우 우주에는 공간이 없으므로, 우주에 달랑 하나 남은 손은 오른손도 왼손도 아닌 그냥 중립적인 손이라고 봐야 해요. 좀 어렵죠? 누가 이런 생각을 했는지 참 신기하죠? 바로 칸트가 제시한 문제예요.

절대주의

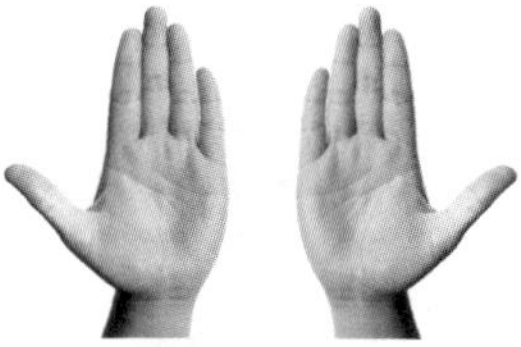

오른손이나 왼손

관계주의

이도 저도 아닌 손

20세기에 들어와 '시간과 공간이란 무엇인가'에 대한 논란의 양상에 변화가 생겼어요. 아인슈타인이 상대성이론을 발표하면서 시간과 공간을 하나의 4차원 시공간 차원으로 보게 된 거죠. 그렇다고 논란이 끝난 건 아니에요. "아인슈타인이 말하는 시공간은 물질에 관계없이 절대적으로 존재하는가? 아니면 물체들 사이의 관계일 뿐인가?"라는 논쟁이 계속되고 있어요. 결국 뉴턴과 라이프니츠 사이에 벌어진 논란이 21세기인 지금까지 해결되지 않았다고 볼 수 있죠.

영상으로 한 번 더!

존재 근대 STEP 2

존재하는 것은 지각되는 것이다

버클리: 주관적 관념론

경험론의 계보

서양철학사는 근대철학을 유럽 대륙의 합리론과 영국 경험론의 대립으로 설명하죠. 합리론은 데카르트, 스피노자, 라이프니츠로 이어지고, 경험론은 로크, 버클리, 흄으로 이어져요.

합리론자들은 지식의 원천을 '인간의 이성'이라고 보고, 경험론자들은 '경험'이라고 봤어요. 합리론자들은 '인간의 타고난 이성이란 어떤 것인가'에 관심을 가졌고, 경험론자들은 '인간은 어떻게 경험을 통해서 지식을 습득하는가'에 주목했죠.

근대의 대표적인 경험론자인 베이컨은 영국 더블린에서 태어났고, 로크는 링턴, 버클리는 킬케니, 흄은 에든버러, 경험론을 한층 더 발전시킨 20세기 철학자 러셀은 몬모스셔에서 태어났어요.

그러고 보니 모두 영국 사람들이네요. 철학을

국적으로 구분하는 것이 좀 어색하긴 하지만, 어쨌든 나라마다 철학자들의 색깔이 있는 것 같아요.

독일 철학자들만의 색깔진지파이 있고, 프랑스 철학자들만의 색깔설명파도 있어요. 영국 철학자들만의 색깔깔끔파도 있겠죠?

제가 보기에, 영국 철학자들의 특징은 깔끔하다는 거예요. '불필요한 실재는 덧붙이지 말고, 다 버리자.' 오컴의 윌리엄이 생각나죠. 여기서는 영국 경험론자 버클리가 무엇을 없애버렸는지 살펴보죠.

한편, '물질과 정신 중 어느 게 진짜일까?'라는 질문은 철학계의 큰 질문이에요. 17세기 아일랜드의 철학자이자 성공회 주교인 조지 버클리1685~1753는 경험을 통해 관념이 생긴다는 존 로크1632~1704의 기본적인 입장을 그대로 받아들였어요. 하지만 주관적 관념론으로까지 한 발 더 나아갔어요. 관념론이 무엇인지, 버클리와 로크의 이론이 어떻게 다른지도 살펴볼게요.

관념론과 유물론

세상에는 많은 것이 존재해요. 사과와 같은 물질도 존재하고, 사과에 대한 관념도 존재하죠. '사과는 맛있다'는 생각도 존재하고, '사과를 먹고 싶다'는 욕구도 존재해요.

어떤 사람들은 신도, 영혼도, 사과의 이데아도, 사과라는 보편자도 존재한다고 해요. 그렇다면 하나 물어볼게요.

【질문】 다음 중에서 진짜로 존재하는 것은 무엇일까요?

① 사과라는 물질

② 사과에 대한 관념

③ '사과가 맛있다'는 생각

④ '사과를 먹고 싶다'는 욕구

⑤ 사과의 이데아

⑥ 사과라는 보편자

유물론자라면 ①번 사과라는 물질만 진짜로 존재한다고 대답할 거예요. 시간과 공간 속에 있는 물질만이 진짜로 존재한다고 생각하니까요. 그들에게 의식·정신·생각·욕구 등은 뇌라는 물질에서 나오는 부산물일 뿐이죠.

관념론자는 눈에 보이는 것은 가짜이고, 진짜로 존재하는 것은 눈에 보이지 않는 정신이라고 해요. 그것은 신일 수도 있고 이데아일 수도 있죠.

이원론자는 물질과 정신이 둘 다 진짜로 존재한다고 봐요. 데카르트가 대표적인 이원론자죠.

관념론과 실재론

【질문】 어떤 사람이 사과를 보고 있다고 하죠. 이 사람이 보고 있는 사과가 진짜로 그의 앞에 있는 걸까요?

글쎄요. **관념론**에 따르면, 그의 머리에 떠오른 사과의 이미지는 그의 의식 속에 떠오른 관념일 뿐이죠. 그의 의식 밖에 정말로 사과의 형상을 한 이런 것이 존재할까요? 그것은 알 수 없어요. 우리가 알 수 있는 것은 우리에게 떠오른 관념뿐이란 거죠.

그렇다면 관념은 어떻게 생긴 걸까요? **실재론**은 사과가 존재하니, 그것을 본 사람의 의식에 그러한 관념이 생겼다고 봐요. 그러므로 사과는 의식의 밖에 실재로 존재한다는 거죠.

로크의 인식론

로크

다시 어떤 사람이 사과를 보고 있다고 하죠. 그는 사과에 대해 '빨갛다', '시큼하다', '동그랗다'는 관념을 갖게 되겠죠? 이러한 관념이 지식의 원재료가 돼요.

그런데 불을 끄면 사과는 검게 보이죠? 앞에서도 얘기했듯이, 로크는 이처럼 조건과 사람에 따라서 달라지는 색깔, 맛, 향기 같은 주관적인 성질을 **2차 성질**이라고 해요.

하지만 어떤 조건에서 관찰하든, 어떤 사람이 관찰하든 달라지지

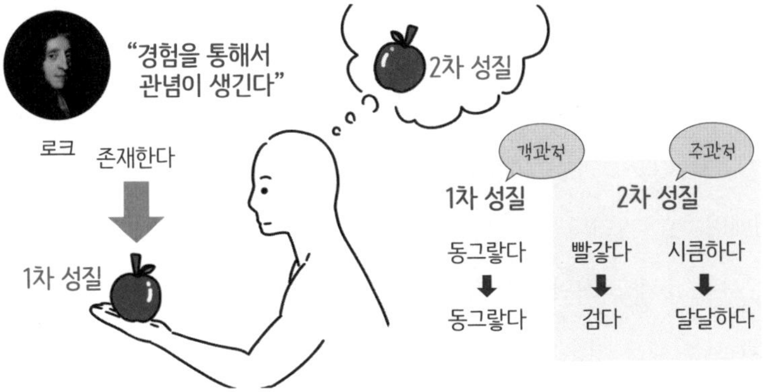

않는 성질도 있어요. 사과가 동그란 것은 어떤 조건에서 누가 관찰하든 마찬가지죠. 로크는 이러한 객관적인 성질을 **1차 성질**이라고 해요.

1차 성질은 변하지 않는데, 2차 성질은 왜 변할까요? 로크는 1차 성질은 이 사과가 실제로 갖고 있지만, 2차 성질은 나의 관념 속에 나타난 것이기 때문이라고 해요. 그런데 존재하지 않는 것은 어떤 성질을 가질 수 없죠? 로크는 어떤 사과가 1차 성질을 갖고 있다는 것은, 곧 그 사과가 실제로 존재한다는 것을 입증한다고 봤어요. 로크의 입장은 실재론이라고 할 수 있죠. 하지만 2차 성질을 인정했기에 관념론적인 요소도 있어요.

버클리의 주관적 관념론 — 존재하는 것은 지각되는 것이다

버클리

버클리는 1차 성질과 2차 성질을 구분할 수 없다고 해요. 모든 성질은 주관적인 것이라고 봤어요. 어떤 것예를 들어 사과의 모양은 그 색깔과 배경색을 구분하면 알 수 있죠. 따라서 색깔이 주관적이라면 모양도 주관적이란 거죠.

이제 버클리의 철학자로서의 면모가 나타나요. 버클리는 여기에 오컴의 면도날을 적용해요. 오컴의 면도날은 어떤 사실에 대한 설명 중 단순한 것이 진실일 가능성이 높다는 원칙이죠.

버클리는 오컴의 면도날 원칙을 이용해 의식 밖에 존재하는 것을 없애버려요. 그러니 이제 남아서 존재하는 것은 관념뿐이에요. 버클리는 사물이 내 의식의 외부에 존재한다고 가정할 필요가 없다고 봤어요. 존재하는 모든 것은 의식에 나타난 관념일 뿐이라는 거죠.

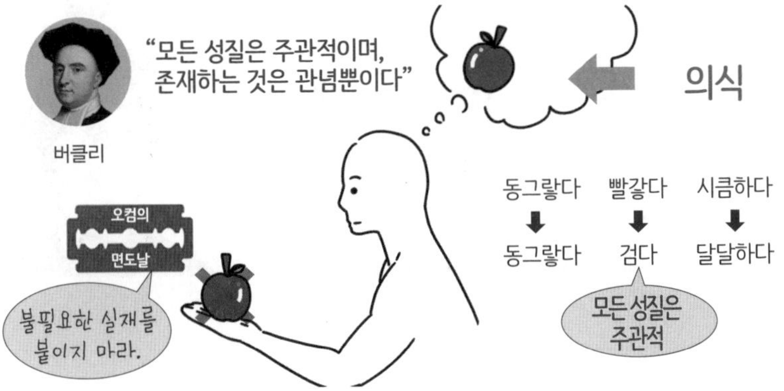

버클리의 철학을 한마디로 정리해 보죠.

"존재하는 것은 지각되는 것이다."

이 말을 뒤집으면, '우리의 감각기관을 통해 지각되지 않는 것은 존재하지 않는다'는 거죠. 이런 입장을 **주관적 관념론**이라고 해요.

그렇다면 정말로 버클리는 '지각되지 않는 것은 존재하지 않는다'고 생각했을까요?

글쎄요. 사실 버클리의 결론을 그대로 받아들이기는 힘들죠. 우리가 오감으로 느끼는 것 외에는 존재하지 않는다니 말이에요.

하지만 제가 보기에 버클리의 결론은 매우 정직해요. 엄밀하게 말하면, 우리는 각자의 관념 속에서 살고 있을 뿐이에요. 그리고 그렇지 않다는 걸 증명하기도 어려워요. 우리는 외부에 세계가 실제로 존재한다고 생각하지만, 따지고 보면 그렇게 생각할 이유가 없기 때문이죠.

영상으로 한 번 더!

강박적 미니멀리스트

흄: 자신까지 갖다 버린 미니멀리스트

2015년 영국 BBC가 역사상 가장 위대한 철학자가 누구인지 설문조사를 했어요. 마르크스가 27.9%로 1위, 흄이 2위12.7%, 비트겐슈타인이 3위6.8%였어요. 그 밖에 니체, 플라톤, 칸트, 토마스 아퀴나스, 소크라테스, 아리스토텔레스, 칼 포퍼가 톱 10에 올랐어요.

영국 BBC 선정 역사상 가장 위대한 철학자 10인

영국 경험론자들이 버린 것들

앞에서 영국 철학의 특징은 깔끔하다는 것 같다고 했죠? 영국 경험론자들은 기본적으로 미니멀리스트예요. 내가 직접 경험한 것이 아닌 것, 나한테 꼭 필요한 것이 아닌 것은 다 갖다 버려요.

중세에서 근대로 넘어오는 14세기, 영국의 철학자이자 신학자 오컴의 윌리엄은 경험론의 원조라고 할 수 있죠. 그는 보편자를 버렸어요. '인간'이라는 보편자가 존재하지 않고, 그저 말뿐이라는 유명론을 주장했죠.

16세기 영국 런던에서 태어난 베이컨은 근대철학의 문을 연 철학자 중 하나예요. 그는 중세적 사고에서 벗어나기 위해 4가지 우상을 버려야 한다고 했어요.

17세기 영국의 경험론을 연 존 로크는 인간이 가지고 태어난다는 본유관념을 버렸어요. 인간의 뇌는 백지 상태로 태어난다는 거죠.

18세기 아일랜드 철학자이자 성공회 주교 버클리는 인간의 오감으로 지각되지 않는 걸 버렸어요. 우리의 감각으로 "지각되지 않는 것은 존재하지 않는다"는 거죠. 스코틀랜드 출생의 흄은 여기서 더 나아가 "지각되는 것도 존재하는 것이 아니다"라고 해요. 이게 무슨 말일까요?

'사람 좋은 데이비드'의 경험주의 원칙

흄

프랑스 사람들은 데이비드 흄1711~76을 가리켜 '사람 좋은 데이비드'라고 불렀어요. 평생 독신으로 살았고, 요리도 잘하고, 성격도 좋고 재밌어서 여성들에게 아주 인기가 많았다고 해요.

그런데 후덕한 인상과 다르게, 흄의 철학은 굉장히 까다로워요. 그는 경험주의 원칙을 일말의 타협도 없이 끝까지 밀고 나갔고, 후대의 많은 철학자들에게 영감을 주었어요.

칸트

쇼펜하우어는 헤겔의 저작 전체보다 흄이 쓴 한 페이지에 배울 것이 더 많다고 했어요. 벤담은 "흄을 읽고, 눈에서 비늘이 떨어졌다"고 했고요. 세상을 보는 눈이 밝아졌다는 거죠. 칸트는 "흄을 읽고, 비로소 독단의 잠에서 깨어났다"고 했어요. 흄의 철학이 어떠하기에 이런 평가를 받았을까요?

흄의 경험주의, 인상과 관념

흄의 철학을 이해하기 위해서는 먼저 인상과 관념을 구분해야 해요.

【질문】 옆의 그림을 보세요. 이제 눈을 감고, 방금 본 말을 떠올려 보세요.

흄은 우리가 직접 자료로 받아들인 것, 경험한 것을 **인상**이라고 해요. 우리가 눈으로 보고 경험한 것이 인상이죠. 그리고 아까 본 인상을 머릿속에 떠올린 것이 바로 **관념**이에요. 눈을 감고 방금 본 말을 머릿속에 떠올렸죠? 이때 인상과 관념의 내용은 둘 다 같아요. 강도가 차이 나요. 인상은 강하고, 관념은 약하죠.

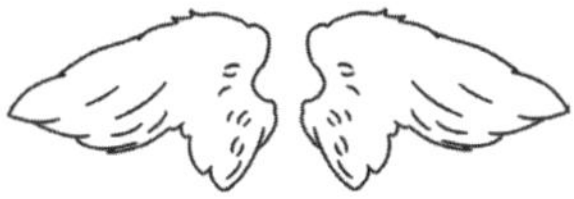

【질문】 이번에는 날개를 본 다음, 눈을 감고 그 날개를 한번 떠올려 보세요. 무엇이 떠오르나요?

이처럼 우리가 직접 본 것이 인상이고, 나중에 머릿속으로 떠올리는 것이 바로 관념이에요.

【질문】 이번에는 날개 달린 말을 떠올려 보세요. 그런데 날개 달린 말을 본 적이 있나요? 없지요.

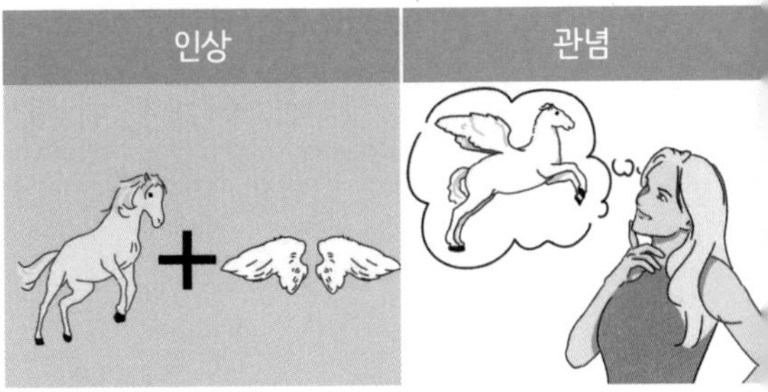

하지만 우리는 '날개 달린 말'이라는 관념을 떠올릴 수 있어요. 왜냐하면 말이라는 인상으로부터 말이라는 관념이 생겼고, 날개라는 인상으로부터 날개라는 관념이 생겼으며, 이 두 관념을 합쳐서 '날개 달린 말'이라는 관념을 갖게 되었으니까요.

우리는 단순인상으로부터 단순관념을 가질 수 있어요. 그리고 단순관념을 결합해서 복합관념을 만들어요. 결국 우리가 가지고 있는 모든 관념의 근원이 바로 '인상'인 것이죠.

인상은 우리가 직접 본 것, 감각자료를 받아들인 것, 경험한 것이라고 할 수 있어요. 이것이 흄의 **경험주의**예요.

흄의 알고리즘

우리가 가지고 있는 지식은 **명제**로 표현돼요. 명제는 크게 분석명제와 종합명제로 나누어지죠.

분석명제는 이미 진리값이 들어 있어 더 이상 분석이 필요 없는 명제예요. "총각은 남자다"처럼, 이미 정의된 개념을 사용해 만들어진 명제죠. '총각'이란 말의 뜻정의이 '결혼하지 않은 남자'죠. 그러니 "총각은 남자다"란 명제는 정의상 참일 수밖에 없어요. 따라서 분석명제를 부정하면 바로 모순이 생겨요. 또한 분석명제는 말하나 마나 한 명제예요. 주어총각의 정의를 풀어서 반복남자하는 것일 뿐이니까요.

반면 **종합명제**는 일일이 자료를 통해 검증해야 하는 명제를 말해요. 예를 들어 "민수는 총각이다"란 명제를 보죠. 이런 명제는 '참'일 수도, '거짓'일 수도 있어요. '민수가 총각'이라는 것을 알기 위해서는 그를 봐야 하고 물어보고 경험해야 해요.

분석명제	종합명제
총각은 남자다	**민수는 총각이다**
· 개념을 합쳐서 만든 명제 · 이미 진리값이 들어 있는 명제 · 더 이상 분석이 필요 없는 명제 · 정의상 참인 명제	· 일일이 검증해야 하는 명제 · 경험을 통해서 확인해야 하는 명제 · 우연히 참인 명제

"민수는 총각이다" 같은 종합명제가 참이라면, '우연히 참'인 명제예요. 종합명제는 경험을 통해서 확인해야 하는 명제니까요.

흄은 모든 '참'인 명제

는 경험을 통해서 얻는 것이라고 봤어요. 경험을 통해 얻지 않은 명제는 무의미한 명제라고 봤고요. 경험주의자다운 생각이죠.

총각과 고양이

이제 앞에서 살펴본 인상과 관념, 분석명제와 종합명제의 구분을 몇 가지 명제에 적용해 보죠.

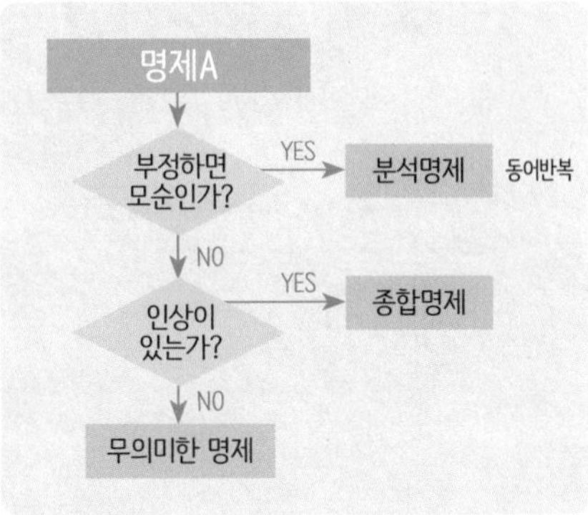

명제A가 있다고 합시다. 이제 명제A를 틀렸다고 부정해 보죠. 이때 명제A를 부정해서 모순이 생기면 분석명제예요.

분석명제는 '총각', '남자' 같은 개념을 합해 만든 명제라서, 개념상 이미 참일 수밖에 없으니까요. 즉, 분석명제는 그냥 동어반복일 뿐인 하나 마나 한 주장이에요.

그런데 명제A를 '거짓'이라고 부정했더니 모순이 아니라면, 이 명제에 대한 인상이 있는지 봐야 해요. 앞에서 인상은 우리가 경험한 것이라고 했죠? 인상이 있다면, 이 명제는 '종합명제'라고 할 수 있어요. 그런데 인상이 없다면, 무의미한 명제가 돼요. 좀 어렵죠? 이제 구체적인 명제에 적용해 좀더 알아보죠.

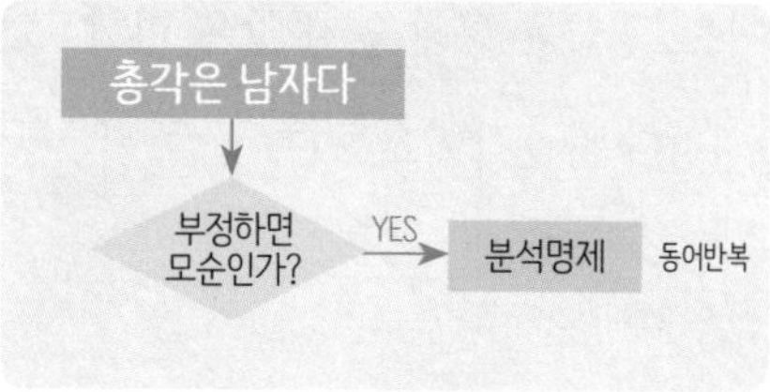

【연습】 "총각은 남자다"라는 명제를 보죠. 이 명제를 부정하면 모순이 발생하나요?

'총각'이란 말에는 이미 '남자'라는 뜻이 들어 있죠. 그러니 "총각은 남자다"라는 명제가 틀렸다고 부정하면 모순이 생겨요. 이 명제는 분석명제로서 하나 마나 한 주장이에요.

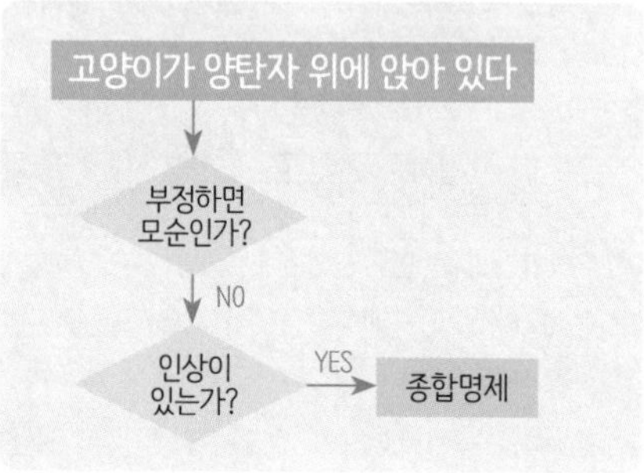

【연습】 "고양이가 양탄자 위에 앉아 있다"는 명제를 보죠. 이 명제를 부정하면 모순이 생기나요?

고양이가 양탄자 위에 앉아 있을 수도 있고, 소파에 앉아 있을 수도 있죠. 이 명제는 '거짓'이라고 부정해도 모순이 안 생겨요. 그러니 분석명제는 아니에요.

이번에는 "고양이가 양탄자 위에 앉아 있다"는 명제가 인상경험이 있는지 보죠. 양탄자 위에 앉아 있는 고양이라는 '인상'이 있나요? 이 고양이를 본 경험이 있고, 이러한 인상으로부터 양탄자 위에 앉아 있는 고양이라는 관념이 생긴 것이죠. 따라서 이 명제는 종합명제가 돼요. 종합명제는 경험을 통해 확인해야 하는 명제니까요. '참'일 수도 있고, '거짓'일 수도 있는 명제죠. 이제 좀더 심도 있는 이야기를 해보죠.

이 사과가 존재한다?

이제 "이 사과가 존재한다"는 명제를 보죠. 이 명제는 '거짓'이라고 부정해도 모순이 생기지 않아요. 이 사과는 존재할 수도, 존재하지 않을 수도 있으니까요.

이번에는 두 번째 질문으로 가보죠. 사과에 대한 인상경험이 있나요? 사과를 보거나 경험한 적 있으니, 우리는 당연히 인상을 가지고 있어요.

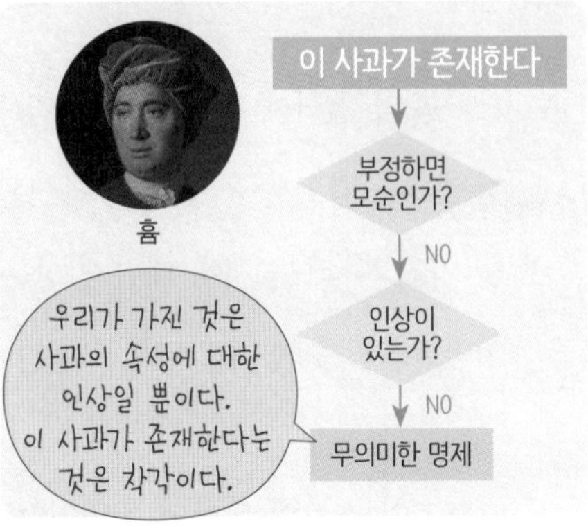

그런데 가만히 생각해 보죠. 내가 가지고 있는 것은 '이 사과에 대한 인상'이 아니에요. '빨갛고 동그랗고 시큼하다'는 인상이에요.

흄은 우리가 가지고 있는 것은 오직 빨갛고 동그랗고 시큼하다는 사과의 속성에 대한 인상일 뿐이라고 봤어요. 그런데 우리가 그런 속성들을 가진 어떤 '것'이 사과이 있다고 착각한다는 거죠. 따라서 여기에 '이 사과'가 존재한다고 말할 수 없다고 봤어요. "이 사과가 존재한다"란 명제는 무의미한 명제란 거죠.

나는 존재한다?

【질문】 흄의 주장을 받아들이면, "내가 존재한다"고 할 수 있을까요?

"나는 존재한다"라는 명제를 '거짓'이라고 부정해도 모순이 발생하지 않아요. 나는 존재할 수도 있고, 존재하지 않을 수도 있으니까요.

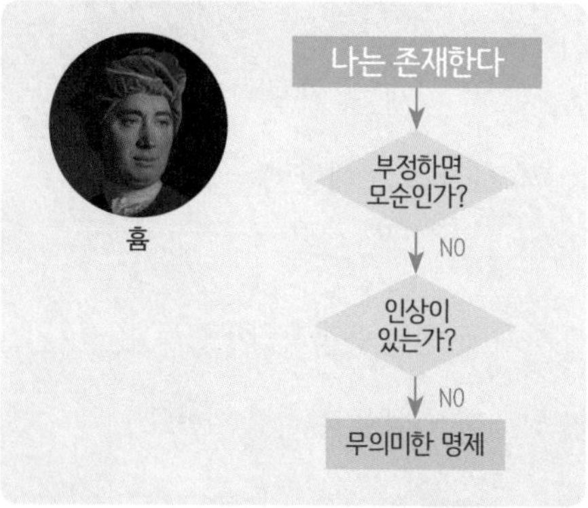

그렇다면 두 번째 질문 "내가 존재한다"라는 인상이 있나요? 당연히 있어요. 내가 이렇게 존재하니까요.

그런데 가만히 생각해 보죠. 내가 정말로 존재하나요? 나라는 인상이 여기 있나요?

흄의 철학에 따르면, 여기 있는 것은 그저 기쁘고 슬프고 괴로운 감정이나, 덥고 추운 감각에 관련된 인상일 뿐이에요. 이런 감정과 감각을 가진 '나'라는 것에 대한 인상은 없어요. 따라서 흄의 주장을 받아들이면, 내가 존재한다고 말할 수 없어요.

당구공의 충돌이 운동의 원인이다?

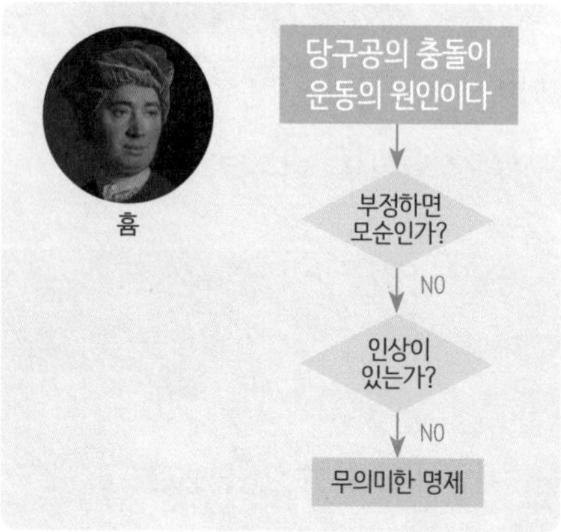

이제 난이도를 좀더 높여보죠. "당구공의 충돌이 운동의 원인이다"라는 명제를 보죠. 이 명제를 '거짓'이라고 부정하면 모순이 되나요?

"당구공의 충돌이 운동의 원인이다"라는 명제를 '거짓'이라고 부정해도 모순이 되진 않아요. 작용, 반작용 법칙이 없어서 당구공끼리 부딪혀도 움직이지 않는 세계가 있을 수 있으니까요. 이 명제는 하나 마나 한 분석명제는 아닌 것이죠.

이제 두 번째 질문을 해보죠. "당구공의 충돌이 당구공 운동의 원인"이라는 것을 경험한 적이 있나요? 당연히 본 적이 있죠.

하지만 흄은 이런 명제는 인상이 없다고 해요. 물론 우리는 당구공의 충돌이 당구공을 움직이게 하는 것을 여러 번 경험했죠. 하지만 그렇다고 해서 당구공의 충돌이 '필연적으로' 당구공을 움직이게 하는 것은 본 적 없어요. 그래서 A가 B의 원인이라는 명제, 즉 "당구공의 충돌이 운동의 원인"이라는 명제는 무의미한 명제라고 봐요.

자신까지 갖다 버린 미니멀리스트

경험론자들은 기본적으로 미니멀리스트예요. 앞에서도 말했듯이, 내가 직접 경험한 것이 아닌 것, 나한테 꼭 필요한 것이 아닌 것은 다 갖다 버렸죠. 오컴의 윌리엄은 보편자를 버렸고, 베이컨은 우상과 편견을 버렸고, 로크는 인간이 가지고 태어났다는 본유관념을 버렸고, 버클리는 지각되지 않는 것은 존재하지 않는다고 버렸어요.

흄은 여기서 한발 더 나아가요. "지각되는 것도 존재하는 것이 아니다." 우리가 오감으로 느끼는 것들도 '존재한다'고 할 수 없다는 말이죠.

그저 우리가 오감으로 인식하는 빨갛고 동그랗고 시큼하다는 인상만 있지, 사과라는 '것존재'은 없다는 거죠. 마찬가지로 기쁘고 슬픈 감정, 춥고 더운 감각만 있지, '나'라는 것은 존재하지 않는다고 해요. 흄은 버리고 버리고 버리다가, 결국 자기 자신까지 버려버린 거죠.

그런데 흄이 버린 것이 하나 더 있어요. 그것은 바로 과학이에요. 흄은 원인과 결과 사이의 관계를 설명하는 인과율을 인정하지 않았어요. 그런데 과학의 법칙은 원인과 결과가 필연적으로 연결되어 있죠. 따라서 인과율을 버린다는 것은 결국 물리법칙을 버리는 것이죠. 하지만 정말로 물리법칙을 버릴 수 있을까요?

흄의 입장과 칸트의 해법

제가 보기에, 흄의 주장은 '물리법칙은 필연적인 법칙'이라고 주장할 철학적 근거가 없다는 정도로 이해하면 될 듯해요. 실제로 물리법칙이 필연적 법칙이라는 것을 부정했다고 볼 수는 없을 듯해요. 다만, 철학적으로 정당화할 방법이 없다는 거죠. 그는 물리법칙을 외부세계를 지배하는 법칙이 아니라 단지 심리적인 것으로 봤으니까요.

칸트는 흄의 책을 읽고, 독단의 잠에서 깨어났다고 감탄했다고 했죠? 하지만 칸트는 뉴턴의 물리학이 필연적인 법칙이라는 걸 믿어 의심치 않았어요. 흄은 물리법칙이 심리적인 것이라고 봤지만, 칸트는 물리법칙이 인간이 외부세계를 구성하면서 나온 것이라 생각했죠. 그런데 인간은 자신이 구성한 대로 세계를 경험할 수밖에 없죠. 그래서 결국 물리법칙은 필연적인 법칙이 된다고 봤어요.

당연한 건, 당연한 게 아니다

베이컨은 종족의 우상, 즉 우리가 인간이기에 가질 수밖에 없는 편견을 버리라고 했어요. 그런데 돌고래가 바닷물이 짜다는 걸 알 수 있을까요? 마찬가지로 우리는 인간이기 때문에 갖게 되는 편견이 뭔지 알 수 없어요. 알지 못하니 그것을 버릴 수도 없죠.

흄은 우리가 지각하는 것은 사과가 아니라 빨갛고 동그랗고 시큼한 속성일 뿐이라고 해요. '나'라는 것이 존재하는 게 아니라, 그저 기쁘고 슬프고 아픈 감정과 춥고 더운 감각만이 존재한다고 봤어요.

철학을 한다는 것은 어떤 면에서 보면, 나의 생각을 다른 사람의 생각을 통해 객관화하는 작업이기도 해요. 내가 당연하다고 생각하는 것이 사실은 당연한 게 아님을 깨닫게 되죠. 나아가서 한 사회에서 당연하다고 통용되는 믿음, 한 시대를 지배하는 가치관에 대해서도 의심하게 돼요. 그런 의미에서 흄은 굉장히 훌륭한 철학자예요. 인간이라면 당연하다고 생각하는 것이, 사실은 당연한 게 아님을 분명하게 지적하고 있기 때문이죠.

영상으로 한 번 더!

그들의 이기심이 만들어 낸 저녁식사

애덤 스미스: 보이지 않는 손

영국 스코틀랜드 태생의 애덤 스미스1723~90 하면, 가장 먼저 떠오르는 말이 '보이지 않는 손'이죠. 그런데 애덤 스미스는 이 말을 딱 두 번밖에 하지 않았어요. 『국부론』에서 한 번, 『도덕감정론』에서 한 번 했어요.

우리는 흔히 애덤 스미스를 '경제학의 아버지'로만 기억해요. 하지만 당대에 철학자이자 신학자로서도 활동했어요.

애덤 스미스는 『국부론』에서 이기적인 개인들이 자기 이익을 추구하며 경제활동을 해도, '보이지 않는 손'에 의해 사회 전체의 공적이익이 커진다고 봤어요. 그런데 『도덕감정론』에서는 '보이지 않는 손'이란 말을 인간의 도덕, 이타심을 대해 얘기하며 썼죠.

스미스 문제

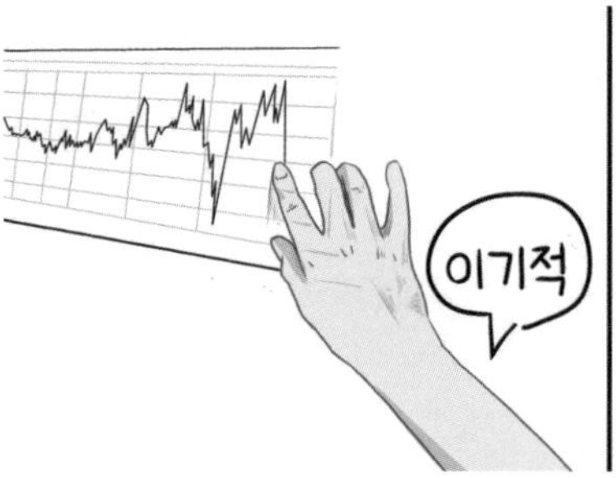

『국부론』의 보이지 않는 손

『도덕감정론』의 보이지 않는 손

『국부론』에서는 인간은 이기적으로 살아도 된다고 말하는 것 같고, 『도덕감정론』에서는 인간은 도덕적이어야 한다는 것 같아요. 독일 철학자들은 이러한 모순을 **스미스 문제**라고 해요. 하지만 이 글을 다 읽으면, 『국부론』과 『도덕감정론』이 서로 모순되지 않는다는 걸 알 수 있을 거예요.

보이지 않는 손

라이프니츠는 폭력·기아·재해 같은 개별적인 악들이 있기에, 전체적으로는 이 세계가 최고로 선한 세계가 될 수 있다고 봤어요. 유다가 예수를 배신했기 때문에, 예수가 인류의 구원자가 될 수 있었다는 식의 생각이죠. 신은 개별적인 악들을 통해 최고의 선을 실현한다는 거예요. 이것이 바로 신의 섭리란 거죠.

애덤 스미스는 『국부론』에서 이와 비슷한 얘기를 해요. 자유시장경제에서는 사람들이 합리적인 선택을 한다고 봤어요. 그런데 좋게 말해서 합리적이란 거지, 사실 이기적이라는 말이죠. 물건을 사는 사람은 값을 깎으려고 들고, 파는 사람은 바가지를 씌우려고 하죠. 그런데 모든 사람이 이처럼 이기적으로 경제활동을 해도 '보이지 않는 손'이 균형을 잡아가면서 전체적인 부를 창출해요. 즉, '보이지 않는 손'은 시장경제에서 신의 섭리와 같은 것이죠.

이것을 애덤 스미스는 이렇게 표현해요.

애덤 스미스

"우리가 저녁식사를 기대할 수 있는 것은 푸줏간 주인, 양조장 주인, 빵집 주인의 자비심 덕분이 아니다. 그들이 자기 이익을 챙기려는 이기심 덕분이다."

사회질서를 유지하는 방법

한편, 애덤 스미스는 『도덕감정론』에서 '사회질서를 어떻게 유지할 것인가?' 하는 문제를 다뤄요. 크게 두 가지 방법이 있어요. 하나는 어떤 힘을 통해 강제로 통제하는 방법이죠. 다른 하나는 사람들이 자발적으로 통제하도록 하는 방법이고요.

강제로 통제하는 방법에 관한 책이 바로 홉스의 『리바이어던』이에요. 홉스는 개인들이 자신의 권리를 국가리바이어던에 양도하고, 국가는 공권력으로 개인들을 통제해야 한다고 주장했죠.

그렇다면 사람들이 자발적으로 스스로를 통제하도록 하는 방법에는 무엇이 있을까요? 하나는 인간의 이성을 믿는 방법이에요. 이것이 바로 계몽주의예요. 인간의 이성을 깨우쳐서 스스로 사회질서를 지키도록 하는 거죠.

다른 하나는 인간의 감성을 믿는 방법이에요. 이는 두 가지 방법이 있어요. 하나는 인간의 이타심·동정심·자비심을 믿어보자는 거예요. 다른 하나는 인간의 동감을 믿어보자는 방법이에요. 이중에서 인간의 동감을 믿어보자는 것이 바로 애덤 스미스의 입장이죠.

동감과 관찰자

동감Sympathy은 영한사전에서 '동정, 연민, 측은지심' 등으로 번역해요. 하지만 애덤 스미스가 말하는 **동감**은 타인의 입장이 되어 그가 느끼는 감정을 똑같이 느끼는 것을 말해요.

A씨는 비즈니스석을 예약했는데, 항공사의 잘못으로 이코노미석에 앉게 되었어요. A씨는 열이 받아 술을 먹다보니 취해 기내에서 난동을 부렸어요.

B씨가 이 기사를 읽었다고 하죠. 이때 B씨는 공평하고 냉정한 관찰자로서 A씨에게 빙의를 해요. '나라면 어땠을까?' 나라도 난동을 부릴 만했겠다고 판단할 수도 있고, '그래도 난동을 부리면 안 되지'라고 생각할 수도 있겠죠. 이러한 판단은 이기심도 이타심도 동정심도 자비심도 아니에요. 그냥 나의 상상 속 관찰자가 A씨로 빙의해 그의 입장이 되어본 거죠. 이것이 바로 애덤 스미스가 말하는 '동감'의 의미예요.

어리석은 사람과 현명한 사람

사람들은 어떤 경우든 자기 합리화를 해요. 웬만해선 자신의 잘못을 인정하지 않아요. 하지만 자신의 잘못을 스스로 뉘우치는 경우가 있어요. 바로 상상으로 만들어낸 공평하고 냉정한 관찰자로서 자신에게 빙의를 한 경우예요. 이처럼 냉정한 관찰자는 타인으로도 빙의하지만, 나 자신으로 빙의를 하기도 해요.

우리는 타인으로부터 인정받기를 원하고, 비난받는 것을 두려워하죠. 마찬가지로 우리는 자신이 상상으로 만들어낸 냉정한 관찰자로부터도 인정받기를 원하고, 비난받는 것을 두려워해요. 애덤 스미스는 타인으로부터 받는 인정과 비난을 **1심 판결**이라고 해요. 내면의 냉정한 관

찰자로부터 받는 인정과 비난을 **2심 판결**이라고 하고요.

어리석은 사람은 2심 판결 따위에는 관심이 없어요. 1심 판결에만 관심이 있죠. 하지만 현명한 사람은 1심 판결보다 2심 판결에 관심이 있어요. 내면의 목소리, 양심에 따라 생각과 행동을 하죠.

그런데 세상에는 완전히 현명하기만 사람도 없고, 완전히 어리석기만 한 사람도 없어요. 대부분 그 중간 어디쯤에 속해 있어요. 대부분의 사람들은 내면의 냉정한 관찰자로부터 인정받고 싶어하면서, 동시에 다른 사람들의 평가도 두려워하죠.

돈과 행복

우리에게 왜 내면의 냉정한 관찰자의 평가가 중요할까요? 나의 내면의 냉정한 관찰자에게 인정받으면, 마음의 평화를 얻을 수 있어요. 하지만 내면의 관찰자로부터 비난을 받으면 수치심을 느끼죠. 우리가 행복해지기 위해서는 냉정한 관찰자의 인정을 받는 것이 중요해요.

애덤 스미스는 어리석은 사람은 타인의 인정을 추구한다고 해요. 그런데 타인의 인정을 받는 데에는 재산만한 것이 없으니, 어리석은 사람들은 돈을 추구한다고 해요.

하지만 돈이 많다고 행복해지는 것은 아니죠? 그렇다고 해도 돈이 너무 없어도 안 돼요. 애덤 스미스는 너무 가난하면 불편할 뿐만 아니라, 다른 사람들로부터 무시를 당하기 때문에 불행해질 가능성이 크다고 해요. 그런데 돈을 밝히는 것이 꼭 나쁜 것만은 아니에요. 애덤 스미스는 어리석은 사람들이 돈을 추구하면 경제를 발전시키는 데 도움이 되고, 경제가 발전하면 돈이 가난한 사람에게로 흘러들어가 그들에게 도움이 된다고 봤어요. 이것이 바로 '보이지 않는 손'의 또 다른 기능이란 거죠.

'스미스 문제'에 대하여

『국부론』에서 말하는 '보이지 않는 손'은 시장경제에서 이기적 개인의 사사로운 영리활동이 사회 전체의 공적이익을 증진시킨다는 거죠. 전체적으로 보면 이타적인 거예요.

한편 『도덕감정론』에서 말하는 '보이지 않는 손'은 어리석은 사람은 이기적으로 부를 쫓지만, 결국 가난한 사람에게 부가 흘러들어간다는

면에서 이타적 행위예요. 즉, 이기적 동기가 이타적 결과에 포섭됨으로써, 이기적인 것과 이타적인 것이 조화를 이루게 되는 거죠.

또한 『도덕감정론』에서 말하는 상상 속 공평하고 냉정한 관찰자는 이기적이지도 이타적이지도 않아요. 그냥 냉정한 관찰자일 뿐이에요. 따라서 『국부론』과 『도덕감정론』이 서로 모순된다는 스미스 문제가 해결되었다고 볼 수 있어요.

SNS에서 사람들은 훈훈한 이야기나 감동적인 기사를 읽으면 '좋아요'를 눌러요. 불쾌한 이야기나 기사에는 '싫어요'를 누르고요. 이는 감정의 표출이에요. 그런데 '좋아요', '싫어요'를 누르기 전에 사람들은 공평하고 냉정한 관찰자를 상상하고, 그 행위자에 빙의를 해요. 그리고 그 행위를 판단하며 '좋아요', '싫어요'의 숫자로 사회의 여론을 형성하죠. 그래서인지 이제는 갑질이나 폭력, 왕따 문제를 예전보다 더 심각하게 여기게 된 것 같아요.

애덤 스미스가 21세기의 SNS 상황을 보면 무릎을 탁 칠 거예요. 그는 제1의 냉정한 관찰자가 파급되면서 제2의 관찰자, 제3의 관찰자가 나오며 공감대가 형성된다고 봤어요. 이것이 사회의 도덕원리에 작용하며 사회질서를 유지하는 데 도움이 된다고 봤거든요.

물론 SNS 여론재판에도 문제가 있죠. 하지만 SNS를 통한 공감대가 사회질서를 유지하는 데 도움이 되는 측면도 있어요. 그런 면에서 애덤 스미스의 생각이 옳았다고 볼 수도 있을 듯해요.

영상으로 한 번 더!

인식 근대 STEP 3

코페르니쿠스적 전환

칸트: 순수이성비판 1

이마누엘 칸트1724~1804는 프로이센 쾨니히스베르크에서 아버지가 마구 기술자인 서민 집안에서 태어났어요. 가정교사로 먹고살았고, 후에 시간강사로 대학에서 강의를 하기도 했어요.

키가 160센티미터가 안 될 정도로 작고 등이 꾸부정했다고 해요. 평생 결혼을 안 하고, 깐깐하기 이를 데 없는 일화를 많이 남겼어요. 책만 팠을 것 같지만, 당구를 좋아하고 사교를 매우 즐겨 사람을 잘 사귀었다고 해요.

칸트는 수학·물리·천문·역사·지리·정치 등 온갖 것을 강의했어요. 강의가 재미있고 핵심을 짚어주어 인기가 매우 높았어요. 50세 이후 철학사에 빛나는 『순수이성비판』, 『실천이성비판』, 『판단력비판』을 집필했어요.

『순수이성비판』은 어렵다고 소문난 책이에요. 내용 자체도 어렵지만, 문체도 굉장히 난해하고 용어도 생소해요. 쉽게 풀어 쓴 책이라고 만만한가 하면 그렇지도 않아요.

"서양철학에서 칸트 이전의 철학은 모두 칸트로 흘러 들어간다. 그리고 칸트 이후의 철학은 칸트로부터 흘러나온다."

조금 과장하면, 칸트를 모르고는 서양철학을 할 수 없다고 해요. 그러니 칸트를 그냥 넘어갈 수는 없고 공부하려니 엄두가 안 나요. 여기서는 되도록 쉽게 설명해 볼게요.

순수이성비판의 의미

【질문】 ① 신은 존재하나요, 존재하지 않나요?

② 우주는 유한한가요, 무한한가요?

③ 시간은 시작이 있나요, 없나요?

④ 인간에겐 영혼이 있나요, 영혼 따위는 없나요?

⑤ 자연의 모든 사건은 인과법칙을 따를까요, 아니면 어떤 사건은 자유롭게 일어날까요?

비트겐슈타인 칸트

현대 철학자인 비트겐슈타인은 이런 질문을 헛소리라고 했어요. 반면 칸트는 좀더 점잖게 이야기했어요. 인간의 이성으로는 이런 문제에 대해서 알 수 없다고요. 이것이 바로 『순수이성비판』의 핵심이에요.

이때 '비판'이라는 말은 '인간 이성의 능력에 한계를 긋겠다'는 의미예요. 인간의 순수이성으로는 신, 영혼, 자유에 대한 문제를 풀 수 없어요. 인간이 이성으로 이런 문제들을 풀려는 것 자체가 월권 행위란 거죠.

그런데 신, 영혼, 자유 같은 것들은 원래 철학의 주요 관심사였어요. 고대부터 철학자들은 이런 형이상학적 논쟁을 벌여왔죠. 하지만 이런 문제가 해결된 적이 있나요?

그런 적이 없어요. 그래도 인간은 신이 존재하는지, 우주는 유한한지, 시간에 시작이 있는지, 자연에 우연이 있는지 궁금해해요.

칸트는 인간이 이런 문제를 해결할 수 없지만, 그렇다고 회피할 수도 없는 운명에 처해 있다고 해요.

루이스 캐롤의 『거울나라의 앨리스』의 삽화(1871)

여러분이 『5분 뚝딱 철학』을 읽는 이유도 바로 이런 운명 때문이에요. 우리가 이런 의문을 해결할 수 없다는 걸 알아요. 하지만 그렇다고 회피할 수도 없기 때문에 이런 책을 찾아 읽는 것이죠.

인간이 이런 형이상학적 문제를 해결할 수 없다면, 인간이 알 수 있는 것은 무엇일까요? 칸트는 인간이 알 수 있는 것은 수학·기하학·물리학이라고 했어요. 문제는 당시 이런 학문은 진짜 학문이 아니라고 의심하는 사람들이 있었다는 것이죠.

특히 영국 철학자 흄은 수학과 기하학적 명제는 분석명제이기 때문에 아무런 지식을 담고 있지 않다고 했어요. 물리학적 명제는 학문이 될 수 없다고 본 거죠. 수학·기하학·물리학적 명제는 경험에 근거해서만이 '참'으로 판단할 수 있는 후험적 명제이고, 우연히 '참'인 명제이기 때문이라고요. 그는 이런 책들은 불살라버려야 한다고 주장했어요.

코페르니쿠스적 전환

칸트는 수학·기하학·물리학적 명제는 경험을 하기도 전에 알고 있는 선험적 명제라고 봤어요. 동시에 지식을 담고 있는 종합명제라고 봤고요. 종합명제는 경험에 의해 '참'인지 알 수 있는 명제죠. 그런데 선험적 명제인 동시에 종합명제인 것이 가능한가요? 칸트는 이를 풀기 위해서 문제를 완전히 뒤집어봐요.

【질문】 우리가 보통의 카메라로 사진을 찍으면 ①처럼 보여요. 열화상 카메라로 찍으면 ②처럼 보이고요. 3차원 홀로그램 카메라로 찍으면 ③처럼 보여요. 자외선 카메라로 찍으면 ④처럼 보이고, X-레이로 찍으면 ⑤처럼 보여요. 이중에서 어떤 게 가장 좋은 카메라일까요?

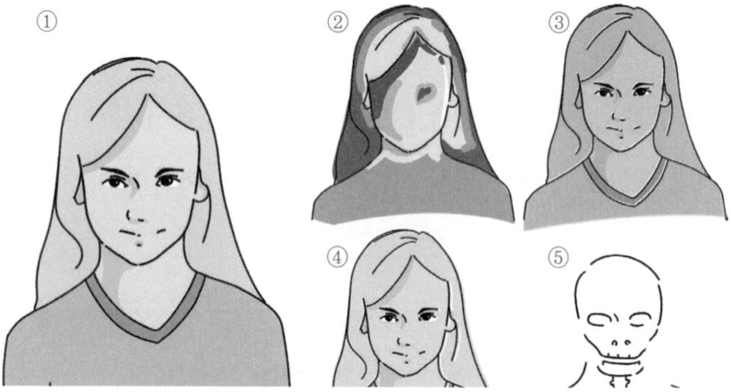

이 질문에는 정답이 없어요. 일상생활에서는 보통의 카메라가 좋고, 의사에게는 X-레이 카메라가 좋겠죠.

【질문】 어떤 카메라가 사물을 있는 그대로 재현할까요?

이 질문에도 정답이 없어요. 어떤 카메라도 사물을 '있는 그대로' 재현할 수는 없어요. 심지어 어떤 카메라가 '더 잘 재현한다'고 할 수도 없어요. 모든 카메라는 각자의 방식으로 사물을 재현하는 것뿐이에요. 서로 우열을 가릴 수 없어요.

인간의 인식도 이와 같아요. 인간은 사물을 눈으로 보거나 귀로 듣는 방식 등으로 인식하죠. 박쥐는 초음파로 사물을 인식하고, 뱀은 열화상 카메라처럼 인식해요. 색맹인 개와 고양이는 사물을 흑백으로만 인식하고요. 오징어와 문어는 음파를 통해서 인식해요. 어떤 주체도 사물을 '있는 그대로' 인식할 수는 없어요.

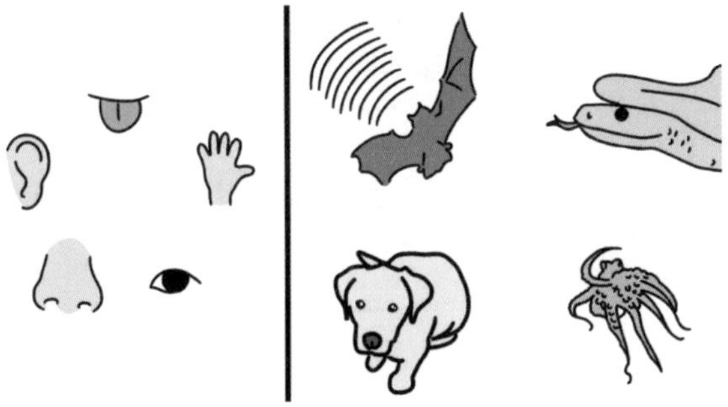

【질문】 이 사과는 내 눈에 둥글고 빨갛고 매끄러워 보여요. 그런데 이 사과가 정말로 여기에 이런 모습으로 있는 걸까요?

칸트에 따르면, 이 사과는 내 두뇌, 인식체계가 시각정보를 받아서 해석한 이미지일 뿐이에요. 우리는 이 사물이 진짜로 어떻게 생겼는지 알 수 없어요. 인간은 인간의 방식으로 사물을 인식할 수밖에 없으니까요.

내가 이 사물을 경험하고, '이것은 둥글고 빨갛고 매끄럽다'라고 인식한 게 아니에요. 나의 인식구조가 이 대상을 그렇게 경험하도록 되어 있는 거예요.

따라서 내가 없으면, 이 사물은 '둥글고 빨갛고 매끄러운' 모습으로 존재하지 않아요. 내가 있으니, 이 사물이 이런 식으로 존재할 수 있는 거죠. 이 사물은 그냥 존재하는 게 아니에요. 나와 마주 서서 존재해요. 그래서 칸트는 '사물'이 아니라 **대상**對象이라는 말을 써요. 이때 대상은 '내 앞에 마주 서 있는 상태'라는 말이에요.

다시 말해 내가 대상으로부터 주어지는 감각자료를 수동적으로 받아들여 인식하는 게 아니에요. 나의 인식구조가 대상을 구성해요. 인식의 방향이 바뀌었죠? 이것을 **코페르니쿠스적 전환**이라고 해요.

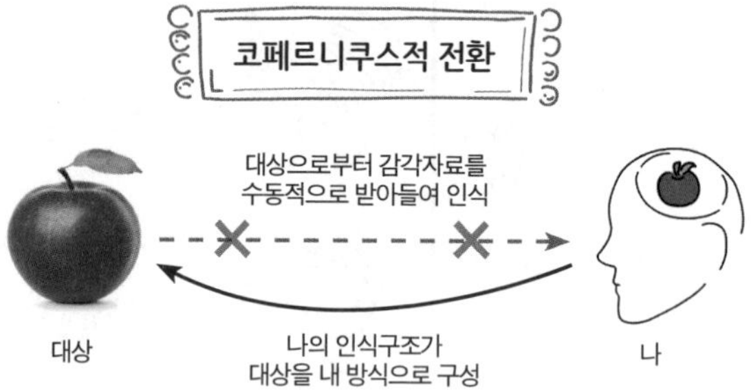

코페르니쿠스는 태양이 지구를 도는 것이 아니라, 지구가 태양을 중심으로 돈다고 했죠? 마찬가지로 대상이 내게 들어와서 내가 그것을 인식한 것이 아니라, **내가 대상을 내 방식으로 구성한다**는 것이죠.

칸트의 문제해결

이제 칸트의 문제의식을 다시 보죠. 칸트는 인간이 경험하지도 않고선험적, 어떻게 지식을 담고 있는 종합적 판단을 하는지 의문을 가졌어요.

우리는 수학·기하학·물리학 지식을 직접 경험해 보지도 않고, 어떻게 참인 줄 알까요? 칸트는 이 문제를 코페르니쿠스적 전환을 통해 해결했어요.

칸트는 대상이 나의 인식과 일치하면 '참'이라고 봤어요. 대상이 나의 인식과 일치하지 않으면 '거짓'이라고 봤고요. 이 경우 내 인식은 필연적으로 항상 '참'이에요. 왜냐하면 대상이 나에게 들어온 것이 아니라, 내가 대상을 그렇게 구성하고 인식하기 때문이죠. 그러니 대상과 인식이 일치할 수밖에 없고, 내 인식은 필연적으로 '참'일 수밖에 없는 거죠.

따라서 코페르니쿠스적 전환을 받아들이면, 대상을 인식하는 인식체계가 먼저 선험적으로경험 이전에 있는 게 돼요. 그리고 대상에 관한 수학·기하학·물리학 지식은 필연적으로 '참'인 명제가 되고요.

그렇다면 수학·기하학·물리학이 지식을 왜 확장할 수 있을까요? 우리의 인식체계가 대상으로부터 감각자료를 받아서 구성하기도 하기 때문이에요. 무엇인가 재료가 들어오고 경험을 했기 때문에 지식이 확장되는 것이죠.

초월철학

이제 우리의 관심은 더 이상 사물이 아니라 인식체계가 돼요. 나는 왜 이 사물을 이렇게 인식할까요?

그것을 알기 위해서는 나 자신을 들여다봐야 해요. 그런데 우리는 나 자신을 들여다볼 수 없어요. 마치 카메라가 자신의 내부구조를 찍을 수 없는 것처럼요. 내가 볼 수 있는 것은 '나와 마주 서 있는 대상에 대

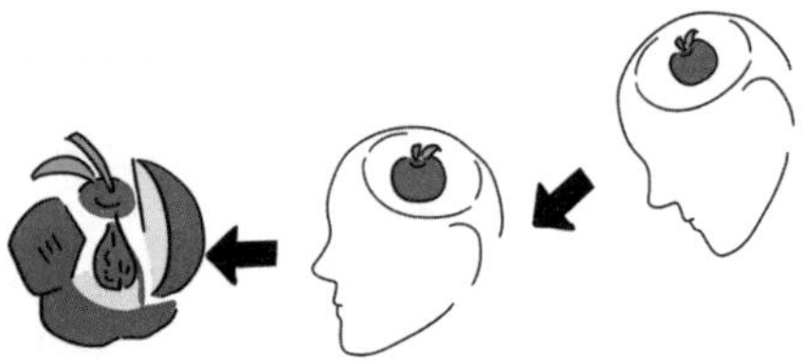

칸트는 어떤 대상을 보고 떠올린 이미지를 다시 들여다보는 것을
'초월철학'이라고 했다.

한 인식'이에요.

만약 카메라가 자신의 내부를 보려면, 자신이 찍은 사진을 분석해 보면 돼요. 마찬가지로 내가 대상을 어떻게 구성하는지를 보려면, 나의 인식체계가 구성한 영상들을 분석하면 되고요. 즉, 수학·기하학·물리학적 명제들을 분석해 보면, 우리의 인식체계가 대상을 구성하는 방식을 알 수 있어요. 칸트는 이것을 **초월철학**혹은 선험철학이라고 해요.

칸트 초월철학의 의미는 두 가지로 정리할 수 있어요. 하나는 대상 자체가 아니라, 내가 구성한 대상이 어떻게 구성됐는지를 보겠다는 거예요. 다른 하나는 이러한 작업은 경험과는 독립적인 작업이라는 것이에요.

칸트의 『순수이성비판』, 역시 어렵지요? 다음에서 좀더 쉽고 재미있게 이야기를 풀어볼게요.

영상으로 한 번 더!

직관 없는 개념은 공허하다

칸트: 순수이성비판 2

앞에서 살펴본 칸트 철학을 요약하면, 대상이 나의 인식 속으로 들어온 것이 아니라, 내가 대상을 만들어낸다는 거예요. 이제 우리의 관심은 더 이상 대상이 아니라 인식체계가 돼요.

인간의 인식체계가 어떻기에, 우리는 이런 식으로 대상을 인식할까요? 칸트는 우리의 인식 과정이 감성, 구상력, 지성의 3단계를 거친다고 해요.

칸트, 인간의 3단계 인식 과정

감성 ➡ 구상력 ➡ 지성

인식 과정

감성

칸트가 말하는 감성은 감각자료를 받아들이는 능력을 말해요. 무언가를 보고 들을 수 있는 능력이죠.

우리가 받아들이는 모든 감각자료는 시간과 공간 속에 있어요. 예를 들어 우리 앞에 있는 사과는 시간과 공간 속에 존재하죠. 그래서 시간과 공간을 **감성의 형식**이라고 해요. 감각자료를 받아들일 때 그것을 정리하는 형식이란 거죠. 따라서 우리는 시간과 공간을 없애버릴 수 없어요. 예를 들어볼게요.

【질문】 왼쪽 그림에서 보이는 것을 하나씩 빼보죠. 먼저 사과를 제거하고, 책을 제거하고, 자동차를 제거하고, 장난감을 제거해 보죠. 그리고 마지막으로 액자까지 빼보죠.

이제 뭐가 남아 있을까요? 아무것도 남은 것이 없을까요? 마지막으로 하나 남은 게 있어요. 그것은 바로 **공간**이에요.

이제 공간도 제거해 볼까요? 그것은 불가능해요. 공간은 우리의 상상 속에서조차 제거할 수 없어요.

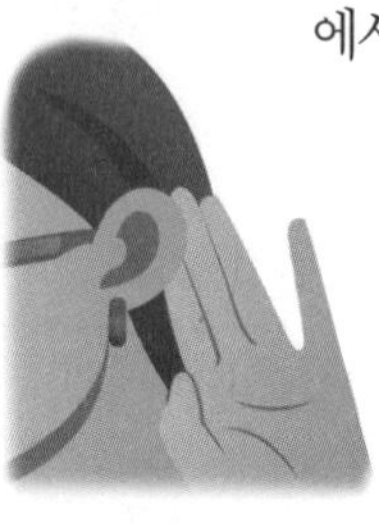

【질문】 이번에는 소리를 들어보세요. 여러분이 지금 앉아 있는 곳에서는 어떤 소리가 들리나요? 저는 지금 밴드 음악을 듣는 중이에요. 먼저 드럼 소리를 제거하고, 그다음 기타 소리, 베이스 소리도 제거해 볼게요. 여러분도 지금 들리는 거실의 TV 소리, 풀벌레 소리, 멀리 들리는 차 소

리 등을 차차 모두 제거해 보세요. 이제 뭐가 남죠?

아무것도 안 남은 것 같죠? 하지만 마지막으로 하나 남은 게 있어요. 그것은 바로 **시간**이에요.

이제 시간도 제거해 볼까요? 그것은 불가능해요. 시간은 우리의 상상 속에서조차 제거할 수 없어요.

그런데 시간과 공간은 왜 제거할 수 없을까요? 시간과 공간은 나의 외부에 존재하는 게 아니에요. 나의 인식체계 안에 내재되어 있기 때문이에요. 우리는 감각자료를 이러한 시간과 공간이라는 형식으로 정리해서 받아들여요. 이것이 바로 칸트의 시간과 공간 이론이에요.

구상력

우리가 나무에 달린 사과를 보고 있다고 합시다. 이 장면은 우리의 인식체계가 시간과 공간이라는 형식으로 이미 정리한 거예요. 우리는 이처럼 시간과 공간이라는 형식을 통해 감각자료를 받아들여요.

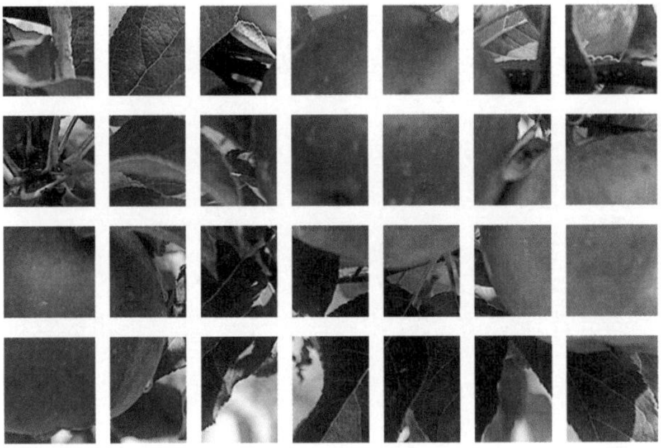

앞의 그림에서 우리가 본 것은 이미지의 조각들이에요. 하지만 우리 머릿속에서는 아래와 같은 이미지가 떠올라요. 왜 그럴까요? 우리 인간에게는 구상력이 있기 때문이죠.

감각자료 종합 후 얻은 이미지

구상력은 시간적으로 펼쳐져 있는 감각자료를 종합하는 능력이에요. 예전에 본 감각자료와 지금 보고 있는 감각자료를 동시에 떠올릴 수 있게 해줘요. 단순히 이미지 조각을 종합하는 정도가 아니에요. 여러 종류의 감각자료들을 동시에 모을 수 있게 해줘요. 구상력 덕분에, 우리는 사과가 둥글다는 인식과 빨갛다는 인식을 동시에 할 수 있어요.

지성

이제 구상력을 통해 정리된 감각자료위의 그림에서 빨간색 사물로부터 배경을 분리하면, 오른쪽 그림의 머릿속 사과 같은 표상을 얻게 돼요.

지성은 여기에 '세 개, 사과, 빨갛다'라는 개념을 붙인 다음에 이런 개념들을 결합해요. 이것을 **판단**이라고 해요.

이때 판단은 아무렇게나 하는 게 아니라 일정한 규칙을 따라요. 이것을 **범주**라고 해요. 먼저 수적 범주로 하나인지, 여럿인지 혹은 전체인지를 판단해요. 성질 범주로 긍정인지, 부정인지, 제한인지를 판단하고요. 관계 범주로 실체와 속성, 원인과 결과, 상호작용을 판단하고, 양상 범주로 가능과 불가능, 현실성과 비현실성, 필연성과 우연성을 판단해요.

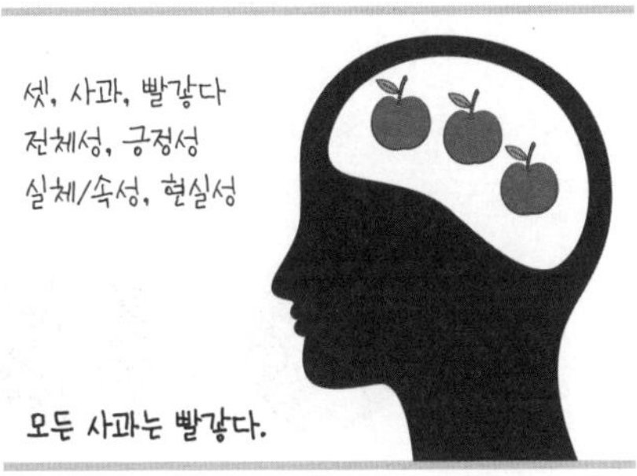

칸트의 판단 12범주표

수적	단일성	다수성	전체성
성질	긍정성	부정성	제한성
관계	실체와 속성	원인과 결과	상호작용
양상	가능성/불가능성	현실성/비현실성	필연성/우연성

앞에서 소개한 사과들 이미지의 경우 전체성, 긍정성, 실체와 속성, 현실적이라는 범주를 적용해요. 그러면 "모든 사과는 빨갛다"라는 판단이 나오죠.

경험론과 합리론의 종합

보통 서양 근대철학을 합리론과 경험론의 대립으로 설명한다고 했죠? 합리론자들은 지식의 원천을 인간의 '이성'으로 보고, 경험론자들은 지식의 원천을 '경험'이라고 해요. 그런데 칸트의 인식론은 합리론과 경험론을 둘 다 받아들여요.

흔히 칸트의 인식론을 붕어빵을 만드는 과정에 비유하기도 해요. 밀가루 반죽을 붕어빵 틀에 부으면, 그 틀의 모양과 똑같은 붕어빵이 나오죠. 칸트에 따르면, 감각자료가 인간의 인식 틀 속에 들어가면, 시간과 공간 틀과 12범주 틀 모양으로 지식을 찍어내게 돼요.

이때 밀가루 반죽과 감각자료는 경험론자들이 말하는 '경험'이에요. 붕어빵 틀과 인식의 틀은 합리론자들이 말하는 '이성'이라고 보면 되고요. 칸트는 둘 다 받아들이는 입장인 거죠. 합리론과 경험론이 칸트에 의해 통합된 것이죠. 따라서 칸트는 이성과 경험 중에 하나가 없으면 온전한 지식이 될 수 없다고 봤어요.

내용 없는 사고는 공허하고, 개념 없는 직관은 맹목적이다.

칸트의 말이에요. 여기서 '내용'은 '경험'을 말해요. '내용이 없다'는 건 경험이 없다는 거죠. '사고'는 '이성'을 말해요. '내용 없는 사고'는 공허하다는 것이죠. 밀가루 반죽도 없이 붕어빵 틀만 구우면, 아무것도

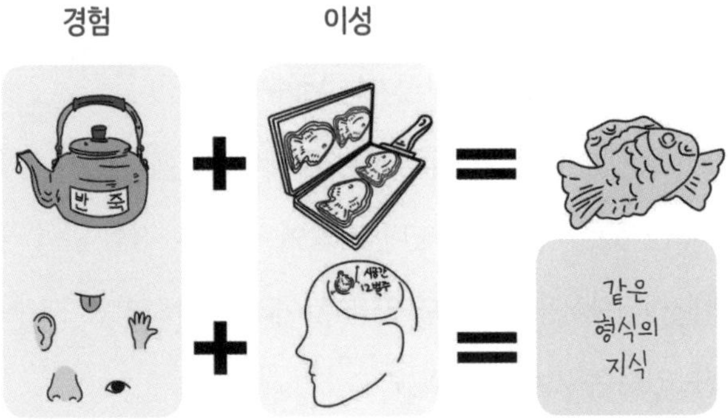

칸트는 이성과 경험을 둘 다 받아들임으로써 합리론과 경험론을 통합했다.

안 나오는 것처럼요.

"개념 없는 직관은 맹목적이다"라는 말에서 '개념'은 '이성'을 말해요. '개념이 없다'는 것은 이성이 없다는 거죠. 그리고 '직관'은 '경험'을 말해요. '개념 없는 직관'은 맹목적일 뿐이죠. 마치 붕어빵 틀에 밀가루 반죽을 넣지 않고 그냥 구운 것처럼요.

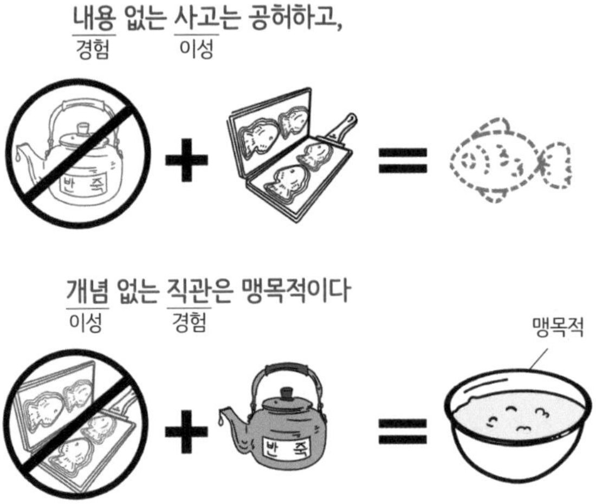

"비둘기는 공기의 저항이 없으면, 더 잘 날 수 있을 것이라고 생각한다. 하지만 공기가 없으면, 비둘기는 날 수조차 없다."

여기서 공기는 '경험'이고, '공기의 저항이 없다'는 건 경험이 없다는 거죠. '난다'는 것은 지식을 얻는다는 말이에요. 즉, 경험 없이 생각의 힘만으로 화려한 지식을 만들 수 있을 것이라 생각하지만, 그 어떤 지식도 만들 수 없다는 거예요.

신이 존재하는지, 우주는 유한한지, 인간에게 영혼이 있는지, 자연은 인과법칙을 따르는지…, 칸트는 인간의 이성으로는 이런 문제들을 알 수 없다고 봤어요. 이런 것에 관한 지식은 경험 없는 지식, 즉 밀가루 반죽 없이 붕어빵 틀만 구운 셈이란 거죠.

현상계와 물자체

처음으로 돌아가 보죠. 먼저 사과라는 감각자료가 나한테 들어왔다고 합시다. 이 감각자료는 어디서 온 거죠? 내 손이 들고 있는 것으로부터 왔죠.

그런데 내가 손에 들고 있는 것은 무엇일까요? 그것이 무엇인지 나는 알 수 없어요. 내가 알 수 있는 건, 거기서 들어온 감각자료를 받아서 내가 구성한 대상이에요. '그것' 자체는 내가 알 수 없어요. 이를 **물자체**物自體라고 해요.

그리고 감성, 구상력, 지성을 통해 인식한 세계가 바로 현상의 세계예요. 이렇게 보면 칸트는 세상을 **물자체의 세계**와 **현상의 세계**로 쪼개버린 거라고 할 수 있어요.

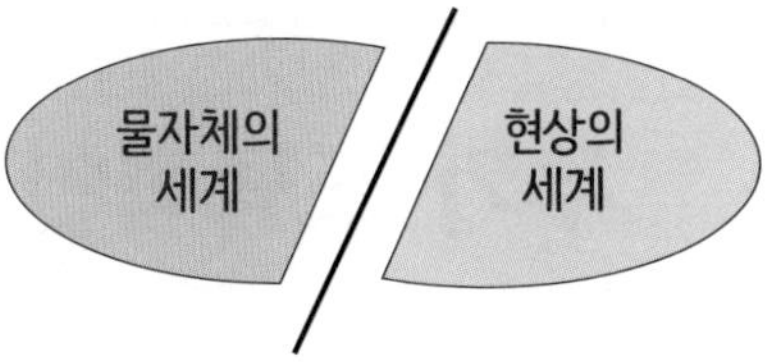

【질문】  이 물자체는 존재할까요?

이 물자체가 존재하므로, 내가 이로부터 감각자료를 받아 대상을 구성할 수 있죠. 따라서 물자체는 '지금, 여기'에 존재하는 것이라고 할 수 있어요.

좀 이상하죠? 칸트는 시간과 공간은 우리 머릿속에 있다고 봤어요. 그런데 이 물자체가 '지금, 여기'에 존재한다니, 이것은 말이 안 되죠. 따라서 칸트의 입장을 받아들이면, 물자체가 '지금, 여기'에 존재한다고 말할 수 없는 듯해요. 물자체 자체가 보통 존재하는 방식으로 존재한다고도 말할 수 없고요. 존재하는 것은 모두 나의 머릿속에서 구성한 대상일 뿐이니까요. 따라서 칸트는 초월적 관념론자라고 볼 수 있어요.

반대로 생각할 수도 있어요. 칸트는 자신이 경험한 건 실제로 존재한다고 봤어요. 시간과 공간 속에 있는 건 존재하니까요. 결국 칸트는 초월적 관념론자이지만, 경험적으로는 실재론자라고 할 수 있어요.

칸트의 『순수이성비판』은 역시 어렵죠? 하지만 되새겨 생각하다 보면, 당시 칸트의 철학이 굉장히 혁신적이었다는 걸 느끼게 돼요. 인간의 인식에 대한 생각 자체를 뒤집은 거니까요.

영상으로 한 번 더!

누가 도덕적인가?

칸트: 실천이성비판

플라톤은 인간의 영혼에는 진선미 등 세 개의 영역이 있다고 봤어요. 진은 진리의 영역, 선은 의지의 영역, 미는 아름다움의 영역이에요. 각 영역에서 나온 것이 바로 학문, 종교, 예술이고요.

칸트는 플라톤의 전통에 따라서 세 권의 책을 썼어요. 진리에 관한 『순수이성비판』, 의지에 관한 『실천이성비판』, 아름다움에 관한 『판단력비판』이에요. 여기서는 칸트의 실천이성비판과 윤리학에 대해 살펴보죠.

플라톤–인간 영혼의 세 영역

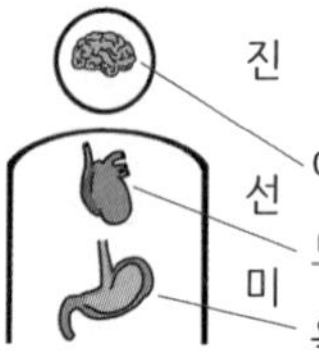

				칸트의 저작
진	이성/지성	학문	과학혁명	순수이성비판
선	도덕/의지	종교	종교개혁	실천이성비판
미	욕구/욕망	예술	르네상스	판단력비판

착하게 살 것인가, 행복하게 살 것인가?

윤리학에서는 많은 복잡한 문제들을 다뤄요. 하지만 사실 우리가 직면하는 윤리적 문제는 아주 간단해요. 그것은 바로 착하게 살 것인가, 행복하게 살 것인가 하는 문제죠.

물론 착하게 살면서 행복해지면 좋죠. 하지만 현실에서는 착하면 손해보고 불행해질 가능성도 있어요. 약간 덜 정직하면 이득을 보고 행복해질 가능성도 있고요. 현실에서는 착함의 정도와 행복도가 반비례할 수도 있죠. 그래서 사람들은 '착하게 살아야지' 하면서도, 적당히 안 착하게 살면서 이익을 보고 행복해지고 싶은 유혹에 빠져요.

에피쿠로스 학파는 행복을 추구하는 것이 중요하다고 주장했어요. '어떻게 하면 나의 쾌락, 행복을 극대화하느냐'에 주목했죠. 이들의 입장을 예쁘게 포장한 게 공리주의예요. 에피쿠로스가 개인의 행복만을 추구했다면, 공리주의는 '최대 다수의 최대 행복', 다른 사람들의 행복까지 고려해요. 하지만 본질은 같아요. '어떻게 하면 행복할 수 있을까'가 관심사였죠. 시중에 나와 있는 처세술 책들도 이러한 입장이죠.

반면 행복이 아니라 착하게 사는 게 중요하다는 입장도 있어요. 이런 주장을 최초로 한 이가 바로 소크라테스예요. "다이몬그리스신화의 반신반인의 목소리, 즉 양심의 소리에 귀를 기울여라." 그리고 이러한 입장의 정점에 칸트가 있어요.

대부분의 사람들은 중간에서 왔다갔다하죠. 적당하게 착하고, 적당하게 불의를 저지르면서 시계추처럼 왔다갔다하면서 살다가요.

이처럼 인간은 착하게 살아야 한다는 의무감과 행복해지고 싶다는 욕망 사이에서 끊임없이 갈등하는 비극적 존재예요. 그렇다면 이러한 의무와 욕망의 괴리를 어떻게 메울 수 있을까요?

주지주의와 주의주의

어느 날 게슈타포가 찾아왔어요. 정직한 A씨에 대해 부정직한 사람이라고 거짓 증언을 하래요. 안 그러면 너를 죽여버리겠다고 해요. 이런 상황에서 거짓 증언을 거부하는 것은 쉽지 않죠.

그래도 우리는 거짓 증언이 옳지 않다는 건 알아요. 그런데 거짓 증언은 왜 옳지 않을까요? 크게 보면 두 가지 입장이 있어요.

하나는 **주의주의** 입장이에요. 옳고 그름은 신이 결정한다는 거죠. 신이 십계명을 통해 "네 이웃에 대해 거짓 증거를 하지 마라"고 했기에, 거짓 증언이 옳지 않다는 거죠.

다른 하나는 '원래 옳고 그른 것이 있다'는 입장이에요. 이것을 **주지주의**라고 해요. 거짓 증언은 원래부터 옳지 않은 것이고, 그래서 신이 금지시켰다는 거죠. 칸트는 주지주의 입장이에요.

그런데 소수의 어떤 사람들은 거짓 증언을 거부하고 죽음을 선택하기도 해요. 자연세계에서는 어떤 생명체도 스스로 죽음을 선택하지 않아요. 오직 인간만이 도덕적 이유로 자연법칙을 거스르죠. 이것이 어떻게 가능할까요?

결정론과 자유의지

사람들은 어떤 경우에는 목이 엄청 마른데도, 자기보다 더 목말라 하는 사람한테 물을 양보해요. 인간은 도덕적인 이유로 인과관계로부터 벗어나서 자유의지로 물을 양보할 수 있어요.

결정론자들은 인간의 행위도 인과적으로 결정되어 있다고 봐요. 그런데 인간은 어떻게 자유의지를 가지고, 자기 목이 타는데도 물을 양보하는 행동을 할 수 있을까요? 이것을 설명하는 것은 매우 중요해요. 인간이 자유의지를 가지고 있어야, 그것을 발현하는 도덕법칙을 가지고 있다고 말할 수 있기 때문이죠.

칸트는 결정론과 자유의지의 문제를 이렇게 해결해요. 인간은 목이 마르면 물을 마시죠. 목마름이 원인이고, 물을 마시는 행위가 그 결과예요. 여기에는 자유의지가 끼어들 틈이 없어요.

그런데 칸트는 그 중간에 **의지**를 끼워 넣어요. 인간은 물을 마시고자 하는 의지, 그리고 물을 양보하고자 하는 의지 중 하나를 선택할 자유를 가지고 있어요. 이것을 **의지의 자유**라고 해요. 이처럼 인간은 의지의 자유를 가지고 있기 때문에, 결정론으로부터 벗어나서 자유로운 도덕적 행위를 할 수 있다는 거죠.

정언명령

칸트는 도덕법칙으로 정언명령을 제시했어요. 이때 '정언'은 조건이 없다는 뜻이에요. 다른 말로는 절대적, 무조건적이란 말이죠. **정언명령**이란 어떤 조건이건 간에 묻지도 따지지도 말고 따라야 하는 도덕법칙을 말해요. 칸트가 제시한 정언명령 중 하나를 보죠.

"자기 행위의 원칙이 보편법칙과 일치하도록 행위하라."

자기 행위의 원칙이란 사람들이 가지고 있는 주관적으로 타당한 행위의 원칙이에요. 보편법칙이란 나뿐만 아니라 다른 모든 사람들도 지켜야 하는 법칙, 객관적으로 타당한 법칙이고요. 따라서 "자기 행위의 원칙이 보편법칙과 일치하도록 행위하라"는 건, 너의 주관적인 행위 원칙을 보편법칙에 맞게 하라는 거죠.

칸트는 사람을 죽이는 것이나 거짓말을 하는 것은 보편법칙이 될 수 없다고 봤어요. 논리적, 현실적으로 불가능하거나, 아니면 그것이 도덕법칙이 되면 도저히 수긍하기 어려운 상황에 빠지기 때문이죠.

뒷문으로 들어온 신

'착하게 살 것인가, 행복하게 살 것인가?' 칸트는 착하게 살면 행복해지는 것을 **최고선**이라고 봤죠. 그런데 현실세계에서는 이런 최고선이 이뤄지지 않죠? 만약 신이 존재한다면 어떨까요?

신은 지금 당장, 또는 현세에서는 아닐지라도, 착하게 사는 사람에게 반드시 행복을 줄 거예요. 그런데 인간이 먼 훗날에서나마 신이 주는 행복을 누리기 위해서는 영혼이 존재해야 해요. 최고선이 실현되려면 신과 영혼이 존재해야 하는 거죠. 그래서 칸트는 인간은 신과 영혼이 존재한다고 믿을 권리를 가지고 있다고 해요.

『실천이성비판』에서 내린 칸트의 결론은 『순수이성비판』의 결론과 달라요. 『순수이성비판』에서 칸트는 인간의 이성은 신, 영혼, 자유의 존재 여부를 알 수 없다고 해요. 이러한 형이상학적 문제는 인간의 순수이성으로는 풀 수 없다는 거죠. 그런데 『실천이성비판』에서는 신, 영혼, 자유가 존재해야 한다고 해요. 아니, 존재한다고 해요.

이론적으로는 신, 영혼, 자유가 존재한다고 말할 수 없지만, 도덕적으로는 필연적으로 존재한다는 거죠. 그래서 어떤 사람들은 칸트가 "신을 앞문으로 내쫓고, 뒷문으로 들여보냈다"고 비판해요.

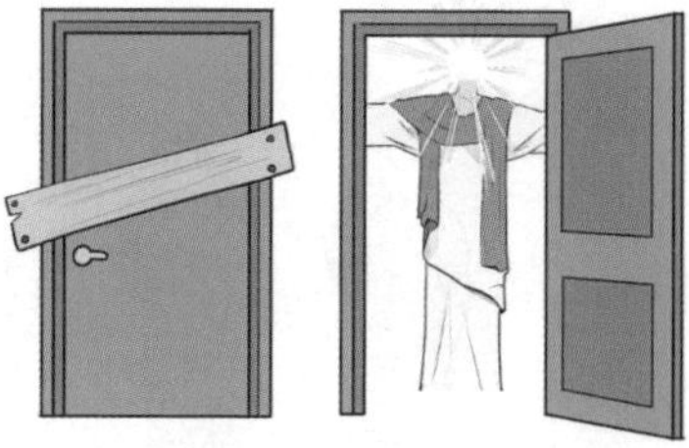

신을 앞문으로 내쫓고, 뒷문으로 들여보냈다.

칸트의 윤리학에 대한 비판

칸트의 윤리학을 한마디로 말하면 '지킬 것은 지킨다'예요. 그래서 칸트의 윤리론을 **의무주의**라고 해요. 어떤 행위의 동기가 의무일 경우에만 도덕적이란 거죠.

【질문】 한 여자의 차 바퀴가 펑크가 났어요. 지나가던 남자 세 명이 바퀴를 교체하는 것을 도와줘요. 다음 중 칸트 입장에서 도덕적인 사람은 누구일까요?

A. 어떻게든 이 여자의 전화번호를 알아내려고

B. 너무 불쌍해서 동정심 때문에

C. 곤궁에 처한 사람을 도와주어야 하니까

칸트라면 C야말로 도덕적이라고 할 거예요. 곤경에 처한 사람이 불쌍해서가 아니라, 도와주는 것이 '의무'이기 때문에 하는 것이 보편법칙에 맞고 도덕적이라고 보거든요.

칸트의 윤리학은 의무를 지나치게 강조함으로써 인간이 가지는 동

정심, 측은지심을 도덕의 영역에서 배제해 버렸다는 문제가 있어요. 또한 정언명령 같은 형식만 제공하다 보니, 구체적인 상황에서는 맞지 않는 부분이 있어요.

1942년부터 2년 동안 안네 프랑크는 나치를 피해 다락방에서 숨어 살았어요. 어느 날 나치가 들이닥쳐 집주인에게 유대인들이 어디에 숨어 있냐고 물었어요.

칸트의 의무주의에 따르면, 집주인은 거짓말을 해서는 안 돼요. 안네 프랑크가 숨어 있는 다락방을 알려주어야 해요. 그런데 이것은 말이 안 되죠? 칸트는 이런 상황에서는 침묵하라고 했다는데, 이것도 이해가 안 돼요. 이처럼 칸트의 윤리학은 지나치게 원칙만을 고집하기에 실제 상황에서는 맞지 않는 경우가 있어요.

비판에 대한 해명

칸트의 윤리학은 의무를 지키라는 원칙만 고집하는 것처럼 보여요. 수긍할 만한 비판이에요. 아마 칸트도 이런 점을 알고 있었을 거예요. 그런데도 왜 이러한 원칙을 고집했을까요?

칸트는 윤리학을 통해 '인간이 어떻게 살아야 하는가'에 대한 하나의 지향점을 보여주고자 했어요. 현실적인 행동지침은 처세술이지, 윤리학이 아니죠. 원칙을 지키는 게 현실적으로 불가능하다고 변칙을 자꾸 만들면, 원칙이 훼손될 수 있죠. 현실적으로 우리는 때론 돌아가야 해요. 그렇다고 해서 목적지가 바뀌어서는 안 되겠죠.

칸트가 생각하는 목적지는 모든 사람이 자신의 의무를 지키면서 행복해지는 사회였어요. 그것이 가능한지, 가능하지 않은지는 몰라도, 적어도 윤리학이라면 그러한 목표 지점을 가리켜야 한다고 생각했어요. 그러고 보면, 칸트는 인류가 도달해야 할 최고로 선한 사회를 손가락으로 가리키고 있는 듯해요. 사람들이 그 손가락만 보면서 현실적으로 맞네, 안 맞네 비판하는 것일 수도 있어요.

착하게 살 것인가, 행복하게 살 것인가. 앞에서 칸트는 착하게 살아야 한다는 것을 강조했다고 했죠? 그런데 알고 보니 그의 목표는 그게 아니었어요. '착하게 사는 사람이 행복해지는 사회'가 목표였던 거죠. 그러고 보면 칸트에게 중요한 것은 '어떻게 하면 내가 행복해질 수 있는가'가 아니라, '어떻게 하면 행복해질 만한 자격이 있는 사람이 될 것인가'라고 할 수 있을 듯해요.

영상으로 한 번 더!

국화꽃을 사랑한 소쩍새

칸트: 판단력비판 1 (아름다움에 대하여)

『삼국지』의 제갈량은 유비를 만나 조조에게 대항하기 위해서 천하를 조조, 손권, 유비를 축으로 셋으로 나누고 서로 견제하자고 해요. 이때 제갈량은 솥이 똑바로 서려면 다리가 3개가 있어야 한다는 비유를 들어요. 평생 도망이나 다니면서 조조나 손권의 곁꾼으로 살았던 유비한테는 이러한 천하삼분지계 제안이 정말로 마음에 들었겠죠.

플라톤도 인간의 영혼에는 이성, 의지, 욕망의 3개 영역이 있다고 봤죠. 그런데 이 3가지 영역이 천하삼분지계처럼 동등한 지위를 가진 건 아니에요. 플라톤은 아예 순위를 정했죠? 이성이 1등, 의지가 2등, 욕망이 3등이에요. 이성이 의지를 통해 욕망을 조절해야 한다고 봤죠. 이성의 결과물이 학문이고, 의지의 결과물이 종교이며, 욕망의 결과물이 예술이니, 예술은 학문의 보조 역할이나 하라는 거죠.

반면 칸트는 예술을 학문, 종교와 같은 지위로 올려놓았어요. 솥의 발처럼, 이 셋이 있어야 인간이 똑바로 설 수 있다고 봤어요. 그래서 칸트는 3대 비판서인 『순수이성비판』은 학문, 『실천이성비판』은 종교, 『판단력비판』은 예술에 대해 다루고 있어요.

칸트는 예술과 아름다움에 대해 본격적으로 다룬 최초의 철학자예요. 여기서는 칸트의 판단력 비판, 즉 아름다움이란 무엇인가에 대해 이야기할게요.

미적 판단

판단이란 무엇인가?

칸트의 『판단력비판』에서 **판단**이란 '개별적인 것을 보편적인 것에 감싸 끌어들이는포섭하는 것'을 말해요.

우리는 옆의 그림들을 보고 의자라고 판단을 하죠. 각각 다른 개별적인 것들을 의자라는 개념으로 포섭하는 거예요.

또한 우리는 사과가 나무에서 떨어지는 것, 조수간만의 차, 사람이 땅 위에 설 수 있는 걸 중력 때문이라고 판단해요. 칸트는 이처럼 개별적인 대상이나 현상을 개념, 법칙, 원리에 포섭하는 것을 '판단'이라고 한 거죠.

규정적 판단, 반성적 판단

판단에는 규정적 판단과 반성적 판단이 있어요. **규정적 판단**이란 개별적인 것을 의자나 중력처럼 이미 주어져 있는 보편적인 개념이나 법칙에 포섭하는 판단이에요. 이것은 아주 간단하죠. 이미 있는 개념이나 법칙에 연결만 시키면 되니까요.

르네 마그리트,
〈개인적 가치〉 작품과 해설

반성적 판단이란 개념이나 법칙을 만들어 포섭하는 판단이에요. 초현실주의 화가 르네 마그리트의 그림을 보죠.

옆의 QR 코드를 찍어 보세요. 마치 하늘에 떠 있는 느낌의 방이에요. 벽은 온통 하늘과 구름 벽지예요. 침대, 가구, 양탄자가 보여요. 그리고 침대 위에 거대한 빗이 비스듬히 기대어 있어요. 옷장 위엔 거대한 면도솔, 바닥의 양탄자 위엔 거대한 유리컵과 핑크색 성냥, 비누가 있어요. 옷장의 커다란 유리엔 방의 반대편이 비쳐 보여요. 하늘과 구름, 창이 보이네요.

이런 이미지를 포섭할 수 있는 개념이 있나요? 이런 그림을 포섭할 수 있는 개념은 없어요. 하지만 우리는 어떤 방식으로든 이런 이미지를 개념으로 포섭하고 싶어해요. 이 그림은 르네 마그리트의 〈개인적 가치〉예요. 화가는 이 작품에 '개인적 가치'라는 개념을 붙인 거죠.

그런데 이런 개념을 만들어 붙이는 데에는 상상력이 필요해요. 아무나 할 수 있는 게 아니라 천재들만 할 수 있어요. 아름다움을 판단하는 것을 **미적 판단**이라고 해요. 이런 미적 판단은 반성적 판단이에요. 반성적 판단에는 상상력이 필요하고, 미적 판단도 상상력이 있어야 가능한 것이죠.

미적 판단의 4가지 범주와 조건

범주	조건
성질	무관심한 관심
분량	주관적 보편성
관계	목적 없는 합목적성
양상	주관적 필연성

칸트의 미학에서 **상상력**이란 어떤 대상을 파악하면서 이것을 어떻게 포섭할

까, 이런저런 생각을 하는 일종의 자유로운 놀이, 유희예요. 그런데 놀이에도 규칙이 있죠? 미적 판단도 상상력의 놀이지만 최소한의 규칙을 지켜야 해요. 칸트는 미적 판단의 조건으로 4가지를 제시해요. 하나하나 풀어볼게요.

무관심한 관심

미적 판단의 첫 번째 조건은 무관심한 관심이에요. 이 말을 알려면 **관심**이라는 말을 이해해야 해요.

감각적 쾌/불쾌	관심
도덕적 쾌/불쾌	관심
미적 쾌/불쾌	무관심

쾌적한 곳에서 살면 편안하고, 불결한 곳에서 살면 불편하겠죠? 이것은 **감각적 쾌/불쾌**예요. 좋은 일이 일어나면 기쁘고, 불행한 일들이 일어난다면 슬퍼할 거예요. 이것은 **도덕적 쾌/불쾌**예요. 길을 걷다가 꽃을 발견하면 즐겁지만, 어떤 그림은 보면 불쾌해져요. 이것은 **미적 쾌/불쾌**예요.

감각적 쾌와 도덕적 쾌는 '관심'이라는 공통점이 있어요. 목이 마르면 물에 대한 관심이 생기고, 추우면 옷에 대한 관심이 생기죠감각적 쾌. 마찬가지로 우리는 굶주린 사람들이 없었으면 하는 관심이 있고, 뺑소니 차량을 잡는 데 관심을 가지고 있죠도덕적 쾌.

그런데 미적 쾌는 이러한 관심과 아무런 관련이 없어요. 예컨대 우리가 성적인 이성의 그림을 보고 즐거운 것은 미적 쾌가 아니에요. 뭔가 다른 데 관심이 있으니까요. 우리가 명품을 보고 즐거운 것도 미적인 쾌가 아니에요. 역시 과시 등 관심이 다른 데 있으니까요.

미적인 쾌는 무심코 길을 가다가 길가에 핀 꽃을 보고 느끼는 즐거움 같은 거예요. 이런 즐거움은 감각적 관심이나 도덕적 관심과 관련이 없어요. 그냥 보는 것이고, 관조하면서 즐거운 거죠. 이것이 바로 **무관심**의 의미예요.

그러면서도 미적인 쾌는 약한 의미의 사회적 관심과 관련이 있어요. 외출할 것도 아니면서, 집 안에서 얼굴을 조금이나마 꾸미고 홈웨어를 예쁘게 챙겨 입었다고 하죠. 딱히 누구한테 보이려는 것도 아닌데, 왜 그럴까요? 누군가, 혹은 무언가에 막연한 관심이 있는 거예요. 아마 평생 무인도에 혼자 살게 된다면, 그래서 다른 사람을 볼 가능성이 없다면, 막연한 관심조차 없기에 꾸미기는커녕 옷도 입지 않을 수도 있을 거예요.

미적 판단은 이처럼 도덕적 판단이나 감각적 관심과 관련이 없지만, 집 안에서 얼굴을 꾸미는 등 약한 의미의 사회적 관심과는 관련이 있다는 점에서 **무관심한 관심**이라고 해요.

주관적 보편성

18세기 이전까지만 해도, 대부분 아름다움이란 작품 속에 들어 있는 객관적인 속성이라고 봤어요. 플라톤은 "아름다움이란 작품이 가지고 있는 아름다운 비율"미의 대이론이라고 했죠.

만약 아름다움이 객관적 속성이라면, 다른 사람들도 그 작품 속에서 아름다움을 보겠죠. 따라서 보편적인 것이라 할 수 있죠. 이처럼 객관성과 보편성은 짝을 이루는 개념이에요.

반면 칸트는 아름다움은 주관적 보편성을 가진다고 봤어요. 작품이 가지는 객관적 속성이 아니라, 그 작품을 보고 있는 나의 개별적 감정이란 거죠. 그런 점에서 아름다움은 '주관적'이란 거고요.

그런데 내가 이 꽃을 보면서 '아름답다'고 생각한다면, 나는 인간이라면 가지는 최소한의 조건 속에서 이런 생각을 하는 거죠. 그러니 다른 사람들도 이 꽃을 보면서 아름답다고 생각할 거예요. 따라서 미적 판단은 '주관적'이지만, '보편적'이라고 할 수 있어요.

미적 판단은 왜 주관적이지만 보편적일 수 있을까요? 그것은 미적 판단의 '무관심성' 때문이에요.

내가 어떤 그림을 성적 관심 때문에 아름답다고 생각한다고 해보죠. 이 경우 성적 관심이 없는 사람은 그 그림을 아름답다고 생각하지 않을 수 있죠. 따라서 '관심'이 있으면 보편적일 수 없어요.

그런데 내가 어떤 그림에 무관심하면서 아름답다고 생각한다고 하죠. 그것에 무관심한 다른 사람들도 아름답다고 생각할 거예요. 그래서 내가 길가의 꽃을 보면서 아름답다고 느끼면, 친구한테 "야, 이거 이쁘지 않냐?"라고 말하는 거죠.

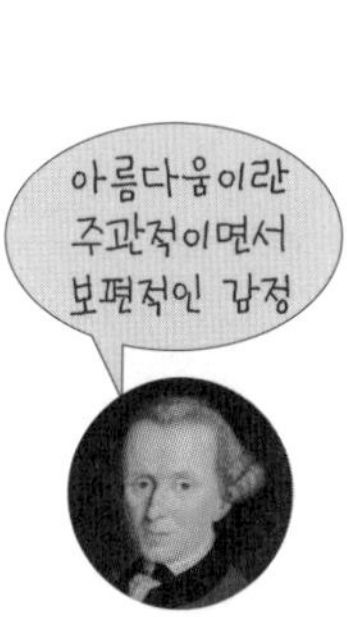

칸트

목적 없는 합목적성

우리는 이 꽃을 보고 아름답다고 느껴요. 신이 꽃을 왜 이렇게 존재하도록 만들었는지, 우리는 목적을 알 순 없어요. 다만, 신이 이 꽃을 정교하고 아름답게 존재하도록 만든 목적이 있을 거라고 생각해요. 이 꽃이 신의 목적에 부합하는합목적적 것이라고 생각하는 거죠. 이처럼 어떤 목적이 있는지는 모르지만, 그것이 합목적적이라고 가정하고 하는 판단을 **목적 없는 합목적성**이라고 해요.

그렇다면 어떻게 이런 미적 판단이 가능할까요? 칸트는 세계가 이렇게 생겨 먹은 것은, 원래 이렇게 생겨서가 아니라고 봐요. 우리의 인식 능력이 그렇게 보는 거란 거죠. 마찬가지로, 이 꽃이 합목적적인 것처럼 보이는 것은, 이 꽃 자체가 합목적적이기 때문이 아니에요. 우리 머릿속에 이미 합목적적 형식이 들어 있기 때문이에요.

그런데 합목적적 형식은 범주처럼 딱 정해져 있는 게 아니에요. 자유로움 속에서 동작해요. 비유를 하나 들어보죠.

“한 송이 국화꽃을 피우기 위해 / 봄부터 소쩍새는 / 그렇게 울었나 보다.”

이 말은 소쩍새의 울음이 원인이 되어 국화꽃이 피어나는 결과가 나타났다는 거죠. 뒤집어 보면, 소쩍새가 국화꽃을 피우겠다는 목적을 가지고 그렇게 울었다는 말도 돼요.

자연과학의 관점에서 보면, 말도 안 되는 얘기죠? 하지만 시적 관점에서 보면, 국화꽃이 소쩍새의 목적에 부합하는 것 같은합목적적 표현이 그럴 듯하죠?

이처럼 우리는 시인이 '국화꽃'과 '소쩍새'를 엮는 솜씨를 보고 아름답다고 느껴요. 이때 우리가 파악한 것은 바로 합목적적 형식이에요. 전체와 부분과의 관계, 목적과 그 결과물의 관계가 만드는 형식 말이에요.

목적 없는 합목적성

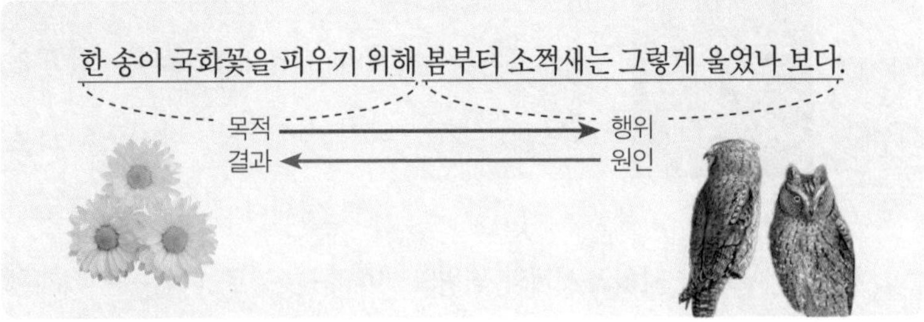

주관적 필연성

미적 판단은 주관적이죠. 그런데 우리는 어떻게 아름다움을 보면, 필연적으로 만족할 수 있을까요? 모든 인간은 '공통감'이란 걸 가지고 있어요. 그래서 아름다운 것을 보면 필연적으로 만족을 느끼게 돼요.

인간은 왜 그런 공통감을 가지고 있을까요? 그것을 증명할 수는 없어요. 마치 인간이 도덕감정을 가지고 있다는 걸 증명할 수 없는 것처럼요.

아기가 물가로 기어가는 것을 보면, 인간이라면 누구든 얼른 뛰어가 끌어안고 안전한 곳으로 옮길 거예요. 인간의 마음속에는 그렇게 해야 한다는 도덕감이 자리잡고 있기 때문이죠.

그런데 인간이 왜 그런 도덕감을 가지고 있는지 이유는 몰라요. 그냥 인간은 원래 그래요. 이와 마찬가지예요. 인간에게는 아름다운 것을 보면 만족감을 느끼는 공통감이 있는 거죠. 왜 그런지는 몰라도요.

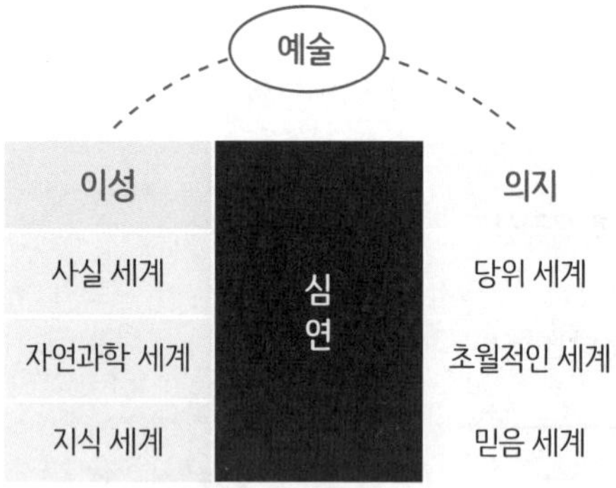

플라톤은 인간의 영혼을 이성, 의지, 욕망의 3가지 영역으로 구분했죠? 여기서 이성의 영역은 사실·자연과학·지식의 세계라고 할 수 있어요. 의지의 영역은 당위·초월·믿음의 세계라고 할 수 있고요.

칸트는 우리가 **사실의 세계**와 **당위의 세계**라는 서로 다른 두 세계를 살고 있다고 봤어요. 이 둘은 완전히 달라요. 예컨대 사실의 세계는 약육강식의 세계죠. 그럼에도 불구하고 우리는 약자를 도와야 한다는 당위의 세계 또한 가지고 있는 거죠.

칸트는 『순수이성비판』에서 사실의 세계를 말하고, 『실천이성비판』에서는 당위의 세계를 말했어요. 칸트는 두 세계 사이에는 거대한 심연이 있다고 봤어요. 두 세계는 도저히 건널 수 없어요. 칸트는 이 두 세계를 연결하는 것이 바로 아름다움, 즉 예술이라고 봤어요. 그래서 쓴 책이 바로 『판단력비판』이에요.

칸트는 왜 사실의 세계와 당위의 세계가 아름다움을 매개로 연결될 수 있다고 생각했을까요? 쉽게 말해 학문과 종교가 왜 예술을 매개로 연결될 수 있다고 했을까요? 여기에 대한 몇 가지 설명이 있지만, 제가 이해한 방식을 이야기해 볼게요.

우리는 과학을 통해 현실세계를 보죠. 그런데 과학을 통해 신의 세계, 초월적 세계로 들어갈 수는 없어요. 두 세계 사이에는 거대한 심연이 있으니까요.

인간의 이성은 사실의 세계와 초월적 세계 사이의 심연을 뛰어넘을 수 없어요. 그래서 초월적 세계로 들어가기 위해서는 심연을 뛰어넘을 수 있는 능력이 필요해요. 그것이 바로 상상력이에요.

칸트는 『판단력비판』에서 상상력이란 '개별적인 대상이나 현상을 아직 존재하지 않는 어떤 보편적인 것에 포섭하는 능력'이라고 해요. 이때 상상력은 바로 아름다움을 보는 능력, 즉 예술을 가능하게 만드는 능력이죠.

그런데 이러한 아름다움을 본다는 것은 합목적성 개념과 연결돼요. 어떤 대상이 합목적적이란 건, 그 대상이 신이 창조한 목적에 부합한다는 것이죠. 따라서 아름다움을 본다는 것은 결국 신의 목적을 보는 것이라 할 수 있어요.

결국 우리가 어떤 대상을 보면서 아름답다고 느끼는 것은, 상상력을 통해 대상의 합목적성을 본다는 뜻이에요. 이것은 신의 목적, 계획을 힐끔이나마 보는 것과 같다고 할 수 있죠. 그럼으로써 우리는 신이 거주하는 세계, 즉 초월적 세계, 당위의 세계, 도덕의 세계로 들어갈 수 있는 거예요.

영상으로 한 번 더!

미학 근대 STEP 2

불쾌하지만 좋은 감정

칸트: 판단력비판 2 (숭고에 대하여)

"미술작품을 보고, 눈물을 흘린 적 있나요?"

미국의 한 갤러리에서 "미술작품을 보고 눈물을 흘려본 적이 있나요?" 라는 설문조사를 했어요. 그런 적이 있다면 "어떤 작품을 보았을 때였나요?"라고 물었죠. 70%의 사람들이 러시아 출신의 추상표현주의 화가 마크 로스코1903~70의 작품을 봤을 때라고 답했어요.

마크 로스코, 〈레드〉 작품과 해설

로스코의 작품이 어떻기에, 사람들이 보고 눈물을 흘렸을까요?

색면 화가로 불리는 로스코의 〈레드〉라는 작품을 보면, 화폭을 격정적이고 역동적인 붉은 빛이 가득 채우고 있어요. 〈레드〉는 1970년 그가 죽기 전에 마지막으로 그렸던 작품들 중 하나예요.

특별한 구도가 있는 것도, 훌륭한 기교가 있는 것도 아니에요. 로스코가 그린 것은 그냥 색 덩어리일 뿐이에요. 그런데 사람들은 왜 그의 그림을 보면서 눈물을 흘릴까요?

마찬가지로 미국의 색면 추상화가 바넷 뉴먼1905~70의 작품 앞에 서면, 사람들은 감동을 느껴요.

〈단일성6〉이라는 작품은 2013년 소더비 경매에서 우리 돈 487억 원에 낙찰되어 화제가 됐어요. 캔버스 양측에 파란색이 가득하고, 중간에 하늘색 선이 있어요.

사람들은 왜 이런 그림을 보고 감동을 느낄까요? 그것은 숭고함이라는 감정을 느끼기 때문이죠.

바넷 뉴먼, 〈단일성6〉
작품과 해설

칸트는 쾌, 불쾌의 감정을 기준으로 **아름다움**과 **숭고**를 구분해요. 그리고 숭고를 다시 수학적 숭고와 역학적 숭고로 구별해요.

우리는 길을 걷다가 우연히 발견한 꽃을 보면서, 그리고 고즈넉한 오솔길을 걸으면서 기쁨을 느끼죠. 칸트는 이러한 쾌를 **아름다움**이라고 해요.

우리는 한없이 펼쳐진 지평선을 보면서, 혹은 밤하늘의 수많은 별들을 보면서 기쁨을 느껴요. 칸트는 이러한 쾌를 **수학적 숭고**라고 해요.

그리고 우리는 아찔한 절벽 앞에서, 또는 휘몰아치는 거센 폭풍우 속에서 압도적인 감정을 느껴요. 칸트는 이러한 쾌를 **역학적 숭고**라고 해요. 하나하나 설명해 볼게요.

아름다움

칸트가 위에서 말하는 3가지 종류의 쾌, 불쾌는 우리의 인식 능력과 관련이 있어요. 칸트는 우리의 인식 능력에는 지성, 상상력, 그리고 좁은 의미의 이성이 있다고 했죠.

이때 **지성**은 대상을 우리 머릿속에 이미 가지고 있는 개념의 틀에 적용하는 능력이에요. 사과 그림을 보고 '모든'이라는 개념, '사과'라는 개념, '빨갛다'라는 개념을 적용해 "모든 사과는 빨갛다" 같은 판단을 내리는 능력이죠.

르네 마그리트, 〈개인적 가치〉 작품과 해설

그런데 우리가 르네 마그리트의 〈개인적 가치〉라는 그림을 본다고 하죠. 이런 작품을 하나의 개념으로 포섭할 수 있나요? 우리는 이런 작품을 하나의 개념으로 포섭할 수 없어요.

이때 우리는 상상력을 발휘하기 시작해요. 이것을 어떤 개념으로 포섭할까, 이런저런 상상을 하죠. 화가는 이 그림에 '개인적 가치'라는 개념을 만들어 붙였어요. 그럴듯하죠?

상상력이란 이처럼 존재하지 않는 개념을 만들어 대상에 부여하는 능력이에요. 그런데 이런 개념을 붙이는 데 전적으로 상상력만 작동하는 것은 아니에요. 기존에 갖고 있는 개념도 같이 들어가요.

르네 마그리트의 〈개인적 가치〉 그림에는 '빗', '유리잔', '성냥' 같은 기존 개념이 들어가 있어요. 이런 개념들은 지성의 결과로 나타난 거죠. 따라서 이런 판단은 지성을 기본으로 하고, 그 위에 상상력이 작용함으로써 나타난 거예요.

마찬가지로 '아름답다'는 감정도 이처럼 지성을 기본으로 하되, 자유로운 상상력이 작용할 때 나타나요. 우리는 길가에 핀 꽃을 보면서, 혹은 고즈넉한 오솔길을 걸으면서 아름다움을 느끼죠. 지성으로는 범주를 결정하고, 상상력을 통해 이 대상으로부터 합목적성을 봄으로써 아름다움을 느끼는 거예요.

수학적 숭고

자연수를 생각해 보죠. 1, 2, 3, 4, 5, 6, 7, 8, 9, 10… 우리의 수 개념으로 어느 정도까지는 포착이 가능해요. 그러면 가장 큰 자연수는 얼마일까요? 아무리 큰 자연수를 상상해도, 그것보다 더 큰 자연수를 상상할 수 있죠. 우리의 상상력은 슬슬 좌절하기 시작해요.

이때 우리의 이성이 등장해요. 여기서 칸트가 말하는 **이성**은 좁은 의미의 이성이에요. 어떤 대상을 하나의 통일된 체계 속에서 파악하는 능력을 말해요. 이성이 나서서 이렇게 말해요.

"상상력아, 그렇게 세다가 언제 가장 큰 자연수가 나오겠니? 아무리 큰 수를 상상해도 그것보다 더 큰 수가 있어. 가장 큰 자연수는 어떤 수보다 큰 수를 찾는다고 찾아지는 게 아니야.

절대적으로 큰 수, 단적으로 그냥 큰 수를 찾아야 해. 자연수를 하나의 총체적 덩어리로 봐 봐. 그러면 하나의 숫자가 보일 거야. 그게 무엇일까? 그건 바로 무한이야."

그래서 이성은 가장 큰 자연수는 "무한한 수"라고 대답해요. 그런데 무한이란 게 뭔지 설명할 길이 없어 좌절하기 시작해요. 이때 인간은 불편하고 불쾌한 감정을 느끼죠. 그래서 문득 이런 생각을 하게 돼요.

"우리는 무한이라는 개념을 충분히 이해할 수 없어. 그래도 가장 큰 자연수를 무한이라는 개념으로 포섭한 것은 대단한 일 아냐? 인간이 이런 이성을 가지고 있다는 것은 놀라운 일이잖아!"

그런 생각을 하는 순간, 불쾌는 쾌로 바뀌게 돼요. 이럴 때 나타나는 감정이 바로 **수학적 숭고**예요.

우리는 한없이 펼쳐진 지평선을 바라보면서, 밤하늘의 수많은 별들이나 오로라를 보면서 이런 경험을 해요. 그 크기에 압도되어 상상력과 이성이 그것을 포착하지 못해 불쾌함을 느끼면서도, 동시에 그것을 포섭하는 이성을 보면서 쾌감을 느끼게 되죠. 그래서 사람들이 로스코나 뉴먼의 그림을 보면서 눈물을 흘리는 거예요. 수학적 숭고를 느끼는 거죠.

역학적 숭고

역학적 숭고는 공포와 관련이 있어요. 우리는 아찔한 절벽 앞에 섰을 때, 또는 무시무시한 폭풍우 속에서 공포를 느끼죠. 공포란 이렇듯 자연의 힘에 완전히 압도되어 인간으로서는 도저히 어찌할 수 없는 상황에서 생겨요. 그런데 칸트는 인간은 이러한 거대한 힘에 굴복해서는 안 된다고 해요.

영화 〈포레스트 검프〉를 보면, 전장에서 다리가 절단되어 절망에 빠져 있던 퇴역 장교 댄 중위게리 시니스가 폭풍우 속에서 고래고래 소리를 질러요. 신에게 "한번 붙어보자"고요. 이때 그는 자연의 거대한 힘에 압도적인 공포와 불쾌함을 느껴요. 하지만 동시에 그 힘과 맞짱을 뜨고 있는 자신의 내면의 힘을 보면서 쾌를 느끼게 돼요. 이처럼 불쾌함 속에서 나타나는 쾌를 **역학적 숭고**라고 해요.

영화 〈포레스트 검프〉(1994)

하지만 실제로 이런 경험을 하기는 쉽지 않죠. 인간은 안전하지 않은 이런 상황에서 숭고함을 느끼기는커녕 공포에 압도돼요. 우리는 안전한 장소에서 이러한 두려운 상황을 목격할 때, 예컨대 거센 폭풍우를 안전한 건물 안에서 바라볼 때 이러한 역학적 숭고를 느낄 수 있어요.

아름다움과 숭고의 차이

아름다움	숭고	
	수학적 숭고	역학적 숭고
쾌	불쾌 ➔ 쾌	불쾌 ➔ 쾌
지성 + 상상력	상상력 + 이성	

아름다움, 수학적 숭고, 역학적 숭고를 비교해 보죠.

먼저 아름다움이란 예쁜 꽃을 볼 때 생기는 감정이에요. 수학적 숭고는 밤하늘의 별처럼 거대한 자연을 볼 때 생기는 감정이고요. 역학적 숭고란 폭풍우처럼 압도적인 힘 속에서 무력감을 느낄 때 가지게 되는 감정이에요.

아름다움은 쾌의 감정과 관련이 있어요. 아름답지만 불쾌한 것은 있을 수 없죠. 하지만 숭고는 단순한 쾌의 감정이 아니에요. 쾌와 불쾌가 동시에 있어요.

수학적 숭고는 거대한 자연을 포섭하지 못하는 데서 오는 불쾌함이 쾌라는 감정으로 바뀌면서 생겨요. 역학적 숭고는 두렵고 불쾌한 감정이 쾌라는 감정으로 바뀌면서 생기고요. 즉, 숭고의 쾌는 단순한 쾌가 아니라 불쾌함 속에서 나타나는 쾌인 거죠.

또한 아름다움은 지성을 기본으로 상상력이 자유로운 놀이를 하면서 느끼게 되는 감정이에요. 숭고는 상상력과 이성이 좌절하면서, 동시에 이성이 자신의 존재를 자각하면서 느끼게 되는 감정이고요.

아름다움과 숭고함이라는 감정은 둘 다 주관적이에요. 꽃이 아름다운 것은, 꽃 속에 아름다움이 들어 있기 때문이 아니죠. 내가 아름답다고 느끼기 때문이에요.

숭고도 마찬가지예요. 우리가 폭풍우를 보며 숭고한 감정을 느끼는 것은, 폭풍우 자체가 숭고하기 때문이 아니에요. 그 압도적인 힘에도 굴복하지 않는 인간의 정신이 숭고하기 때문이에요. 숭고한 것은 폭풍우가 아니라 폭풍우에 맞서는 등대예요.

그렇다면 등대는 무엇일까요? 칸트는 그것은 인간의 마음속에 있는 **도덕적 감정**이라고 봤어요. 인간은 도덕적 감정을 통해 신의 세계로 들어갈 수 있다는 거죠.

영화 〈포레스트 검프〉에서 댄 중위는 폭풍우를 경험하고, 신에게 귀의하게 돼요. 영화는 그가 역학적 숭고를 경험한 후, 신에게 귀의하는 모습을 수학적 숭고를 배경으로 보여줘요. 칸트의 숭고 개념으로 해석하면, 댄 중위는 폭풍우라는 자연의 힘에 맞서면서 자신의 정신적인 힘을 느꼈어요. 그것이 도덕적 감정, 즉 신성이었다는 걸 깨달았던 거죠.

칸트는 압도적인 힘에 굴복해 공포에 빠지는 것은 신을 모독하는 것이라고 해요. 그것은 신을 믿는 게 아니라 오히려 미신에 가깝다는 거죠. 신에게 가까워지기 위해서는 압도적인 힘에 맞서 내 안에 있는 도덕적 감정을 일깨워야 한다고 해요.

비유하자면, 지옥에 떨어지는 것이 두려워서 신을 믿는다면, 그것은 미신이란 거죠. 이러한 두려움을 직시하고, 맞설 수 있는 힘이 자신에게 있다는 것을 발견해야 해요. 나의 정신이 위대하고, 나 자신에게 도덕적 감정이 있다는 것을 발견해야 해요. 그럼으로써 신에게 나아가는 것이 바로 진정한 신앙이라는 거죠.

영상으로 한 번 더!

저 아저씨를 밀면 5명을 살립니다

공리주의 (feat. 벤담, 밀, 스펜서)

트롤리 실험

필리파 풋

1967년 영국의 필리파 풋이라는 철학자가 '트롤리 딜레마'라는 윤리학 사고실험을 내놓았어요.

【상황 1】 기차가 오는 철로 앞에 사람들이 묶여 있다고 하죠. 만약 여러분이 선로 스위치 레버를 당기면 다섯 사람을 살릴 수 있어요. 대신 사이드 레일에 묶인 한 사람은 죽게 되죠. 여러분이라면 선로 스위치를 당기겠습니까?

이 질문에 문화나 성별, 교육의 정도에 관계없이 대략 89%의 사람들이 스위치 레버를 당기겠다고 답했어요.

선로 스위치를 당기겠습니까?

【상황 2】 이번에는 좀더 까다로운 경우를 보죠. 이번에도 기차가 오고 있는 철로에 다섯 사람이 묶여 있어요. 여러분은 레일 위 다리에 서 있어요. 앞에 있는 아저씨를 밀면, 기차가 멈추고 다섯 사람을 구할 수 있다고 해요. 여러분이라면 이 아저씨를 밀겠습니까?

조금 꺼림칙하죠? 이 질문에 대해서는 대략 11%만이 다섯 사람을 살리기 위해 아저씨를 밀겠다고 답했어요.

첫 번째 경우든 두 번째 경우든, 한 사람을 희생해 다섯 사람을 살리는 상황은 같아요. 하지만 두 번째 경우 사람들이 더 망설이죠? 한 사람의 죽음에 더 직접적으로 개입해야 하기 때문이죠. 한 사람을 희생해 다섯 사람을 살리는 게 비도덕적이라고 판단했기 때문이라고 볼 순 없어요.

대체로 사람들은 이처럼 한 사람을 살리는 것보다 다섯 사람을 살리는 게 더 옳은 행위라고 생각해요. '좀더 많은 사람에게 좀더 많은 행복을' 주어야 한다는 이러한 입장을 **공리주의**라고 해요.

공리주의가 등장한 배경

고대 그리스 시대에는 쾌락은 좋은 것, 행복은 선한 것이라고 봤어요. 에피쿠로스가 대표적인 예이죠. 반면 중세의 기독교는 금욕주의를 강조하면서 현세의 쾌락을 죄악시하는 경향이 있었어요.

근대가 되자, 유럽 사람들은 종교적 속박으로부터 어느 정도 벗어났어요. 이에 각자의 행복을 추구하는 것을 선한 것, 좋은 것이라는 생각을 하게 되었죠.

17~18세기 유럽은 자본주의가 본격화됐어요. 개인이 합리적 선택을 통해 각자의 이윤을 추구하면, '보이지 않는 손'이 사회가 최대 효율을 낼 수 있도록 조정한다고 보게 됐죠.

그런데 경제 질서는 '보이지 않는 손'이 정리한다고 치고, 사회 질서는 어떻게 하죠? 내가 자유롭게 나의 행복만 추구해도, 사회 전체의 행복이 극대화될까요? '자유로운 자본주의 사회체제에서 어떻게 살아야 하는가' 하는 문제가 새롭게 등장하게 되었죠.

당시 영국의 철학자들은 자연에 대한 탐구는 과학자들이 알아서 하게 내버려두고, 답도 없는 형이상학은 신경쓰지 말고, 좀더 현실적인 정치와 도덕의 문제를 해결하고자 했어요.

'자유로운 시민이 종교적 속박에서 벗어나 마음껏 자신의 행복을 추구할 때, 이때 발생하는 사회적 문제들을 철학자들이 어떻게 해결해야 할까?' 이런 고민에서 나온 사상이 바로 공리주의예요. 공리주의의 삼인방 벤담, 밀, 스펜서의 사상을 살펴보죠.

벤담의 공리주의

벤담

영국 철학자 벤담1748~1832은 명문 법조계 집안에서 태어났어요. 할아버지는 대법관이었고, 아버지는 소송대리인이었죠. 하지만 벤담은 집안의 바람과 달리 법조인의 길을 걷지 않았어요. 그러자 집안에서 지원을 끊어버렸죠.

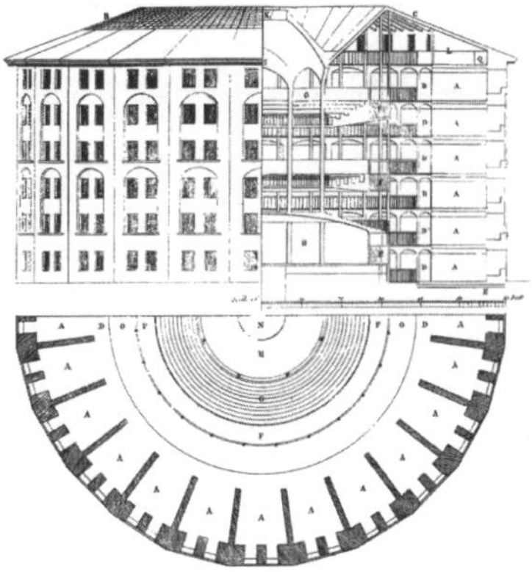
벤담이 설계한 파놉티콘 감옥의 입면도, 단면 및 평면도

벤담은 돈을 벌기 위해 원형감옥파놉티콘을 설계하기도 했어요. 러시아의 노동시설에서 아이디어를 얻었다고 해요. 원형감옥은 매우 효율적이었지만, 당시 그의 아이디어는 무시를 당했고, 사후에야 건설되어 현실화됐어요.

오늘날의 관점에서 봐도, 벤담은 매우 진보적인 사상가였어요. 보통선거와 비밀선거를 주장했고 노예제와 사형제 철폐를 외쳤어요. 여성의 투표권과 이혼청구권을 주장했고, 동물의 권리에 관심이 많았으며, 동성애 차별에 반대했어요. 또한 부자의 남는 재산의 일부를 빈민을 위해 써야 한다고 주장했어요.

벤담의 시신은 지금도 런던대학에 전시되어 있어요. 전 재산을 기증하며, 의학 발전을 위해 자신의 시신을 해부 실습에 사용한 후 보존해 전시하라는 유언을 남겼다고 해요.

벤담은 '쾌락이 곧 행복'이고, '고통이 곧 불행'이라고 봤어요. '최대 다수의 최대의 행복'을 추구하는 것을 가장 선하고 정의로운 행위로 봤고요. 어떤 행위의 동기가 무엇이든, 중간 과정이 어떻든, 그 결과가 더 많은 사람들을 더 많이 행복하게 만들면 된다는 거죠. 그래서 벤담의 공리주의를 **행위 공리주의**라고 해요.

에피쿠로스는 자신만의 쾌락을 추구했죠? 하지만 벤담은 자신의 쾌락뿐 아니라 모든 사람들의 쾌락까지 고려했어요. 그리고 '최대 다수의 최대 행복'을 위해 쾌락의 강도·지속성·신속성·범위 등을 통해 쾌락의 양을 계산하는 법도 내놓았어요.

쾌락 계산법

지금부터 '철학을 공부하는 것'과 "철학 따위 개나 줘버려"라면서 게임을 하는 것이 주는 쾌락을 비교해 보죠아래는 제 관점에서 점수를 준 거예요.

먼저 쾌락의 강도를 보면, 철학을 공부할 때의 강도는 3점, 게임을 할 때의 강도를 5점이라고 하죠. 쾌락의 지속성은 철학 공부의 경우 당장엔 힘들지만, 뭔가 정리된 듯한 뿌듯함을 주어 지속성이 상당히 길므로 5점을 주죠. 게임은 조금만 하고 나면 머리가 아프니 1점이라고 하고요.

쾌락 계산법

구분	철학 공부	게임
쾌락의 강도	3점	5점
쾌락의 지속성	5점	1점
쾌락의 신속성	2점	4점
쾌락의 범위	1점	0점
계	11점	10점

쾌락의 신속성을 보면, 철학을 공부한다고 금방 쾌락이 느껴지는 것은 아니므로 2점이

라고 하죠. 게임은 바로 쾌락을 느끼므로 4점을 주고요.

쾌락의 범위 항목은 다른 사람의 쾌락까지 고려하는 거예요. 나의 철학 공부의 쾌락 범위는 1점, 게임은 0점이라고 하죠. 결과는 앞의 표와 같아요.

벤담은 모든 쾌락에는 우열이 없다고 봤어요. 철학 공부나 게임이나 같은 가치를 가진다고 보는 거죠. 그래서 양적으로만 판단해요. 쾌락의 양이 많은 게 더 선한 거죠. 벤담의 공리주의를 **양적 공리주의**라고 해요.

밀의 공리주의

밀

19세기 영국 철학자이자 정치경제학자인 존 스튜어트 밀 1806~73은 어릴 때부터 아주 영민했다고 해요. 밀의 아버지는 공리주의자였고, 벤담의 동료이자 친구였어요. 아버지는 밀이 어릴 때부터 엄격하게 조기교육을 시켰어요. 밀은 3세부터 그리스어를 배웠고, 6세에 기하학과 대수, 8세에 라틴어, 10세에 뉴턴의 책으로 공부해야 했어요. 아버지는 오전에 가르친 후, 오후에 체크해서 못 하면 엄청나게 혼냈다고 해요.

힘든 청소년기를 보낸 밀은 정신적 위기를 겪기도 했어요. 그리고 24세에 해리엇 테일러에게 한눈에 반하게 돼요. 예술에 조예가 깊었던 그녀는 이미 아이 셋을 가진 유부녀였고, 밀의 지인의 아내였죠. 둘은 플라토닉한 관계를 20년 동안 유지하다가, 그 지인이 죽은 후에 결혼했어요.

밀은 자유주의를 대표하는 위대한 고전 『자유론』 등으로 근대 민주주의의 기틀을 다졌어요. 서문에서 부인 해리엇과 함께 집필했다고 밝히기도 했죠.

그런데 철학 공부나 게임은 정말로 가치가 같을까요? 밀은 그렇게 생각하지 않았을 거예요. 같은 양의 쾌락을 줄지는 몰라도, 철학 공부가 게임보다 더 가치가 있다고 생각했을 거예요.

"배부른 돼지가 되기보다 배고픈 소크라테스가 되는 편이 낫다."

밀의 공리주의를 **질적 공리주의**라고 해요.

그런데 어떤 행위를 할 때마다 쾌락의 양을 계산하기는 힘들겠죠? 칼을 든 덩치 큰 사람이 잔뜩 화를 내며 톰이 어디 있냐고 묻는다면, 사실대로 말해줘야 할까요? 아니면 적당히 거짓말을 해야 할까요? 이 경우 무엇이 최대 다수의 최대 행복일까요? 이처럼 급박한 상황에서 쾌락 계산기를 두들길 수 있을까요?

따라서 밀은 **규칙 공리주의**를 내놓았어요. 사회적으로 더 큰 공리를 산출하는 규칙을 미리 정해놓자는 거죠. 예컨대 사람의 생명을 살려야 한다는 규칙은 상위에 놓고, 거짓말을 해서는 안 된다는 규칙은 하위에 놓는 식이죠.

스펜서의 공리주의

스펜서

19세기 영국의 사회학자이자 철학자인 허버트 스펜서1820~1903는 20세기 초 서유럽에서 유행했던 **사회진화론**의 원조로 알려져 있어요.

스펜서는 다윈의 진화론의 영향을 받았어요. 인간의 사회도 생물계와 마찬가지로 생존경쟁, 자연도태, 적자생존에 의해 진화한다는 거죠. 사회가 진화하면, 사회를 위한 행위가 곧 개인의 쾌락을 증진시킬 것으로 봤어요. 따라서 사회를 위한 행위가 곧 선이라는 것이죠.

어찌 보면, 벤담이나 밀과 별로 차이가 없는 것 같죠? 벤담은 자신뿐만 아니라 다른 사람의 쾌락까지 고려해야 한다고 주장했는데, 그것이 바로 사회를 위한 쾌락이라고 볼 수도 있으니까요.

하지만 스펜서의 입장은 벤담이나 밀과 달라요. 벤담과 밀은 사회를 단지 개인들의 집합으로 봤어요. 개인의 쾌락을 증진시키면, 사회의 쾌락이 그 합만큼 늘어난다고 본 거죠.

하지만 스펜서는 사회를 하나의 유기체로 봤어요. 사회를 선하게 만들면, 낙수효과로 개인의 쾌락이 증진된다고 해요. 사회 전체의 행복과 안녕을 우선으로 하는 공리주의를 내놓은 거죠.

공리주의의 4가지 문제

희생양 문제

앞서 소개한 트롤리 딜레마에서 공리주의자들은 1명을 희생해서 5명을 살릴 수 있다면, 그것이 선이라고 할 거예요. 그런데 그 한 사람은 왜 희생양이 돼야 하죠? 이를 '희생양의 문제'라고 해요.

극단적인 예를 들면, 1명의 건강한 사람을 납치해 심장·신장·허파·간·골수를 빼 각각 환자들에게 이식해서 5명을 살려낸다면, 그것은 옳은 일일까요? 이런 희생양의 문제는 공리주의의 가장 큰 문제점이라 볼 수 있어요.

누구도 도덕적일 수 없다?

공리주의를 철저하게 받아들이면, 그 누구도 도덕적일 수 없어요. 요즘 스마트폰이 100만 원이 넘죠? 그런데 한 달에 3만 원이면, 영양실조에 걸린 29명의 아프리카 아이들에게 영양식을 줄 수 있어요. 스마트폰 하나 값이면 거의 1천 명에게 영양식을 줄 수 있는 거죠. 그러면 스마트폰을 가지고 있는 사람들은 모두 비양심적이고 비도덕적인 건가요?

자연주의적 오류

공리주의자들이 일종의 자연주의적 오류를 저지르고 있다고 비판하는 이들도 있어요.

> **공리주의의 주장**
>
> 인간은 쾌락을 추구하고, 고통을 회피한다.
>
> 따라서 인간은 쾌락을 추구해야 한다.

모든 인간이 쾌락을 추구한다고 해서 그것이 옳은 행위일까요? '쾌락을 추구하는 것'과 '쾌락을 추구하는 것이 옳다'는 건 다른 문제예요. 공리주의자들이 바로 이 점을 혼동하고 있다는 거예요. 논리학에서는 이를 **자연주의적 오류**라고 해요. 어떤 사실에 관한 명제로부터 어떤 것을 해야 한다는 당위에 관한 명제를 도출하는 오류이죠.

관음증의 문제

어떤 사람이 목욕탕을 훔쳐보면서 쾌락을 느꼈다고 해보죠. 공리주의는 쾌락은 행복이며 선이고, 고통은 불행이며 악이라고 보죠. 그렇다면 훔쳐보는 관음증도 들키지만 않으면 옳은 행위로 볼 수 있나요? 이를 '관음증의 문제'라고 해요.

공리주의에서 민주주의로

공리주의는 많은 문제점이 있음에도 불구하고, 굉장히 강력한 도덕적 원리예요. 오늘날 정책을 결정하는 데 가장 큰 영향력을 미치는 원리이기도 하고요.

제가 보기에, 공리주의가 현 사회에 미친 결정적인 영향은 두 가지예요. 하나는 쾌락을 노골적으로 도덕의 원리로 채택했다는 점이에요.

다른 하나는 모든 사람들의 쾌락을 똑같이 생각했다는 거예요. 왕이건 평민이건, 부자건 가난뱅이건, 자본가건 노동자건, 남자건 여자건, 모두 똑같은 가중치를 주었어요. 심지어 나의 쾌락과 다른 사람의 쾌락도 동등하게 봤어요. 1인 1표의 원리, 이것이 바로 민주주의의 기본원리죠. 그러고 보면, 공리주의는 당시로서는 상당히 급진적인 사상이었을 수도 있겠다는 생각이 들어요.

영상으로 한 번 더!

존재 근대 STEP 2

헝클어진 위계질서

피히테: 주관적 관념론

서양 근대철학의 경험론과 합리론이 칸트에 의해 종합되면서 독일 관념론이 시작됐다고 했죠? 칸트의 철학을 초월적 관념론, 피히테의 철학을 주관적 관념론, 셸링의 철학을 객관적 관념론, 헤겔의 철학을 절대적 관념론이라고 해요.

이 계보에서 알 수 있듯이, 요한 고틀리프 피히테1762~1814는 두 거장인 칸트와 헤겔 사이에 낀 철학자예요. 따라서 피히테를 알기 위해서는 칸트를 알아야 하고, 피히테를 알아야 헤겔로 나아갈 수 있어요.

독일 관념론의 계보

칸트의 인식론(요약)

내가 지금 를 보고 있다고 해보죠. 그런데 사실 내가 보고 있는 건 가 아니에요. 나의 뇌가 눈을 통해 들어온 시각정보를 처리함으로써 떠올린 이미지일 뿐이에요.

개는 이것을 흑백으로 볼 거예요개가 흑백으로 세상을 보는 게 아니라는 연구도 나오고 있음. 초음파로 대상을 파악하는 박쥐는 또 다르게 볼 것이고요. 인간과 지각 방식이 다른 외계인은 또 다르게 보겠죠. 인간은 인간의 방식으로, 개는 개의 방식으로 볼 뿐, 이것의 진짜 모습은 알 수 없어요.

하지만 어쨌든 진짜 모습은 있겠죠? 칸트는 그 진짜 모습을 **물자체**라고 해요. 인간의 방식으로 지각한 것을 **현상**이라고 하고요.

그런데 인공지능 로봇이 이것을 봤다고 해보죠. 인간과 똑같은 이미지를 떠올리며, "이것은 사과이다"라고 했다고 하죠. 이것은 인간의 말과 같은 의미일까요?

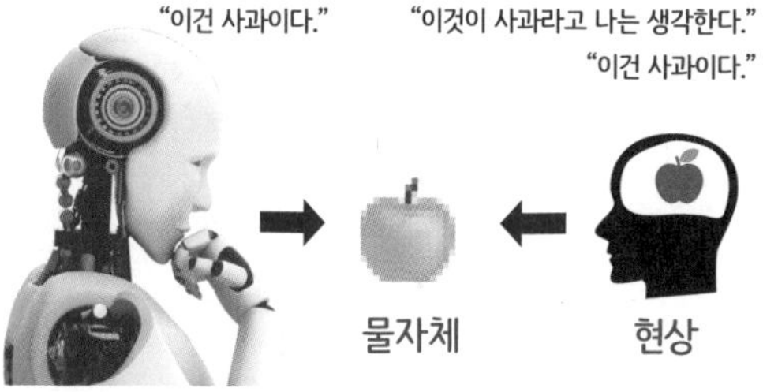

로봇이 한 말은 말 그대로 '이것은 사과이다'라는 판단이에요. 하지만 인간이 한 말은 정확하게 말하면, '이것은 사과라고 나는 생각한다'라는 거예요. 인간은 어떤 대상을 감각정보를 통해서만 인식하는 게 아니에요. '나는 생각한다'는 걸 덧붙여 인식해요. 칸트는 이것을 **경험적 통각**이라고 해요.

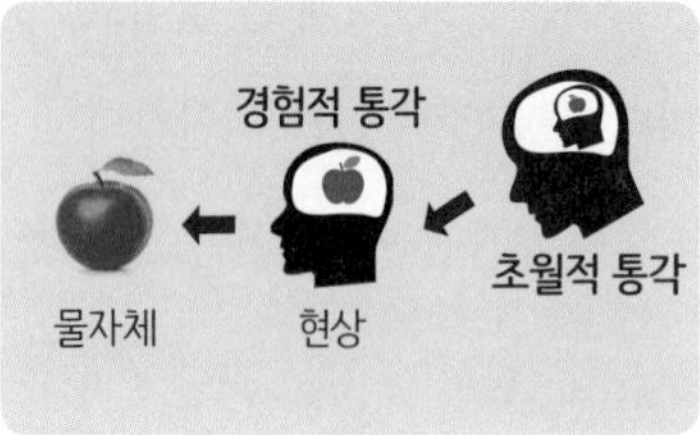

또한 인간은 자신의 생각을 메타적으로 다시 볼 수 있어요. '이것이 사과라고 나는 생각한다'는 것에 대해 다시 생각할 수 있죠. 이것을 **초월적 통각**이라고 해요. 초월적 통각은 '메타인지'와 비슷한 면이 있어요.

칸트에 대한 피히테의 비판

피히테는 젊은 시절 자살을 생각할 정도로 일이 안 풀리고 매우 궁핍했어요. 칸트 철학에 매료되어 큰 위안을 얻었고, 칸트의 도움으로 명성도 얻었어요. 32세 젊은 나이에 예나대학 교수가 됐어요.

피히테는 이처럼 칸트의 추종자였지만, 한편으로는 칸트를 넘어서려 했어요. 칸트 철학이 가지는 몇 가지 문제를 해결하려 했고요.

피히테는 칸트의 물자체 개념에 문제가 있다고 봤어요. 물자체는 인간인식 주체에게 경험자료를 준다는 점에서는 '존재한다'고 할 수 있죠. 하지만 인간의 시간과 공간이라는 형식으로 정돈되지 않는다는 점에서는 '존재한다고 할 수 없다'고 봤어요. 물자체는 존재하긴 하지만, 딱히 존재한다고 할 수도 없다는 거죠.

또한 물자체와 현상으로 구분하는 것도 문제라고 봤어요. 이는 인식 주체와 인식 대상을 구분했기 때문에 나타난 문제란 거죠.

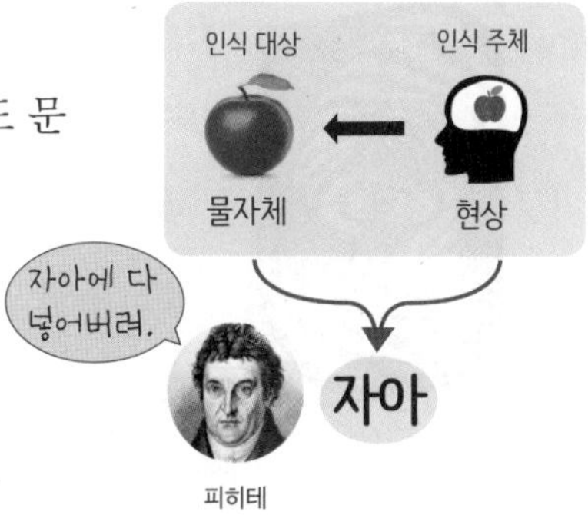

피히테는 물자체와 현상, 인식의 주체와 대상을 구분하지 않고, 전체를 하나로 묶어 **자아** 속에 넣어버려요. 근데 피히테가 말하는 자아는 뭘까요?

헝클어진 위계질서

인간의 의식에는 여러 층위가 있어요. 인간의 의식활동은 여러 층위를 오르락내리락해요.

우리는 '이것은 사과이다'라는 생각을 할 수 있죠. '이것은 사과라고 나는 생각한다'며, 메타적으로 생각할 수도 있고요. 그리고 '이것은 사과라고 나는 생각한다는 것을 생각한다'며, 메타-메타적으로 생각을 할 수도 있어요. 우리는 그렇게 생각하다가도 한순간에 헷갈리지 않고, 곧바로 '이것은 사과이다'라는 생각으로 돌아올 수도 있어요.

이것은 굉장히 놀라운 일이에요. 인간의 생각은 복잡한 층위로 되어 있죠? 그런데 어떻게 헷갈리지 않고, 단 한순간에 '이것은 사과이다'라는 생각으로 곧바로 내려올 수 있을까요? 그것은 중

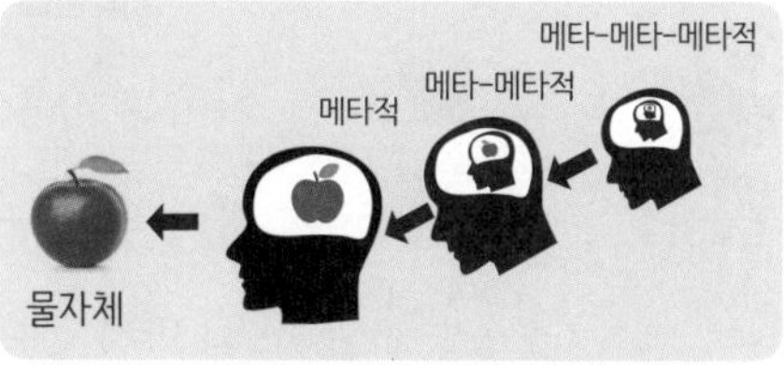

심을 잡고 있는 '자아'가 있기 때문이에요. 그래서 우리의 생각은 복잡한 층위를 한순간에 오르락내리락할 수 있는 거죠. 이렇게 보면, 자아는 통각들 전체의 집합이라 할 수 있어요. 동시에 통각들의 중심이고요. 결국 피히테는 칸트가 말하는 초월적 통각 개념을 자아 개념으로 바꾼 거예요. 그리고 모든 것을 그 속에 넣어버린 거죠.

피히테의 절대자아

피히테는 **변증법적 통합**을 통해 자아에 대해서 말해요. 변증법적 통합은 '정립-반정립-종합정립'이에요.

먼저 **정립**테제은 자아가 스스로를 정립하는 걸 말해요. 데카르트는 내가 생각하기 때문에 존재하는 것이라고 했죠? 하지만 피히테는 그럴 필요가 없다고 봤어요. 자아는 그냥 존재하는 거예요. "나는 나다." 이것이 바로 자아의 정립이에요.

반정립안티테제은 자아에 대해 비아를 정립하는 거예요. 비아非我는 나 밖의 모든 것을 말하죠. 자아가 정신적 활동을 하려면 그 대상이 있어야겠죠? 대화할 때 상대가 있어야 하듯이 말이죠. 이 자아의 대상이 바로 비아예요. 따라서 자아는 비아를 반정립해요.

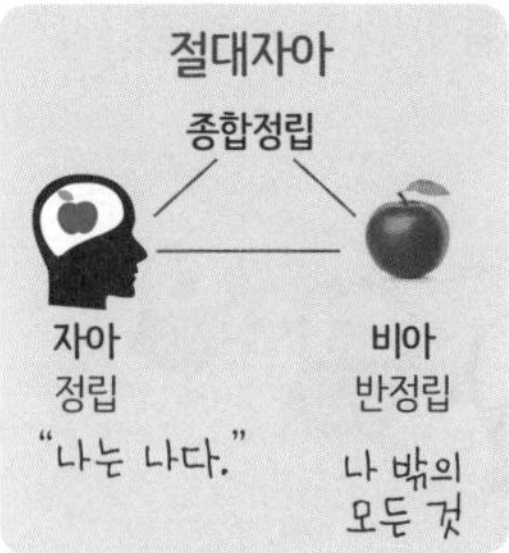

종합정립은 자아와 비아가 종합되는 거예요. 자아는 비아에 맞서 정립돼죠? 그래서 자아는 비아에 의해 규정되고, 비아는 자아에 의해 한정돼요. 마치 음식이 있어야 먹는 활동을 할 수 있고,

먹는 활동이 있어야 음식이 필요한 것과 마찬가지예요. 이렇게 자아와 비아가 종합되어 나타난 게 **절대자아**예요.

주관적 관념론

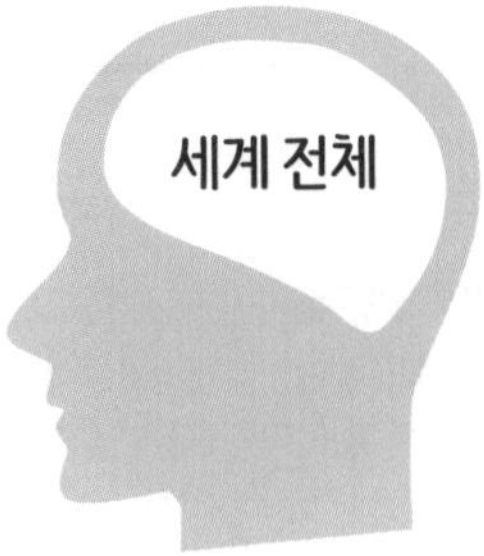

넓게 보면, 비아는 사회 전체, 자연 전체, 인류의 역사 전체예요. 세계 전체란 거죠. 피히테의 주장은 세계 전체가 자아의 머릿속에 있는 관념일 뿐이란 것처럼 들려요. 그래서 **주관적 관념론**이라고 해요. 또한 피히테의 주장은 마치 자아가 세계 전체를 창조했다는 것처럼 들리기도 해요. 신의 자리에 자아를 앉혀버린 거죠. 그래서 피히테는 무신론자라고 비판받고, 예나대학의 교수 자리에서 쫓겨났어요.

혹자는 이 **절대자아**를 도덕적·신적 질서를 실현하는 힘으로도 해석해요. 하지만 자아의 배후에서 작동하는 어떤 힘 정도로 봐도 될 듯해요.

독일 관념론, 특히 피히테의 절대적 관념론은 매우 어려워요. 그나마 위로가 되었던 것은 쇼펜하우어가 피히테를 가리켜 한 말이에요.

"단어들을 애매하게 사용하고, 이해할 수 없는 논의와 궤변을 떠벌린다. 배우려 열망하는 사람들을 바보로 만들려 한 사기꾼 철학, 음험한 방법의 아버지."

물론 피히테가 사기꾼이라고 생각하진 않아요. 다만, 그의 철학이 너무 어렵다고 느껴질 때, 쇼펜하우어의 이 말이 위로가 됐어요. 여러분 중에서도 이 말에서 위로를 받을 분이 있을 것 같아 말씀드렸어요.

영상으로 한 번 더!

존재 근대 STEP 2

모든 소가 검게 보이는 밤

셸링: 객관적 관념론

니체

니체가 이런 말을 한 적이 있어요.

"독일 철학이 신학자들의 피로 더러워졌다. 내가 이런 말을 하면, 독일인들은 당장 뭔 말인지 안다. '튀빙겐 신학교'란 말만으로도 충분하다."

도대체 튀빙겐 신학교에 누가 있었기에, 니체가 이렇게 지독한 말을 했을까요?

1820년대 후반에서 1830년대 초반, 튀빙겐 신학교의 기숙사에는 셸링, 헤겔, 휠덜린이 있었어요. 셸링은 어릴 때부터 천재여서 대학에 일찍 들어와서 15세였어요. 헤겔과 휠덜린은 20세였고요.

다섯 살 정도 어린 셸링은 당시 헤겔에게 많은 영향을 받았어요나중엔 헤겔에게 영향을 많이 주었어요. 후에 셸링은 괴테의 추천으로 23세에 예나대학의 부교수가 돼요. 셸링의 객관적 관념론을 살펴보죠.

자연철학

2000년대 초반에 『물은 답을 알고 있다』라는 책이 베스트셀러가 된 적이 있어요. 좋은 말이나 음악을 들려주면 물의 결정이 예뻐지고, 나쁜 말이나 소음을 들려주면 찌그러진다고 해요. 전형적인 유사과학이죠. 당시 많은 사람들이 이 주장을 믿었어요. 물 같은 무기물도 감정이 있는 것처럼 반응한다는 게 그럴듯해 보였나 봐요.

독일의 철학자 프리드리히 W. J. 셸링1775~1854은 생물학·화학·의학 등 자연과학에 관심이 많았어요. 자연현상을 과장되게 경이롭게 보거나, 신비로운 현상으로 보는 관점에 영향을 많이 받았고요.

셸링

셸링은 자연을 생명의 힘을 지닌 것으로 봤어요. 물이나 공기 같은 무기물도 살아 있고, 이러한 물질로부터 식물·동물·인간, 특히 인간의 정신이 나타났다고 봤어요. 세계 전체를 스스로 성장하고 진화하는 하나의 유기체로 본 거죠.

동일철학

피히테는 인식의 주체와 대상, 정신과 물질, 주관과 객관 등 모든 걸 자아 속에 집어넣어버렸죠. 그리고 주관적 정신 속에서 객관적 자연 전체가 나타났다고 봤죠.

반면 셸링은 이 모든 것을 자연 전체 속에 집어 넣어 버렸어요. 그리고 자연 전체에서 주관적 정신세계가 나타났다고 봤어요.

피히테 셸링

셸링은 자연 전체, 즉 절대적인신

적 것 안에서는 모든 게 다 동일하다고 봤어요. 그래서 셸링의 철학을 **동일철학**이라 해요.

개별자

헤겔은 셸링의 동일철학에 대해 이렇게 비꼬았어요. "모든 황소가 검은 소로 변하는 캄캄한 밤." 셸링이 개별자들을 절대적인 것으로 검게 다 칠해놓아 더 이상 구별할 수 없게 됐다는 거죠.

이러한 반론에 대해 셸링은 개별자들이 가진 물질과 정신은 양적 차이가 있기에, 개별자가 존재할 수 있다고 해요. 마치 스펙트럼처럼, 물질적인 게 상대적으로 많은 곳에서는 무기물이나 유기물 같은 물질적인 개별자가 나온다고 봤어요. 정신적인 게 더 많은 곳에서는 철학이나 예술처럼 정신적인 개별자가 나온다고 봤고요.

사실 독일 관념론은 어렵고, 우리에겐 좀 생소해요. 그냥 뜬구름 잡는 소리처럼 느껴질 때도 있고요. 17, 18세기 독일 관념론에서 생각의 체계가 지금 우리에게 익숙한 것과 근본적으로 다르기 때문일 거예요. 그래야 저도 조금 위로가 될 듯하네요.

영상으로 한 번 더!

고독도 능력이다

쇼펜하우어: 의지와 표상으로서의 세계

"어떤 사람의 철학은 그의 성격이나 기질이 결정한다."

피히테의 이 말은 아르투어 쇼펜하우어1788~1860에게 딱 맞는 말 같아요. 그의 염세주의는 우울증으로부터 비롯된 것 아닌가 싶어요.

쇼펜하우어는 병적으로 우울증이 아주 심했어요. 자살한 것으로 추정되는 아버지로부터 물려받은 듯해요. 의심도 많았어요. 불이 날까 봐 이층에서는 잠을 안 잤고, 이발사한테 면도를 맡기지 않았으며, 침대 맡에 항상 권총을 두었어요. 추정컨대, 약간 조현형 증상도 있었던 것 같아요. 이상한 옷을 입고 혼잣말을 중얼거리며 다니고, 사람들이 자신을 모함한다고도 생각했어요. 아무튼 좀 특이한 사람이죠.

하지만 쇼펜하우어의 철학은 굉장히 매력적이에요. 헤겔이 메이저급 철학자라면, 쇼펜하우어는 마이너급으로 평가되긴 해요. 하지만 저는 쇼펜하우어의 철학이 훨씬 그럴듯해 보여요. 그의 철학이 왜 매력적인지, 대표저서인 『의지와 표상으로서의 세계』를 중심으로 이야기해 볼게요.

칸트에 대한 사랑, 헤겔에 대한 적대감

쇼펜하우어는 자신이 칸트의 계승자라고 생각했어요. 서재에 칸트의

쇼펜하우어

초상화를 걸어놓기도 했죠.

쇼펜하우어는 칸트가 물자체와 현상계를 기껏 구분해 놨는데, 피히테가 그것을 자아 속에 집어넣으려 했다고 봤어요. 셸링은 자연 속에 집어넣으려 하고, 헤겔은 변증법이니 절대지니 하면서 절대정신 속에 집어넣으려 했다고 봤고요.

쇼펜하우어는 이들을 헛소리만 늘어놓는 사기꾼이라 해요. 이들의 관념론은 사람들을 속이는 거대한 사기극이란 거죠.

쇼펜하우어는 당시 명성이 자자했던 헤겔이 사기꾼에 지나지 않는다는 걸 보여주려 했죠. 베를린대학 강사로 있을 때, 일부러 헤겔과 똑같은 시간에 강의를 개설했어요. 그런데 헤겔의 강의에 수백 명이 몰렸죠. 하지만 그의 강의에는 서너 명밖에 안 와서 한 학기 만에 그만뒀어요. 왜 그토록 헤겔을 사기꾼이라고 미워했을까요?

의지와 이기적 유전자

플라톤

플라톤은 인간의 영혼을 이성, 의지, 욕망의 세 영역으로 구분하고, 훌륭한 인간이란 이성이 의지를 통해 자신의 욕망을 통제하는 인간이라고 생각했죠. 이성이 1등, 의지가 2등, 욕망이 3등이라는 거죠.

서양철학은 근대까지 플라톤이 그린 구도 속에 있었어요. 헤겔은 이러한 전통을 받아들여 이성을 통해 물자체

와 현상계를 하나로 만들려고 했어요. 이성이 변증법적 과정을 거쳐 절대정신이 된다고 본 거죠.

쇼펜하우어

그런데 우리는 이성으로 욕망을 통제하고 있나요?

대부분은 이성이 욕망을 통제하지 못해요. 쇼펜하우어는 인간을 '욕망이라는 이름의 전차에 끌려다니는 존재'로 봤어요. 그렇다면 이때 욕망이란 뭘까요?

쇼펜하우어는 칸트가 물자체와 현상계를 나눈 걸 그대로 받아들여요. 칸트는 우리가 보는 세계는 우리 뇌가 감각자료를 통해 해석한 현상계일 뿐이고, 우리는 물자체를 알 수 없다고 했죠?

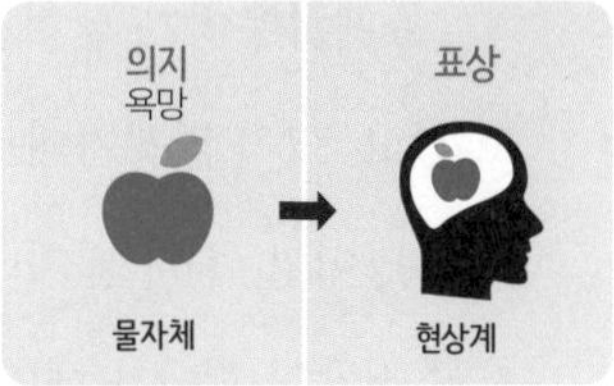

이 현상계가 쇼펜하우어 철학에서 **표상**이에요.

"세계는 나의 표상이다. 이것 이상으로 확실한 진리는 없다."

칸트는 우리가 물자체를 알 수 없다고 했죠? 쇼펜하우어는 물자체가 바로 **의지**라고 봤어요. 그래서 대표저서의 제목이 '의지와 표상으로서의 세계'인 거죠.

이때 의지는 인간의 욕망을 말해요. 한 사람의 욕망이기도 하고, 인간이라는 종 전체의 욕망이기도 해요. 쇼펜하우어는 표상 뒤에서 인간을 조종하는 게 욕망이라고 본 거죠.

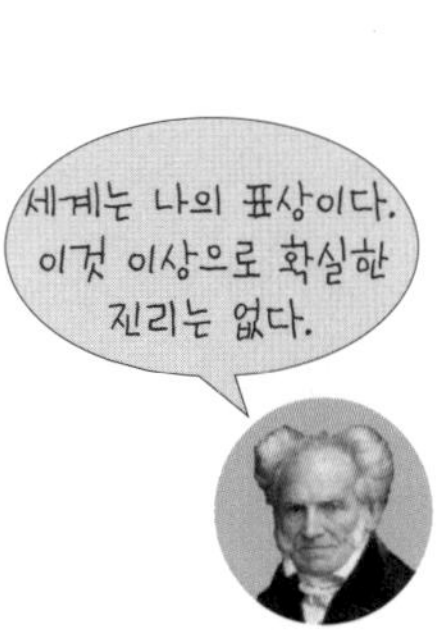

쇼펜하우어

쇼펜하우어의 욕망 개념은 리처드 도킨스의

'이기적 유전자' 개념과 거의 비슷해요. 도킨스는 인간은 유전자를 실어 나르는 기계일 뿐이라고 해요. 나의 주인은 몸도 마음도 아니라 유전자예요. 유전자는 다음 세대로 복제되기 위해 자신을 실어 나르는 개별자의 희생 따위는 안중에도 없어요. 사랑도 종족 보존을 위한 유전자의 욕망일 뿐이에요. 도킨스는 인간의 문화·종교·예술·법·도덕·철학 등도 마찬가지라고 해요.

그런데 유전자가 어떤 목적을 가지고 있을까요? 아니에요. 유전자는 그냥 맹목적으로 복제하다 보니 지금까지 살아남은 것뿐이에요.

쇼펜하우어가 말하는 '의지'도 마찬가지예요. 목적도 방향도 의식도 없고, 그저 막무가내로 날뛰는 욕망일 뿐이에요. 좁게 보면 한 사람의 욕망이고, 좀더 넓게 보면 인간이라는 종의 욕망이며, 더 크게 보면 자연 전체의 힘이자 에너지예요. 이것이 바로 『의지와 표상으로서의 세계』의 의미예요.

인생은 고통이고, 세계는 최악이다

그런데 인간의 욕망은 채워질까요? 인간의 욕망은 안 채워져요. 인간은 욕망이 안 채워지면 결핍으로 고통스러워요. 욕망이 채워지면 권태로 고통스럽고요. 인생은 결핍과 권태를 왔다갔다하는 고통일 뿐이에요. 이처럼 고통으로 가득한 이 세계는 지옥에 가까워요. 라이프니츠는 이 세계를 신이 만들 수 있는 최선의 세계라고 했지만, 쇼펜하우어는 거꾸로 말해요.

"이 세계는 신이 만들 수 있는 최악의 세계이다."

어떤 사람의 철학은 그의 성격이나 기질이 결정한다고 했죠? 평생 우울과 의심, 조현형 증상을 가지고 살았던 쇼펜하우어가 내린 인간과 세계에 대한 결론은 이것이에요.

"인생은 고통이고, 세계는 최악이다."

음악과 해탈

그렇다면 이러한 고통에서 벗어나려면 어떻게 해야 할까요?

쇼펜하우어는 두 가지 방법을 이야기해요. 하나는 음악이에요. 베토벤의 교향곡처럼 열정적인 음악이 아니라, 바흐의 음악처럼 수학적 형식미가 있는 음악을 통해 고통으로부터 벗어날 수 있다고 봤어요. 하지만 음악을 통해서는 고통에서 일시적으로밖에 벗어나지 못해요.

쇼펜하우어는 고통으로부터 궁극적으로 벗어나기 위해서는 욕망을 버림으로써 열반을 해야 한다고 봤어요. 완전히 불교와 똑같죠? 실제로 쇼펜하우어의 책상 위에는 청동불상이 있었고, 불교와 힌두교에 관심이 많았다고 해요.

20세기에 전통적 사상에 반기를 든 혁명적 사상을 내놓은 이가 셋 있어요. 철학에 니체, 심리학에 프로이트, 과학에 아인슈타인이에요. 이들은 모두 쇼펜하우어로부터 영향을 받았어요.

니체는 고서점에서 『의지와 표상으로서의 세계』를 발견하고, 집에 도착하자마자 14일 동안 아침 6시에 일어나 새벽 2시까지 잘 먹지도 않

쇼펜하우어

은 채 읽었다고 해요. 프로이트는 "우리는 저도 모르게 쇼펜하우어의 철학으로 이끌려가고 있다"고 했고요. 그의 제자였던 융의 '집단무의식'은 쇼펜하우어의 '종의 욕망'에서 영감을 받은 부분들이 많아요. 쇼펜하우어는 정신분석학으로 가는 길을 개척한 철학자라고도 할 수 있어요. 아인슈타인도 연구실에 쇼펜하우어의 초상화를 걸어놓았다고 해요.

쇼펜하우어는 평생 고독 속에서 살았어요. 야심차게 출간한 『의지와 표상으로서의 세계』는 거의 팔리지 않았어요. 헤겔에게 망신을 당하고 베를린대학을 한 학기 만에 그만뒀으며, 어머니와 의절했고, 평생 혼자 살았어요. 이런 고독 속에서 쇼펜하우어에게 인생은 고통이었고, 세계는 최악이었던 거죠. 하지만 그런 고독이 없었다면, 아마도 쇼펜하우어의 철학이 나올 수 없었을 거예요. 그러고 보면 고독도 능력인가 봅니다.

쇼펜하우어는 늦은 나이에 『여록과 보유』라는 에세이를 내고, 유럽에서 유명인사가 됐어요우리나라에서는 '쇼펜하우어 행복론', '쇼펜하우어 인생론'으로 번역됐죠. 하지만 이미 고령이어선지 이렇게 말했어요.

"이제는 지쳐서 월계관을 쓰고 있기도 힘들구나."

사는 게 원래 다 그런 것인가 봐요. 살 만하면 가는 거죠.

영상으로 한 번 더!

목숨을 건 인정투쟁

헤겔: 정신현상학 1

(feat. 칸트, 피히테, 셸링)

독일 관념론은 헤겔에 이르러 완성돼요. 헤겔 철학은 이름만 들어도 무시무시해요. 하지만 헤겔 철학을 공부해야 그다음에 키르케고르와 마르크스 철학을 알 수 있어요. 어쨌든 한 번은 넘어야 할 산이에요.

헤겔의 철학이 어려운 가장 큰 이유는 워낙 방대하기 때문인 듯해요. 근대 철학자들은 주로 실체, 속성, 자아 같은 문제를 나의 관점에서 다뤘어요. 그런데 헤겔은 마치 자신이 세계를 창조한 신이 된 것처럼, 세계가 처음 생겨났을 때부터 완전히 성장해 끝날 때까지의 전체 역사를 통째로 놓고 이야기를 해요. 그러니 이전에 우리가 가졌던 좁은 관점으론 이해하기 어려울 수밖에요.

헤겔은 피히테의 변증법과 셸링의 절대자아, 절대정신의 개념을 받아들여 자신의 절대적 관념론을 완성했어요.

헤겔의 정신현상학

헤겔의 정신현상학은 의식이 경험을 통해 변증법적 과정을 거쳐 절대정신에 도달하는 과정을 7단계로 설명해요.

의식은 감각으로부터 시작해 지각→오성→자기의식→이성→정신→절대지의 단계에 이르게 돼요. 좀더 크게 감각, 지각, 오성, 자기의식, 이성은 주관정신, 정신은 객관정신, 절대지는 절대정신으로 분류하기도 해요.

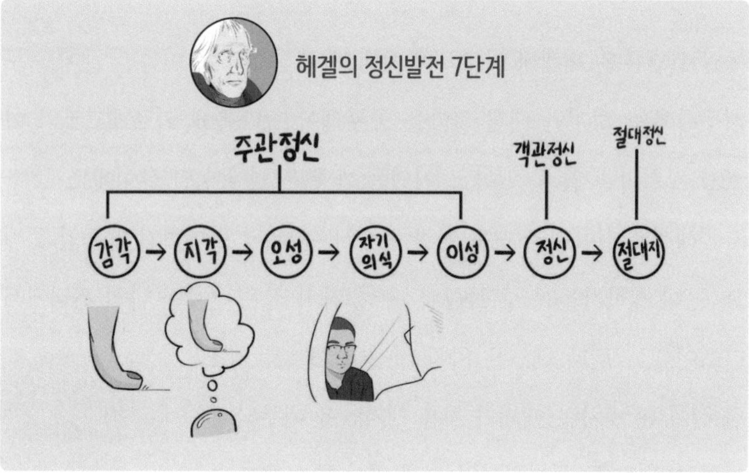

저는 감각을 40억 년 전에 존재했던 아메바의 감각으로 놓고, 자기의식을 인간의 의식으로 놓으며, 절대지를 40억 년 후 새롭게 나타날 신인류의 정신으로 놓고, 각 단계를 설명해 볼게요.

감각의 단계

【상황】 어떤 의식이 있다고 하죠. 그런데 의식은 대상이 없으면 존재할 수 없어요. 모든 의식은 어떤 대상에 대한 의식이니까요. 따라서 의식이 있다는 건 그 앞에 어떤 대상이 있다는 말이죠.

최초에 의식은 언제 생겨났을까요? 그것은 40억 년 전 최초의 단세포 생물인 아메바가 어떤 대상을 마주쳤을 때일 거예요.

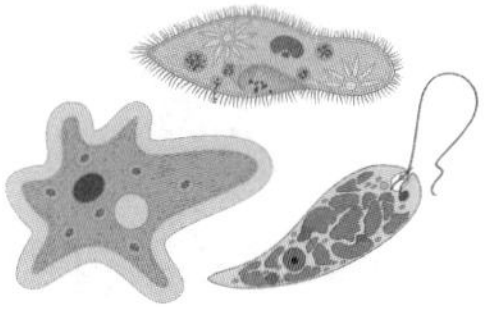

아메바는 그것을 어떻게 알았을까요? 아메바가 가지고 있는 건 그냥 감각이죠. 감각이 파악하는 대상은 항상 '지금 여기'에 있는 '이것'일 뿐이에요.

그런데 아메바는 어렴풋이나마 자신의 감각만으론 사물을 파악할 수 없다는 걸 깨닫고 좌절해요. 의식이 이러한 좌절을 극복하기까지 38억 년의 시간이 필요했어요.

지각의 단계

지금으로부터 2억 년 전 거대 파충류인 공룡이 나타났어요. 공룡은 촉각뿐만 아니라 시각·청각·후각·미각 등 새로운 감각도 가지게 됐어요.

이제 공룡은 아메바처럼 감각하는 데 그치지 않고, 드디어 대상을 '지각'하기 시작해요. 외부로부터 감각자료를 받아들여 뇌에서 하나의 관념을 만들어내요. **지각**이란 외부대상을 부정하고, 그것을 관념으로 보존하는 거예요. 헤겔은 이처럼 어떤 걸 버림으로써 보존하는 것을 **지양**이라고 해요.

이제 공룡은 사물여기서는 나무을 자기 동일성을 가진 하나의 사물로 지각하게 돼요. 그런데 자기 동일성을 가진 어떤 사물이 존재할 수 있으려면, 자기가 아닌 다른 것이 존재해야 해요. 사물은 타자와의 관계 속에서만 존재할 수 있으니까요.

공룡은 어렴풋이나마 자신의 지각으로는 이런 관계를 파악할 수 없다는 걸 깨닫고 좌절해요. 의식이 이러한 좌절을 극복하기까지 또 2억 년의 시간이 필요했어요.

오성의 단계

이제 호모사피엔스가 등장해요. 호모사피엔스는 **오성**을 가지고 사물들 간의 관계를 파악할 수 있어요.

번개가 치고 나면 바로 천둥이 울린다는 것을 알게 돼요. 추운 겨울 동굴에서 버티다 보면 언젠가는 봄이 온다는 것을, 도구를 사용하면 싸움에서 이길 수 있다는 것을, 고기를 불에 구우면 부드럽고 맛있어진다는 것을 알게 돼요. 자연에서 벌어지는 여러 현상들을 추상화해 보편법칙을 찾을 수 있게 된 거죠.

호모사피엔스는 드디어 자신과 대상이 다르다는 걸 어렴풋이 인식해요. 자신의 의식을 대상과 어렴풋이나마 구분하게 돼요. 하지만 그것이 아직 무엇인지 정확히는 몰라서 또 좌절해요. 의식이 이러한 좌절을 극복하기까지 또 많은 시간이 필요해요.

자기의식의 단계

그러다가 호모사피엔스가 문득 물에 비친 자신의 모습을 보게 돼요.

"아, 이게 나구나."

"나는 나다."

이것을 깨닫는 순간, 호모사피엔스는 비로소 진짜 인간이 돼요. 이때부터 자기의식을 가지게 된 인간의 관심은 사물들 간의 관계나 자신의 밖에 있는 것이 아니라 자기 자신이에요.

'나는 누구인가?' 그런데 고개를 들어보니 다른 사람들이 눈에 들어와요. '재는 내가 아니네?'

이제 인간은 저마다 자기의식을 가지고, 서로가 서로를 인정해 주지 않는 상황에서 목숨을 건 **인정투쟁**을 시작해요. 그런데 패자를 죽이고 나니 나를 인정해 줄 사람이 없어요. 이제 승자는 패자를 죽이지 않고 노예로 부리기로 해요.

인간의 역사에서 **주인과 노예** 관계는 언제나 있어왔어요. 고대 노예제사회에서는 전쟁에 승리한 자가 주인이 되고, 패배한 자가 노예가 됐어요. 중세 봉건제사회에서는 군주가 주인이고, 농노가 노예고요. 현대 자본주의사회에서는 자본이 주인이고, 자본이 없는 사람은 자본을 주인님으로 모시는 노예가 되죠.

노예에게는 자유가 없어요. 농사를 짓고 사냥을 하고 물건을 만들어 주인에게 바쳐야 하니 힘이 들어요.

그런데 노동을 하다 보니, 머릿속에 계획한 걸 나의 의지대로 자연을 가공해 만들어내는 게 재미있어요. 노예는 인정받지 못하던 자기의식을 땅·나무·쇠 같은 자연적 대상 속에서 발견해요. 자연을 가공해 어떤 결과물을 만들어냄으로써 내가 자기의식을 가진 존재임을 인정받

기 시작한 거죠.

이제 주인도 노예로부터 인정받기 위해 노력해야 하게 되었어요. 부자는 기부를 해야 하고, 기업가는 새벽에 일어나 열심히 일하는 모습을 보여줘야 해요. 정치인은 한눈을 팔아서는 안 되고, 종교인은 무소유를 지켜야 해요.

이때부터 주인과 노예의 위치가 바뀌기 시작해요. 인정투쟁에서 패배하던 노예는 이제 자연으로부터 인정받는 승자가 돼요. 반면 인정투쟁에서 승리하던 주인은 이제 노예로부터 인정받아야 하는 패자가 되고요. 이로써 주인과 노예 모두 불행한 상태에 빠지게 돼요.

주인은 자연으로부터 소외되고, 노예로부터 인정받지 못해 불행한 상태에 빠져요. 노예는 비록 노동을 통해 정신적 자유를 얻었지만, 여전히 현실은 시궁창이고 자유를 박탈당한 몸이고요.

누구나 항상 주인이기만 한 건 아니에요. 노예이기만 한 것도 아니고요. 우리 모두는 누군가에게는 노예이고, 누군가에게는 주인이에요.

우리에겐 주인의식과 노예의식이 항상 같이 있어요. 결국 모든 인간은 불행한 상태에 빠져요. 이러한 불행한 의식의 상태를 극복하는 데에는 또 다른 긴 시간이 필요해요. 다음에서는 헤겔의 정신발전 7단계에서 이성, 정신, 절대지의 단계를 살펴볼게요.

영상으로 한 번 더!

돈키호테가 된 나폴레옹

헤겔: 정신현상학 2

(feat. 칸트, 피히테, 셸링, 인공지능)

앞에서 우리는 자기의식이 어떻게 불행한 의식에 빠지는지 얘기했죠? 이번에는 불행한 자기의식이 이성의 단계에서 어떻게 극복되는지, 그리고 정신의 단계, 절대지의 단계로 나아가는지 볼게요.

이성의 단계

앞에서 자기의식의 단계에 들어간 인간은 목숨을 건 인정투쟁을 시작한다고 했죠? 인정투쟁에는 무자비한 경쟁만이 있을 뿐이에요.

그런데 자기의식은 끝까지 투쟁하더라도 뭔가 지켜야 할 규범이 있단 걸 알아요. 이러한 규범이 바로 사회적 규범, 즉 이성이에요. 여기에서 **이성**이란 개별자의 이성이 아니에요. 사회적 이성, 보편이성을 말해요. 흔히 말하는 세상의 이치와 같은 것이죠.

무자비한 인정투쟁 속에서 인간의 역사를 움직이는 것은 개별자의 인정욕구와 이기심인 것처럼 보여요. 하지만 사실 인간을 움직이고 역사를 만들어가는 것은 보편이성, 세상의 이치예요. 감각, 지각, 오성, 자기의식의 단계에서 주인공은 개별자들이에요. 하지만 이성의 단계에서부터 주인공은 **보편이성**이에요.

돈키호테는 선善인 자신이 주인공이 되어 세상의 악을 물리쳐야 한다고 생각했어요. 그리고 마법사가 거인을 풍차로 둔갑시킨 것이라 오해하고, 악의 뿌리를 뽑기 위해서 풍차로 돌진하죠.

헤겔은 이처럼 자신의 선을 세상에 실현하려는 사람을 돈키호테에 빗대어 **덕의 기사**라고 해요. 그런데 사실 여기에서 주인공은 돈키호테가 아니라 보편이성이에요.

주인과 노예로 분열된 자기의식, 개별자로서의 인간은 보편이성이 만든 대본에 따라 살아야 해요. 그래야 비로소 의식의 균열로 인한 불행한 의식을 극복할 수 있어요. 보편이성은 사람들에 의해 세상에 실현돼요. 헤겔은 이렇게 말해요. "이성적인 것은 현실적이다."

헤겔이 보기에, 세상은 하나의 연극이에요. 보편이성은 개인들을 조정해서 자신의 목적을 실현해요. 클레오파트라, 노예, 나폴레옹, 이름

보편이성은 개인들을 조정해 자신의 목적을 실현한다.

모르는 병사가 역사를 만든 게 아니란 거죠. 보편이성이 이들을 이용해 역사를 만들어왔다는 거예요.

정신의 단계

인간이라면 지켜야 하는 도덕법칙이 있죠. 칸트는 도덕법칙이 내 마음속에 있다고 봤죠? 하지만 헤겔은 도덕법칙은 공동체의 것이고, 개별자가 아니라 보편자의 것이라고 봤어요. 이것을 **인륜성**이라고 해요.

인륜성은 일종의 사회, 공동체의 정신을 말해요. 이러한 인륜성이 바로 헤겔이 말하는 **정신**이에요.

이제 인륜성은 사회 속에서 법의 형태로 나타나요. 법은 인륜성의 최고이념을 실현하기 위해 나타난 거죠. 인륜성의 최고이념은 바로 인간의 자유예요.

그런데 법은 인간의 자유를 보장해 주지 못했어요. 고대 로마법은 제국을 위한 법이었고, 노예의 자유를 박탈했죠. 중세 종교법은 신의 세계로 들어가기 위해서는 이 현실세계의 자유를 제한해야 한다고 주장했어요.

근대 계몽주의 시대에 들어서는 오히려 신의 세계를 부정하고, 이 현실세계만이 남게 돼요. 인간의 이성에 근거해 시민의 자유를 강조했죠. 하지만 결국 신의 세계를 없애버림으로써 반쪽짜리 자유가 되어 버렸어요.

"나는 오늘 세계정신을 보았다."
—헤겔

이때 프랑스혁명이 일어나요. 1806년 10월, 헤겔은 예나로 진격하는 프랑스군을 시찰하는 나폴레옹을 보게 돼요. 헤겔은 프랑스혁명을 통해 신의 세계와 인간의 세계 사이의 모순이 극복되면서 근대시민국가가 탄생했다고 생각해요. 인간의 자유가 이 시민국가를 통해 완전히 실현될 수 있을 것으로 믿었죠. 그래서 나폴레옹을 보고 감격해 이렇게 썼어요.

"나는 오늘 말 위에 높이 앉아 세계를 지배하는 세계정신을 보았다."

헤겔은 웅대한 철학체계를 만들어 놓고, 그것을 나폴레옹에게 갖다 바치는 잘못을 저질러 버렸어요. 헤겔도 인간이니 이런 실수를 저지른 거죠. 인간은 자기 자신을 제대로 못 보죠. 마찬가지로 자신의 시대도 제대로 보지 못해요.

헤겔은 『법철학』에서 이런 말을 했어요.

"미네르바의 부엉이는 황혼이 저물어야 그 날개를 편다."

철학은 미래의 역사를 예측하는 게 아니에요. 역사가 다 지나간 후에 단지 되돌아보는 것일 뿐이란 거죠.

헤겔의 예언대로, 나폴레옹이 죽은 지 200여 년이 지난 지금, 철학은 지난 역사를 되돌아보면서 이렇게 말할 수 있겠죠. "나폴레옹은 절대정신이 아니라 그저 돈키호테였다!"

절대지의 단계

절대지의 단계에서는 물질과 정신이 통일되고, 주관과 객관이 통일되며,

인식과 존재가 통일돼요. 무한자와 유한자가 통일되고, 현실세계가 신의 세계와 통일되고요.

이런 세계가 정말로 있을 수 있을까요? 이런 세계가 있다면, 그것은 아마 신의 세계일 수밖에 없을 거예요.

그런데 굳이 신의 세계가 아니라도, 우리는 헤겔이 말하는 절대지의 단계가 구현된 어떤 세계를 상상할 수 있어요. 한 번 상상을 해보죠.

21세기 우리는 전 세계가 네트워크로 연결된 하나의 시스템 속에 살고 있어요. 인간의 모든 역사와 지식은 디지털화되어 시스템에 저장되어 있어요. 사람들은 스마트폰을 하나씩 들고, 인터넷 시스템 속에서 정보를 생산하고 공유하고 소비하고 있죠.

그런데 인간의 뇌와 컴퓨터를 연결하는 뉴럴링크 기술이 완성되면, 어떻게 될까요? 인간의 모든 정보가 네트워크의 클라우드에 올라가는 건 아마 시간 문제일 거예요. 지식과 기억은 물론 감각·감정·성격·아이

덴티티 등 한 사람의 정체성을 구성하는 모든 정보가 클라우드에 저장될 거예요. 이것은 마치 인간 자체가 클라우드에 올라간다는 말이에요. 이제 인간은 클라우드에 있는 가상세계에서 살게 될 날이 올지도 몰라요.

어쩌면 1억 년 후에는 자아를 클라우드에 올려놓고, 가상세계에서 영생을 누릴지도 모르겠어요. 클라우드의 가상세계가 진짜 세계가 되는 거죠.

50억 년 후, 이제 클라우드는 전 우주로 확대되고, 클라우드 자체가 거대한 생명체로 진화하게 될지도 모르죠. 이 클라우드 생명체는 스스로 생각하고, 스스로 창조하고, 스스로 보존할 수 있는 능력을 가지게 될지도 몰라요. 자신이 생각하면 바로 가상현실로 구현되는 거예요. 인식이 바로 존재로 이어지는 거죠.

이 클라우드 생명체에서는 물질과 정신, 주관과 객관, 인식과 존재, 무한자와 유한자, 현실세계와 신의 세계가 통일돼요. 이것이 곧 자연 전체이고, 우주 전체이며, 절대자이고, 신인 거죠. 이것이 바로 헤겔이 말하는 **절대정신**에 대한 비유예요.

정리해 보죠. 의식은 경험을 통해 감각·지각·오성·자기의식·이성·정신의 각 단계마다 한계·결핍·모순을 겪으면서 새로운 단계로 나아가요. 이것이 바로 **헤겔의 변증법**이에요.

저는 각 단계를 아메바·공룡·호모사피엔스·인간·이치·인륜성·신에 비유해 설명했어요. 그런데 아메바에서부터 인간을 거쳐 신에게 이르기까지, 모두 다른 건가요?

아니에요. 사실 이것들은 모두가 하나의 신이에요. 신이 단계를 거치며, 단지 다른 모습을 하고 있을 뿐이에요.

아메바의 감각이 발전해서 결국 신이 된다는 거죠. 이는 아메바의 감각 속에 이미 신의 정신이 들어 있었다는 말이에요. 그렇다면 우리에게는 이미 보편이성, 객관적 정신, 신의 정신이 들어 있어요. 우리 각자는 그냥 개별자가 아니라 신이 우리 각자의 모습으로 드러난 것으로 볼 수 있어요.

150억 년 전, 신은 빅뱅으로 세계를 창조했죠. 그리고 그 속에서 감각→지각→오성이 생겼어요. 이윽고 자기의식→이성→정신이 생겨났죠. 이제 정신은 절대지, 즉 신이 돼요. 신은 자신의 밖에 세계를 창조한 건 줄 알았는데, 알고 보니 자신이 창조한 세계가 바로 자기 자신이었던 거예요.

그때서야 신은 깨달아요. 모든 것은 자신으로부터 나온 것이고, 결국 자기 자신일 수밖에 없다는 것을. 알고 보니 신이 세계를 창조하고, 다시 그 세계가 신이 되는 과정은 하나의 커다란 변증법적 과정이었던 것이죠.

세계를 창조하기 이전의 신은 **즉자존재**예요. 신이 창조한 세계가 **대자존재**이고요. 신과 신이 창조한 세계가 하나가 되는 절대지의 단계가 바로 **즉자대자존재**였던 거예요.

빅뱅으로부터 200억 년 후, 이제 절대정신이 죽음을 앞두고 있다고 상상해 보죠. 신도 엔트로피무질서도 증가 법칙은 어쩔 수가 없어요. 엔트로피가 최대치가 되어 더 이상 변화나 발전을 할 수 없게 된 것이죠.

그래서 신은 이번 생은 여기까지군 하고 잠이 들어요.

한참을 자고 일어난 신은 기지개를 켜면서 생각해요.

'이번에는 한 1000억 년짜리 우주를 만들어 볼까?'

그리고 이렇게 말해요.

"빛이 있으라."

그러자 7번째 빅뱅이 일어나죠.

헤겔이 말한 정신발전의 7단계를 좀더 직관적으로 이해할 수 있도록 구체적인 역사적 사건에 대입해 설명해 봤어요. 이것을 역사적 사건으로 받아들여도 좋고, 비유나 상징으로 받아들여도 좋아요. 어차피 헤겔의 정신현상학은 한 가지로 해석되기에는 너무나 복잡하고 방대한 사상을 담고 있으니까요. 저의 설명은 한 가지 비유일 뿐이니 재미로 받아들였으면 해요.

영상으로 한 번 더!

헤겔을 뒤집어 버린 반항아

마르크스: 변증법적 유물론

(feat. 자본론, 잉여가치설, 과학적 사회주의)

영국 BBC에서 "지난 1000년 동안 가장 위대한 사상가가 누구냐?"는 조사를 한 적이 있어요. 1위는 마르크스, 2위는 아인슈타인, 3위는 뉴턴, 그다음으로 다윈, 토마스 아퀴나스 등이 선정됐어요. 유독 우리나라에서만 마르크스가 온전한 평가를 못 받고 있지 않나 하는 생각이 들어요.

카를 마르크스1818~83의 사상은 굉장히 방대해요. 철학·심리학·역사학·정치학·경제학·사회학 등 매우 다양한 분야를 가로지르고 있죠. 단지 철학자라는 범주로만 설명하기에는 부족해요.

여기서는 마르크스의 세 얼굴, 즉 철학자, 경제학자, 혁명가·정치가로서의 얼굴을 보죠. 마르크스는 철학자로서 헤겔의 영향을 받아 **역사적 유물론**을 제시했고, 경제학자로서는 애덤 스미스의 영향을 받아 **잉여가치설**을 내놓았어요. 혁명가로서는 오웬의 영향을 받아 **과학적 사회주의**를 제시했죠.

상부구조와 토대

회사를 다니다 보면 간혹 놀라운 경험을 하죠. 어떤 사람이 보직이나 직급, 직위가 바뀌면, 행동방식은 물론 가치관이나 인생관까지도 달라지는 경우가 있어요.

사회도 마찬가지예요. 모든 사회에는 학문과 예술, 법과 정치, 종교와 철학이 있죠. 우리는 이들이 어떤 관념적 가치를 실현하기 위해 있는 것이라고 생각해요. 하지만 마르크스는 이들은 단지 한 사회의 기득권을 유지하는 데 필요한 수단일 뿐이라고 해요. 따라서 한 사회의 기득권 세력이 바뀌면, 그 사회의 학문과 예술, 법과 정치, 종교와 철학도 바뀐다는 거죠.

한 사회의 기득권은 무엇이 결정할까요? 마르크스는 **생산양식**, 즉 생산력과 생산관계가 결정한다고 해요. 생산관계에 따라 착취하는 측이 있고, 착취를 당하는 측이 있어요. 착취하는 측이 기득권이죠.

학문과 예술, 법과 정치, 종교와 철학을 **상부구조**라고 해요. 생산양식을 **토대**라고 하고요. 마르크스에 따르면, 토대가 상부구조를 결정해요. 토대인 생산양식이 상부구조인 학문과 예술, 법과 정치, 종교와 철학을 결정한다는 거죠.

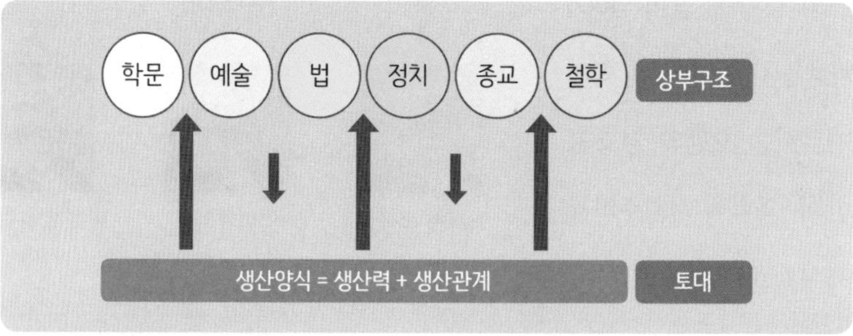

물론 상부구조도 토대에 영향을 미치긴 해요. 하지만 토대인 생산양식이 결정적 역할을 해요. 학문과 예술, 법과 정치, 종교와 철학 같은 상부구조는 토대를 공고히 하기 위한 수단일 뿐이란 거죠. 그래서 마르크스는 이렇게 말해요.

"한 시대의 지배사상은 지배계급의 사상이다."

예를 들어 자본주의 사회에서 기득권의 최대 관심사는 자본을 더 많이 축적하고 사유재산을 지키는 것이겠죠. 그래서 자본주의 사회에서 법과 정치는 기업활동의 자유와 사유재산의 보호를 강조해요.

이것은 마치 "정의는 강자의 이익이다"라는 트라시마코스의 주장과 비슷해 보여요. 정치가들이 아무리 정의를 떠들어대도, 사실 기득권의 이익, 자신의 이익을 대변하는 것일 뿐이란 거죠.

유물론에 대하여

마르크스는 토대가 상부구조를 결정한다고 했죠? 이때 토대는 물질적 토대, 상부구조는 관념적 구조를 말해요. 따라서 물질이 관념을 결정한다는 거죠. 그런 의미에서 마르크스는 유물론자로 볼 수 있죠.

하지만 주의해야 할 점이 있어요. 유물론이라는 개념은 스펙트럼이 매우 넓은데, 대략 3가지로 나눌 수 있어요.

먼저 **존재론적 유물론**을 보죠. 고대 그리스의 데모크리토스와 에피쿠로스는 만물의 근원은 물질이라고 봤어요. 존재하는 것은 물질일 뿐이고, 영혼 같은 것은 없다고 봤죠.

기계론적 유물론은 세계가 마치 기계처럼 물리법칙에 의해 움직인다고 봐요. 18세기 계몽주의 시대 프랑스의 의사이자 철학자 라 메트리가 대표적이죠. 기계론적 유물론자가 반드시 존재론적 유물론자인 건 아니에요. 예컨대 데카르트는 '물질과 정신이 따로 존재한다'는 이원론적 입장이면서도, 부분적으로는 기계론적 유물론의 입장이었죠.

그런데 마르크스는 존재론적 유물론자도, 기계론적 유물론자도 아니에요. 그는 존재하는 것은 물질일 뿐이라든가, 물질이 기계적인 법칙에 따라 운동한다고 말한 적 없어요. 하지만 "물질이 관념을 결정한다"고 봤죠. 그래서 유물론자로 봐요. 그렇다고 관념 자체의 존재를 부정한 건 아니에요. 이런 입장을 **마르크스식 유물론**이라고 해보죠.

존재론적 유물론

데모크리토스 에피쿠로스

만물의 근원은 물질이다.

기계론적 유물론

라 메트리 데카르트

물리법칙에 따라 운동한다.

마르크스식 유물론

마르크스

물질이 정신을 결정한다.

역사발전의 단계

토대인 **생산양식**은 생산력과 생산관계를 말해요. 생산력과 생산관계를 소라게와 소라껍데기로 비유해 볼게요. 소라게는 몸집이 커지면, 기존의 껍데기를 버리고 더 큰 껍데기로 옮겨요. 몸집이 더 커지면, 또다시 더 큰 껍데기로 옮기고요.

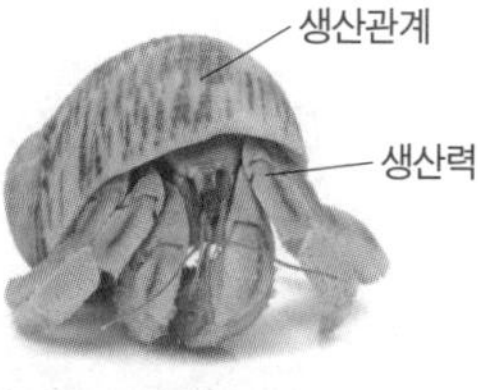

생산력과 생산관계도 이와 마찬가지예요. 생산량이 늘어나면, 기존 생산관계에서는 그런 생산력을 유지할 수 없는 상태가 돼요. 이에 사회는 새로운 생산관계로 이행하게 돼요.

원시 공동체사회에서는 같이 사냥을 하고 같이 먹었을 거예요. 먹을 것이 항상 부족하고, 남는 게 없으니 소유 개념도 없었겠죠.

그런데 철기가 등장하면서 생산력이 높아지자 잉여생산물이 생겨요. 잉여생산물을 차지하는 사람들은 주인이 되어 노예들을 부리며 생산물을 착취해요. 이것이 **고대 노예제사회**예요.

생산력은 계속 높아지고, 주인과 노예의 적대관계는 점점 심화되다가 결국 폭발해요. 이제 생산관계가 주인과 노예에서 봉건영주와 농노로 바뀌어요. 이것이 **중세 봉건제사회**예요.

자, 생산력이 계속 높아져요. 잉여생산물의 교환활동을 효율적으로 하기 위해 화폐가 등장하고, 상업활동도 활발해져요. 이제 상업활동으로 돈을 번 부르주아들이 등장

해요. 그러는 와중에 영주와 농노 사이의 적대관계는 점점 심화되다가 결국 폭발하고, 자본가와 노동자의 관계로 바뀌어요. 자본가는 공장을 차리고, 노동자는 공장에서 일을 하게 되죠. 이것이 바로 **근대 자본주의사회**예요.

마르크스는 자본주의사회가 모순에 의해 붕괴되고 프롤레타리아의 혁명을 통해 **공산주의사회**가 올 거라고 주장했어요. 무산계급은 생산수단을 소유하지 않은 노동자를 말하죠.

마르크스는 인류의 역사는 주인과 노예, 영주와 농노, 자본가와 노동자 사이에 벌어진 **계급투쟁의 역사**라고 봤어요. 이러한 계급투쟁은 우연히 일어나는 게 아니라, 생산력이 증가하면서 필연적으로 일어날 수밖에 없다고 봤고요.

생산관계는 역사적으로 계속 달라졌지만, 어느 한쪽이 생산을 하면, 다른 한쪽은 그 생산물을 착취한다는 건 달라지지 않았죠. 노예가 생산하면 주인이 착취하고, 농노가 생산하면 영주가 착취하고, 노동자가 생산하면 자본가가 착취한다는 거죠. 이것이 어떻게 가능할까요? 특히 자본주의사회에서 노동자가 생산을 하는데, 자본가가 어떻게 그걸 착취할 수 있다는 걸까요?

자본론

사기꾼에도 급수가 있어요. 하수는 사기를 당한 사람이 원한을 가지도록 사기를 쳐요. 중수는 사기를 당한 사람이 원한을 갖지 않도록 사기를 치고요. 고수는 사기를 당한 사람이 자신이 사기를 당한 사실조차 모르도록 사기를 쳐요.

자본주의사회에도 착취하는 자와 착취당하는 자가 있어요. 그런데 착취하는 자는 대놓고 하지 않아요. 자본가들은 자본주의 시스템을 아주 복잡하게 만들어버려요. 착취를 당하는 측이 착취당하고 있다는 사실조차 모르게 말이에요.

마르크스는 대영박물관 열람실에 틀어박혀 『자본론』을 썼다고 해요. 이 책은 자본가가 어떻게 노동자를 착취하는지, 자본주의 메커니즘에 대해 설명해요.

내가 30만 원을 가지고 있다고 하죠. 나는 밀가루 한 포대10만 원, 붕어빵 기계 한 대10만 원, 알바 한 명10만 원을 투입해 붕어빵 600개를 만들어 60만 원을 벌었어요. 다음날에는 이 60만 원으로 밀가루 두 포대20만 원, 붕어빵 기계 두 대20만 원, 알바 두 명20만 원을 투입해 붕어빵을 1,200개 만들어 120만 원을 벌었고요. 이런 식으로 다음날에는 240만 원, 그다음날에는 480만 원, 그 다음다음 날에는 960만 원을 벌었어요.

첫날 내 손에 30만 원밖에 없었는데, 5일차인 지금 내 손에는 960만 원이 있어요. 그러면 이 돈은 도대체 어디서 나온 걸까요?

밀가루와 붕어빵 기계는 고정적인 가치를 가지고 있기 때문에 여기에서는 잉여생산물이윤이 나오지 않아요. **잉여가치**는 노동력알바생에서 나온 거예요. 마르크스

마르크스 왈, 잉여가치는 노동력에서 나온다.

는 자본주의 시스템 자체가 원래부터 이런 착취구조를 가지고 있다고 해요.

혁명가로서의 마르크스

마르크스가 살던 19세기, 어린아이들조차 하루 14시간 이상의 노동에 시달렸다.

산업혁명이 한창이던 19세기, 영국 노동자들은 매우 열악한 환경에서 하루 16시간 넘게 일해야 했어요. 심지어 5세 미만의 아동들도 하루에 14시간 넘게 일했어요. 오죽하면 아동의 노동시간은 하루 12시간을 넘길 수 없고, 적어도 저녁 9시 이후에는 일을 시킬 수 없다는 노동법이 생겼겠어요?

마르크스는 토대가 상부구조를 결정한다고 했죠? 열악한 노동상황을 바꾸려면, 학문과 예술, 법과 정치, 종교와 철학 같은 상부구조가 아니라 생산관계를 바꿔야 한다고 생각했어요. 자본가가 가지고 있는 생산수단을 빼앗아야 한다는 거죠. 그런데 자본가들이 생산수단을 순순히 빼앗기겠어요? 마르크스는 무력을 통해 혁명을 해야 한다며 이렇게 말해요. "만국의 노동자여, 단결하라."

지금까지 철학자들은 세계를 해석해 왔어요. 세계를 변화시킬 생각은 하지 않았어요. 하지만 마르크스는 중요한 것은 세계를 변화시키는 것이라고 봤어요.

헤겔과 마르크스의 비교

마르크스는 헤겔로부터 많은 영향을 받았어요. 그런데 헤겔의 철학구도를 받아들여 뒤집어버려요. 둘의 공통점과 차이점을 보죠.

첫째, 헤겔과 마르크스는 둘 다 세계를 하나의 보편적인 것으로 봤어요. 하지만 그 내용은 달라요. 헤겔은 세계를 하나의 관념 덩어리로 봤어요. 하지만 마르크스는 세계를 하나의 물질 덩어리로 봤죠.

둘째, 둘 다 세계를 역사적 관점에서 봤지만, 그 내용은 달라요. 헤겔은 세계가 감각→지각→오성→자기의식→이성→정신→절대지의 단계를 거쳐 발전한다고 봤어요. 반면 마르크스는 세계가 원시 공산사회→고대 노예제사회→중세 봉건사회→근대 자본주의사회→공산주의사회로 이행한다고 봤죠. 하지만 둘 다 낙관론자였던 것은 분명한 듯해요. 헤겔은 세계가 절대정신으로 완성되고, 마르크스는 공산주의사회로 완성된다고 봤거든요.

셋째, 둘 다 역사적 발전은 변증법적 과정을 거친다고 봤어요. 어떤 모순이 발생하면, 그런 모순이 새로운 합을 만들어내죠. 다음 단계에서 또 모순이 발생하면, 또 다른 새로운 합을 만들어내고요. 이들은 이런 방식으로 역사적 발전이 새로운 단계로 진입한다고 봤어요.

넷째, 주인과 노예의 관계, 노동의 의미를 중요하게 생각했어요. 헤겔은 주인과 노예의 관계 속에서 인정투쟁을 강조했죠. 마르크스는 착취의 메커니즘에 관심을 가졌고요. 그리고 헤겔은 노동을 통해서 자기를 실현한다는 점을 강조했어요. 마르크스는 노동의 소외를 강조했고요.

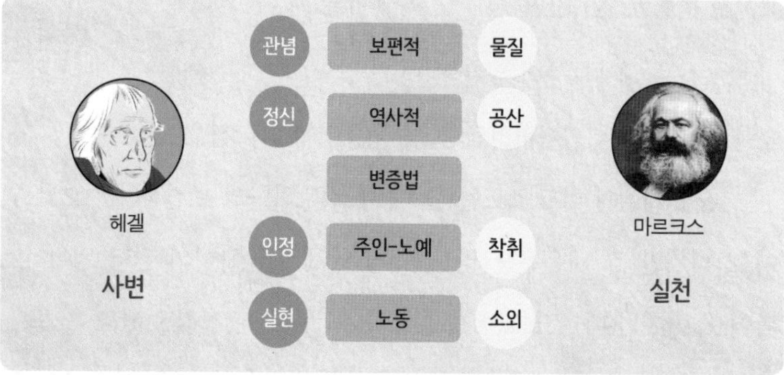

하지만 이게 끝이 아니에요. 막판 뒤집기가 한 판 더 남아 있어요. 마르크스는 헤겔의 사변철학을 실천철학으로 뒤집어버렸어요. 헤겔은 세계를 '해석'의 대상으로 봤어요. 하지만 마르크스에게 세계는 '변화'의 대상이었어요.

마르크스에 대한 비판

마르크스 철학에 대한 수많은 비판이 있어요. 그는 인간의 본성을 지나치게 낙관적으로 봤어요. 노동계급을 지나치게 강조했고요. 또한 개인의 이익과 사회의 이익이 일치한다고 본 것도 비판을 받죠. 하지만 결정적인 것은 그가 꿈꿨던 공산사회가 지구의 3분의 1을 대상으로 한 실험이 실패로 끝났다는 거예요.

21세기 현대 자본주의는 마르크스가 분석한 19세기 유럽의 자본주의와 분명히 달라요. 그런 점에서 마르크스 철학은 과거의 유물이 되었다는 점을 어느 정도 인정해야 해요. 하지만 우리는 여전히 마르크스 철학을 폐기할 수 없어요. 뉴턴의 물리학은 아인슈타인의 물리학에 의해 거의 폐기됐어요. 하지만 물리학은 여전히 뉴턴이 만든 구도 속에 있어요. 프로이트의 정신분석학은 수많은 공격으로 누더기가 됐어요. 하지만 심리학은 여전히 프로이트가 만든 구도 속에 있죠.

마찬가지로 마르크스의 철학은 유물이 되어가고 있어요. 혁명이론은 이미 실패한 것으로 판명됐고요. 하지만 그의 자본주의에 대한 분석은 여전히 유효한 부분이 많아요.

영국에 있는 마르크스의 묘비명에는 이렇게 씌어 있어요.

런던 하이게이트 공동묘지에 있는 마르크스의 무덤

"지금까지 철학자들은 단지 세계를 해석해 왔다. 하지만 중요한 것은 세계를 변화시키는 것이다."

마르크스는 플라톤이 저 위로 올려놓은 철학을 이 땅으로 끌고 내려왔어요. 물론 칸트는 실천철학을 이야기했고, 니체도 철학을 땅 위의 철학으로 만들려고 했죠. 하지만 이들의 철학은 여전히 관념 속에 맴돌고 있었어요.

그러나 마르크스는 철학을 완전히 삶의 문제로 바꿔 버렸어요. 그것도 억압과 착취를 당하는 사회적 약자의 삶을 위한 철학으로요. 그래서 영국인들이 마르크스를 지난 1천 년 동안의 가장 위대한 철학자로 손꼽는 것 아닌가 싶어요.

영상으로 한 번 더!

Special Section 1

논리학

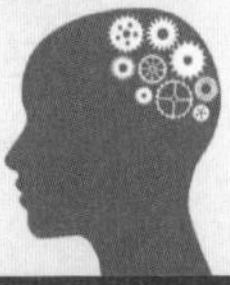

논리학이란 무엇인가?

- 아리스토텔레스: 고전논리학

논리적 방법이란 무엇인가?

- 베이컨: 우상론
- 러셀과 흄
- 연역
- 귀납

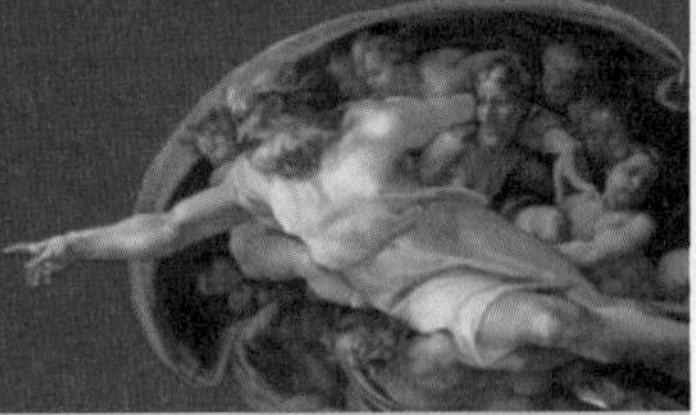

논리적 방법론이란 무엇인가?

- 조건문의 진리조건
- 필요충분조건
- 논리적 오류
- 새로운 귀납의 문제
- 형식적 오류: 정언논리학, 명제논리학

논리 고대 STEP 2

600년 동안 부른 이상한 노래

아리스토텔레스: 고전논리학

철학이든 정치든, 어떤 주장을 할 때는 근거를 제시해야 사람들을 설득할 수 있죠. 그런데 그런 주장의 근거를 보면, 맞는 건지 틀린 건지 헷갈릴 때가 있어요. 아니, 사실 대부분 헷갈려요. 예를 들어볼까요.

> 모든 사람은 죽는다.
> 소크라테스는 사람이다.
> 그러므로 소크라테스는 죽는다.

위는 딱 봐도 타당한 논증이죠. 아래 논증 A는 어떤가요?

> 모든 철학자는 합리적이다. **[논증 A]**
> 따라서 어떤 합리적인 사람은 논리적이다.
> 왜냐하면 모든 논리적인 사람은 철학자이기 때문이다.

위는 타당한가요, 부당한가요? 잘 모르겠죠? 또 다른 논증 B를 보죠.

> 어떤 합리적인 사람은 논리적이 아니다. **[논증 B]**
> 왜냐하면 어떤 철학자는 합리적이지만
> 어떤 철학자는 논리적이 아니기 때문이다.

이것은 타당한가요? 딱 감이 오지 않죠?

이처럼 어떤 주장이 타당한지 부당한지 판별하는 것은 생각보다 쉽지 않아요. 게다가 어떤 사람들은 근거도 없는 자신의 주장을 마치 근거가 있는 것처럼 착각하도록 말을 굉장히 어렵게 해요. 2500여 년 전 고대 그리스 사회에서도 마찬가지였던 모양이에요.

논리학의 탄생

아리스토텔레스

고대 그리스는 정치가들이 광장에서 온갖 미사여구로 사람들을 현혹하는 시대였어요. 아리스토텔레스는 그 주장들이 헛소리인지 아닌지 구별하는 규칙을 만들기로 결심해요. 그래서 나온 것이 논리학이에요. 이것은 굉장히 놀라운 사건이에요. 아예 '논리학'이라는 학문을 만들어버렸기 때문이죠.

이제 아리스토텔레스의 논리학에 대한 이야기를 시작해 보죠.

정언명제

인간의 말은 문장들로 구성되어 있어요. **명제**란 '참이거나 거짓인 문장'을 말해요. 따라서 참도 거짓도 아닌 문장은 명제가 아니에요.

"이 꽃 참 예쁘다!"감탄문, "너 밥 먹었니?"의문문 등은 명제가 아닌 거죠. 참도 거짓도 아니니까요. "비가 오면 땅이 젖는다", "모든 사람은 죽는다"처럼 참이거나 거짓인 문장이 명제예요.

명제 중에서 "모든 사람은 죽는다"처럼 '주어+술어' 형태로 된 것을 **정언명제**라고 해요. 정리하면 다음과 같아요.

명제란 무엇인가?

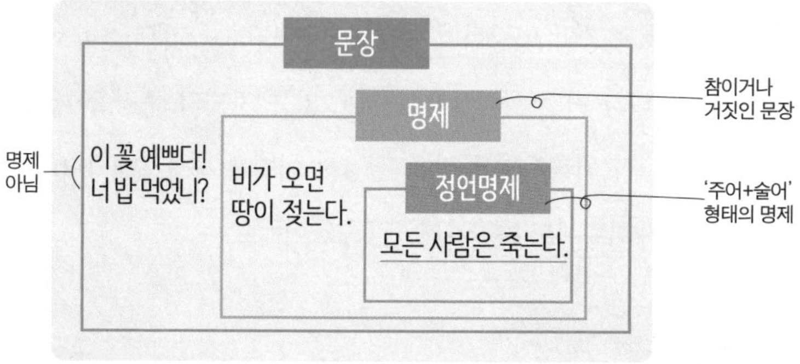

정언명제에는 4가지 종류가 있어요.

"모든 S는 P이다"와 같은 명제를 A명제전칭긍정명제라고 해요. 모든 "S는 P가 아니다"와 같은 명제는 E명제전칭부정명제라고 하고요. 또한 "어떤 S는 P이다"와 같은 명제를 I명제특칭긍정명제라고 해요. 그리고 "어떤 S는 P가 아니다"와 같은 명제를 O명제특칭부정명제라고 해요.

	정언명제
A명제	모든 S는 P이다. 전칭 긍정
E명제	모든 S는 P가 아니다. 전칭 부정
I명제	어떤 S는 P이다. 특칭 긍정
O명제	어떤 S는 P가 아니다. 특칭 부정

【연습】 박스 안에 공 2개가 들어 있고, 다음 같은 명제가 있다고 합시다.

모든 공은 5번이다.	A명제
모든 공은 5번이 아니다.	E명제
어떤 공은 5번이다.	I명제
어떤 공은 5번이 아니다.	O명제

박스를 열어보니, 5번이 2개 나왔어요. 각 명제는 어떻게 될까요?

모든 공은 5번이다.	A명제	………………… 참
모든 공은 5번이 아니다.	E명제	………………… 거짓
어떤 공은 5번이다.	I명제	………………… 참
어떤 공은 5번이 아니다.	O명제	………………… 거짓

【연습】 이번에는 5번, 6번 공이 하나씩 나왔다고 해보죠.

이때 각각의 명제는 어떻게 될까요?

모든 공은 5번이다.	A명제	………………… 거짓
모든 공은 5번이 아니다.	E명제	………………… 거짓
어떤 공은 5번이다.	I명제	………………… 참
어떤 공은 5번이 아니다.	O명제	………………… 참

【연습】 이번에는 6번 공이 2개 나왔다고 하죠. 이때 명제는 어떻게 될까요?

모든 공은 5번이다.	A명제	………………… 거짓
모든 공은 5번이 아니다.	E명제	………………… 참
어떤 공은 5번이다.	I명제	………………… 거짓
어떤 공은 5번이 아니다.	O명제	………………… 참

이제 3가지 경우를 한꺼번에 보죠. A명제와 O명제의 진리값은 항상 반대예요. E명제와 I명제의 진리값도 항상 반대이고요. 이 경우 '모순 관계'에 있다고 해요.

한편 A명제가 참이면, I명제는 반드시 참이에요. 마찬가지로 E명제가 참이면, O명제는 반드시 참이고 '대소 관계'에 있다고 해요. 아울러 A명제와 E명제는 둘 다 참인 경우가 없어요. 그래서 '반대 관계'에 있다고 하고요. 그리고 I명제와 O명제는 둘 다 거짓인 경우가 없어요. 이를 '소반대 관계'에 있다고 해요. 이것을 그림으로 그리면 다음과 같아요.

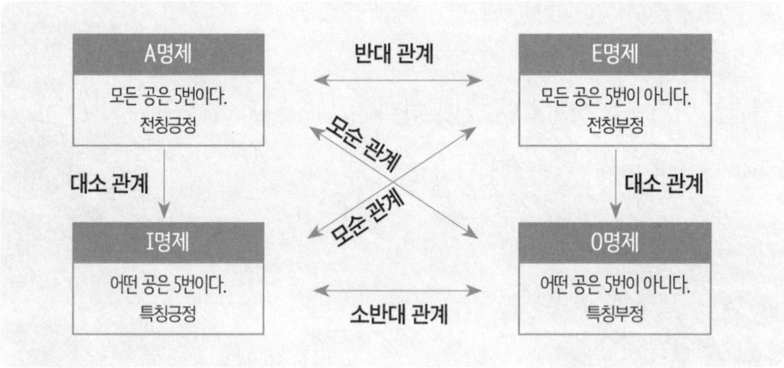

삼단논법

앞에서 보았던 논증 A를 삼단논법 형태로 바꾸면 다음과 같아요.

매개념
모든 논리적인 사람은 철학자이다. A명제(전제)
모든 철학자는 합리적이다. A명제(전제)
매개념
어떤 합리적인 사람은 논리적이다. I명제(결론)
4격 AAI

밑줄 위의 명제를 '전제', 밑줄 아래의 명제를 '결론'이라고 해요.

먼저 두 개의 전제에서 공통된 개념을 찾아보면 '철학자'죠. 이것을 **매개념**이라고 해요. 매개념은 어디에 있는지에 따라 1격, 2격, 3격, 4격으로 구분해요.

매개념에 따른 격 구분

1격	2격	3격	4격
매개념+술어	술어+매개념	매개념+술어	술어+매개념
주어+매개념	주어+매개념	매개념+주어	매개념+주어
주어+술어	주어+술어	주어+술어	주어+술어

앞의 삼단논법에서 각각의 명제는 A명제, A명제, I명제죠. 매개념이 하나는 술어 자리에, 하나는 주어 자리에 있는 경우는 4격이에요. 따라서 이 삼단논법은 4격-AAI 삼단논법이 돼요.

이제 두 번째 삼단논법을 보죠.

매개념

어떤 철학자는 논리적이 아니다. O명제

어떤 철학자는 합리적이다. I명제

매개념

어떤 합리적인 사람은 논리적이 아니다. O명제

3격 OIO

위의 삼단논법은 매개념의 위치가 전부 주어에 있죠. 이것을 '3격'이라고 해요. 각각의 명제는 O명제, I명제, O명제예요. 따라서 이 삼단논법은 3격-OIO 삼단논법이 돼요. 이것은 표에 없으므로 부당해요.

1격	2격	3격	4격
AAA	EAE	IAI	AEE
EAE	AEE	AII	IAI
AII	EIO	OAO	EIO
EIO	AOO	EIO	AEO
AAI	AEO	AAI	EAO
EAO	EAO	EAO	AAI

그런데 아리스토텔레스 논리학 시험을 준비하던 학생들이 이 표를 외우기가 너무 힘든 거예요. 그러던 중 13세기 영국 셔우드

의 윌리엄이라는 철학자가 표를 AAA는 바바라Babara, EAE는 셀라렌트Celarent, AII는 다리이Darii 하는 식으로 고쳐 노래로 만들었어요. 학생들이 그 노래를 600년 동안 불렀다는 전설이 있어요.

벤 다이어그램과 삼단논법

19세기에 이르러 존 벤이라는 영국의 논리철학자가 삼단논법의 유형을 외우지 않고 풀 수 있는 방법을 고민하다 벤 다이어그램을 고안했어요. 벤 다이어그램을 이용해 삼단논법의 타당성을 확인하는 방법을 보죠.

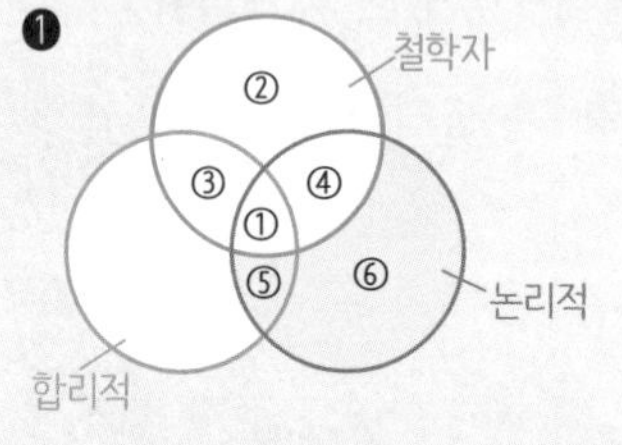

모든 논리적인 사람은 철학자이다.(전제)

첫 번째 전제인 "모든 논리적인 사람은 철학자이다"라는 명제는 '철학자가 아니면서 논리적인 사람'은 없다는 말이므로, ⑤와 ⑥ 부분은 제외해요. 그러면 철학자들은 ① 또는 ④, 아니면 둘 다에 있겠지만, 어디에 있는지 현재까지의 정보로는 알 수 없지요.

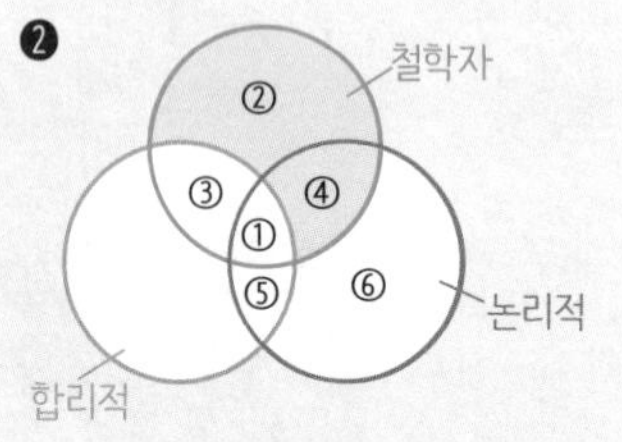

모든 철학자는 합리적이다.(전제)

두 번째 전제인 "모든 철학자는 합리적이다"라는 명제는 '합리적이 아닌 철학자'는 없다는 말이므로, ②와 ④ 부분을 제외해요. 그러면 철학자들은 ① 또는 ③, 아니면 둘 다에 있겠지만, 어디에 있을지는 현재까지 주어진 정보로는 알 수 없어요. 이 두 개의 전제를 합하면 ①에 철학자가 적어도 한 명이 있어야 해요.

결론인 "어떤 합리적인 사람은 논리적이다"라는 말은 '합리적이면서 논리적인 사람'이 적어도 한 명이 존재한다는 거죠. 그런데 ① 부분에 있는 사람이 바로 합리적이고 논리적인 사람이죠. 따라서 이 삼단논법은 타당한 논증이에요.

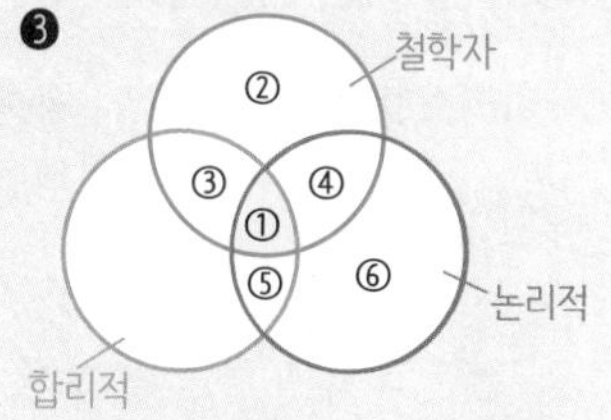

어떤 합리적인 사람은 논리적이다.(결론)

아리스토텔레스 vs. 존 벤

보통 논리학 책을 보면 문제풀이 과정까지만 나와요. 하지만 우리의 관심은 문제풀이가 아니라 철학이죠. 한 발 더 들어가 명제에 대한 아리스토텔레스와 존 벤의 가상 논쟁을 통해 철학적인 문제를 살펴보죠.

A유형: 모든 용은 동물이다

아리스토텔레스: 용이 존재한다. 그리고 모든 용은 동물이라는 의미다. 이 명제 자체가 용이 존재함을 함축한다.

존 벤: 만약에 용이 존재한다면, 그것은 동물이라는 의미다. 이 명제가 존재를 함축하는 것은 아니다.

E유형: 모든 용은 동물이 아니다

아리스토텔레스: 용이 존재한다. 그리고 모든 용은 동물이 아니라는 의미다. 이 명제도 존재를 함축한다.

존 벤: 만약에 용이 존재한다면, 그것은 동물이 아니라는 의미다. 존재를 함축하지 않는다.

I유형: 어떤 용은 동물이다

아리스토텔레스: 동물인 용이 적어도 하나가 존재한다는 의미다. 존재를 함축한다.

존 벤: 동의한다.

O유형: 어떤 용은 동물이 아니다

아리스토텔레스: 동물이 아닌 용이 적어도 하나가 존재한다는 의미다. 존재를 함축한다.

존 벤: 동의한다.

존 벤은 왜 "모든 용은 동물이다"라는 A명제가 용의 존재를 함축하지 않는다고 봤을까요? 벤의 관점에서 예를 하나 들어보죠.

담장을 넘는 모든 재소자는 즉시 사살될 것이다.	(A유형)

아리스토텔레스의 주장대로라면, 이 명제는 '담장을 넘는 재소자가 존재한다'는 의미가 돼요. 그는 A유형의 명제가 존재를 함축한다고 봤으니까요. 그런데 담장이 너무 높아 아무도 못 넘을 수도 있고, 사살당할까봐 무서워 넘지 못할 수도 있는 거죠. 존 벤이라면, 이 명제를 "만약에 재소자가 이 담장을 넘는다면, 그는 즉시 사살될 것이다"라고 봤을 거예요. 존 벤의 입장이 좀더 그럴듯해 보이죠?

벤의 입장을 받아들이면, 타당한 삼단논법도 달라져요. 앞서 살펴본 논증 A 삼단논법을 아리스토텔레스와 벤의 입장에서 다시 들여다보죠.

모든 논리적인 사람은 철학자이다. (전제)
모든 철학자는 합리적이다. (전제)

어떤 합리적인 사람은 논리적이다. (결론)

아리스토텔레스는 "모든 논리적인 사람은 철학자이다"라는 첫 번째 명제가 논리적인 사람의 존재를 함축한다고 봐요. 두 번째 명제도 철학자의 존재를 함축한다고 보고요. 하지만 벤은 그렇지 않아요.

이제 결론을 보죠. "어떤 합리적인 사람은 논리적이다"라는 말은, 합리적이고 논리적인 사람이 적어도 한 명은 있다는 말이죠. 따라서 벤의 입장을 받아들이면 결론은 '거짓'이에요.

결국 아리스토텔레스의 입장을 받아들이면 이 논증은 타당하지만, 벤의 입장을 받아들이면 이 논증은 부당한 거죠.

논리학은 대상에 대한 지식을 산출하는 '방식'을 다루는 학문이에요. 그래서 모든 학문의 기본이라고 할 수 있죠. 먼저 지식을 산출하는 방식이 적절한지 아닌지를 판단할 줄 알아야, 자신이 산출한 지식이 적절한지 아닌지를 판단할 수 있으니까요. 그런 점에서 보면, 모든 학문은 논리학을 탄생시킨 아리스토텔레스에게 빚을 지고 있다고 해도 과언이 아니에요.

영상으로 한 번 더!

논리적 사고, 과학적 방법 1

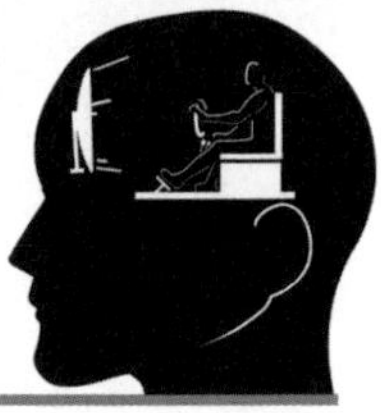

연역

(feat. 아리스토텔레스, 데카르트, 갈릴레오)

논리학은 지식을 내는 학문이 아니에요. 지식을 내는 '방법'에 관한 학문이에요. 그런 의미에서 보면, 논리학이야말로 철학의 정수라고 할 수 있어요. 철학의 본질은 메타적인 사고를 하는 것이니까요.

우리가 지식을 내기 위해서는 이미 알려진 사실로부터 새로운 사실을 끄집어내야 해요. 이러한 과정을 **추리** 또는 **추론**이라고 해요. 추리와 추론을 객관화해 명제로 기술한 것이 **논증**이고요. 논증에는 크게 연역논증과 귀납논증이 있어요.

연역논증

대표적인 연역논증으로는 다음과 같은 삼단논법이 있죠.

모든 사람은 죽는다.	(전제)	타당한 논증
소크라테스는 사람이다.	(전제)	
소크라테스는 죽는다.	(결론)	

연역논증은 이처럼 전제가 '참'이면, 결론이 '필연적으로 참'인 논증이에요. 이러한 논증을 **타당한 논증**이라고 해요. 이제 좀 다른 논증을 보죠.

모든 사람은 죽는다. (전제)
소크라테스는 죽는다. (전제)

소크라테스는 사람이다. (결론)

} **부당한 논증**

물론 위 논증의 결론은 '참'이지만, 논증이 타당하지는 않아요. 형식이 올바르지 않거든요. 이러한 논증을 **부당한 논증**이라고 해요.

모든 새는 날 수 있다. (전제)
펭귄은 새다. (전제)

펭귄은 날 수 있다. (결론)

} **타당한 논증**

위는 타당한 논증이에요. 하지만 펭귄은 날 수 없죠. 위 논증은 전제가 '거짓'이기에 결론이 '거짓'이에요.

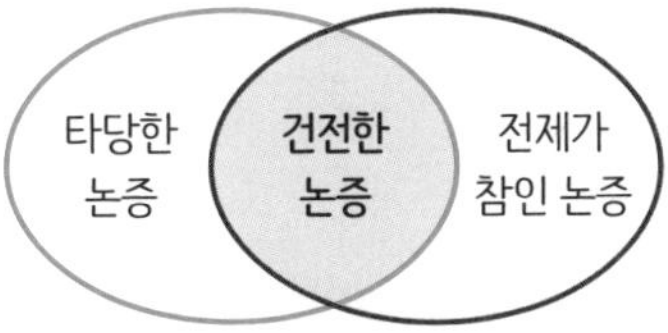

이처럼 논증의 타당성은 전제가 참인지 거짓인지 하는 문제와는 전혀 관련이 없어요. 논증의 형식과만 관계가 있어요. 따라서 올바른 논증이란 형식적으로 타당하고, 전제도 '참'인 논증을 말해요. 이러한 논증을 **건전한 논증**이라고 해요. 정리하자면, 연역논증은 형식적으로 타당한 논증이면서, 동시에 전제가 '참'일 때 건전한 논증이 돼요.

데카르트의 수학적 연역법

기원전 3세기 무렵, 수학자 유클리드의 『기하학 원론』에서 수학적 연역법의 정수를 볼 수 있어요. 유클리드 기하학에서 **공리**란 굳이 증명하지 않아도 '참'으로 받아들이는 명제예요. **공준**은 그냥 사실로 받아들이는 명제이고요. 이를테면 "A=B이고, B=C이면, A=C이다"처럼 굳이 증명하지 않아도 참으로 받아들이는 명제는 '공리'예요. "두 점을 지나는 직선이 존재한다"처럼 그냥 사실로 받아들이는 명제는 공준이고요.

유클리드는 공리와 공준으로부터 **정리**를 유도해요. 간단한 정리를 하나 보죠. 두 직선이 교차할 때 서로 마주보는 각을 '맞꼭지각'이라고 하죠. 유클리드는 "맞꼭지각은 항상 같다"는 '맞꼭지각 정리'를 유도했어요.

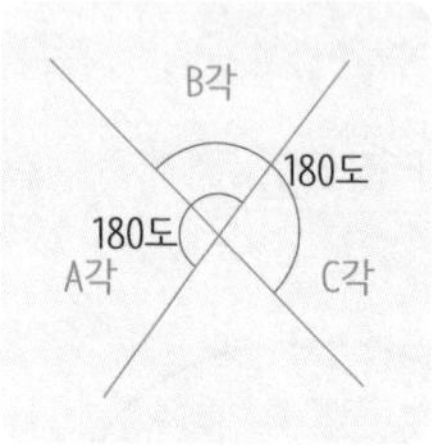

맞꼭지각 정리

대충 눈대중으로 봐도 맞꼭지각은 같은데, 뭐 이런 것까지 유도하냐고 할 수도 있을 거예요. 하지만 기하학자들은 기초부터 하나하나 확실하게 쌓아 올라가야 된다고 생각했어요.

A각과 B각을 더하면 직선이니 180도가 돼요. B각과 C각을 더해도 직선이니 180도가 되고요. 첫 번째 180도에서 B각을 뺀 각과, 두 번째 180도에서 B각을 뺀 각은 같아요. 따라서 "맞꼭지각은 같다"는 정리가 유도돼죠.

유클리드는 이런 방식으로 기하학의 모든 정리들을 유도했어요. 이런 방식을 **수학적 연역법**이라고 해요. 더 이상 증명이 필요 없는 확실한 공리와 공준으로부터 새로운 정리를 유도하는 방식이죠.

데카르트가 철학하는 법: 더 이상 의심할 수 없는 명제

데카르트가 철학을 하는 방법은 수학적 연역법과 상당히 비슷해요. 데카르트는 자신이 의심하는 모든 지식을 버려요. 감각이 주는 지식은 물론이고 일반지식, 수학 및 기하학적 지식인 보편지식까지도 모두 버렸죠.

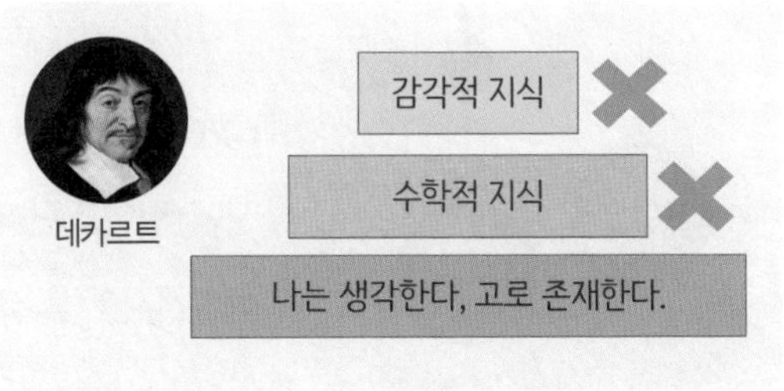

그리고 마지막에 더 이상 의심할 수 없는 명제 하나가 남았어요. 그것이 바로 "나는 생각한다, 고로 존재한다"라는 명제예요. 이 명제가 바로 유클리드 기하학의 공리라고 볼 수 있어요.

데카르트는 이 명제로부터 지식을 하나하나 쌓아 올라가요. 신의 존재를 증명하고, 수학적 지식이 옳다는 것을 증명하고, 물질이 존재한다는 것을 증명해요. 그래서 데카르트가 철학하는 방식은 **수학적 연역법**이라고 할 수 있죠.

갈릴레오의 실험적 연역법

수학적 연역법에 실험을 가미하면 **실험적 연역법**이 돼요. 수학적 연역법으로 가설을 설정하고, 실험적으로 그것을 확인하는 것이죠. 가설은 연역적으로 설정하고, 귀납적으로 가설을 검증하는 거죠. 대표적 사례로 물체의 낙하 운동에 대한 연구를 들 수 있어요.

갈릴레오

아리스토텔레스는 무거운 물체가 가벼운 물체보다 빨리 떨어진다고 생각했어요. 16세기까지 사람들은 이것을 철석같이 믿었죠. 그런데 갈릴레오는 의문을 제기했어요.

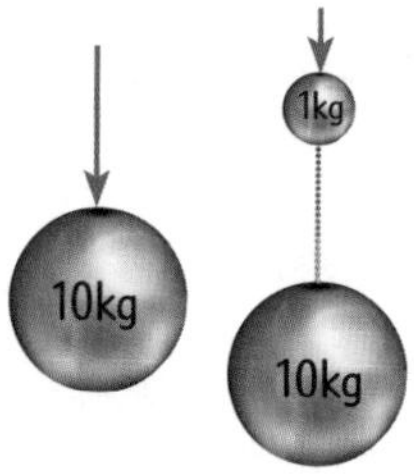

아리스토텔레스의 주장

10kg 쇠구슬, 그리고 10kg과 1kg 쇠구슬을 묶은 11kg 쇠구슬 묶음을 높은 곳에서 동시에 떨어뜨린다고 해보죠. 어느 게 먼저 떨어질까요?

아리스토텔레스는 더 무거운 11kg 쇠구슬 묶음이 먼저 떨어진다고 할 거예요. 무거운 물체가 더 빨리 떨어진다고 생각했으니까요. 이 경우 위의 그림 같은 모습으로 떨어져야 해요. 무거운 게 더 빨리 떨어지니까요.

그런데 이거 좀 이상하죠? 1kg 쇠구슬이 위에서 방해하는데, 어떻게 11kg 쇠구슬 묶음이 더 빨리 떨어질 수 있겠어요?

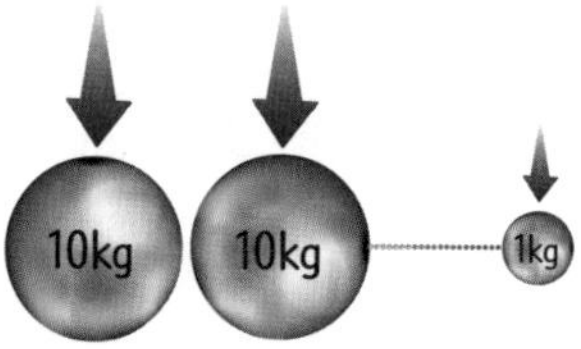

갈릴레오의 주장

갈릴레오는 쇠구슬의 무게가 10kg 든 1kg든 11kg든, 모두 똑같이 떨어진다는 가설을 세웠어요. 그리고 피사의 사탑에서 실제로 쇠구슬들을 떨어뜨리는 실험을 했어요. 자신의 가설이 맞는다는 걸 증명했죠. 이런 방법을 **실험적 연역법**이라고 해요. 연역적 방법을 통해 가설을 세우고, 실험을 통해 검증하는 거죠.

일상의 철학자들

사실 연역논증, 귀납논증 같은 논증은 철학자나 과학자가 지식을 산출할 때만 사용하는 방법론이 아니에요. 우리는 일상생활에서 자신도 모르게 연역논증과 귀납논증을 자주 사용해요. 갑자기 소낙비가 내려서 건물 안으로 피했어요. 잠시 후 사람들이 우산도 없이 건물로 들어와요. 그러면 우리는 소나기가 그쳤다고 판단하죠? 이때 우리는 연역논증과 귀납논증을 사용한 거예요. 경험을 통해 비가 오면 사람들이 우산을 쓴다고 귀납 추리를 했어요. 사람들이 우산을 쓰지 않은 것을 보고, 비가 오지 않는다는 연역 추리를 한 번 더 하고요.

이런 관점에서 보면, 논리학은 철학자나 과학자만의 전유물이 아니에요. 모든 사람들이 다양한 상황을 상식적으로 판단할 때 이용하는 도구라고 할 수 있죠.

영상으로 한 번 더!

귀납 추리
"비가 오면, 사람들이 우산을 쓴다."

연역 추리
"사람들이 우산을 쓰지 않았으므로, 비가 오지 않는다."

구스타프 카유보트, 〈파리의 거리, 비 오는 날〉(1877)

논리적 사고, 과학적 방법 2

귀납

(feat. 베이컨, 밀, 러셀, 흄)

강아지의 배변 훈련과 귀납법

오래전에 강아지 한 마리를 입양해 기른 적이 있어요. 배변 훈련을 시키느라 배변판에 오줌을 쌀 때마다 간식을 주곤 했죠. 강아지는 배변판에 오줌을 싸면, 주인이 간식을 준다는 걸 학습했어요. 배변 훈련이 성공한 거죠. 그런데 약간의 부작용이 생겼어요. 강아지가 오줌이 마렵지 않아도 억지로 싸는 거예요. 급기야는 한쪽 다리만 들고 오줌을 싸는 시늉을 했어요. 나중에는 오줌은 영역을 표시하고 싶은 곳에 싸고, 배변판에서는 속임동작feint motion만 하는 지경에 이르렀어요.

이제 강아지가 배변판에서 속임동작을 하면 간식을 주지 않았어요. 그랬더니 배변판 자체를 외면했어요. 배변 훈련이 실패한 거죠. 이것이 바로 귀납법이 갖는 문제의 예죠.

귀납법이란 반복된 경험을 통해 어떤 믿음을 형성하는 거예요. 강아지는 경험을 통해 배변판에서 한쪽 다리를 들면, 간식을 먹을 수 있다는 믿음을 가지게 됐죠귀납법. 하지만 어느 날부터 배변판에서 열심히 다리를 들어도 간식을 주지 않아요. 이때 강아지는 배변판에서 한쪽 다리를 들면 간식을 먹을 수 있다는 믿음을 포기하게 되죠.

귀납논증

귀납논증은 개별적 사실들로부터 일반적인 법칙을 추론해요.

소크라테스는 죽었다.
플라톤도 죽었다.
칸트도 죽고, 헤겔도 죽고, 러셀도 죽었다. (전제)

모든 인간은 죽는다. (결론)

하지만 귀납논증은 전제로부터 결론이 필연적으로 도출되는 게 아니에요. 지금까지 모든 인간이 죽었다고 해서, 먼 미래에 나타날 새로운 인간까지 반드시 죽는다고 할 수는 없죠. 이것을 '귀납법의 문제'라고 해요.

베이컨과 밀의 귀납법

앞에서 말했듯이, 연역법은 전제가 '참'이면 결론이 '필연적으로 참'인 논증이에요. 어떤 점에서는 전제가 암시적으로묵시적으로 결론을 포함하고 있어요. 그러고 보면 연역적 방법론은 새로운 지식을 내는 방법이 아니라, 단지 지식을 새롭게 재구성하는 방식으로 볼 수도 있어요.

17세기 영국 철학자 베이컨은 연역법으로는 과학을 할 수 없다고 봤어요. 그리고 관찰과 경험을 통한 귀납법을 자연과학을 위한 방법론으로 내놓았어요.

베이컨

먼저 자연현상에 대한 관찰을 통해 가설을 세워요. 그런 다음 실험을 통해 가설을 증명해요. 그리고 가설이 증명된 경우에 이를 자연법칙으로 받아들이는 거죠.

19세기 영국 철학자 존 스튜어트 밀은 베이컨의 귀납법을 좀더 체

밀

계적으로 정리했어요. 밀은 과학법칙을 인과관계로 보고, 귀납적 방법론을 통해 원인과 결과를 찾아내는 5가지 연구 방법을 내놓았어요.

일치법

	증상	먹은 것		
		라면	떡볶이	순대
철수	식중독	○	○	○
민수	식중독	○	×	○
영희	식중독	×	×	○

일치법은 어떤 결과가 발생한 모든 경우에 공통으로 해당하는 요인을 원인이라고 봐요. 예컨대 철수, 민수, 영희 이렇게 3명이 모두 식중독에 걸렸다면, 이들 모두가 먹은 음식인 순대에 문제가 있다고 추론하는 거죠.

차이법

	증상	먹은 것		
		라면	떡볶이	순대
철수	식중독	×	○	×
민수	이상 없음	○	×	○
영희	이상 없음	×	○	○

차이법은 어떤 특정 결과가 발생한 경우 거기에만 해당하는 요인을 원인으로 봐요. 예컨대 3명 중에 철수만 식중독에 걸렸다면, 철수만 먹었던 떡볶이에 문제가 있다고 추론해요.

밀은 그 외에 일치 차이 변용법, 공변법, 잉여법 등을 귀납적 방법론으로 원인과 결과를 찾는 연구법으로 내놓았어요. 지금 보면 너무 당연한 과학적 방법론이지만, 당시로서는 상당히 획기적인 방법론이었어요.

칠면조의 믿음 — 귀납법의 문제

17세기 유럽 사람들은 모든 백조가 하얗다고 생각했어요. 하지만 하얀 백조가 수만, 수십만 마리라도 검은 백조가 단 한 마리만 있으면, "모든 백조는 하얗다"는 명제는 확실한 참이라고 할 수 없죠.

20세기 영국 철학자 버트런드 러셀은 귀납의 문제를 지적하며, 다음과 같은 비유를 들었어요.

러셀

한 농부가 칠면조를 농장으로 데려왔어요. 농부는 다음날 아침에 종을 치고, 칠면조에게 먹이를 줬어요. 그다음 날 아침에도 농부는 종을 치고, 칠면조에게 먹이를 줬어요. 이렇게 1주일, 2주일, 한 달, 두 달, 거의 일 년이 지났어요. 이제 칠면조는 농부가 종도 치기 전에, 발자국 소리만 들어도 침을 질질 흘리게 되었어요. 어느 날 아침, 농부가 종을 치자, 칠면조가 역시 뛰어갔죠. 그런데 먹이가 없었어요. 그날이 바로 추수감사절이었고, 칠면조는 잡아먹히게 됐어요.

칠면조 이야기를 통해 알 수 있듯이, 개별적인 사례들로부터는 100퍼센트 확실한 일반법칙을 이끌어낼 수는 없어요. 귀납법으로 추론한 법칙은 100퍼센트 확실한 법칙이 아니에요.

그런데 대부분의 과학법칙은 귀납법을 통해 추론한 것이죠. 결국 과학법칙도 100퍼센트 확실한 법칙이라고 할 수 없어요. 이것이 **귀납법의 문제**예요.

귀납법의 한계에 대한 반론

어떤 사람들은 이렇게 말할 수도 있어요.

“물론 귀납법을 통해 이끌어낸 과학법칙이 100퍼센트 확실하다고 할 수는 없겠죠. 하지만 지금까지 귀납법을 통해 도출한 과학법칙이 한 번도 틀린 적이 없었다면요? 그러면 귀납법으로 도출한 과학법칙이 확실하다고 할 수 있는 것 아니에요?”

맞는 말이에요. 뉴턴의 작용-반작용에 반하는 사례가 발견된 적이 있나요? 아직 없어요. 에너지보존의 법칙에 반하는 사례도 역시 아직 없어요. 그런데 왜 귀납법을 통해 끌어낸 과학법칙은 확실한 법칙일 수 없다는 거죠? 기존의 과학법칙이 귀납적으로 증명되었다고 해서, 귀납법이 옳다고 말할 수는 없기 때문이에요. 예를 들어 볼게요.

한 여자가 수정 구슬을 통해 진실의 메시지를 본다고 하죠. 그런데 어느 날 수정 구슬이 보여주는 메시지에 의심이 생겼어요.

‘혹시 내가 수정 구슬에 속고 있는 거 아닐까?’

그래서 수정 구슬에게 물어요.

“수정 구슬아, 네 메시지는 정말로 진실이니?”

그랬더니 수정 구슬에서 이런 메시지가 나와요.

“그럼요. 제 메시지는 모두 진실이에요.”

그렇다고 수정 구슬의 진실성을 보증할 수 있나요? 이건 사기꾼이 “나 사기치는 거 아냐”라고 말하는 거랑 똑같아요. 이것을 논리학에서는 **선결문제 요구의 오류**라고 해요. 결론을 전제로 삼고, 다시 그 결론을 반복하는 오류죠. 예컨대 “신은 존재한다. 왜냐하면 성경에 그렇게 쓰여 있으니까”, “아편을 먹으면 졸린다. 왜냐하면 아편에는 수면제 성분이 있으니까"라는 거죠.

이와 마찬가지로 귀납적으로 추론한 과학법칙들이 지금까지 모두 옳았다고 해서, 그것이 정당한 추론법칙이라고 할 수는 없어요. 귀납법은 귀납법으로 정당화할 수 없으니까요.

연역논증과 귀납논증의 구분

연역논증과 귀납논증을 구분하는 기준은 뭘까요? 논리학 책들마다 조금씩 다르지만, 크게 두 가지 구분 기준이 있어요.

연역논증은 일반적인 전제로부터 특수한 결론을 끌어내요. '모든 인간은 죽는다'는 일반적인 전제로부터 '소크라테스는 죽는다'는 특수한 결론을 내리죠. 반면 귀납논증은 특수한 전제로부터 일반적인 결론을 끌어내요. '소크라테스는 죽는다'는 특수한 전제로부터 '모든 인간은 죽는다'는 일반적인 결론을 내리죠.

하지만 연역논증과 귀납논증을 이렇게 구분하기에는 조금 곤란한 경우도 있어요. 다음의 예를 보죠.

모든 인간은 포유류이다.	(전제)
모든 포유류는 척추동물이다.	(전제)
모든 인간은 척추동물이다.	(결론)

이것은 분명히 연역논증이에요. 일반적 전제모든 인간은 포유류다로부터 논증을 시작하잖아요. 그런데 연역논증은 특수한 결론을 끌어내야 하는데, 위의 논증은 특수한 결론이 아니라 일반적인 결론모든 포유류는 척

추동물이다을 내리고 있어요. 따라서 이러한 구분은 적절하지 않아요.

그런데 연역논증은 전제가 '참'이면, 결론이 '필연적으로 참'인 논증이라고 했죠? 앞의 논증에서 '소크라테스는 죽는다'는 결론은 틀릴 수 없죠? 하지만 귀납논증은 전제가 '참'이어도 결론이 '거짓'일 가능성이 있어요. '모든 인간은 죽는다'는 결론이 거짓이 될 수도 있는 거죠.

이 말은 이렇게 바꿔 말할 수 있어요. 연역논증에서 결론은 이미 전제 속에 들어 있기 때문에, 전제가 '참'이면 결론은 '필연적으로 참'이 돼요. 반면 귀납논증의 결론은 전제를 벗어나기 때문에, 전제가 '참'이어도 결론이 '거짓'일 수 있고요.

인간은 귀납법을 믿을 수밖에 없다?

귀납법의 한계로 과학법칙이 100퍼센트 확실한 법칙이 아니란 게 드러났죠. 그렇다고 과학법칙을 버려야 할까요? 귀납법이 100퍼센트 확실한 법칙이 아니란 걸 알아도, 우리는 내일 해가 뜰 거라고 귀납적 추론을 해요. 이에 대해 흄은 이렇게 말했어요.

"우리가 귀납법을 믿을 만한 이유는 없다. 하지만 갓 부화한 거북이 본능적으로 바다로 가듯이, 인간은 본능적으로 귀납법을 맹목적으로 믿을 수밖에 없다."

영상으로 한 번 더!

네가 김태희면 나는 장동건이다

조건문의 진리조건

단순명제의 진리값

논리학에서는 문장과 명제를 구분해요. **명제**란 참이거나 거짓인 문장을 말해요. 예컨대 1+1=2와 같은 수학적 문장, "고양이가 양탄자 위에 앉아 있다"와 같은 문장은 참이거나 거짓인 문장이므로 명제예요. 하지만 "아, 이 꽃 참 아름답다!"와 같은 감탄문, "너 밥 먹었니?"와 같은 의문문은 참도 거짓도 아니므로 명제가 아니에요.

어떤 명제는 '필연적'으로 참이거나 거짓이죠. 어떤 명제는 '우연히' 참이거나 거짓이고요. 예컨대 1+1=2와 같은 수학적 명제는 필연적으로 참인 명제예요. "고양이가 양탄자 위에 앉아 있다"와 같은 명제는 우연히 참이거나 거짓인 명제이고요.

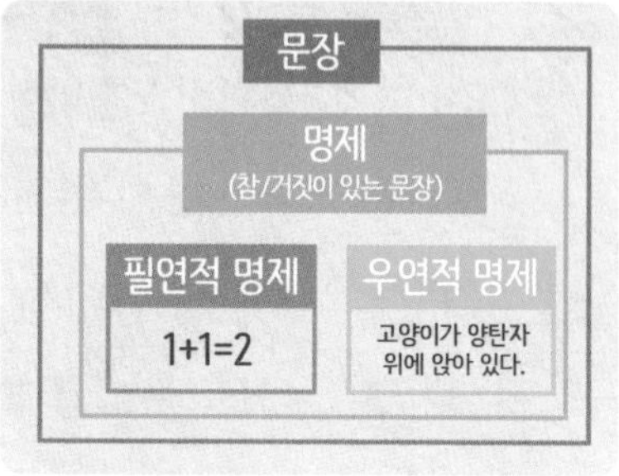

'우연히 참'인 명제가 참인지 거짓인지 알려면, 그 명제와 사실이 '일치'하는지를 확인해야 해요. "고양이가 양탄자 위에 앉아 있다"는 명제가 참인지 거짓인지 알려면, 사실과 일치

하는지 확인해야 하죠. 고양이가 실제로 양탄자 위에 앉아 있으면, 이 명제가 참이 되죠. 밖으로 나가 화단에 누워 있으면 거짓이고요. 이처럼 하나의 사실에 대응하는 명제를 **단순명제**라고 해요. 단순명제의 진릿값을 결정하는 것은 쉽죠. 이제 좀더 복잡한 복합명제로 가보죠.

복합명제의 진리값 — 단순명제를 결합하는 5가지 방식

"지금 비가 온다"를 명제A라고 하고, "야구경기가 취소된다"를 명제B라고 해보죠.

명제A: 지금 비가 온다.

명제B: 야구경기가 취소된다.

이러한 단순명제들을 결합하면 **복합명제**가 돼요. 단순명제들을 결합하는 5가지 방식이 있어요.

A and B A 그리고 B이다

지금 비가 오고, 야구경기가 취소된다.

A	B	A and B
T	T	T
T	F	F
F	T	F
F	F	F

A and B 복합명제는 A와 B가 모두 '참'일 때에만 참인 명제예요.

비가 오고참 야구경기가 취소되었다면참 '참'이죠. 비가 오는데참 야구경기가 취소되지 않았다면거짓 '거짓'이고요. 또한 비가 안 오고거짓 야구경기가 취소되면참, 이 복합명제는 '거짓'이죠. 비가 안 오고거짓 야구경기가 취소되지 않아도거짓, 결괏값이 '거짓'이고요.

A or B A 또는 B이다

지금 비가 오거나, 야구경기가 취소된다.

A or B 복합명제는 A와 B 둘 중 하나만 참이면, 참인 명제가 돼요. 즉, 비가 오지 않고거짓 야구경기가 취소되지 않은 경우거짓에만 결괏값이 '거짓'이 돼요.

A	B	A or B
T	T	T
T	F	T
F	T	T
F	F	F

if A, then B 만약 A이면 B이다

만약 지금 비가 오면, 야구경기가 취소된다.

위 복합명제는 A가 참이고, B가 거짓일 때에만 '거짓'인 명제가 돼요. 즉, 비가 오는데 야구경기가 취소되지 않았을 때에만 '거짓'이에요.

A	B	if A, then B
T	T	T
T	F	F
F	T	T
F	F	T

A ≡ B 만약 A이면 B이고, 만약 B이면 A이다

만약 지금 비가 오면 야구경기가 취소되고, 만약 야구경기가 취소된다면 비가 오고 있는 것이다.

이 복합명제는 A와 B의 진릿값이 같을 때에만 '참'인 명제가 돼요. 즉, 지금 비가 오는데 야구경기가 취소되거나, 비가 안 오고 야구경기가 취소되지 않는 경우에만 명제가 '참'이 되죠.

A	B	A ≡ B
T	T	T
T	F	F
F	T	F
F	F	T

not A A가 아니다

> 지금 비가 오지 않는다.

A가 거짓일 때에만 '참'인 복합명제에요. 즉, 지금 비가 오지 않을 때에만 명제가 '참'이 되죠.

A	not A
T	F
F	T

실질조건이론

이번에는 "만약 지금 비가 오면 야구경기가 취소된다"if A, then B는 조건문의 진리조건을 좀더 살펴보죠. 여기에서 A를 앞에 있는 조건이라고 하여 '전건'이라고 해요. B를 뒤에 있는 조건이라고 하여 '후건'이라고 하고요.

> 만약 지금 비가 오면(전건) 야구경기가 취소된다(후건). if A, then B.

실제로 지금 비가 오고 야구경기가 취소된다면, 즉 전건과 후건이 모두 참이라면, 이 조건문은 '참'이 돼요. 반면 실제로 비가 오는데도 야구경기가 취소되지 않는다면, 즉 전건은 참이지만 후건이 거짓이라면, 이 조건문은 '거짓'이 되고요. 여기까지는 아무런 문제가 없어요.

그런데 실제로 비가 오지 않는다면, 즉 전건이 거짓이라면, 야구경기가 취소되든 안 되든 이 조건문은 '참'이 돼요. 왜 그럴까요?

약간의 트릭을 써볼게요. "비가 오면 야구경기가 취소된다"는 말은 "비가 오는데 야구경기가 취소되지 않는 경우는 없다"는 말이죠. 이것을 기호로 표시하면 다음과 같아요.

만약 비가 오면 야구경기가 취소된다.
A B

비가 오는데 야구경기가 취소되지 않는 경우는 없다. not[A and (not B)]
A not B not[ ]

A	B	not B	A and (not B)	not [A and (not B)]	if A, then B
T	T	F	F	T	T
T	F	T	T	F	F
F	T	F	F	T	T
F	F	T	F	T	T

A의 진리값은 TTFF이고, not B의 진리값은 FTFT예요. '그리고'로 묶으면, 둘 다 참일 때에만 참이니 FTFF예요. 이것의 부정은 TFTT가 되죠. 이것은 "A이면 B이다"의 진릿값과 같아요. 따라서 비가 안 오면 야구경기가 취소되든 안 되든, 이 조건문은 '참'이 되는 거죠.

뭔가 속은 거 같죠? 네, 맞아요. "비가 오는데 야구경기가 취소되지 않는 경우는 없다"라는 말 속에 확실하게 거짓이 아닌 것은 모두 '참'이라는 전제를 이미 깔아놓았어요. 그래서 이런 결론이 나오게 되는 거예요. 어쨌든 명제논리학에서는 이처럼 전건이 '거짓'일 경우, 조건문 전체를 '참'이라고 봐요. 이것을 **실질조건이론**이라고 해요. 영국의 철학자이자 수학자 러셀과 화이트헤드가 3부작 『수학원리』1910~13에서 내놓은 이론이에요.

엄밀조건이론

그런데 이렇게 보면 좀 이상한 문제가 생겨요. 예를 들어보죠.

네가 김태희면 나는 장동건이다. if A, then B.
전건 후건

네가 김태희가 아닌 경우, 이 명제는 '네가 김태희면'이라는 전건은 '거짓'이에요. 실질조건이론에 따르면, 이 조건문 전체는 '참'이 되어야 해요.

그런데 네가 김태희가 아닌 것, 그리고 내가 장동건인 것은 아무 상관없죠? 즉, 실질조건이론에서 전건이 '거짓'이면, 조건문 전체를 '참'이라는 건 문제가 있어 보여요.

그래서 미국의 철학자이자 논리학자인 데이비드 루이스1941~2001는 엄밀조건이론을 내놓았어요. **엄밀조건이론**이란 오직 전건이 '참'이면서 동시에 후건이 '거짓'인 게 불가능할 경우에만 '참'으로 보자는 거예요.

"네가 김태희면 나는 장동건이다"라는 조건문을 다시 보죠. 논리적으로 네가 김태희인데, 내가 장동건이 아닐 가능성이 있죠. 따라서 엄밀조건이론을 받아들이면, 이 조건문은 '거짓'이 돼요. 엄밀조건이론은 실질조건이론의 문제점을 해결했다고 볼 수 있죠.

엄밀조건이론의 문제점

그런데 엄밀조건이론도 실질조건이론과 비슷한 문제를 가지고 있어요. 예컨대 수학의 골드바흐 추측은 "2보다 큰 모든 짝수는 두 소수의 합이다"라고 해요. 4=1+3, 6=3+3, 8=3+5처럼 2보다 큰 모든 짝수는 두 소수의 합으로 만들 수 있다는 거죠. 그런데 이 골드바흐 추측은 아직 증명이 안 되었어요. 이 명제가 참인지 거짓인지 몰라요.

만약에 골드바흐 추측이 참이라면, 나는 장동건이다. if A, then B.

전건 후건

골드바흐 추측 같은 수학적 명제는 필연적으로 참이거나 거짓이에요.

골드바흐 추측을 '거짓'이라고 가정하고, 위의 조건문을 보죠. 이 경우 골드바흐 추측이 참이면서, 동시에 내가 장동건이 아닐 가능성은 없어요. 골드바흐 추측 자체가 '필연적'으로 거짓이니까요. 따라서 엄밀조건이론을 받아들이면, 이 조건문은 '참'이라고 해야 해요. 그런데 골드바흐 추측과 내가 장동건인 것은 아무 상관이 없죠? 그러니 이 명제가 '참'이라는 건 문제가 있어 보여요. 이것이 엄밀조건이론의 문제점이에요.

조건주장이론

지금까지 우리는 조건문이 참인지 거짓인지만을 따졌어요. 이제 관점을 달리해 보죠. 그냥 상식적으로 생각해 보죠.

누군가 "비가 오면 야구경기가 취소된다"라고 했다고 하죠. 말 그대로 비가 오면 야구경기가 취소된다는 거예요. 비가 오지 않는 상황까지 고려한 말은 아니에요. 이런 입장을 **조건주장이론**이라고 해요. 그런데 이렇게 하면 명제논리학을 할 수 없어요. 참도 거짓도 아닌 명제를 가지고는 논리학을 할 수 없으니까요. 그래서 명제논리학에서는 전건이 '거짓'일 때 조건문 전체를 '참'이라고 보는 실질조건이론을 받아들이고 있어요.

영상으로 한 번 더!

논리 현대 STEP 2

난 너만 있으면 돼

필요충분조건

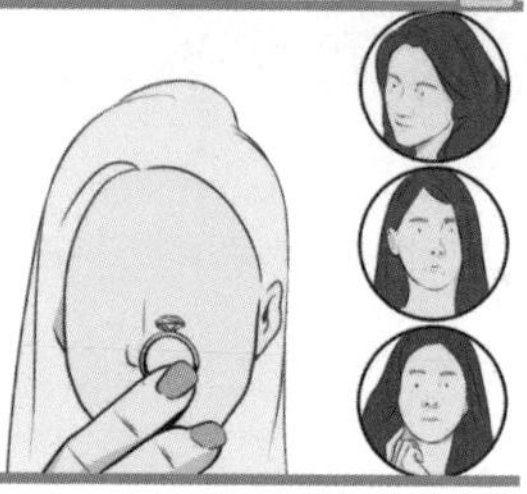

우리는 일상생활에서 필요조건, 충분조건에 대해 이야기해요.

“돈은 행복해지기 위한 필요조건이지만, 충분조건은 아니다.”

“사랑은 예뻐지기 위한 충분조건이지만, 필요조건은 아니다.”

“당신은 내가 행복해지기 위한 필요조건이자 충분조건이다.”

우리는 필요조건과 충분조건에 대해 어느 정도 알고 있다고 생각해요. 하지만 막상 일상생활에서 이런 말을 들으면 그 의미가 명확히 와 닿지 않아요. 둘을 정확하게 이해해 보죠.

필요조건, 충분조건, 필요충분조건

충분조건

셋 중 한 명이라도

필요조건

셋 모두 필요

만약에 김태리가 내 여자친구라면, 아이유가 여자친구라면, 김고은이 여자친구라면 나는 행복할 거예요. 셋 중 한 명이라도 여자친구라면 나는 행복할 거예요. 이때 이 셋은 내가 행복해지기 위한 **충분조건**이에요. 충분조건이란 어떤 명제가 참이 되는 데 충분한 조건을 말해요.

만약에 음식을 안 먹으면, 나는 살 수 없어요. 물을 안 마셔도, 공기가 없어도 살 수 없어요. 물, 공기, 음식 중 단 하나가 없더라도, 나는 살 수 없어요. 이때 이 셋은 내가 살기 위한 **필요조건**이에요. 필요조건이란 어떤 명제가 참이 되기 위해 반드시 충족되어야 하는 조건이죠.

그런데 내가 사랑 고백을 한답시고, 이렇게 말했다고 해보죠.

"난 너와 있으면 행복해." 이것은 너는 내 행복의 '충분조건'이라는 말이죠.

충분조건

그런데 논리적으로 보면, 정확한 사랑 고백이 아니에요. 나는 너와 있어도 행복하고, 김태리와 있어도 행복하고, 김고은과 있어도 행복하니, 네가 특별한 사람이 아니란 거예요.

이번에는 내가 이렇게 말했다고 하죠.

"난 네가 없으면 행복할 수가 없어." 이것은 너는 내 행복의 '필요조건'이란 말이에요.

필요조건

사실 이것도 논리적으로 보면, 정확한 사랑 고백이 아니에요. 나는 네가 없으면 행복할 수 없고, 김태리가 없어도, 아이유, 김고은이 없어도 행복할 수 없다는 말이니까요. 나는 너, 김태리, 아이유, 김고은이 모두 있어야 행복한 욕심쟁이고, 네가 특별한 사람이 아니란 거죠.

논리적으로 정확한 사랑 고백을 하려면 이렇게 말해야 해요.

"난 너와 있으면 행복해. 그리고 네가 없으면 행복할 수가 없어."

필요충분조건

이 말은 너는 내 행복을 위한 충분조건이면서 동시에 필요조건이라는 거죠. 이것을 **필요충분조건**이라고 해요. 필요충분조건이란 어떤 명제가 성립하는 데 필요하고 충분한 조건이죠. 너는 내 행복의 필요충분조건이란 건, 딴 사람 다 필요없고, 오직 너만 있으면 나는 행복하다는 거죠. 너는 내게 특별한 사람이란 말이죠.

조건문으로 표현

필요조건과 충분조건은 조건문의 형식으로 표현돼요. '만약 A이면 B이다' 형식의 조건문이에요.

"만약 김태리가 내 여자친구라면, 나는 행복할 것이다." 이는 김태리가 나의 행복의 '충분조건'이라는 말이죠. 이처럼 전건이 바로 충분조건이 돼요.

만약에 김태리가 내 여자친구라면 나는 행복할 것이다.

A → B

(A: 충분조건)

"음식을 안 먹으면 나는 살 수 없다." '만약 not A이면 not B이다' 형식의 조건문이죠. 내가 살려면 음식을 먹어야 한다, 즉 'B이면 A이다'와 같아요. 'not A이면 not B이다'는 'B이면 A이다'로 바꿀 수 있어요.

음식을 안 먹으면 나는 살 수 없다. — not A → not B

내가 살려면 음식을 먹어야 한다. — B → A (A: 필요조건)

이때 음식은 내가 살기 위한 필요조건이고, 후건이 필요조건이 돼요. 필요조건과 충분조건이 헷갈릴 경우, 'A이면 B이다' 형식의 조건문으로 만들고, 전건을 충분조건, 후건을 필요조건이라고 보면 돼요.

조건문의 오류들

전건부정의 오류는 'A이면 B이다'라는 조건문이 '참'일 때, A가 '거짓'이라고 해서 B도 '거짓'이라고 하는 거예요.

종로 빈대떡집에서 살인사건이 났어요. 용의자 A씨는 경찰에게 그 시간에 을지로에서 골뱅이를 먹고 있었다는 알리바이를 내놓았어요. 그런데 경찰이 CCTV를 조사해보니, A는 그 시간에 을지로 골뱅이집에 없었어요. 그래서 경찰은 A를 범인으로 단정지었어요. 이때 경찰의 논리는 이래요.

A → B	A씨가 을지로에서 골뱅이를 먹고 있었다면, A씨는 범인이 아니다. (참)
not A	A씨는 을지로에서 골뱅이를 먹고 있지 않았다.
not B	A씨는 범인이다.

이것은 전형적인 전건부정의 오류예요. A씨가 을지로에서 골뱅이를 먹고 있지 않았다고 해서전건 거짓, 범인이라고후건 거짓 할 수는 없어요. A씨가 그 시간에 퇴계로 금은방에서 도둑질을 해놓고, 을지로에서 골뱅이를 먹고 있었다고 거짓말을 한 걸 수도 있으니까요.

후건긍정의 오류는 'A이면 B이다'라는 조건문이 '참'일 때, B가 '참'이라고 해서 A도 '참'이라고 하는 오류예요.

종로 빈대떡집에서 살인사건이 났어요. 경찰은 용의자 A씨 옷에서 희생자의 혈흔을 발견하고 긴급 체포를 했어요. 경찰의 논리를 보죠.

A → B	A씨가 살인을 저질렀다면, A씨 옷에 희생자의 피가 튀었을 것이다. (참)
B	A씨 옷에서 희생자의 혈흔이 발견됐다.
A	A씨는 범인이다.

이것은 전형적인 후건긍정의 오류예요. A씨와 희생자가 그날 오전에 미팅을 했는데, 마침 희생자가 코피를 흘리는 바람에 A씨 옷에 혈흔이 묻은 걸 수도 있죠. 따라서 A씨의 옷에서 희생자의 혈흔이 발견되었다고 해서후건 참, A씨를 범인이라고전건 참 단정할 수는 없어요.

전건부정의 오류나 후건긍정의 오류는 필요조건과 충분조건을 헷갈리기 때문에 발생하는 오류라고 볼 수 있어요.

자, 이제 이 글의 앞에서 제시한 세 가지 문장의 뜻을 살펴보죠.

"돈은 행복해지기 위한 필요조건이지만, 충분조건은 아니다." 돈이 없으면 행복할 수 없지만, 그렇다고 돈이 있다고 행복해지는 건 아니란 거죠.

"사랑은 예뻐지기 위한 충분조건이지만, 필요조건은 아니다." 사랑을 하면 예뻐지죠. 하지만 화장을 하거나 성형수술을 해도 예뻐질 수 있다는 거죠.

"당신은 내가 행복해지기 위한 필요충분조건이다." 당신만 있으면 나는 행복할 수 있고, 당신이 없으면 나는 행복할 수 없다는 말이에요.

영상으로 한 번 더!

초랑과 파록에 대하여

새로운 귀납의 문제

귀납법은 과학법칙을 추론하는 방법론으로 적절할까요? 미국 철학자 넬슨 굿맨과 영국 철학자 리처드 스윈번 사이에서 몇 차례 논쟁이 벌어졌어요. 이들의 논쟁을 간단하게 정리해 보죠.

귀납법의 두 가지 문제

연역법과 귀납법 사이에는 근본적인 차이가 있어요. 연역법은 전제가 '참'이면, 결론이 '필연적으로 참'이에요. 하지만 귀납법은 전제가 '참'이어도, 결론이 거짓일 수 있어서 '우연히' 참이 돼요.

귀납법에서는 플라톤도 죽고, 아리스토텔레스도 죽고, 칸트도 죽고, 헤겔도 죽고, 니체도 죽었어도, 다시 말해 지금까지 모든 인간이 다 죽었다고 해도, 미래에 죽지 않는 단 한 사람이라도 나타나면, "인간은 모두 죽는다"는 결론이 거짓이 돼요. 이것이 바로 귀납법의 첫 번째 문제예요.

귀납법에는 이것 말고도 다른 문제가 있어요. 어떤 경우에는 귀납법이 아주 이상해 보여요. 이제 그것을 알아보죠.

넬슨 굿맨의 주장

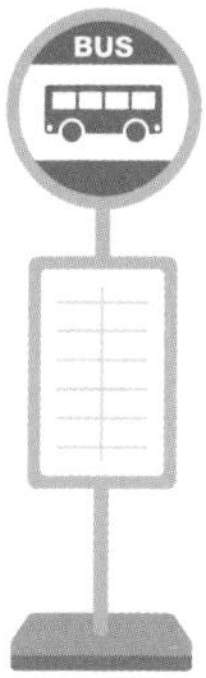

버스 안에 있는 20명의 승객이 모두 안경을 쓰고 있어요. 그렇다고 다음 번 정류장에서 타는 승객도 안경을 쓰고 있을 것이란 결론을 내릴 순 없죠?

어떤 사람들은 '인간은 죽는다'는 성질은 귀납법을 적용할 수 있지만, '안경을 쓴다' 같은 성질은 귀납법을 적용할 수 없다고 해요. 귀납법은 귀납법을 적용할 수 있는 성질인 경우에만 과학법칙을 추론하는 방법론으로 사용할 수 있다는 거죠.

그런데 귀납법을 적용할 수 있는 성질과 적용할 수 없는 성질을 어떻게 구분할 수 있죠? 미국의 철학자 넬슨 굿맨1906~98은 둘을 구분하는 기준은 없다고 봤어요. 먼저 하나의 논증을 보죠.

(전제) 지금까지 관찰된 모든 에메랄드는 초록색이다.
(결론) 따라서 모든 에메랄드는 그것이 관찰되었건 안 되었건 상관없이 초록색이다.

이 논증은 전제도 '참'이고, 결론도 '참'이에요. 따라서 에메랄드의 색에 관한 성질은 귀납법을 적용할 수 있는 성질이라고 볼 수 있어요.

이번에는 초랑색grue이라는 것이 있다고 해보죠. 여기에서 초랑색이란 지금까지 관찰된 초록색, 또는 관찰이 안 된 파란색을 말해요. 이제 초랑색과 관련된 논증을 하나 보죠.

(전제) 지금까지 관찰된 모든 에메랄드는 초랑색이다.
(결론) 모든 에메랄드는 그것이 관찰되었건 안 되었건 상관없이 초랑색이다.

자, 이 논증에서 '지금까지 관찰된 모든 에메랄드는 초랑색'이라는 전제는 '참'이에요. 초랑색은 지금까지 관찰된 초록색, 또는 관찰이 안 된 파랑색을 말하니까요. 하지만 '모든 에메랄드는 초랑색' 이라는 결론은 '거짓'이에요. 즉, 똑같은 에메랄드 색에 관한 성질이라도, 초록색은 귀납법을 적용할 수 있는 성질이고, 초랑색은 적용할 수 없는 성질이란 거죠. 이것은 말이 안 되죠? 따라서 넬슨 굿맨은 귀납법은 과학법칙을 추론하는 방법론으로 사용할 수 없다고 결론을 내려요.

굿맨

굿맨과 스윈번의 논쟁

영국의 철학자 리처드 스윈번1934~은 귀납법을 단순한 성질에 관한 과학법칙 추론법으로 사용하자고 해요.

굿맨은 스윈번의 이러한 주장에 대해 복잡한 성질과 단순한 성질을 판별하는 기준이 없다고 반박해요.

스윈번

예컨대 우리말에 파란색, 초록색이란 말이 없고, 대신에 '초랑색'과 '파록색'이란 말이 있다고 해보죠. 여기에서 초랑색은 지금까지 관찰된 초록색 또는 관찰이 안 된 파란색이라고 하죠. 파록색은 지금까지 관찰된 파란색 또는 관찰이 안 된 초록색이라고 하고요. 그러면 초록색은 지금까지 관찰된 초랑색 또는 관찰이 안 된 파록색, 파랑색은 지금까지 관찰된 파록색 또는 관찰이 안 된 초랑색이라고 정의할 수 있겠죠.

넬슨 굿맨은 이처럼 관점을 달리하면, 초랑색, 파록색보다 초록색, 파란색이 더 복잡한 성질일 수 있다고 해요. 따라서 귀납법을 적용할 성질을 단순한 성질과 복잡한 성질로 구

굿맨

분할 수 없다는 것이죠.

스윈번

이번에는 스윈번은 귀납법을 적용할 성질을 시간/장소에 독립적, 또는 의존적인 성질로 구분하자고 해요.

초록색이나 파란색은 시간에 독립적인 성질이라고 해요. 초랑색이나 파록색은 정의상 관찰 이전 및 이후에 따라 달라지는 색이므로, 시간에 의존하는 성질이고요. 그러므로 초록색이나 파란색처럼 시간과 장소에 독립적인 성질을 가진 것에 귀납법을 적용하자고 했어요.

이에 대해 굿맨은 시간과 공간에 의존적이니 독립적이니 하는 구분은 너무 자의적이고 소용없다고 해요. 약간 각색해서 설명하면, 에메랄드는 초록색이지만 붉은빛 아래에서는 다른 색으로 보인다는 거죠.

굿맨

정리해 보죠. 넬슨 굿맨은 귀납법이 과학법칙을 추론하는 방법론으로 적절하지 않다고 봤어요. 귀납법을 통해 지식을 산출하는 모든 과학적 지식은 언제라도 틀릴 수 있다고 보는 거죠. 반면 리처드 스윈번은 적어도 단순한 성질, 시간과 공간에 독립적인 성질인 것에는 귀납법이 적절한 방법론이 될 수 있다고 봤어요.

여러분의 생각은 어떠세요? 귀납법이 과학법칙을 추론하는 적절한 방법론이 될 수 있다고 생각하나요?

영상으로 한 번 더!

제대로 말하는 법

형식적 오류

(feat. 정언논리학, 명제논리학)

철학적 주장이든 정치적 주장이든, 어떤 주장을 할 때에는 그것을 논리적 증명논증의 형태로 제시해야 해요. 그래야 사람들을 설득할 수 있으니까요. 그런데 어떤 주장은 그럴듯한 논증을 내세우는 것 같은데, 사실은 논리적 오류가 있는 경우가 매우 많아요.

논리적 오류에는 크게 형식적 오류와 비형식적 오류가 있어요. **형식적 오류**는 논증의 형식에 관한 오류이고, **비형식적 오류**는 논증의 내용에 관한 오류예요. 여기에서 형식적 오류를 보죠.

타당한 논증의 형식적 오류

선결문제 요구의 오류: 논증하고자 하는 결론을 전제로 삼고, 그 결론에 다시 도달하는 논증이에요.

> 신은 존재한다. (결론) 왜냐하면 성경에 그렇게 씌어 있으니까. (전제)

신은 존재할까요? 성경에 그렇게 씌어 있으니, 신은 존재한다고 결론을 내리는 거죠. 이런 논증은 말 그대로 동어반복일 뿐이에요. 결론을 두 번 반

복하는 하나 마나 한 주장이죠.

자가당착의 오류: 전제와 결론 사이에 모순이 있는 오류예요.

(전제) 아래 문장은 참이다.
(결론) 위 문장은 거짓이다.

전제가 '참'이면, 결론도 '참'이 돼요. 그런데 위의 논증에서는 "아래 문장은 참"이라는 전제가 '참'이라면, "위 문장은 거짓"이라는 결론은 '참'이 돼요. 그러면 전제가 다시 '거짓'이 되어 버려요. 즉, A문장과 B문장은 참도 거짓도 될 수 없어요. 이러한 주장 자체가 모순이란 거죠. 이것을 '자가당착의 오류'라고 해요.

명제논리학과 관련된 형식적 오류

전건부정의 오류: 'P이면 Q이다' 같은 형식의 명제를 조건명제라고 하죠? 다음의 조건명제를 보죠.

P → Q (P이면 Q이다.) 비가 오면 습도가 높다.

비가 오면 습도가 높죠? 이것은 타당한 논증이에요. 그런데 조건명제에서 전건을 부정한 다음의 명제를 보죠.

~P → ~Q (P가 아니면 Q가 아니다.) <u>비가 오지 않으면</u> 습도가 높지 않다. (형식적 오류)
전건 부정

그런데 비가 오지 않아도 습도가 높을 수 있죠? 따라서 위의 논증은 오류예요. 이를 '전건부정의 오류'라고 해요.

후건긍정의 오류: 먼저 다음의 조건명제를 보죠.

~Q → ~P (Q가 아니면 P가 아니다.)	습도가 높지 않으면 비가 오지 않는다. (타당한 논증)	
	후건 부정 / 전건 부정	

이번에는 '습도가 높다'는 후건을 부정했어요. 그러면 '비가 온다'는 전건도 부정이어야 명제가 '참'이 돼요. 이것을 '후건부정의 규칙'이라고 해요. "습도가 높지 않으면, 비가 오지 않는다"는 타당한 논증이에요.

이번에는 후건을 긍정한 조건명제를 보죠.

Q → P (Q이면 P이다.)	습도가 높으면 비가 온다. (형식적 오류)
	후건 긍정

그런데 습도가 높다고 반드시 비가 오는 것은 아니죠? 이것을 '후건긍정의 오류'라고 해요.

선언지 긍정의 오류: 'P 또는 Q이다' 같은 형식의 명제를 '선언명제'라고 해요. 다음의 선언명제를 보죠.

(전제1)	P∨Q (P 또는 Q이다.)	철수는 서울 또는 부산에 있다.
(전제2)	P	철수는 서울에 있다.
(결 론)	~Q	철수는 부산에 없다. (타당한 논증)

철수는 서울과 부산에 동시에 존재할 수 없죠? 이런 종류의 선언명제를 '배타적 선언명제'라고 해요. 'A 또는 B'라는 의미는 'A 아니면 B 둘 중의 하나만 옳다'는 의미를 가지고 있어요. 따라서 이 논증은 타당해요.

그런데 다른 의미의 선언명제도 있어요.

(전제1)	$P \vee Q$ (P 또는 Q이다.)	철수는 배우 또는 가수이다.
(전제2)	P	철수는 배우이다.
(결 론)	$\sim Q$	철수는 가수가 아니다. (부당한 논증)

이 논증은 부당해요. 철수는 배우이면서 가수일 수도 있으니까요. 이때 'A 또는 B'는 둘 중 하나만 옳을 수도 있고, 둘 다 옳을 수도 있다는 거예요. 이를 '포괄적 선언명제'라고 해요.

명제의 내용에 따라 배타적 선언명제인지, 포괄적 선언명제인지가 달라져요. 그런데 위처럼 포괄적 선언명제를 배타적 선언명제로 해석하면, 형식적 오류로 부당한 논증이 돼요. 이러한 오류를 '선언지 긍정의 오류'라고 해요.

정언논리학의 개념들

다음처럼 정언명제 3개로 이루어진 논증을 **삼단논법**이라고 하죠. 삼단논법이 타당한지 여부를 판별하는 방법으로는 벤 다이어그램 방법뿐만 아니라 형식적 오류를 찾는 방법도 있어요 .

(전제1) 모든 사과는 과일이다.
매개념: 과일
(전제2) 어떤 과일은 채소가 아니다.
매개념: 과일
(결 론) 어떤 채소는 사과이다.
소개념: 채소, 대개념: 사과

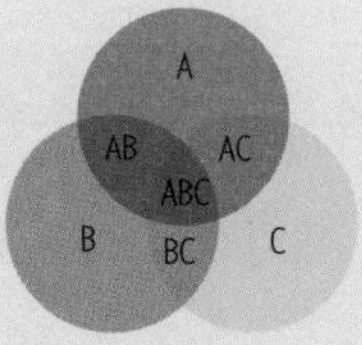

정언논리학에서 삼단논법은 2개의 정언명제를 전제로 놓고, 하나의 결론을 내려요. 삼단논법에는 3개의 개념이 들어가요.

앞의 삼단논법에는 과일, 채소, 사과 등 3개의 개념이 등장하죠. 그 중에서 2개의 전제에 공통적으로 있는 개념인 과일을 **매개념**이라고 해요. 그리고 결론의 주어인 채소를 **소개념**, 결론의 술어인 사과를 **대개념**이라고 해요.

정언명제에는 다음과 같은 4가지 종류가 있어요.

정언명제	양	질	유형
모든 S는 P이다.	전칭(모든)	긍정(~이다)	A유형
모든 S는 P가 아니다.	전칭(모든)	부정(~아니다)	E유형
어떤 S는 P이다.	특칭(어떤)	긍정(~이다)	I유형
어떤 S는 P가 아니다.	특칭(어떤)	부정(~아니다)	O유형

정언논리학의 주연 개념

"모든 사과는 과일이다"라는 A유형의 명제를 보죠.

(A유형) 모든 사과는 과일이다.
주연 부주연

사과, 과일이라는 두 개의 개념이 사용됐어요. 여기에서 '모든 사과'라는 말은 홍옥·부사·아오리 등 사과 집합에 속하는 모든 개별자에 대해 판단을 내리고 있어요. 이를 "사과라는 개념이 **주연**된다"고 해요.

이 명제에서 '과일'이라는 개념은 과일 집합에 속하는 개별자 모두를 언급하는 게 아니에요. 과일 집합 전체에 대해서는 판단을 내리지 않고 있어요. 이 경우 "과일이라는 개념은 주연되지 않는다(**부주연**)"고 해요.

이번엔 "모든 사과는 채소가 아니다"라는 E유형의 명제를 보죠.

(E유형) 모든 사과는 채소가 아니다.
주연 주연

여기에서도 마찬가지로 '모든 사과'는 주연됐어요. 그런데 채소는 주연된 것일까요?

위의 명제는 "모든 사과는 '그 어떤 채소도' 아니다"라고 할 수 있죠? 이때 '그 어떤 채소도'는 '모든 채소'를 말해요. 따라서 이 경우 채소 집합에 속하는 개별자 전부를 언급하고 있는 셈이에요. 그래서 E유형 명제의 경우 주어와 술어 모두 주연돼요.

(I유형) 어떤 사과는 초록색이다.
부주연 부주연

'어떤 사과'는 사과의 일부분에 대해 판단을 내리고 있어요. 따라서 사과의 개념은 부주연됐어요. "어떤 사과는 초록색이다"라는 건 모두 초록색인 것을 말하는 게 아니에요. 초록색 개념도 부주연됐죠.

(O유형) 어떤 사과는 초록색이 아니다.
부주연 주연

'어떤 사과'는 사과의 일부분에 대해서 판단을 내리고 있죠. 여기서 사과의 개념은 부주연됐어요. "어떤 사과는 초록색이 아니다"라는 건, '어떤 사과는 그 어떤 초록색도 아니다'와 같은 의미에요. 이때 '그 어떤 초록색도'는 모든 초록색을 말해요. 따라서 여기서 초록색 개념은 주연됐어요.

이렇게 정언명제, 소개념, 대개념, 매개념, '주연된다'는 개념을 알면, 이제 정언논리학과 관련된 형식적 오류에 대해 얘기할 수 있어요.

정언논리학과 관련된 형식적 오류

매개념 부주연의 오류

매개념은 전제에서 한 번 이상 주연돼야 해요. 매개념 부주연의 오류는 매개념이 전제에서 한 번 이상 주연되지 않을 때 생기는 오류예요.

> (전제1) 어떤 남자는 흑인이다.
> (남자: 부주연)
>
> (전제2) 모든 섬사람은 남자다.
> (남자: 부주연)
>
> (결 론) 어떤 섬사람은 흑인이다.

옆의 논증에서 매개념은 남자인데, 한 번도 주연되지 않았어요. 즉, 논증에 형식적 오류가 있어 타당한 논증이 아니에요.

대개념 부당주연의 오류

전제에서 주연되지 않는 대개념은 결론에서 주연될 수 없어요.

> (전제1) 모든 남자는 흑인이다.
> (흑인: 부주연)
>
> (전제2) 모든 섬사람은 남자가 아니다.
>
> (결 론) 어떤 섬사람은 흑인이 아니다.
> (흑인: 대개념, 주연)

옆의 논증에서 대개념은 흑인이에요. 그런데 전제에서 주연되지 않았는데, 결론에서는 주연되었어요. 이는 대개념 부당주연의 오류예요. 논증에 형식상 오류가 있어 타당한 논증이 아니에요.

소개념 부당주연의 오류

전제에서 주연되지 않는 소개념은 결론에서 주연될 수 없어요. 옆에서 소개념인 섬사람은 전제에서 주연되지 않았지만 결론에서 주연됐어요. 이는 형식상 오류예요.

(전제1) 모든 남자는 흑인이다.
(전제2) 어떤 섬사람은 남자이다.
부주연
(결 론) 모든 섬사람은 흑인이다.
소개념, 주연

부당부정의 오류

두 전제 모두 긍정명제이면, 결론도 긍정명제여야 해요. 옆의 논증은 전제가 모두 긍정명제인데 결론만 부정명제죠. 이 논증은 형식상 오류예요.

(전제1) 어떤 남자는 흑인이다.
(전제2) 어떤 섬사람은 남자다.
(결 론) 어떤 섬사람은 흑인이 아니다.

부당긍정의 오류

하나의 전제가 부정명제이면, 결론도 부정명제여야 해요. 옆의 논증은 두 번째 전제가 부정명제인데, 결론이 긍정명제죠. 이 논증은 형식상 오류예요.

(전제1) 모든 남자는 흑인이다.
(전제2) 모든 섬사람은 남자가 아니다.
(결 론) 어떤 섬사람은 흑인이다.

양부정 전제의 오류

두 전제가 모두 부정명제일 수는 없어요. 옆의 명제는 두 전제 모두 부정명제이므로 형식상 오류예요.

(전제1) 모든 남자는 흑인이 아니다.
(전제2) 모든 남자는 섬사람이 아니다.
(결 론) 어떤 섬사람은 흑인이다.

부당전칭의 오류

하나의 전제가 특칭명제이면, 결론도 특칭명제여야 해요. 옆의 명제에서는 두 번째 전제가 특칭명제이므로 결론도 특칭명제여야 해요. 그런데 결론이 전칭명제이므로 형식상 오류예요.

(전제1) 모든 남자는 흑인이다.
(전제2) 어떤 섬사람은 남자이다.
(결 론) 모든 섬사람은 흑인이다.

양특칭 전제의 오류

두 전제가 모두 특칭명제일 수는 없어요. 옆의 명제는 전제가 모두 특칭명제이므로 형식상 오류예요.

(전제1) 어떤 남자는 흑인이다.
(전제2) 어떤 섬사람은 남자이다.
(결 론) 어떤 섬사람은 흑인이다.

네 개념의 오류

정언 삼단논법은 항상 3개의 개념만 사용할 수 있어요. 옆의 논증은 '남자, 흑인, 섬사람, 용감하다' 등 4개의 개념을 사용했으므로 형식적 오류예요.

(전제1) 어떤 남자는 흑인이다.
(전제2) 어떤 섬사람은 용감하다.
(결 론) 어떤 섬사람은 흑인이 아니다.

지금까지 논리학이 무엇인지, 기초과정을 흥미를 느낄 수 있을 정도로만 소개했어요. 제 바람대로 여러분이 흥미를 가지게 됐는지 모르겠네요. 논리학에 좀더 관심을 가지게 되었으면 해요.

영상으로 한 번 더!

Special Section 2

미학

예술이란 무엇인가?

- 플라톤: 미의 대이론
- 플라톤 & 아리스토텔레스

_ 1장 고대

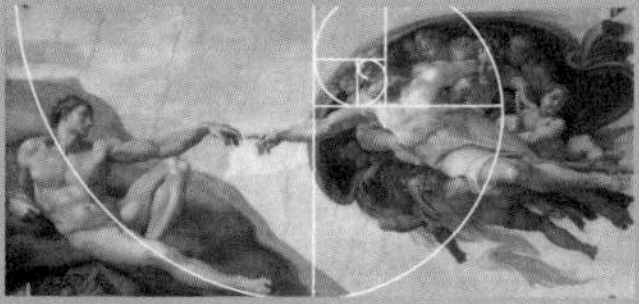

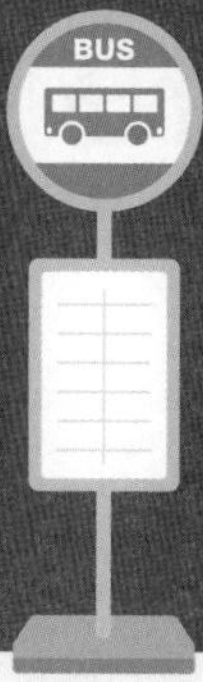

아름다움이란 무엇인가?

- 칸트: 판단력비판 1 (아름다움에 대하여)
- 칸트: 판단력비판 2 (숭고에 대하여)

_ 3장 근대

예술이란 무엇인가?

- 미셸 푸코
- 음악심리에 대한 철학적 고찰 1, 2

미학 현대 STEP 2

나는 마그리트가 아니다

미셸 푸코: 이것은 파이프가 아니다

프랑스의 철학자 미셸 푸코1926~1984의 『이것은 파이프가 아니다』라는 책은 벨기에의 초현실주의 화가 르네 마그리트1898~1967의 〈이미지의 반역〉이라는 그림에 대한 해설서예요.

르네 마그리트, 〈이미지의 반역〉 작품과 해설

그림을 보면, 가운데에 담배 파이프를 커다랗고 생생하게 그려놓고 그 아래에 불어로 “이것은 파이프가 아니다”라고 써놓았어요. 파이프를 그려놓고, 이것은 파이프가 아니라니, 그래서 제목이 ‘이미지의 반역’인가 봐요.

이미지의 반역 1 — 대상을 재현하는 전통을 깨다

미셸 푸코에 따르면, 마그리트는 서양 회화의 두 가지 전통을 깼어요.

먼저 그림이 대상을 재현하는 전통을 깼어요. 이전의 그림들은 대상을 재현하는 데 주력했죠. 고흐의 〈자화상〉은 고흐 자신을 재현하고, 귀스타브 카유보트의 〈파리의 거리, 비오는 날〉은 19세기 당시 파리의 거리를 재현했어요. 테오도르 제리코의 〈메두사호의 뗏목〉은 메두사호가 조난당한 역사적 사건을 재현했고요.

구스타브 카유보트, 〈파리의 거리, 비오는 날〉(1877)

테오도르 제리코, 〈메두사호의 뗏목〉(1818~19)

바실리 칸딘스키, 〈구성8〉(1923)

그렇다면 다음의 그림은 무엇을 재현한 것일까요? 떠오르는 것이 없죠? 이 그림은 칸딘스키의 〈Composition8〉이라는 작품인데, '구성, 작곡'이라는 뜻이에요. 화가는 왜 이 그림에 작곡이라는 뜻을 가진 제목을 붙였을까요?

그것은 아마도 이럴 거예요. 음악가가 음악을 작곡할 때, 어떤 대상을 재현하는 건 아니에요. 물론 어떤 분위기를 연상시키는 음악은 있지만, 어떤 구체적인 대상을 재현하는 음악은 없어요. 현실적으로 불가능하죠. 예를 들어 마이크를 연상시킬 만한 음악, 마이크를 재현하는 음악이 있나요? 없다고 봐야죠. 마찬가지로 칸딘스키는 자신의 그림이 어떤 대상을 재현하는 게 아니라는 것을 보여주고 있어요.

마그리트도 사실상 〈이미지의 반역〉에서 같은 작업을 하고 있어요. 방식이 좀 다를 뿐이에요. 칸딘스키는 그림을 대상처럼 그리지 않음으로써 대상을 재현하고 있지 않다는 것을 보여주죠. 반면 마그리트는 대상을 재현하는 그림을 그려놓고, 그 밑에 "이것은 파이프가 아니다"라는 글을 써놓음으로써, 이 그림이 대상을 재현한 게 아니라는 것을 보여주고요.

이미지의 반역 2—이미지와 텍스트의 결합

마그리트는 〈이미지의 반역〉에서 이미지와 텍스트를 결합했어요. 파이프 그림 밑에 "이것은 파이프가 아니다"라는 글자를 써놓았죠.

르네상스 이전에는 이미지와 텍스트가 결합된 그림들이 종종 있었어요. 그런데 르네상스 시대에 들어 화가들은 눈에 보이지 않는 것들은 배제해 버렸어요. 말이나 글 또한 그림 안에서 없애버렸죠. 화가는 자신이 하고 싶은 말을 그림 속이 아니라 제목에 표현했어요.

이것을 처음으로 깬 화가가 바로 파울 클레예요. 클레는 텍스트를 이미지처럼 그렸어요. 텍스트이기도 하고, 이미지이기도 하죠.

그런데 마그리트는 텍스트와 이미지를 노골적으로 결합했어요. 파이프를 그려놓고 밑에다가 "이것은 파이프가 아니다"라는 텍스트를 집어넣은 것이죠. 이미지와 텍스트가 호응관계를 이루고, 상호작용을 하면서 시각적 즐거움을 줘요. 지금이야 이미지와 텍스트가 결합된 그림이 익숙하지만, 마그리트가 〈이미지의 반역〉을 내놓았을 당시만 해도 생소했어요.

파울 클레, 〈꽃병〉(1938)

그런데 한 가지 의문이 생겨요. 마그리트는 "이것은 파이프가 아니다"라고 글씨를 썼는데, 이 그림이 어떤 파이프를 재현하고 있는 건 아니라는 뜻인지, 아니면 파이프를 재현하고 있지만 실제 파이프는 아니라는 것인지 약간 애매해요. 마그리트가 어떤 구체적 메시지를 주려고 그렸던 것은 아닌 것 같아요. 그것은 오로지 그림을 즐기는 사람의 몫이겠죠.

또 하나의 의문, 그렇다면 마그리트 그림의 예술적 가치는 어디에 있을까요? 과연 지금 설명한 두 가지 해설만으로 마그리트 그림의 예술적 가치가 모두 설명된 건가요?

솔직히 잘 모르겠어요. 보는 사람마다 다르겠지만, 이 그림이 주는 시각적 즐거움이 있죠. 좀더 거창하게 말해, 어떤 예술적 가치가 있어요. 그러면 미술작품의 예술적 가치는 과연 화가가 의도한 것 안에 들어 있나요? 그것은 또 다른 문제 아니에요? 그렇다면 마그리트 그림의 예술적 가치는 도대체 어디에 있는 것인가요? 이 점은 좀더 깊이 생각해 볼 문제인 것 같아요.

영상으로 한 번 더!

미학 현대 STEP 2

우리는 음악을 들으면 왜 감동하는가?

음악심리에 대한 철학적 고찰 1

어린 시절부터 궁금한 것이 하나 있었어요. '우리는 왜 음악을 들으면 어떤 감동을 느끼는가?' 어떤 음악은 들으면 슬프고, 어떤 음악은 들으면 신나고, 어떤 음악은 들으면 환희에 차죠. 그런데 왜 그렇죠? 음악이라는 것이 단지 소리공기의 진동일 뿐인데, 왜 우리는 그 소리의 진동을 듣고 어떤 감정을 느낄까요?

음악과 감정

미국의 음악심리학자 케이트 헤브너는 사람들에게 다양한 음악을 들려주고, 어떤 감정을 느끼는지를 조사했어요. 그런데 대부분 매우 비슷한 감정을 느낀다는 것을 발견했어요.

예컨대 장조음악을 들으면, 행복하고 우아하며 쾌활한 느낌이 든다고 해요바흐, 〈전주곡과 푸가 BWV846, C장조〉. 단조음악을 들으면, 슬프고 어렴풋하며 감상적인 느낌을 받고요바흐, 〈전주곡과 푸가 BWV847, C단조〉.

박진감 넘치는 리듬을 들으면, 활발하고 강건하고 당당한 느낌이 든다고 해요엘가, 〈위풍당당 행진곡〉. 흐르는 듯한 리듬을 들으면, 행복하고 우아하고 감미로운 느낌을 받는다고 하고요스위트피플, 〈원더풀데이〉.

빠른 템포를 들으면, 들뜨고 텐션 있고 행복한 느낌이 든다고 해요엘튼 존, 〈크로커다일 락〉. 느린 템포를 들으면, 위엄 있고 평온하며 슬픈 느낌이 들고요헨델, 〈사라방드〉. 그리고 높은 음고의 음악은 명랑하고 유머러스하고 재미있는 느낌이 든다고 해요〈가제트 형사 주제가〉. 낮은 음고의 음악을 들으면 슬프고 위엄 있고 장엄한 느낌을 받고요바흐, 〈첼로 조곡 G마이너 BWV1007〉.

이러한 느낌은 지적 능력이나 교육수준과 무관한 것으로 밝혀졌어요. 왜 그럴까요? 음악은 단지 소리의 진동일 뿐인데, 사람들은 왜 특정한 감정이 생길까요? 여기에 대해서는 3가지 이론이 있는데, 하나하나 살펴보죠.

관련주의

관련주의는 우리가 음악을 들을 때 어떤 감정이 생기는 이유는, 그 음악이 음악 밖의 어떤 것을 지시하기 때문이라고 해요.

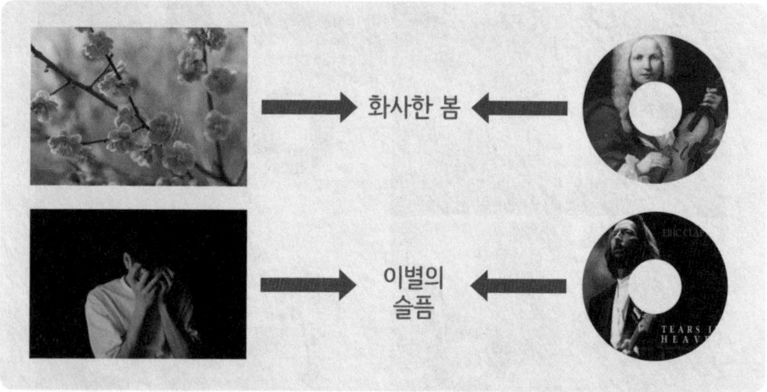

위의 사진은 화사한 느낌이 들죠? 왜냐하면 이 사진이 화사한 봄을 지시하기 때문이에요. 아래 사진이 슬픈 이유는 사랑하는 사람을 떠나보내는 이별의 슬픔을 지시하기 때문이에요.

마찬가지로 비발디의 〈사계〉 1악장 〈봄〉을 듣고 화사한 느낌이 드는 이유는, 이 음악이 화사한 봄을 지시하기 때문이에요. 에릭 클랩튼의 〈티얼스 인 해븐Tears in heaven〉이 슬프게 들리는 이유는, 이 음악이 사랑하는 어린 아들을 사고로 떠나보낸 것을 지시하기 때문이고요.

존 케이지 〈4분 33초〉 악보의 일부

우리가 어떤 음악을 듣고 어떤 감정을 갖는 이유는 그 음악 때문이 아니라, 그 음악이 지시하는 어떤 이미지나 정서 혹은 사상 때문이라는 거죠.

그런데 이런 관점에서 보면, 백남준이 바이올린을 부수는 소음도 음악이 돼요 백남준의 〈바이올린 독주〉 퍼포먼스. 이 소음이 바로 예술에 대한 백남준의 사상을 지시하고 있기 때문이에요. 존 케이지의 연주하지 않는 연주 〈4분 33초〉도 마찬가지로 음악이 돼요. 이 침묵이 바로 예술에 대한 존 케이지의 사상을 지시하고 있으니까요.

이러한 주장을 밀고 나가면, '사과'라는 단어가 를 지시하는 것처럼, 각각의 음들도 어떤 감정을 지시한다고 볼 수도 있어요. 그래서 영국의 음악가 데릭 쿡은 단2도는 원기 없는 고뇌와 결말의 문맥을 지시하고, 단3도는 금욕적 태도와 비극을 지시하며, 장3도는 기쁨과 환희를, 장7도는 강렬한 동경과 열망을 지시한다는 연구결과를 발표하기도 했어요. 이처럼 특정한 음이 어떤 감정을 지시한다는 입장이 관련주의라고 할 수 있습니다.

형식주의

관련주의에 반대되는 입장이 바로 형식주의예요. **형식주의**에 따르면, 우리가 음악을 들으며 감동하는 이유는, 음악 그 자체가 가지는 어떤 특징 때문이에요.

우리는 몬드리안의 〈빨강, 노랑, 파랑, 검정이 있는 구성〉, 〈구성 #6〉 같은 그림을 보면서 어떤 감정을 느낄 수 있어요. 그런데 이 그림들이

몬드리안, 〈빨강, 노랑, 파랑, 검정이 있는 구성〉(1921)

지시하는 뭔가가 있나요? 우리는 색면 추상화의 거장 로스코의 〈무제〉1970, 〈오렌지, 레드, 옐로〉 같은 작품을 보면서 감동을 받아요. 그런데 이 그림들이 지시하는 게 있나요? 이런 그림들이 지시하는 대상 같은 건 없어요. 그럼에도 불구하고, 우리는 이런 그림들은 보면서 어떤 감정을 느껴요.

마찬가지로 우리가 음악을 들으면서 감동을 받는 이유는, 그 음악이 어떤 걸 지시하기 때문이 아니에요. 그 음악 자체가 가지는 어떤 특징 때문이에요. 따라서 음악을 들으면서 느끼는 감정과 일상에서 느끼는 감정은 다른 감정이에요.

화사한 봄길을 걸으면서 느끼는 감정과 비발디의 〈사계〉 1악장 〈봄〉을 들으면서 느끼는 감정은 다른 감정이죠. 사랑하는 사람을 잃었을 때 느끼는 감정과 슬픈 음악을 들으면서 느끼는 감정은 다른 감정이고요.

죽음에 대한 공포를 느꼈을 때의 감정과 공포스러운 음악을 들으면서 느끼는 감정은 다른 감정이라는 것이죠.

절대표현주의

관련주의와 형식주의의 절충안이 바로 절대표현주의예요. **절대표현주의**는 우리가 음악을 들으면 어떤 감정을 느끼는 이유는 음악 속의 어떤 특징 때문이라는 형식주의를 받아들이면서도, 그러한 특징이 우리가 일상생활에서 경험하는 감정을 표현하기 때문이라는 관련주의도 함께 받아들여요.

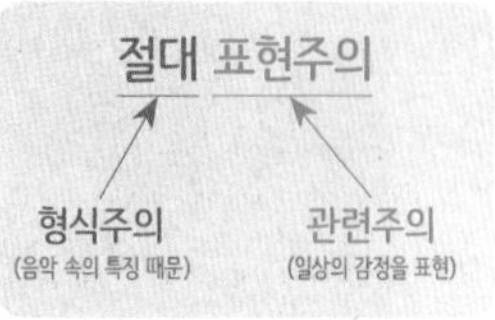

관련주의는 우리가 음악을 들으면서 감정을 느끼는 이유는 그 음악이 어떤 대상을 '지시'하기 때문이라고 하고, 절대표현주의는 그 음악이 어떤 대상을 '표현'하기 때문이라고 해요.

지시와 표현은 다르죠? 옆의 사진은 밤하늘을 '지시'하고 있어요. 하지만 뒤 페이지에 나오는 고흐의 〈별이 빛나는 밤에〉 그림은 밤하늘을 '표현'하고 있어요. 어떤 것을 '지시'하는 걸 예술이라고 하지는 않죠? 어떤 것을 '표현'할 때 비로소 그것을 예술이라고 할 수 있어요. 그래서 절대표현주의를 받아들이면 이렇게 말할 수 있어요. 우리가 슬플 때 슬픈 음악을 들으면 더 슬퍼지는 이유는, 그 음악이 우리의 슬픔을 음악적으로 표현해주기 때문이에요. 우리가 즐거울 때 즐거운 음악을 들으면 더 즐거워지는 이유는, 그

고흐, 〈별이 빛나는 밤에〉(1889)

음악이 우리의 즐거움을 음악적으로 표현해 주기 때문이고요.

그런데 우리의 궁금증이 정말로 해결되었나요? '우리는 왜 음악을 들으면 감동하는가?' 이에 대한 대답은 음악이 음악 밖의 어떤 것을 지시하기 때문이라거나, 음악 속의 특징 때문이라거나, 음악의 특징이 음악 밖의 어떤 것을 표현하기 때문이라고 했는데, 정작 그 특징이 뭔지, 어떻게 감정을 유발하는지에 대해서는 아무런 이야기도 하지 않았어요. 어찌 보면 핵심은 이야기하지 않고 주변만 빙빙 돌았어요. 이 점에 대해서는 정답이 있을 것 같지는 않아요. 하지만 이러한 궁금증에 대한 실마리를 줄 만한 이론들이 있을 것 같기는 해요. 이에 대해서는 다음 글에서 얘기할게요.

영상으로 한 번 더!

우리는 음악을 들으면 왜 신나는가?

음악심리에 대한 철학적 고찰 2

원래 즐거운 음악인 모차르트의 피아노 곡 〈작은별 변주곡〉도 연주법에 따라 좀 슬프게도 들려요. 왜 그럴까요? '우리는 음악을 들으면 왜 신나는가?' 우리가 왜 음악을 듣고 웃고 우는지, 어떤 감정을 느끼는지에 대해 철학적으로 이해해 보죠.

음악과 감정에 대한 3가지 이론

앞에서 '음악은 왜 감동적인가'에 대한 3가지 이론을 살펴보았죠. 관련주의는 우리가 음악을 들으면서 감동을 받는 이유는 그 음악이 어떤 대상을 지시하기 때문이라고 하고, 형식주의는 음악이 가지고 있는 형식적 특징 때문이라고 하고, 절대표현주의는 음악 속의 특징이 우리가 일상생활에서 경험하는 감정을 표현하기 때문이라고 해요.

여기에서 우리가 절대표현주의를 받아들인다고 해보죠. 그렇다면 두 가지 의문이 생겨요. 하나는 '음악이 가지고 있는 형식적 특징이라는 것이 과연 무엇인가'예요. 또 다른 의문은 '사람들은 그러한 형식적 특징을 들으면서 왜 감정을 느끼는가'이고요. 이 두 가지 질문에 대한 답을 찾아보죠.

음악의 형식적 특징

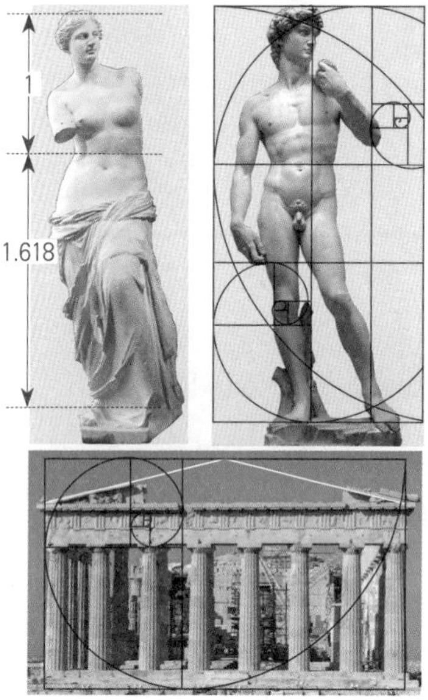

그리스의 파르테논 신전, 〈말로의 비너스〉, 미켈란젤로의 〈다비드상〉, 이 작품들에는 공통점이 있어요. 바로 적절한 비율이 있다는 거죠. 플라톤은 아름다움의 원천은 바로 이러한 적절한 비율에서 나오는 균형과 조화라고 생각했어요. 이것이 플라톤의 **미의 대이론**이에요.

음악에도 이런 적절한 비율이 있을까요? 소리에도 음악에도 적절한 비율이 있어요.

먼저 비율이 있으려면, 기준이 있어야겠죠? 음악에서 그 기준을 '도'라고 합시다. 그런데 도가 음들 사이에 섞여 들어가면, 낮은 도와 한 옥타브 올라간 높은 도를 구별하지 못해요. 이것을 **옥타브 등가성**이라고 해요.

옥타브 등가성

제가 보기에 여기에는 생물학적 이유가 있는 듯해요. 우리는 유모세포가 귀의 달팽이관 속 빈 공간에서 일어나는 진동을 감지해 음의 높이를 파악해요. 높은 도의 진동수는 낮은 도의 진동수의 2배인데, 이 경우 두 음은 동일한 유모세포를 자극해요이건 제 추측이에요. 마치 파이프 속에서 울리는 원래 소리의 파동과 진동수가 2배가 되는 소리의 파동이 일치하는 부분이 있는 것과 같아요.

그런데 도와 가장 어울리는 음은 도의 진동수의 1.5배인 솔이에요. 솔과 가장 어울리는 음은 솔의 진동수의 1.5배인 레가 되고요.

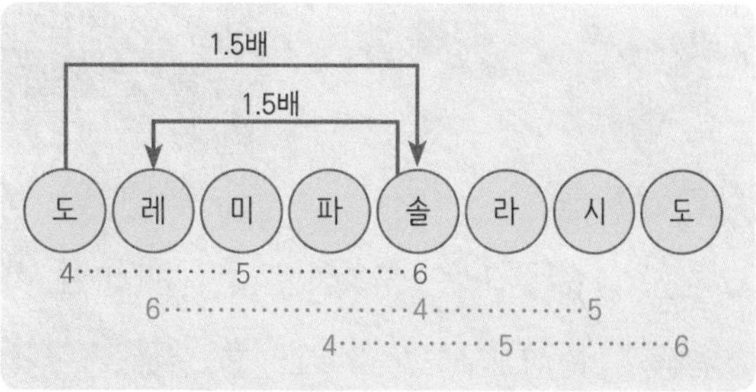

그래서 음계 전체로 보면, 도미솔의 진동수 비율은 4 : 5 : 6이에요. 솔시레도 4 : 5 : 6이며, 파라도도 4 : 5 : 6이고요. 이처럼 수학적으로 단순한 자연수 비율을 가질 때, 듣기 좋고 편안한 협화음이 돼요. 자연수의 비율을 가지지 않을 때, 어색하고 듣기 불편한 불협화음이 되고요.

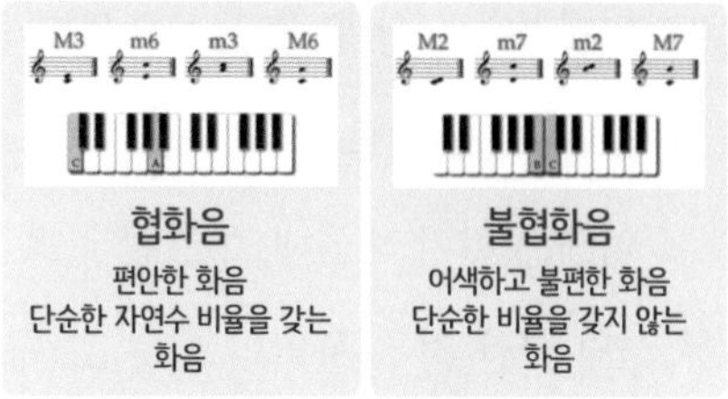

음악이 가지는 형식적 특징은 바로 이러한 비율들이 쌓아올려진 구조를 말해요. 그런데 우리는 선천적으로 이러한 비율과 구조를 파악하는 능력을 가지고 있어요. 왜냐하면 비율과 구조는 기본적으로 옥타브 등가성을 기본으로 해서 나타나는데, 우리는 해부학적, 선천적으로 옥타브 등가성을 가지고 있기 때문이에요.

무엇으로 보기, 무엇으로 듣기

인간이 시각과 청각을 가지고 있는 이유는 그것이 생존에 필요하기 때문이에요. 우리는 시각정보를 통해 지금 앞에 보고 있는 것이 포식자인

성격 검사의 일종인 로르샤흐 테스트에 쓰이는 반점

서울특별시 로고

지, 먹이인지를 구별해요. 먼저 시각정보를 통해 그 구조를 파악하고, 그것이 무엇인지 해석해요.

그런데 그것이 무엇인지 해석이 안 되는 경우가 있죠? 그럴 경우 우리의 뇌는 그 구조를 그것과 가장 비슷한 무엇이라고 해석해 버려요. 아무것도 아닌 로르샤흐 잉크 얼룩에서 나비를 보고, 아무것도 아닌 물감 덩어리에서 산과 강, 그리고 해를 봐요.

마찬가지로 우리는 청각정보를 통해 소리의 구조를 파악하고, 그것이 무엇인지 해석해요. 그런데 그 무엇으로도 해석이 안 되는 경우가 있죠? 그런 경우 우리의 뇌는 그 구조를 그것과 가장 비슷한 무엇이라고 해석해 버려요. 그래서 우리는 에밀레 종소리에서 아이의 울음소리를 듣고, 키보드 소리에서 사람의 말소리를 듣는 것이죠.

갈등이론

시각정보	청각정보
공간적 정보	시간적 정보

시각정보는 공간적 정보지만, 청각정보는 시간적 정보죠. 따라서 시각정보는 단번에 전체를 보고 그 구조를 파악할 수 있지만, 청각정보는 처음부터 끝까지 들어봐야 파악이 돼요.

그런데 우리는 음악을 들을 때, 그냥 수동적으로 듣지 않아요. 우리는 청각정보를 효율적으로 처리하기 위해 어떤 전략을 취해요. 음악을 들을 때 이전의 청각정보와 비교하고, 앞으로 나올 정보들을 예측하면서 들어요.

예컨대 모차르트의 피아노 곡 〈작은별 변주곡〉은 우리가 잘 아는 아주 익숙한 곡이죠. 이런 경우 앞으로 나올 음들의 구조를 예측할 수 있고, 음이 예측한 대로 나오면 안도감과 편안함을 느껴요.

그런데 〈작은별 변주곡〉을 완전히 색다르게 연주하면 어떨까요? 이전에 듣던 음과 비슷한 것 같지만 달라요. 우리는 그런 음악을 들으면서, 이전에 들었던 〈작은별 변주곡〉의 음의 구조와 지금 듣고 있는 음의 구조를 끊임없이 비교해요. 공통점과 차이점을 분류해내고, 앞으로 들을 음의 구조를 예측해요. 그리고 예측과 다른 음이 나오면 모순된 감정을 느껴요. 이런 모순된 감정이 사람들을 감동시켜요.

그래서 음악을 듣는 사람이 예상한 대로 진행되는 장조 음악은 행복하고 우아하고 쾌활한 느낌을 줘요. 예상한 기대와 다르게 진행되는 단조 음악은 슬프고 어렴풋하고 감상적인 느낌을 주고요. 이것이 존 듀이의 갈등이론이에요.

존 듀이의 **갈등이론**은 모순된 감정을 동시에 느낄 때, 어떤 감동을 느낀다는 거예요. 예컨대 롤러코스터를 탈 때, 우리의 몸은 위험하다고 느끼지만, 머리로는 안전하다는 걸 알아요. 그럴 때 우리는 웃죠. 앞으로 긴장되는 상황이 펼쳐질 것으로 예상하고 있었는데, 어이없는 상황이 벌어졌을 때, 우리는 모순된 감정을 느끼며 이때도 웃어요.

마찬가지로 앞으로 나올 것으로 예상한 음이 나오지 않고 다른 음이 나왔을 때, 우리는 불편하면서도 새롭다는 어떤 느낌을 받게 돼요.

갈등이론

우리의 예상을 빗나갔기 때문

갈등이론에서는 우리가 음악을 들을 때 감동을 받는 이유는 우리의 예상이 빗나갔기 때문이라고 봐요.

음악의 기호

우리가 앞으로 나올 음을 예상할 수 있으려면, 정보를 그만큼 많이 가지고 있어야겠죠? 이전에 들었던 음악의 패턴을 잘 알고 있어야 앞으로 어떤 패턴의 음이 전개될지 예상할 수 있어요.

음악 심리학자 마이어는 음악을 듣는 사람이 앞으로 나올 음의 구조를 얼마나 잘 예상하는지는 그 음악의 형식을 학습한 정도에 달려 있다고 봤어요. 이것을 **정보이론**이라고 해요.

정보이론

그 음악 형식을 학습한 정도에 달렸다.

교향곡은 구조가 굉장히 복잡하죠. 말하자면 교향악은 정보가 굉장히 많아요. 그래서 교향곡을 들으려면 많은 학습이 필요해요. 하지만 동요는 구조가 단순해서 학습하지 않아도 쉽게 즐길 수 있어요. 너무 단순해서 어떤 이는 금방 질리기도 하죠.

【질문】 왜 어떤 사람들은 클래식 음악을 좋아하고, 어떤 사람들은 락을 좋아하고, 어떤 사람들은 트로트를 좋아할까요?

음악의 선호도

사회적 압력
⬇
음악적 패턴 익숙해짐
⬇
음악 좋아하게 됨

제가 보기에 이것은 사회적 압력 때문이에요. 미국 초등학생의 음악 선호도를 조사한 결과, 고학년으로 올라갈수록 특정 장르의 음악, 예컨대 락 음악과 같은 장르를 좋아한다는 결과가 나왔어요. 음악도 유행을 타서 사회적 압력이 작용한 것으로 보여요. 마치 중고등 학생들이 너도나도 검정색 롱패딩을 입고 다니는 것과 비슷해요. 사회적 압력으로 인해 특정 장르의 음악을 자주 접하게 되고, 그 장르의 음악적 패턴에 익숙해지며 즐길 수 있게 되는 거죠.

정리합시다. 우리가 음악을 듣고 감동받는 이유는, 음악 속의 어떤 특징이 어떤 감정을 불러일으키기 때문이에요. 음악 속의 어떤 특징이란 그 음악이 가지는 구조와 패턴이에요. 우리는 음악을 들으면서 그 구조와 패턴을 시간적으로 파악하면서 앞으로 나올 음들을 예측하고, 그리고 그 예측과 맞아떨어지거나 빗나갈 때 어떤 감동을 느끼게 돼요. 이러한 예측이 가능하려면, 먼저 음악의 구조와 패턴에 어느 정도는 익숙해져야 해요.

어느 시대에나 어느 세대에나 유행하는 음악이 있죠. 이러한 유행이 사람들로 하여금 그런 음악을 들어야 한다는 사회적 압력을 가하게 되고, 우리는 그런 음악을 반복적으로 접하면서 그 구조와 패턴에 익숙해져요. 우리는 왜 음악을 들으면 감동할까요? 음악이 감동을 주는 이유에 대한 극히 일부분만 이야기했어요. 사실 음악이 감동적인 이유가 이렇게 단순할 리가 없을 것 같아요.

영상으로 한 번 더!

▼ 발다사레 페루치, 〈아폴로와 뮤즈〉(1514~23)

에필로그

'철학 마을'에 오신 걸 환영합니다

우리는 이제 철학이라는 숲의 가장 깊은 곳에 위치한 '철학 마을'에 도착했어요. 이곳까지 오면서 우리는 존재론·인식론·윤리학·심리학이라는 오솔길을 거쳐 왔어요. 오솔길들은 복잡하게 교차하고 얽혀 있는 미로 같지만, 철학사 지도가 있었기에 길을 잃지 않고 올 수 있었어요.

그리고 아름다운 나무들이 있어 행복하게 여행할 수 있었어요. 거기에는 소크라테스, 플라톤, 아리스토텔레스와 같은 고목도 있고, 칸트, 헤겔과 같은 중간 크기의 나무도 있고, 시리즈의 2권에는 100년도 안 된 작은 나무지만 수형이 정말로 아름다운 라캉, 푸코와 같은 나무도 있어요.

이제 '철학 마을'에서 머물면서 지나왔던 길들을 한 번씩 돌아보세요. 그리고 마음에 드는 나무들 가까이 가서 만져도 보고 그늘 아래서 시간을 보내 보세요. 각 글 뒤의 유튜브 영상으로 연결되는 QR 코드를 찍어 영상을 함께 볼 수도 있어요. 그러면 처음에 바삐 지나가느라고 제대로 보지 못했던 나무의 가지와 잎사귀들이 보일 거예요.

우리가 철학 마을로 들어오는 여행을 더 재미있고 더 편안하게 만들어준 분들이 있어요. 김주성 작가님의 위트 있는 그림들이 있어서 한시도 지루할 틈이 없었고, 편집장님을 비롯한 스마트북스 관계자분들 덕분에 좀더 편안한 여행이 될 수 있었어요. 모든 분들께 고맙다는 말을 전합니다.

모두들 즐거운 여행이 되길 바랍니다.

김필영 드림